新编高等院校财经金融管理类课程规划教材

期货市场学

——期货与期权

主　编　焦广才　李昌宝
副主编　潘丽丽　康金莉
　　　　王巧玲　陈　璇
　　　　刘翠屏
参　编　李彦普　欧阳艳蓉
　　　　王　珂

中国商业出版社

图书在版编目(CIP)数据

期货市场学——期货与期权/焦广才,李昌宝主编.
— 北京:中国商业出版社,2018.2
ISBN 978-7-5044-8534-2

Ⅰ.①期… Ⅱ.①焦… ②李… Ⅲ.①期货市场-教材 Ⅳ.①F830.9

中国版本图书馆CIP数据核字(2014)第118808号

责任编辑:蔡凯

中国商业出版社出版发行
010-63180647 www.c-chook.com
(100053 北京广安门内报国寺1号)
新华书店经销
北京市兴怀印刷厂印刷

* * * *

开本:787×1092毫米 1/16 印张:17.75 字数:380千字
2018年2月第1版 2018年2月第1次印刷
定价:39.80元

* *

(如有印装质量问题可更换)

前言

经过多年的风雨历程，中国期货市场经历过辉煌的发展阶段，也遭遇过挫折。我国期货市场经历了短暂的盲目发展时期后，经过两次大的调整，期货市场正处在不断地规范发展的阶段。随着中国市场经济的快速发展，中国期货市场已成为全球最大商品期货市场的同时，沪深300股指期货又填补了国内金融期货的空白。目前，中国期货市场正由数量到质量的提升转变时期。回顾过去，充分说明中国期货市场在取得成绩的同时，也清醒地认识到了缺陷和不足。“只争朝夕”的紧迫感正在推动着期货市场前进的步伐，推动着期货市场稳定、健康、快速地向新的起点进军。中国期货市场是一个高效、有序、规范、开放的资产配置市场和风险管理市场。它为中国经济发展和经济转型起到了重要的推动作用。

在党中央、国务院“稳步发展期货市场”政策的指引下，中国期货市场得到了快速发展并取得了巨大成就。进入新世纪以后，中国期货法律法规正在不断地完善。2007 年 4 月《期货交易管理条例》的实施，各监管部门的规章制度也在日益完善，上中下三个层次的监管体制已经形成。期货市场的“价格发现、规避风险”功能得到充分发挥，为国民经济的健康发展提供了有效的风险管理场所。

本教材是金融、投理、贸易和经管类本科生、专科生(含高职高专)的必修课程用书;也可以作为期货经纪公司的培训教材，还可以作为期货投资者、金融、贸易与管理领导者的自学用书。本教材主要针对期货市场，但是，它有关的价格分析、技术分析理论与技术分析指标也适用于股票市场。本教材具有巧妙的兼容性。

本教材在编写过程中不但体现了期货投资的特点，而且又贯彻了“简单、实用”的基本原则。突出了“应用型”大学的“实践教学模式”。教材的主要特点有五个方面：

1. 通俗易懂。期货与期权有很强的理论性和操作性，本书力求语言简单直白。把实践操作策略解说的明明白白，不会由于文字原因而陷入窘境，方便广大在校学生和投资者自学。

2. 理论简单。本书把复杂抽象的理论简单化、图示化、可视化。克服了理论与实践相脱节，学习与操作两张皮的弊端。有些复杂而抽象的理论，只讲“是什么”，不涉及“为什么”，因为我们的教育对象是高级应用型人才。通过大量案例和图表分析来阐明理论的基本原理及应用原则。让学生很快能进入期货市场操作是我们的最大目的。

3. 内容新颖。期货交易工具及合约品种创新很快，交易技术更新也快，交易规则改变也快，最新资讯又很多。本书的一些相关内容采用了目前最新资料。

4. 针对性强。本书主要内容是针对郑州商品交易所、大连商品交易所、上海期货交易所及中国金融期货交易所的相关交易制度、交易规则、交易品种、交易策略及国内外经典交易理论。再附加以必不可少的基本分析理论、技术分析理论和技术分析指标的应用。这些基本理论和基本知识都具有很强的针对性及可操作性。使在校学生学习完本书之后，就能很快进入期货投资的实战操作。

5. 适用性广。本书既适用于在校大学生学习期货知识、又适用期货从业人员及高级管理人员；既适用于金融类、贸易类、经管类广大职工，又适用在职管理干部；既适用于期货市场的投资者，又适用于股票市场投资者参用。所以，本书的使用价值高，而且使用方便。它是期货投资者、期货从业者、期货爱好者学习的理想用书。

本教材由黄河科技学院焦广才教授（第 1、14 章）、合肥师范学院经管学院李昌宝（第 2 章）担任主编，负责编写原则和大纲，并对全书进行审核。黄河科技学院潘丽丽（第 11、15 章）、石家庄铁道大学康金莉（第 9 章）、黄河科技学院王巧玲（第 12、13 章）、湖南外贸职业学院陈璇（第 6 章）、长沙商贸旅游职业学院刘翠屏（第 7 章）任副主编。参加编写的还有黄河科技学院欧阳艳蓉（第 4、8 章）、黄河科技学院李彦普（第 3、5 章）、黄河科技学院王珂（第 10 章）。康金莉负责统稿和校对。

本教材在编写过程中，参阅了许多专家、许多学者的著作和研究成果，特别是郑州商品交易所、大连商品交易所及上海期货交易所网站上公布的信息和相关作品，在此表示感谢。特别感谢中国期货业协会编写的《期货市场教程》，给我们的写作开设了新的思路，提供了丰富的素材。由于编者的水平有限，本教材若有疏漏或不当之处，敬请专家和读者批评指正。

焦广才

2018 年 2 月

目 录

◆第一章　期货投资概论

本章是使读者对期货市场有一个总体和概貌性的认识和理解。期货市场是在现货市场的基础上发展起来的，并有力地促进了现货市场的发展；也完善了现货市场价格的形成机制，规避了现货市场价格的风险。期货、期权及金融衍生工具蕴涵着巨大的能量。投资者若运用得好，它是金融风险管理的有力助手；投资者若运用得不好，它能使一个金融巨无霸瞬间崩溃。本章的主要内容包括：期货市场的形成与发展、期货市场交易的基本概念（作用、功能、特征等）、中外期货市场发展的状况。

第一节　期货市场的产生与发展

一、现货与期货的概念

1. 现货概念

（1）商品现货的定义

商品现货就是指商品实物。

（2）商品现货交易

商品现货交易是指买卖双方根据协商的支付方式与交货方式，在较短时间内进行实物商品交收的交易方式。

（3）商品现货交易的特点：a. 一手交钱，一手交货。交易方便、灵活。b. 交易覆盖面广。从农产品，到工业产品；从食品，到服装等，应有尽有。c. 交易的随意性大。它不受交易对象、交易时间和地点的制约。

2. 期货概念

（1）商品期货的定义

商品期货是指以实物商品为标的物的标准化合同。主指期货合约与期货交易。期货与现货相对应，期货不是现货，也不是商品实物，而是一张合同。它是由现货衍生而来，并与现货交易相对应的一种交易方式。期货是相对现货而言的“货”。

(2)商品期货交易

商品期货交易是指在期货交易所内集中公开买卖期货合约的交易活动。

(3)商品期货合约

商品期货合约是指由期货交易所统一制定的，规定在未来某一特定时间和地点交割(收)一定数量“标的物”的标准化合约(同)。期货合约的标的物通常是一定数量和质量的实物商品或金融产品。根据合约标的物的不同，期货合约分为商品期货合约与金融期货合约。标的物是实物商品的期货合约称为商品期货;标的物是金融产品的期货合约称为金融期货。

(4)期货的内涵

对期货的理解，可以从以下几个方面来加深认识。

①期货不是实物商品，不是现货商品，而是一张标准化商品合同。

②期货必须在期货交易所内才能进行买卖。

③期货合约中的商品数量、质量、时间、地点都是既定的。

④期货合约中的变量是价格。价格是以公开竞价方式达成的。

3. 期货与现货的区别

(1)二者交易对象不同

现货交易双方买卖的是实物商品，期货交易双方买卖的是期货合约。

(2)二者交易时间不同

现货交易可以在很短时间内达成交易，期货交易在很长时间内才能达成交易。

(3)二者交易目的不同

现货交易目的是获得实物商品的所有权，期货交易目的是获得期货合约的买卖差价利润。

(4)二者交易方式不同

现货交易是一手交钱，一手交货。期货交易是在交易所内，以公开竞价的方式买卖期货合约。

二、期货市场的产生

期货市场的产生大约经历了四个阶段。即萌芽阶段、形成阶段、发展阶段和创新阶段。

1. 萌芽阶段

一般认为，期货交易萌芽起源于欧洲，并且是在现货交易的基础上形成的。

大约在13世纪，现货交易获得了广泛发展。到了封建社会，产生了货币制度。产生交换，就变成了商品交换。即商品——货币——商品，形成了商品的初级现货交易形式。双方交易的方法是:一手交钱，一手交货。

这个时期，许多国家形成了农产品的交易中心，并建立了无数个定期农贸市场。例如，罗马帝国的罗马大厦、雅典大宗交易市场。它们都是按照规定的时间和场地范围进行大量的现货交易活动。在现货交易的基础上就产生了专门从事商品的批发交易。因为那时交易的商品主要是粮食，而粮食的生产具有季节性，因而逐渐产生了根据粮食样品的品质签订“远期供货合同”的交易方式。贸易商人与商品生产者签订的远期供货合同，由初级形式到远期合约，经历了漫长的发展时间。它就是“远期合约”的雏形产生。在农产品收获以前，商人往往先向农民预购农产品，等收获以后，农民再交付农产品，这就是原始的远期交易。例如，荷兰的郁金香交易。中国农产品的远期交易，早在春秋战国时就开始了，中国商人是远期交易的鼻祖。这种“远期合同”有一个逐渐的发展过程，主要是合同的条款、计价方式、产品质量及数量、信用程度等方面经过不断地演变和完善，才开始了较为完整的远期合约交易。

2. 形成阶段

直到19世纪中期才开始形成了比较完善的远期合约。具有真正意义的期货交易在19世纪30－40年代，产生于美国芝加哥。当时芝加哥是美国中西部重要的粮食集散地，中西部的谷物汇集于此地，再从这里运往美国东部各个消费地区。从1825年起，美国中西部的交通运输条件发生了巨大变化，货物运输成本大幅度降低。公路运输、铁路运输、水路运输的价格均十分低廉。例如，当时铁路运输只需吨英里4美分，水运为顿英里2美分。西部农业区农民生产的粮食大量运往芝加哥，都能卖个好价钱。因而就产生了预先签订买卖合同，到期之后再运来实货的交易方式。随着农业技术的发展，农产品大量增多，贸易量大增，仓储技术的巨大发展，农产品库存量增加。芝加哥的粮食储运商人能够储存大量的粮食，促进了芝加哥农产品的远期合约的交易活动。

大量的粮食库存，虽然缓解了粮食供应的季节性矛盾，但是，粮食商人却承担了很大的价格风险。一旦粮食价格下跌，粮食商人的利润就会减少。为了确保利润的稳定，粮食商运用“远期合约”交易方式，即粮食商在买入谷物以后，立即与芝加哥的粮食销售商和粮食加工商签订第二年春季的供货合同，事先确定出售价格，稳定了粮食商的利润。

1848年，美国芝加哥的82位商人发起组建了美国第一家期货交易所，即芝加哥期货交易所。芝加哥期货交易所组建初期不是一个期货市场。它主要是改善运输和储存条件，并且，为会员提供价格信息服务，促进买卖双方达成交易。最初的芝加哥期货交易所的性质只能是一个民间商会组织。直到1851年3月13日才签订了第一份玉米“远期合约”。经过十多年的发展，针对远期合约中的有关条款：商品质量、商品数量、商品价格、交货时间、交货地点等，实行规范性标准化。直到1865年，芝加哥交易才正式所推出了全球第一张玉米“期货合约”。这样，用期货合约取代了原来一直沿用的远期合约。同时又实行了“保证金制度”，向签约的双方事先收取合约价值小于10%的“保证金”，作为履约的保证。按照保证金制度的规定，交易的双方必须在交易所或其他代理机构存入一笔资金，以确保期货合约的有效履行。保证金制度的创新，促进了期货交易的完善。

1882年，有很多投机者进入了芝加哥期货交易所，提高了期货市场期货合约的流动性。芝加哥期货交易所允许投机者用“对冲平仓”的方式了结期货交易，并且，免除了交易双方的履约责任。这时，除了联系实货的交易者(保值者)之外，还有一种不联系实货的交易者(投机者)。由于大量投机者参与期货交易，这种期货交易不再是以到期交收实物商品为目的，而是进行期货合约到期之前的不断转让、进行期货合约本身的不断买卖；从这个过程既获得了期货合约的价差利润，又承担了价格风险。这种价格风险由投资者(保值者)向投机者的转移；这种远期合约交易由期货合约交易来取代，才使交易的性质发生了质的变化。由远期合约交易变成了真正的期货合约交易。

1925年，出现了“标准化”期货合约交易，并且芝加哥期货交易所又成立了“结算机构”。随着期货合约的标准化，保证金制度和结算制度的出现，现代期货交易所才宣告真正诞生。

3. 快速发展阶段

快速发展是指1919年以前，以农产品为主的各种商品期货合约的快速推出，即商品期货的快速发展。从1865年推出了第一张玉米期货合约以后，1874年5月，又建立了芝加哥农产品交易所;1919 年 9 月，又把芝加哥的黄油和鸡蛋委员会正式更名为芝加哥商业交易所。随后世界各地相继成了期货交易所。谷物类、畜产类、食品类、林产品类、纤维类及油料类等农产品类期货合约，相继推出;金属和能源类大宗商品期货合约的推出，使得商品期货得到大幅的快速发展。随着世界各地期货交易所的不断增多，期货合约品种的不断增加，商品期货的快速发展时期一直持续到 20 世纪 70 年代。

4. 创新阶段

创新主要是指由商品期货发展到金融期货。金融期货的出现使期货市场发生了新的翻天覆地的变化，彻底改变了期货市场的发展格局。

20 世纪 70 年代初国际经济形势急剧变化，石油危机给世界经济造成巨大冲击。布雷顿森林体系解体，浮动汇率制取代了固定汇率制。各国利率管定政策逐渐放宽，汇率和利率出现了频繁而又剧烈的波动。世界金融体制发生了重大变化。随着汇率和利率的剧烈波动，市场风险增大。市场越来越迫切需要一种风险管理工具，期货行业将商品期货交易的原理应用于金融市场，金融期货便应运而生，首先出现的是外汇期货。1972 年 5 月，芝加哥商业交易所设立了国际货币市场机构(IMM)，首次推出包括英镑、加拿大元、德国马克、意大利里拉、法国法郎、日元和瑞士法郎等在内的外汇期货合约。

1975 年芝加哥期货交易所推出了第一张“利率期货合约”，名称为“政府国民抵押协会债券期货合约”。从而，芝加哥期货交易所成为世界上第一个推出利率期货合约的交易所。1977 年美国长期国债期货合约在芝加哥期货交易所上市。1982 年美国堪萨斯城期货交易所开发了价值线综合指数期货合约，使股票价格指数也成为了期货交易的品种。1995 年，中国香港开始了股票期货交易。至此，金融期货的四大种类:外汇期货、利率期货、股票价格指数期货和股票期货均已上市交易。

三、期货市场的发展

1. 现代期货市场的确立

随着远期现货交易的不断发展，1848 年美国芝加哥组建了世界上第一家较为规范的期货交易所，又称芝加哥谷物交易所。交易所成立的初期不是现代意义的期货交易所，而是采用远期合同的方式，双方进行实物交割 。交易的参与者也主要是生产商、营销商和加工商。其交易特点是实买实卖。交易者利用交易所来寻找交易对手，在交易所签订远期合同;待合同期满时，双方再进行实物交割;以商品与货币交换的方式了结交易行为。当时的交易所对供求双方来讲其主要作用是:稳定生产与销售，规避季节性农产品价格波动风险。

随着交易数量和交易品种的增多，合同转让买卖情况越来越普遍。为了进一步规范交易，1865 年芝加哥期货交易所诞生了标准化期货合约，并取代了原先使用的远期合同，使期货市场向前迈进了有实质意义的第一步。同年，该期货交易所又实行了保证金制度，消除了交易双方由于不能按其履约而产生的诸多矛盾。1882 年，交易所允许以“对冲合约”的方式结束交易，而不必进行实物交割。又把期货市场向前推进了一大步。

投机商的参与使期货市场发生了质的变化。有一些非谷物经销商看到用转手买卖谷物期货合同的方法能够盈利，便进入了期货交易所。按照“贱买贵卖”的商业原则买卖谷物合同，赚取一买一卖之间的价差利润，这一部分人就是投机商。

经纪商的出现，使期货交易更加有效地进行。为了更方便、更有效地为客户开展期货交易，提供一定服务，就出现了专门联系买卖双方成交的经纪商。在国际上经纪商可以是机构，也可以是社会自然人。经纪商的主要业务是为期货公司发展客户，接受期货交易指令，为客户提供咨询，并通过期货公司帮助客户进行结算等。经纪商凭借手中的信息优势和客户资源为期货公司和投资者“牵线搭桥”。

后来，为了处理日益复杂的期货结算业务，专门从事期货结算业务的结算机构又应运而生。具有现代意义的结算机构的出现，使期货市场发生了新的、历史性的变化。

随着现代交易规则和交易制度的不断健全和日益完善，期货交易方式和期货市场形态发生了质的飞跃。随着标准化期货合约、保证金制度、对冲平仓机制和统一结算制度的实施，标志着现代期货市场的确立。

2. 商品期货的发展

随着美国期货市场的迅速发展和交易所的相继成立，全球各地期货市场也得到了快速发展。特别是农产品类商品期货的发展更快，期货品种扩大得更多。农产品期货品种很多，有粮食产品、林业产品，也有畜牧产品和水产品。后来，以农产品期货为基础，又延伸到了工业生产资料产品期货和能源产品期货。到了20世纪70年代又扩展到了金融产品期货。期货品种的扩大，充分体现了期货市场的快速发展。

我们把上述品种繁多的期货划分为:商品期货和金属期货。分别阐述其发展状况，更为清晰。

商品期货这里主要包括:农产品期货、工业生产资料的金属期货和能源期货等。

(1)农产品期货的发展

1916年，第一次世界大战以前，美国农产品期货市场得到迅速发展。期货品种除粮食类之外，还有棉花、原糖、咖啡、茶叶等。在纽约还专门成立了棉花交易所(1970年)、原糖和咖啡等。1870年纽约专门成立了棉花交易所，1916年又成立了原粮和咖啡交易所。但是受第一次世界大战的影响，粮食价格都大幅度上涨。美国玉米和小麦价格上升到历史以来的最高价。商品价格大涨，政府不得不介入市场，暂时停止了小麦、棉花、原糖、籽油等期货交易。直到1918年停战协议签订后，价格管制才被取消。

第二次世界大战以前，美国期货市场开始逐渐走向完善。1922年，美国成立了谷物期货管理局，把期货行业正式纳入了政府管理的范围。管理宗旨是对谷物期货交易进行监督管理，防止价格垄断，维护交易秩序。

1930年，美国及西方国家由于石油危机引起的西方社会经济大萧条，股票市场、期货市场都受到了很大冲击。1940年，全球又受到二战的冲击，期货市场又一次面临战争所带来的价格管制。凡属战争物质的商品都受到了限价交易，或者停止交易。但是，1941年12月7日之前，即在日本偷袭珍珠港前，纽约商业交易所推出了土豆期货新品种。

1945年8月，第二次世界大战后，芝加哥商业交易所又陆续上市了火鸡、苹果、家禽、冷藏鸡蛋和铁期货。1951年，日本大阪纤维交易所推出了棉纱、毛线、纤维期货。1960年以后，全球彻底摆脱了战争的影响，商品期货空前活跃，各类商品期货交易迅猛发展。世界各地相继成立了期货交易所。例如:悉尼的羊毛期货交易所、澳大利亚的期货交易所等。芝加哥商业交易所又推出了冷藏猪肉期货合约和活牛期货。从而证明了不可储藏、易腐的商品也可以进行期货交易。

农产品类商品期货经过一百多年的发展，已经形成了六大类三十多个期货品种。

谷物类：大豆、豆粕、小麦、大麦、玉米、红小豆、籼米、糙米、燕麦。

纤维类：棉花、棉纱、黄麻、生丝、干茧、羊毛、人造纤维。

食品类：原糖、咖啡、可可、棕榈、淀粉、冰冻橘子汁。

畜产类：活猪、活牛、冷冻猪肉、猪腩。

油料类：豆油、花生油、菜籽油、棉籽油。

林产品类：木材、胶合板、天然橡胶。

(2)金属期货的发展

20 世纪 70 年代，金属期货产生于英国。其后许多交易所陆续推出。伦敦金属交易所的成立，标志着欧洲期货市场开始快速发展时期。

金属期货又称有色金属期货。因为有色金属的质量、等级、规格容易划分；再加上交易量大，价格容易波动，耐腐蚀，便储藏，很适合作为期货品种。目前主要品种有：铜、铅、锌、锡、铝，还有黄金、白银等。

19 世纪中期，英国成为世界上最大的金属锡和铜的生产国。英国大量进口铜矿和锡矿原料，并在国内进行精炼。因为路途较远和运输等原因，铜矿与锡矿原料价格经常大起大落，风险很大。商人为了回避价格风险，采取了在货物没到之前就对未来到货价格签订远期合同。这样，就限制了矿石原料价格的暴涨与暴跌。1876 年，伦敦金属交易所成立，主要从事铜和锡的期货交易。1920 年，伦敦金属交易所又增加了铅期货和锌期货交易。从此以后，伦敦金属交易所一直生意兴隆，交易规模不断壮大，交易品种不断增加，市场机制不断完善，伦敦金属交易所已经成为全球第一大国际性金属产品交易所。1978 年以后，伦敦金属交易所又增加了铝期货、铝合金期货。这样就形成了铜、锡、铅、锌、铝、铝金七大金属为代表的国际金属期货市场。

美国的金属期货比英国起步晚。20 世纪初，美国经济从以农业为主导型开始转向现代工业生产体系。期货合约的类型也从传统的农产品类扩大到金属、能源类商品期货。纽约商品交易增加了黄金、白银、铜、铝等期货品种。

目前，世界上从事金属期货交易的三大交易所正处在主要地位，即伦敦金属交易所、纽约商品交易所、中国上海期货交易所获得快速发展，并且逐渐走向国际化。在伦敦金属交易所和纽约商品交易所及中国上海期货交易所三者之间，有很多投机者介入金属期货交易活动。投机者利用三个不同地理位置的交易所中金属期货合约价格变动的差价，不断进行套利交易活动，使全球三个主要金属期货交易所的金属商品价格趋于一致，趋于稳定。

目前，全球的金属期货有：贵重金属类、有色金属类和黑色金属类三大类。金属期货的品种有：黄金、白银、铂、铝、铅、锌、锡等；螺纹钢、钢平板、钢条、废钢、钢坯、线材、铁等。

(3)能源期货的发展

20 世纪 70 年代初，石油危机给世界石油市场带来巨大冲击，石油等能源产品价格剧烈波动，直接导致了能源期货的产生。

能源期货虽然产生较晚，但是发展很快。1978 年，剧烈波动的原油价格影响着每一个工业化国家，纽约商业交易所首先推出了取暖油期货合约。1983 年，纽约商业交易所又推出了原油期货；1984 年，又推出了无铅汽油期货。新加坡国际金属期货交易所也推出了燃料油期货。

石油期货是世界上最大交易量的商品期货品种。美国纽约商业交易所、英国伦敦国际石油交易所、新加坡国际金融期货交易所是世界上主要的能源期货交易所。

目前，能源期货的主要品种有：原油期货、汽油期货、柴油期货、燃料油期货、取暖油期货、天然气期货、染料乙醇期货、煤炭期货电力期货等，化工期货、聚氯乙烯期货、聚乙烯期货、聚丙烯期货、本二甲醇期货等。

(4)金融期货的发展

1970年以后，布雷顿森林体系解体，世界金融体制发生了重大变化，各国放宽了金融管制，浮动利率使汇率和利率产生了剧烈波动，市场风险增大。为了规避金融市场风险，市场迫切需要一种对抗风险管理的投资工具；商品期货的快速发展又为金融期货的产生奠定了基础。期货管理者灵活地把商品期货交易管理应用于金融市场，这样，金融期货就应运而生了。从1975年芝加哥期货交易所推出世界第一张利率期货合约以后，目前，金融期货已经形成了四种类型：外汇期货、利率期货、股指期货、股票期货。金融期货的主要品种有：澳大利亚/美元、英镑/美元、欧元/美元、日元/美元等；3个月欧洲美元期货、3个月期欧洲银行间欧元利率期货、3年期国债期货和10年期国债期货及长期国债期货等；股指期货有：标准普尔500期货、英国金融时报100指数期货、日经225指数期货、香港恒生指数期货及中国上海金融交易所的沪深300指数期货等；还有众多的股票期货。

(5)其他期货品种

随着商品期货和金融期货交易的不断发展，人们对期货市场的认识不断深化。期货是一种成熟、规范的风险管理工具，是一种高效的信息汇集和信息反映的机制。它的适应范围可以拓展到经济社会的其他领域。所以，在国际期货市场上又相继推出了天气期货、碳排放期货、消费者物价指数期货、房地产指数期货等品种。

以天气期货为例，天气的冷、暖、雨雪冰冻、降雨降温、台风等，都会给农业、旅游、保险、能源等行业带来影响。这种影响不一定立即反映到价格上，而是快速反映到相关行业产品的需求上。例如，暖冬减少了用电需求，这就造成了一系列的问题：电力产能闲置，发电成本提高；又抑制了对石油、天然气和煤炭等能源的需求，导致上游企业产品的需求减少，供求关系发生了变化，最终会反映到价格的变化。为了规避此类风险，芝加哥商业交易所率先推出了天气期货。天气期货包括温度期货、降雪期货、降雨期货、霜冻期货等。

四、中国期货市场发展简况

中国期货市场的发展是从无到有，从小到大，从无序到有序，逐步发展起来的。中国期货市场发展的过程可以大致划分为六个阶段。

1. 萌芽阶段(1914－1949)

清朝末年，梁启超曾倡议组织交易所。1914年北洋政府颁布了《证券交易法》和《证券交易法细则》。1916年孙中山先生得知外国人要在上海建立交易所，他即与上海总商会长虞洽卿商量，准备建立上海交易所股份有限公司，并报农商部审批，以消除外国人垄断上海市场的欲望。1917年2月，农商部批准建立证券交易所，虞洽卿等人筹办了上海证券交易所和上海金银交易所。1918年夏，北京成立了证券交易所。1920年虞洽卿等人正式开办了“上海商品交易所”，才开始了中国商品期货交易。1921年3月北洋政府颁布了《物品交易条例》和《物品交易所条例实施细则》。截止到1921年底，仅半年时间，就有140多家交易所出现在上海滩。中国期货交易所是在证券交易所的基础上建立起来的。

上海交易所的热潮席卷全国。天津、北京、广州、汉口、南京等城市纷纷筹备。五花八门的交易所建立得又快又多，令外国人目瞪口呆。许多交易所还没有来得及“摇旗呐喊”时，就因周转不灵、经营不善，陷入困境，被迫停业。到1922年3月仅剩12家交易所能撑起门面营业，最后又有半数夭折。再加上国内战乱频繁，从1921年以后的近十年内，中国的交易所发展极为缓慢。1929年10月国民政府颁布了《交易法则》，1930年1月又颁布了《交易法实施细则》，中国交易所的发展和管理才有了统一的依据。这个时期，中国并没有真正意义的期货交易所。它是一种延期交割方式的变相期货交易。直到抗战胜利以后，时局相对稳定，中国各地的交易所才逐渐步入了正规化。

2. 停滞阶段(1950－1978)

1946年9月，上海证券交易所股份有限公司成立，才有了证券和物品两个市场。刚开始，由于市场冷清，人们推出了延期交割业务，实为变相的期货交易。极大地刺激了证券交易的活跃程度，吸引了大量的社会投资者和大量游资，从而导致了交易所的短暂繁荣。上海解放以后，为了打击商人的投机倒把行为，人民政府于1949年6月10日查封了上海证券大楼。1952年7月天津证券交易所也宣布关闭。至此，交易所在中国大地宣告完全进入了停滞阶段。

3. 恢复发展阶段(1979－1989)

十一届三中全会，确立了我国改革开放的方针。1978年，中国进行经济体制改革，开始由计划经济体制向市场经济体制转轨。随着家庭联产承包责任制在全国农村推广，农业生产力得到很快发展。国家逐步放开了对农产品的流通和放松对农产品价格控制。市场调节范围不断扩大，流入市场的农副产品不断增加。随着流通范围的扩大，农产品价格发生了较大的波动。农产品价格的大起大落，造成卖粮难的现象。这样，农业生产与农产品流通就出现了互不适应的局面。为了解决这一难题，并且防范价格频繁波动带来的风险，国内学者提出建立农产品期货市场的设想。1988年初，国务院发展研究中心组织力量开始进行期货市场的调查研究。1988年3月25日，李鹏总理在七届人大一次会议上作《政府工作报告》时再次指出:“积极发展各类批发贸易市场，探索期货交易”。从而确立了再我国开展期货交易的新课题。经过近三年的可行性研究，为在中国建立期货市场做了前期的理论准备。1989年，国务院工作小组在研究报告中建议:选择小麦和杂粮放开部分价格管制，在郑州进行期货交易试点。

4. 探索阶段(1990－1993)

1990年10月12日，中国第一个农产品中央交易所“郑州粮食批发市场”正式成立，它标志着新中国商品期货市场的诞生。它以现货交易为基础，同时引入期货交易机制，逐步向期货市场过渡。它是由商业部与河南省政府联合举办的、面向全国的粮油交易批发市场，是非营利性的服务机构。

郑州粮食批发市场的积极作用和示范效应很快得到全国各地的纷纷仿效，创办各种期货交易所。全国各地期货交易所如雨后春笋般建立起来。至1993年底，国内各类期货交易所达50多家，而此时国际上的期货交易所总数还不足100家。至1993年底，国内的期货经纪机构已有近千家。

在各方利益的驱动下，中国期货市场出现了盲目无序发展的局面。例如:1991年6月深圳有色金属交易所成立;1992年5月上海金属交易所成立;1992年10月，天津钢铁炉料交易所成立;1992年9月广东万通期货经纪公司成立等。期货交易所和期货公司重复建设、数量过多;上市品种重复设置、交易分散，使期货市场的“价格发现”功能难以发挥作用。另一方面，过度投机、操纵市场、交易欺诈等行为严重干扰了市场秩序，又使期货市场“规避风险”的功能难以发挥作用。究其原因，主要有二：一是人民缺乏相关知识和相关经验，对期货市场的认识有偏差。二是缺乏全国统一监督管理。相关法规、政策不完善，而且滞后，致使市场规则缺失。这样的局面就违背了建立期货市场的目的。针对这一问题，从1993年开始，政府有关部门对期货市场进全面的治理整顿。

5. 治理整顿阶段（1993－2000）

1993年11月，国务院颁发《关于制止期货市场盲目发展的通知》，提出了“规范起步、加强立法、一切经过试验和从严控制”的原则。它标志着第一轮治理整顿的开始。在这次治理整顿中，首先是大幅度减少期货交易所。整顿后，保留15家期货交易所作为试点。

1998年8月，国务院发布《关于进一步整顿和规范期货交易市场的通知》，开始了第二轮治理整顿工作。1999年，把原来的15家交易所精简合并为3家。分别是：郑州商品交易所、大连商品交易所、上海期货交易所。交易品种也由原来的35个削减为12个。分别是：小麦、绿豆、红小豆、花生仁、大豆、豆粕、啤酒大麦、铜、铝、胶合板、天然橡胶、籼米。

同时，对期货代理机构也进行了整顿。1995年底，有330家期货经纪公司重新审核并换发了《期货经纪业务许可证》，使期货公司的数量大大减少。

为了规范期货市场行为，1999年6月2日，国务院颁发了《期货交易管理暂行条例》，与之相配套的还有《期货交易所管理办法》、《期货经纪公司管理办法》、《期货经纪公司高级管理人员任职资格管理办法》和《期货从业人员资格管理办法》等。从而加强了对期货市场的监管。一系列法规的颁布，标志着中国期货市场将进入一个新的发展阶段。

2000年12月，中国期货业协会成立。期货行业第一次有了自己正式的行业性自律组织。它标志着中国期货市场监督管理体系已经初步形成。经过两轮的治理整顿，中国期货市场开始走向更加规范的发展道路。

6. 稳步发展阶段（2000年至今）

2000年以后，中国期货市场进入了稳步发展阶段。“稳步发展”是中国期货市场的主旋律。在稳步发展阶段，中国期货市场的规范化程度不断提高，期货交易新品种不断推出，期货交易数量不断创新高，服务经验不断积累与不断丰富，具备了在更高层次服务国民经济发展的能力。

中国期货市场开始走向法制化和规范化道路，并且构建了中国期货市场的法规制度框架和风险防范机制，监管体制和法规体系也不断完善。由中国证监会的行政监督管理、期货业协会的行业自律管理和期货交易所的自律管理，构成了“三级”监管体制。2000年12月，中国期货协会的正式成立，标志着中国期货市场“三级”管理体系已经初步形成。这对于形成和维护良好的期货市场秩序起到了积极的作用。一系列相继出台的法律法规，不但完善了中国期货市场的制度，而且也为期货市场的健康发展提供了制度保障。

2001年8月，中国郑州商品期货交易所、大连商品期货交易所、上海期货交易所，三家期货交易所实现了信息、通讯联网。它标志着中国期货交易所正在向世界期货市场逐步接轨，它正在向更加成熟、更加快捷、更加健康的方向发展。中国三家期货交易所互相联网、互相联通，它标志着国内期货市场开始从区域分割走向集中统一。

2002年5月，中国证监会发布《期货交易管理办法》、《期货经纪公司管理办法》，它标志着对期货交易所和期货公司的管理又上了一个新台阶。

2003 年 5 月，《最高人民法院关于审理期货纠纷案件若干问题的规定》通过，并于 2003 年 7 月 1 日起施行。它表明中国期货交易纠纷进入了法定程序。

2004 年 3 月，《国务院关于推进资本市场改革开放和稳定发展的若干意见》中明确规定：期货经纪公司属于金融机构。它为期货市场的发展奠定了良好的基础。

2005 年 8 月，中国证监会出台《关于香港、澳门服务提供者参股期货经纪公司有关问题的通知》，它被认为是中国期货业对外开放的标志。

2007 年 2 月，国务院修订了《期货交易管理条例》，使期货交易管理更加法制化、正规化。同年 3 月，中国证监会又修订了《期货交易管理办法》和《期货公司管理办法》，使二者之间的管理更加正规化。

2008 年 3 月，中国证监会公布《期货公司首席风险官管理规定》，把风险防范纳入行政管理。同年 4 月，中国期货业协会施行《期货从业人员执业行为准则》，规范了从业人员的行为。从 2000 年 1 月的期货从业人员的统一考试，到 2010 年先后出台的各种法律法规，都体现了中国期货市场进入了规范发展新阶段。

应该说明，在该阶段，2006 年 5 月，中国期货保证金监控中心成立；随后，同年 9 月，中国金融期货交易所在上海挂牌成立，并于 2010 年 4 月 28 日推出了沪深 300 指数期货。保证金监控中心是客户保证金安全存管机构，有效防范了保证金被挪用的风险，保证期货交易资金的安全，维护了投资者的利益。金融期货交易所的成立和股指期货的推出，对丰富金融产品，为投资者开辟更多的投资渠道；完善资本市场体系、发展资本市场的功能、深化金融体制改革，都具有重要意义，同时也标志着中国期货市场进入了商品期货与金融期货共同发展的新阶段。

目前，国内期货交易所共有 4 家。分别是上海期货交易所、郑州商品交易所、大连商品交易所、中国金融期货交易所。到目前为止，上市交易的期货品种有 24 个。已经上市的商品期货品种覆盖了农产品、金属、能源化工等诸多产业领域，形成了比较完善的商品期货品种体系。中国部分期货品种在国际期货市场上已经具有一定的影响力。在全球各类商品期货交易量排名靠前的有：螺纹钢、锌、铝、燃料油、白糖、棉花、天然橡胶、大豆、豆油、玉米等。

随着现代市场经济体系的逐步完善和资本市场的改革发展，中国期货市场步入了稳定健康发展的良性轨道。在服务国民经济和产业实体的过程中发挥了日益重要的作用。目前，中国期货市场已成为世界最大的商品期货市场之一。

目前，中国期货市场还存在诸多问题。一是期货市场的发展不均衡、投资主体的结构不合理、市场投机较盛行。过度投机会扭曲期货价格，影响期货市场规避风险和价格发现功能。对机构投资者的准入限制依然过严。二是期货市场监管力度不强、法规体系不完善。期货市场急需立法。现有的法规需要根据市场发展状况适时修订。三是期货品种不丰富、品种结构不合理。现有的期货品种不能满足现货市场规避风险的需求。例如：没有原油期货等。四是金融期货品种太少，而且没有金融期权这种衍生产品，基础金融产品的风险不能通过期货市场规避。五是中国期货市场的国际化程度低，对国际期货市场的影响力小。多数商品期货的交易价格对国际商品定价的影响力小，在国际商品定价中难以形成与经济实力相匹配的话语权。中国期货与中国经济发展速度相比，期货市场存在一定差距。目前，中国期货市场正处于从数量扩张向质量提高的转变时期，这些问题可以在我国期货市场的稳定发展中解决，中国期货市场正在逐步走向成熟。

第二节　期货市场的功能与特征

自期货市场产生以来，经过不断的发展，已成为现代资本市场中不可缺少的重要组成部分。因为，期货市场具有难以替代的功能和作用。正确认识期货市场的功能、作用，可以进一步加深对期货市场的理解。

一、期货交易的性质

因为期货交易是在现货交易的基础上发展起来的，期货合约又是在远期合约标准化以后形成的，所以在讲述期货的性质之前，应先讲述远期合约的性质。

1. 远期交易的性质

远期合约交易实在现货交易的基础上产生的，故远期合约交易也必然具有现货交易的基本特征，即“实货交割”。因此，远期合约交易的目的是：保障在交易所签订的远期合约最终都能进行“实货交割”。从这个意义上讲，远期合约交易仍然属于现货交易。远期合约交易与现货交易的性质相同，二者性质都是：促进商品的流通。

从性质上讲，远期合约交易不是期货交易。但是，它有很多期货交易的制度和特征。因为，远期合约也是在不断运动和不断发展的，远期合约的标准化也是在不断完善的，远期合约的发展是不一种必然趋势。另一方面，远期合约交易的性质从初衷而言，不是以回避价格风险为主的，也不鼓励市场上的投机交易活动。对最初的市场而言，它既要防止投机者出现破产、毁约行为，又要防止投机资本操纵市场价格、囤积货物行为。

2. 期货交易的性质

远期合约交易的后期也开始了合约的转手买卖行为。因多种原因，远期合约的持有人不愿意到期后去接受实货交割；他把合约转手卖给了第三者，而他自己从中得到了一定的差价利润回报。由第三者去接受实货交割，因为，他想赚取更多的利润。这种合约的转手买卖，对第三者来讲，是一种能盈利的投资工具。远期合约成为投资工具，它就与期货交易的性质一样了。

从经济意义上讲，期货交易的性质与股票交易相似：也是一种向社会大众提供的“投资工具”。期货交易，最初是为了回避价格风险，其次才是实货交割。虽然实货交割只占成交总量的5%左右。但是，实货交割是期货市场的强大后盾，是强大的物质基础，也是市场价格形成的基石，必不可少。

期货市场鼓励支持投机资本的注入。期货交易是通过各种严格的制度来保障交易的正常运行，防止违约行为的发生。

期货交易对供需双方来讲，都能稳定产、销，避免价格的季节性波动造成的风险。对供方讲，能够提前卖出生产的原料商品，同时也锁定了销售利润，不受价格波动的影响。对需方讲，能够稳定货源，提前安排运输、仓储、生产加工、销售等项业务。同时，也锁定了生产成本，并回避价格波动风险。

总之，期货交易的实质是一种投资工具。它与股票交易相似，是一种向社会大众提供的投资工具。

期货交易与股票交易相比，有很多不同之处。期货交易需求的资金小，盈利的可能性大，但风险也大。期货交易是真正的“以小博大”的交易。另外，期货交易可以“买空卖空”，(买空是指买进期货合约，也称多头)，期货合约有时间限制，不能长期持有，到交割日必须了结期货交易。

现代期货交易不以实货交割为主，因此，它交易的是一种与商品所有权有关联的“价格风险”，而不是实货商品本身。

二、期货市场的功能

规避风险和价格发现是期货市场的两大经济功能。

1. 规避风险功能

规避风险功能是指期货市场能够规避现货市场价格波动的风险。规避价格风险又称价格风险转移。期货市场可以减缓价格的剧烈波动，从而回避价格波动带来的商业风险。期货市场的参与者(生产经营者)通过在期货交易所进行套期保值交易实现价格风险的转移，达到规避价格风险的目的。从事套期保值的期货市场参与者是指企业生产商、加工商、贸易商等实业商人。

套期保值是指投资者在期货市场通过买卖期货合约用盈利冲销(抵补)现货市场实物商品交易可能出现的因价格波动而造成的损失。套期保值的基本方法是在买入现货商品的同时，在期货市场上做一笔与现货市场交易的品种相同、数量相等、交易方向相反的期货合约；用期货市场的盈利抵消现货市场出现的亏损。

例如:豆油生产商在今年9月份黄大豆收获季节以较低的价格在现货市场上买进100万吨黄大豆库存待用。到次年3月份(清明节前后)，库存黄大豆已经用完，需要再买进100万吨黄大豆，才能满足生产的急需。因为，“清明前后，种瓜种豆”，正是黄豆市场价格较高的季节;3月份再次买进黄大豆时，就会比去年9月份多支出了10万元现金(财务表上就有10万元的账面亏损)。因此，豆油生产商就在期货市场上买卖期货合约，用期货市场的盈利来冲销现货市场的“账面亏损”。其方法是:在去年9月份买进100万吨黄大豆的同时，又在期货市场上买入100万吨“黄大豆期货合约”;到了次年3月份，再次买进100万吨黄大豆的同时，又在期货市场上卖出100万吨“黄大豆期货合约”(这时“黄大豆期货合约”已随黄豆现货商品的价格一块上升到较高价位)，刚好盈利10万元整。这样，用期货市场的盈利冲销了现货市场的亏损。

为了规避黄大豆现货市场的价格波动风险(季节性价格波动)，这些企业生产经营商可以通过期货市场买卖期货合约，用盈利为自己的现货进行保值。这种保值的操作策略就叫“套期保值操作”。豆油生产商在去年9月在期货市场买入了100万吨黄大豆期货合约，待到次年3月份价格上升后卖出，期货交易使他们赚了一笔钱;这笔盈利正好抵补了他们次年3月再次买入黄大豆现货市场上的损失。所以豆油生产商是可以通过“套期保值”来规避价格风险的。

套期保值为什么能规避价格风险？是因为期货市场价格与现货市场价格，二者同方向变动，并且两个价格最终趋于相同。为什么期货价格与现货价格最终会趋于相同呢？是因为期货市场价格与现货市场价格都会受到相同因素的影响——供求关系的影响。当供求大致均衡时，两个价格就会相同。

应当注意的是，规避价格风险并不意味着期货交易本身无价格风险。实际上，期货市场的风险要远远大于现货市场的风险。因为，期货价格的上升或下跌既可以使期货交易盈利，也可以使期货交易者亏损。盈亏的关键是投资者操作技能的高低和操作方法的正确与否。

套期保值交易的主要目的，不是追求期货市场上的高额利润，而是要实现：一个市场上的盈利抵补另一个市场上的亏损。这才是期货市场规避价格风险的基本功能的意义。

应当明确指出，期货在本质上讲它是一种风险管理工具，并不能完全彻底地消除风险。因为，现货市场价格波动风险是客观存在的。由期货市场规避的风险，也就是套期保值者转移出去的风险。

这个风险转移到哪里去了呢？是由投机者承担了，即是由套期保值者的交易对手承担了。期货市场与股票市场一样，一部分是套期保值者（也叫投资者），另一部分是期货市场中的投机者。而且，投机者是期货市场中的主要成员，有众多的人参与进来。套期保值者的风险能否完全转移出去呢？这就需要看套期保值者与投机者谁的操作技能高了。很多投机者都是操作技能很熟练的人，很有经验的人。套期保值者转移出去的风险是由投机人自愿承担的。为什么投机者愿意承担风险呢？因为，在完全竞争市场中，风险与收益成正比关系，风险大收益大。正是这种正相关系，正是对风险收益的追逐，才让众多投机者参与期货交易。

另外，风险转移的效果也不同：一是风险能完全转移出去；二是风险可以部分转移出去；三是风险不能转移出去，即在期货市场上买卖期货合约的结果是亏损。

2. 价格发现功能

价格发现功能是指期货市场能够预测未来现货价格的变动，发现未来的现货价格，形成权威价格。也就是说，期货价格可以作为未来某一个时期的现货价格变动趋势的“晴雨表”。价格发现并不是期货市场所独有的，但是期货市场比其他市场具有更高的价格发现效率。这是因为期货市场用自己特有属性来实现的。

现代经济学的最新研究表明：信息不对称和信息不完全会导致价格扭曲和市场失灵。期货市场是一种接近于完全竞争市场，又是一种高度组织化和规范化的市场。它拥有大量的交易者，并且采取“集中公开竞价”交易方式。是各种信息高度聚集和迅速传播的市场。因此，期货市场的价格形成机制比较成熟和完善。期货市场能够形成真实有效地反映供求关系的期货价格。期货市场的价格形成具有“公开性”、“连续性”、“预测性”和“权威性”特征。

公开性，是指期货价格及时向社会广大公众披露，并能够迅速地传递到各个期货市场。

连续性，是指期货交易的是标准化合约，转手极为方便，而且能连续不断地生成期货价格，进而连续不断地反映了供求关系的变化。

预测性，是指期货市场能够客观地反映出了未来的供求关系，能够预测未来价格变动方向和变化趋势。虽然大量的交易者（生产商、加工商、贸易商、投机者）集中在场内公开竞价形成了期货价格，但是，所形成的期货价格是广大交易者对未来供求状况的预测，也是对未来价格变动趋势的预测。

权威性，是指期货价格已被世界各国视为一种权威价格，并对现货价格提供基准价格，建立新的市场秩序，防止黑市交易和欺诈行为。期货价格不仅能够指导实际生产和经营活动，而且还被作为现货交易的定价基准，为国家提供一个可行的经济指标。目前，大宗商品的国际贸易采取“期货价格 + 升贴水”的定价方式，成为现货商品价格的基准价格。它充分体现了期货价格的权威性。

3. 调节商品供求，减缓价格波动

国家利用期货市场调节商品供求状况，稳定产销关系，避免供求不均，减缓价格波动。当市场中存在大量套期保值交易的时期，价格波动幅度最小，可以减缓价格波动。有人认为期货交易加大了价格波动幅度，是因为过度投机交易的因素。

4. 合理利用闲置资金

有期货市场存在，居民又多了一种投资渠道。充分利用手中的资金和短期游资进行期货合约交易，以期获取风险收益。因为买卖股票需要全额资金，买卖期货合约只需交纳少量保证金(5% –10%)，它是真正的“以小博大”的操作。

事实证明，期货市场的价格发现功能在很大程度上弥补了现货市场的缺陷，推动了价格体系的完善，促进了市场经济的发展。

到了21世纪，期货交易早已跨越国界，它促进了经济国际化。期货交易的国际化，推动了世界经济一体化。因为，期货交易形成了公正价格，可以调节供求关系和资源配置的影响范围。所以，可以促进经济国际化。

三、期货交易的特征

期货交易已经成为全球的一种现代交易方式。期货交易有自己的特征，基本特征可以归纳为六个方面。

1. 合约标准化

期货合约是由期货交易所统一制定的、规定在将来某一特定时间和地点交割一定数量标的物的标准化合约。

在期货合约中，标的物数量、质量规格、交收时间和地点等都是事先规定的。这种全球几乎一致的标准化合约给期货交易带来很大便利。期货的交易双方不需要事先对交易的具体条款再去进行协商，从而节约了交易时间和交易成本，提高了交易效率和市场流动性。

2. 场内集中竞价交易

期货交易实行场内交易制度。所有期货的买卖指令都必须在期货交易所内进行集中竞价成交。只有期货交易所的会员才能进场内交易，其他交易者(客户)只能委托期货交易所会员，由会员代理客户进行期货交易。

3. 保证金交易

期货交易实行保证金制度。交易者在买卖期货合约时，按照合约的价值的一定比率交纳保证金。一般交纳5%至15%作为履约保证，它是已被合同占用的资金。也就是说，期货交易只需交纳少量的保证金，就可以进行数倍于保证金的交易活动(交纳5万的保证金，可以买卖100万的期货合约)。这种“以小博大”的保证金交易也被称为“杠杆效应”。期货交易的这一特征，使期货交易具有“高风险、高收益”的突出特点。保证金比率越低，杠杆效应越大，高风险高收益的特点越明显。

4. 双向交易

期货交易采用“双向交易”方式。双向交易是指交易者既可以买入建仓，也可以卖出建仓。建仓又称为开仓，开仓包括买入开仓和卖出开仓。买入建仓是先通过买入期货合约开始期货交易，也称“买空”或做多。卖出建仓是先通过卖出期货合约开始期货交易，也称“卖空”

或做空。

双向交易给予投资者有双向的投资机会。也就是说，当期货价格上升时，可以通过低买高卖（先买后卖）来获利；当期货价格下跌时，可以通过高卖低买（先卖后买）来获利。期货投资，正向市场能赚钱，反向市场也能赚钱。

5. 对冲了结

对冲了结，又称对冲平仓。平仓是指交易者了结持仓的交易行为。了结的方式是针对持仓方向作相反的对冲买卖。说白了对冲平仓是指交易者用先买后卖或者先卖后买的操作方式了结期货交易。对冲了结的方式：一买一卖或者一卖一买。

交易者在期货市场建仓后，多数交易者不是通过交收实物商品来结束交易，而是通过对冲平仓结束交易。交易者买入建仓后，可以通过卖出同一品种的期货合约来解除合同的履约责任；交易者卖出建仓后，可以通过买入同一品种的期货合约来解除履约责任。这样，对冲了结使投资者不必通过交割商品实物来结束期货交易。对冲了结避免了商品实物交割，从而提高了交易效率和期货市场的流动性。

6. 逐日盯市

逐日盯市制度也叫无负债结算制度。期货交易实行当日无负债结算。它可以有效防范风险，保障期货市场的正常运行。

结算部门在每日交易结束后，按照当日结算价格对交易者清算所有合约的盈亏。结算交易保证金及手续费、税金等费用。对应收和应付款项实行净额一次性划转；并且相应增加或减少保证金。如果交易者的保证金低于交易所的规定标准，则当天必须"追加保证金"，从而真正做到"当日无负债"。

四、期货市场的作用

1. 期货市场的发展有利于现货市场的完善

期货市场和现货市场是现代市场体系中的两个重要组成部分。在市场经济条件下，它们共同调节资源的合理配置。现货市场是期货市场发展的基础，期货市场是由现货市场衍生而来的，期货市场是现货市场发展到一定阶段的产物。期货市场反作用于现货市场，又促进了现货市场的发展。

期货市场与现货市场的相互作用主要表现在三个方面。一是期货价格对现货价格有示范效果。因为，期货市场具有价格发现功能，期货价格又示范效果。所以，它可以弥补现货市场的缺陷，推动现货价格体系的完善，从而有利于形成合理的现货市场价格，促进市场经济的发展。二是期货市场能够规避现货市场价格波动的风险。它可以使生产商、贸易商在现货市场进行大规模交易，有利于现货市场交易规模的扩大。三是期货市场的交易充分体现了现货交易的"优质优价"原则。期货市场的交易对象是标准化合约，在期货合约中规定了标的物的品质标准，在进行实物交割时，不同品质的现货会有升水或者贴水现象出现，这充分体现了现货实物的"优质优价"原则。

2. 期货市场的发展有利于企业的生产经营

期货市场的健康规范发展对企业的生产经营活动有巨大的积极作用。其表现主要有三个方面。一是期货价格信息有利于企业领导者作出科学合理决策。作为市场信号的期货价格，能够部分消除市场信息不完全和不对称。在市场经济条件下进行生产的企业领导者可以充分利用期货价格信息作出正确的决策，避免生产的盲目性。二是企业可以通过期货市场进行套期保值。当企业生产出现亏损时，可以在期货市场上进行套期保值投资。通过期货市场的盈利来冲销企业的财务亏损。三是通过期货市场来规避价格波动风险，期货市场可以帮助生产者规避这种风险，达到锁定生产成本，实现预期利润的目的。使企业生产经营活动免受价格波动的干扰。例如大豆生产商可以根据大豆期货价格的高低，来调节大豆的种植面积，用以调节市场的供求关系，达到稳定价格的目标。

3. 期货市场的发展有利于国民经济稳定和宏观决策

以农产品和能源产品为代表的大宗商品及金融产品价格的剧烈波动，必然会引起国家宏观经济的不稳定甚至会引起国民经济的大起大落。大宗商品和金融产品期货交易，不仅可以通过风险规避功能起到稳定生产和流通的作用，而且还可以通过价格发现功能调节市场供求关系。所以，期货市场的发展有利于国民经济的稳定，也有利于政府的宏观决策。

农产品期货市场促进了本国农业生产结构的调整，保证了农产品价格的基本稳定。例如，美国芝加哥商业交易所和芝加哥期权交易所为国债投资者和期市投资者提供了避险的工具，促进了美国的国债市场和股票市场的平稳运行。

通常现货商品市场的价格机制对经济的调节有滞后性的缺陷，而期货市场的价格却能提前反映将来一定时期价格的变化趋势，具有信号反映功能和超前预测价格的功能特征。各国政府以期货价格为参考依据，有利于科学合理地制定宏观经济调整政策。

4. 期货市场的发展有利于增强国际市场价格形成的主导权

在经济全球化的大背景下，各国之间的经济联系日益紧密。国际贸易与国际投资的快速发展又使国内市场演变成了国际市场，国内价格也随之演变成为国际价格。期货价格在国际市场价格的形成中发挥了基准价格的主导作用。交易规模大、规范化和国际化的期货市场已经成为世界市场的定价主导中心。西方发达国家的期货交易所集中了全球绝大多数的农产品、石油和金属产品的期货交易，由此形成的期货价格已经成为全球市场的基准价格。美英发达国家在国际价格的形成中掌握了主导权，在国际贸易中处于主动和有利地位。

第三节　期货商品种类与上市条件

国际期货市场期货商品种类较多。各个国家的经济特点不同，期货商品种类也不相同。本节主要介绍国外与我国的一部分期货商品的种类、上市条件及期货交易流程。

一、国际期货商品种类

在国外以美国、英国、日本最为兴旺，上市交易的期货商品种类比较齐全。而且可以划分为三大类：农产品期货商品、生产资料期货商品、金融工具期货商品。

1. 农产品期货商品

农产品期货商品交易最早是在芝加哥交易所上市交易，美国芝加哥交易所的主要农产品期货商品有：玉米、燕麦、黄豆、小麦等。交易单位均为5000蒲式耳。蒲式耳是英国的容量单位，相当于中国的“升”。在中国，1蒲式耳=36.268升；在美国，1蒲式耳=35.238升。1蒲式耳的物品重量也不相同，1蒲式耳黄豆=27.215公斤。容量与重量的换算方法，以各国期货交易所制表为准。因为农产品的玉米、燕麦、黄豆、小麦的性质相近，所以，均用5000蒲式耳作为一手期货合约的交易单位。既方便，又便于计算。芝加哥交易所有：糙米，交易单位为20万磅；大豆油，交易单位为6万磅；大豆粉，交易单位为100吨；活牛，交易单位为4万磅；活猪，交易单位为3万磅；猪肉，交易单位为3.8万磅；棉花，交易单位为5万磅；糖、可可、咖啡、冰冻橘子汁，交易单位均是11.2万磅。

日本的红豆，交易单位为一口80袋(2400公斤)；干茧，交易单位300公斤。

2. 生产资料期货商品

伦敦金属交易所(LME)是最大的金属期货商品交易市场。它形成的价格有国际影响。其中交易品种有：铜，A级铜，交易单位为25吨；铝，高级铝，交易单位为25吨；铅，交易单位为25吨；锌，特级、高级锌，交易单位为25吨；镍，交易单位为6吨；锡，交易单位为5吨；银，交易单位为1000盎司。以上商品的计价货币均为美元。

3. 金融工具期货商品

金属期货是由美国最早推出的，把美国与其他国家常见的金融期货列举如下：

(1)外汇期货。计价货币有：英镑、加拿大元、澳元、欧元、日元、美元、瑞士法郎等。

(2)利率期货。种类有：政府公债、中短期债券、抵押证券、存款凭证、商业票据、欧洲美元等。

(3)股票价格指数期货。种类有：标准普尔500指数、纽约证交所综合指数、日经指数、恒生指数；目前中国金融期货交易所采用的是“沪深300”指数。

二、中国期货交易品种

中国期货商品的种类，也可以划分为农产品类、生产资料类、金融工具类。为了简便，把部分主要商品罗列起来讲。

农产品的商品期货交易主要有：硬白小麦，交易单位为10吨/手；优质强筋小麦，交易单位10吨/手；菜籽油，交易单位5吨/手；一号棉花，交易单位10吨/手；早籼稻，交易单位10吨/手；白糖，交易单位10吨/手；黄玉米，交易单位10吨/手；黄大豆1号，交易单位10吨/手；豆粕，交易单位10吨/手；大豆油，交易单位10吨/手；棕榈油，交易单位10吨/手；天然橡胶，交易单位5吨/手。

金属期货商品主要有：黄金，交易单位1000克/手；阴极铜，交易单位5吨/手；铝，交易单位5吨/手；锌，交易单位5吨/手；螺纹钢，交易单位10吨/手；钢筋线材，交易单位10吨/手。

其他类期货商品主要有：燃料油，交易单位10吨/手；精对苯二甲酸(PTA)，交易单位5吨/手；线型低密度聚乙烯，交易单位5吨/手；聚氯乙烯，交易单位5吨/手。

三、期货商品的上市条件

1. 商品能够长期储存，不会变质和损坏。

2. 商品的品质等级能够明确划分，能为社会公众认可，并符合某种规定标准。

3. 商品能够进行大批量交易和生产，消费量和流通量比较大。预期想买入该商品的人多，预期成交量大。

4. 商品的价格波动比较频繁；否则，套期保值和投机交易都难以实现。

5. 商品的未来市场供求关系动向不容易估计，未来的价格趋势方向不会成为社会投资大众明确一致的风向标，否则将会缺少交易对手。

6. 商品的运输条件和交收地点方便。

第四节 期货交易流程

客户进行期货交易，一般有以下几个环节：开户、下单、竞价、结算、交割。在期货交易的实际操作中，绝大多数期货交易都是通过“对冲平仓”的方式了结履约责任，很少有客户进行实物交割环节，所以，“交割”多数是客户通过结算机构进行的“合约”与“现金”的转手。

一、期货交易准备

1. 知识准备

期货投资客户在入市前必须熟读《期货市场教程》、《证券投资学》、《证券投资技术分析》、《股票操作学》等有关知识。认真学习投资理论，提高理性投资概念，减少投资的盲目性。

2. 心理准备

期货市场是一种高风险市场，投资收益具有很大的不确定性。预期收益或有、或无、或大、或小，在思想上应十分清楚。不要梦想一夜之间会成为百万富翁。

3. 现金准备

期货交易虽然只缴纳少量保证金，但是“入门费”要比股票市场高。少则几万、十几万元，多则几千万元。期货客户则需要量力而行，不要轻易冒险。

4. 正确选择期货公司

我国目前有四大期货交易所和众多的期货公司。每一个期货公司都可以同时买卖四大交易所的期货合约。正确选择期货公司和期货交易代理人很重要。选择原则：信誉良好，诚实守法，盈利能力强，资金雄厚。选择期货经纪人和操盘手也非常重要。

5. 熟悉期货交易规则

期货交易规则与股票交易规则有很大区别，二者不大相同。这些法定的交易规则是指导交易者进行运作的规范性文件。这些文件主要有以下条款：

(1)期货交易大厅进入条款。期货交易厅一般只许会员单位的出市代表(代理人)入厅进行直接交易。

(2)非会员客户委托交易条款。

非会员客户也简称“客户”，是指社会公众期货投资者。交易所不与非会员客户发生直接关系，是为了对期货公司进行有效监督稽查。并且交易所规定期货公司对客户实行“一户一码制”进行交易。期货公司应为客户单独开设账户，并不得损害客户利益。

(3)保证金交付条款及手续费、佣金交纳条款。

(4)价格波动幅度限制和涨跌停板限制条款。

(5)交易限制、平仓运作条款及交割条款。

(6)信息发布、交易时间、交易申报方式、撮合成交条款。

(7)结算方式、结算盈亏、风险控制、资金管理条款等。

二、期货交易流程

1. 开户

开户是指客户申请了交易编码后，开设资金账户。开户的流程是：申请开户、阅读期货交易风险说明书并签字确认、签署期货经纪合同、申请交易编码并确认资金账号。

(1)申请开户

投资者选定期货公司之后，就可以向该公司提出委托申请，开设账户，成为该公司的客户。开设账户实质上是确立投资者(委托人)与期货公司(代理人)之间的一种法律关系。

客户划分为自然人客户与法人客户。自然人客户应当本人亲自去办理开户手续，签署开户资料。不得让代理人代办开户手续。法人客户应出具单位的授权委托书、代办人的身份证和其他开户证件。期货公司应当对客户的开户资料进行审核，确保开户资料合规、真实、准确、完整。

(2)阅读期货风险说明书并签字确认

期货公司接受客户的开户申请时，必须向客户提供“期货交易风险说明书”。自然人客户在仔细阅读并理解之后，在该期货交易风险说明书上签字。法人客户由单位法定代表人或授权人在期货交易风险说明书上签字并加盖单位公章。

(3)签署期货经纪合同

期货公司在接收客户开户申请后，双方必须签署期货经济合同书。法人客户应在该合同上加盖公章。

自然人开户应提供身份证，并留存签名样卡；法人开户应提供“企业法人营业执照影印件”，法定代表人、授权执行人的真实姓名、联系电话、授权书等书面材料。

(4)申请交易编码并确认资金账号

期货公司应为客户申请各个期货交易所的交易编码，并统一到监控中心办理；监控中心对期货公司提交的客户资料进行复核，并把复核后的客户资料转发给相关期货交易所；期货交易所按规定要求对客户交易编码进行分配、发放和管理，并将申请结果通过监控中心反馈给期货公司。由监控中心为客户建立“一户一码”制度。当日分配给客户的交易编码，期货交易所应当于下一个交易日允许客户使用。

客户与期货公司签署“期货经纪合同”之后，在下单交易前，应当按规定缴纳开户保证金。期货公司应将客户保证金存入指定的客户账户中，供客户进行期货交易使用。

说明：交易编码由12位数字构成，前4位为会员号，后8位为客户号。前4位根据客户在哪一个期货交易所中买卖合约而有变化，后8位编码永远相同，而且是唯一的号码。

2. 下单

下单是指客户在进行期货交易前向期货公司的有关业务人员下达交易指令，说明拟买卖合约的种类、数量、价格的行为。客户在规定时间内足额缴纳开户保证金之后，就可以委托下单，进行期货交易。

(1)交易指令的主要内容

期货合约的品种、数量、价格、合约月份、交易方向、开仓与平仓等内容。

(2)交易指令的种类

在国际上期货交易的指令有很多种，但常用的有以下几种。

①按价格限制方式划分

a. 市价指令。市价指令是指按当时的市场价格即刻成交的指令。客户在下达市场指令时不需要明确具体价位，是要求公司出市代表以当时市场的最佳价格达成交易。这种交易的特点是:成交速度快，一旦下达指令后不可更改、不可撤销。

b. 限价指令。限价指令是指由客户拟定价格范围，由出市代表执行时必须按限定价格或更好的价格成交。它的特点是:能按客户的预期价格成交，但成交速度相对较慢，有时若未遇到此限价内的订单时，则无法成交。

c. 止损指令。止损指令是指当市场价格跌到客户预先设定的停损触发价格时，即以市价成交，否则亏损会增大。它的特点是:把损失降至最低限度，也可以锁定利润。止损指令通常用于平仓。

d. 触价指令。触价指令是指在市场价格触及到客户指定价格时，即以市场价格成交。

触价指令与止损指令的区别:预先设定的价位不同。例如:卖出时，因为卖出止损指令的价格低于当时市场价格，所以出市代表卖出价格只要略高于当时的“即时价格”就是正确的。买进时，客户想买进一个较低价格，所以出市代表买进价格只要略低于当时市场的“即时价格”就是正确的。它的特点是:既可以将损失降至最低限度，又能有效锁定买进成本。

e. 停止“限价指令”。停止限价指令是指当市场价格达到客户预先设定的价格范围时，即变为“限价指令”予以执行的一种指令。

②按指令有效时间划分

a. 当日指令。当日指令是指当天有效，过期作废的指令。

b. 限时指令。限时指令是指出市代表在某一段时间内执行的指令。如果在该时间内指令未被执行，则自动取消。

c. 长效指令。长效指令是指除非已经成交或客户取消，否则指令持续有效。

d. 套利指令套利指令是指出市代表在盈利的前提下，可以同时买进和卖出两种或两种以上期货合约的指令。

e. 取消指令。取消指令是指把某一指令撤销的指令。所以，取消指令又称为“撤单”。

上述指令虽然很多，但是目前我国常用的指令有:市价指令、限价指令、取消指令。此外，郑州商品交易所采用了套利指令，大连商品交易所采用了套利指令、止损指令和停止限价指令。另外，我国各个交易所的指令均为当日有效。在指令成交前，客户可以提出变更和撤销。

③指令下达方式

客户在正式交易前，应制定一个交易计划。客户应按计划下达交易指令(下单交易)。目前，我国客户下单的方式有三种。

a. 书面下单。客户亲自填写交易单，签字后交期货公司，再由本公司出市代表参与交易。

b. 电话下单。客户通过电话直接将指令下达到期货公司，再由期货公司把指令发至交易所参与交易。期货公司须把客户的指令同步录音，以备查证。

c. 网上下单。客户通过因特网或局域网，并使用期货公司配置的网上下单系统进行网上下单。进入下单系统后，客户需输入自己的客户号码和密码，经确认后再输入指令。指令通过网络传到期货公司后，再通过专线传到交易所主机进行撮合成交。

客户可以在期货公司的下单系统获得成交回报。

3. 竞价

(1)竞价方式

竞价方式目前主要有公开喊价和计算机撮合成交两种。公开喊价是传统的竞价方式;21世纪以来,信息技术迅速发展,期货交易所采用计算机撮合成交方式。传统的公开喊价方式也引入了电子交易系统。

a. 公开喊价方式

公开喊价又分为两种形式:连续竞价制和一节一价制。

连续竞价制是指在交易所的交易池内由交易者面对面地公开喊价。用来表示各自买进或卖出合约的要求。按照规则,交易者在报价时既要发出声音,又要做出手势,以保证报价的准确性。这种方式有利于活跃场内气氛,维护公开、公平、公正原则。

一节一价制是指把每个交易日分成若干节;每节交易价格由主持人最先叫价;所有场内经纪人根据其叫价来申报买卖数量,直至买卖双方的交易数量相等为止。每一节交易中,一种合约一个价格。

b. 计算机撮合成交方式

计算机撮合成交方式是在公开喊价的基础上设计的一种自动化交易方式。计算机撮合成交就是指期货交易所的计算机交易系统对交易双方的交易指令进行"配对"的过程。其特点:准确性和连续性好。但交易系统有故障会造成交易风险。

计算机系统采取的交易原则是按"价格优先,时间优先"进行排序。即当买进价格大于、等于卖出价格时,计算机自动撮合成交;卖出价格低的先成交。

开盘价集合竞价是在某个期货品种和某个月份合约,每一交易日,开市前5分钟内进行。交易系统自动控制集合竞价申报的开始,运行过程和结束,并在计算机终端上显示。

集合竞价采用最大成交量原则:以此价格成交时能够得到最大成交量。即高于集合竞价产生的价格成交时能够得到最大成交量。即高于集合竞价产生的价格的买进申报全部成交;低于集合竞价产生的价格的卖出申报全部成交;等于集合竞价产生的价格的买进或卖出申报,根据买入申报和卖出申报量的多少,按少的一方的申报量成交(价格相等,数量少者先成交)。

集合竞价产生价格的方法步骤:

①排列顺序:

买入时,交易系统对所有的有效买入申报按申报价格由高到低的顺序排列;当申报价格相同时,按时间先后顺序排列。

卖出时,交易系统对所有的有效卖出申报按申报价格由低到高的顺序排列;当申报价格相同时,按时间先后顺序排列。

②配对成交:

交易系统逐步把排列在前面的买入申报和卖出申报配对成交,直到不能成交为止。

全部成交:最后一笔成交,取最后一笔成交的买入申报价和卖出申报价的"价格算术平均值"为集合成交价格。

部分成交:如果最后一笔成交是部分成交时,则以部分成交的申报价为集合竞价产生价格。

(2)成交回报确认

当计算机显示的指令成交后,客户可以立即在期货公司的下单系统获得成交回报。对于书面下单和电话下单的客户,期货公司应按照约定的方式即时予以成交回报。实际上是,计算机显示成交后，出市代表马上将成交结果反馈给期货公司交易部；由交易部把成交结果记录在交易单上并打上时间戳之后，再将成交回报记录单报告给客户。

成交回报记录单包括几个重要项目：成交价格、成交手数、成交时间等。

客户对成交回报记录单（用以交易结算）的记载事项有异议时，应当在下一个交易日开市之前向期货公司提出“书面异议”；客户对交易结算单无异议的，应当在交易结算单上签字确认或者按照期货经纪合同约定的方式确认。期货公司对客户有异议的，应当根据原始指令和交易记录进行核实。

4. 结算

结算是指根据期货交易所公布的结算价格，对交易账户的交易盈亏状况进行的资金清算和资金划转。

我国的结算是实行两级结算制度，首先期货交易所对会员进行一级结算。交易所对全部会员的账户进行结算（交易所只对会员结算），并向会员收取和追加收保证金。

期货交易结算，由期货交易所统一组织进行。而且是期货交易所只对会员进行结算；再由会员对客户进行结算。期货交易所应当在当日及时将结算结果通知期货公司（会员）；期货公司应当将结算结果及时通知客户。

在中国，会员或客户的保证金可以划分为“结算准备金”和“交易保证金”。结算准备金是由交易所的会员为了交易结算，在交易所专用结算账户上预先准备的资金，是未被合约占用的保证金。所以，结算准备金又称为可用资金。交易保证金是客户在期货公司专用结算账户中为了确保履行合约的资金，是已被合约占用的保证金。所以交易保证金又称为保证金占用。

下面，以我国三大期货交易所为例，对具体结算过程和程序进行介绍。

（1）交易所对会员的结算

①期货交易所结算单据

每一个交易日在交易结束之后，交易所对每一会员的盈亏、交易手续费、交易保证金等款项进行结算。结算完成之后，交易所采用发放结算单据或者电子传输方式向会员提供当日结算数据。

这些结算数据表主要有：《会员当日平仓盈亏表》、《会员当日成交合约表》、《会员当日持仓表》、《会员资金结算表》等数据表。会员并以此表作为对客户进行结算的依据。

②会员接收结算单据

期货公司（会员）每天应及时接收获取交易所提供的结算数据。做好核对工作，并将数据表妥善保存。这些结算数据表至少应当保存两年。对期货交易有争议的应当保存至争议清除时为止。

会员（包括客户）对结算结果有异议，应当在下一个交易日开市之前30分钟内以书面形式通知期货交易所。遇有特殊情况，会员可在下一个交易日开市后两小时内以书面形式通知交易所。如果在规定时间内，会员没有对结算结果提出异议，则视为会员已认可结算数据的准确性。

③会员资金的划转

期货交易在交易结算完成之后，把会员资金的划转数据传递给有关结算银行。结算银行应及时把划转结果反馈给期货交易所。

会员资金按照当日盈亏进行划转。若当日盈利时，应及时划入会员的结算准备金中；若当日亏损时，应及时从会员的结算准备金中划扣。当日结算时的交易保证金低于昨日结算时的交易保证金的那一部分，划入会员的结算准备金中。手续费、税金等各项费用，从会员的结算准备金中直接扣划。

④发出追加保证金通知

期货交易所每日结算完毕后，当会员的结算保证金低于最低余额时，该结算结果即被视为交易所向会员发出的“追加保证金通知”。会员必须在下一个交易日开市前不补足至期货交易所规定的结算准备金最低余额。

(2)期货公司对客户结算

期货公司是期货交易所的会员。会员对客户的结算与交易所对会员的结算一样。即每一个交易日的交易结束之后，对每一客户的盈亏、手续费、税金、保证金等款项进行结算。其中，期货公司(会员)向客户收取的保证金不得低于交易所向会员收取的交易保证金。

期货公司每日结算之后，应向客户发出交易结算单。交易结算单上载明的主要事项:账号及户名、成交日期、成交品种、合约月份、成交价格、成交数量、买入或卖出、开仓或平仓、当日结算价、保证金占用额及保证金余额、交易手续费及其他费用。

若每日结算之后，客户保证金低于期货公司规定的保证金水平时，期货公司应及时通知客户“追加保证金”。

5. 交割

(1)交割的概念

交割是指期货合约到期时，按照交易所的规则和程序，交易双方通过该合约所载明的、标的物所有权的转移或者按照结算价进行现金差价结算，了结到期未平仓合约的过程，称为交割。

交割又分为实物交割与现金交割。若标的物为实物商品，则以标的物所有权转移方式进行的交割为实物交割。若标的物为现金，则按照结算价进行的现金差价结算的交割为现金交割。

在商品期货中，以实物交割为主;在金融期货(股指期货、利率期货)中，多采用现金交割方式。

(2)交割的作用

①交割是联系期货与现货的纽带。尽管期货市场实物交割量占总成交量比例很小，但实物交割对期货市场的整体运行有着十分重要的作用。期货交割有期货市场价格“晴雨表”的作用。

②期货交割是促使期货价格与现货价格趋向一致，是价格晴雨表。当市场过度投机，期货价格严重偏离现货价格时，交易者就会在期货市场、现货市场两个市场之间进行套利交易。当期货价格过高，现货价格过低时，交易者在期货市场上卖出期货合约，在现货市场上又买进实物商品。结果是，现货需求增多、现货价格上升;期货价格下降;期货与现货二者的价格差缩小，使二者价格趋于一致。当期货价格过低，现货价格过高时，交易者在期货市场上买进期货合约，在现货市场上又卖出实物商品。结果是，期货价格上升、现货价格下降;使期货现货价格之间的价格差缩小，二者价格趋于一致。跨市场套利的结果使期货市场价格与现货市场价格趋于正常状态。

通过交割，期货市场、现货市场两个市场实现了“相互联动”，期货价格最终与现货价格一致，使期货市场真正发挥“价格晴雨表”的作用。

(3)实物交割方式

实物交割是指期货合约到期后，按规定，交易双方通过期货合约所载标的物的所有权的转移，了结未平仓合约的过程。常用的实物交割方式有:集中交割与滚动交割。

①集中交割

集中交割，又称一次性交割，是指所有到期合约在交割月份最后交易日过后，一次性集中交割的交割方式。

目前我国的铜、铝、天然橡胶、燃料油、棕榈油、聚乙烯、棉花等几个品种采用集中交割方式。在国际上，多数商品期货都采取集中交割的方式。

②滚动交割

滚动交割是指在合约进入交割月以后在交割月第一个交易日至交割月最后交易日之间的规定时间进行交割的交割方式。这种交割方式使交易者在交易时间的选择上更为灵活，可减少储存时间，降低交易成本。

目前，我国小麦、玉米、豆粕、黄大豆 2 号采取滚动交割方式。

应该说明的是，目前我国上海交易所多是采用集中交割方式;郑州商品交易所和大连商品交易所采用集中交割与滚动交割相结合的方式。

③实物交割结算价

实物交割结算价是指在进行实物交割时，商品交收所依据的基准价格。它是以交割结算价为基础，再加上不同等级商品质量“升贴水”，异地交割仓库与基准仓库的“升贴水”。

以交割结算价为基础，固它是交割基准价。不同交易所不同交割方式，对交割结算价的规定也不相同。由于所有交割均在 3 个工作日内处理完毕(又称“三日交割法”)。所以郑州商品交易所交割结算价的确定一般是:期货合约配对前 10 交易日(含配对日)交易结算价的算术平均价。上海期货交易所采用集中交割方式时，交割结算价为期货合约最后交易日的结算价。但是，黄金期货、燃料油期货分别采取最后 5 个交易日、最后 10 个交易日的“加权平算价”。大连商品交易所滚动交割方式时的交割结算价为期货合约自交割月第 1 个交易日起至最后交易日止，所有成交价的加权平均价。

④实物交割的流程

采取集中交割方式时，各种期货合约最后交易日的未平仓合约必须接受实物交割。

实物交割必须以会员名义进行。客户的实物交割必须由会员代理，并以会员名义在交易所进行。

实物交割的主要环节有三个步骤:

第一步，交割配对。

交易所对交割月份的持仓合约进行交割配对(T 日)。

第二步，款项交换。

买卖双方通过期货交易所进行“标准仓单与货款”的交换。卖方会员期货公司通过交易所把货款交给卖方;卖方会员期货公司通过交易所把标准仓单交付给买方。(T+1 日)。

第三步，发票流转。

增值税发票流转的方式:交割卖出方给对应买入方开具增值税发票。客户的增值税发票由双方会员代理转交，并领取和协助核实。期货交易所则负责监督。(T+2 日)。

因为交割的步骤均是在 3 个交易日内完成的，所以称“三日交割法”。郑州商品交易所实行的三日交割法：

配对日。买卖双方的会员申请，得到双方的响应后，视为确认，并且，买卖双方均不得撤销。申请当日闭市后，交易所依据买卖双方相对应的“持仓量”、买卖双方确认的“申请量”和卖方所持有的“标准仓单量”，取最小数进行“配对”(即配对日)。

通知日。配对日后的下一个交易日(即通知日)，买卖双方通过交易所的会员服务系统确认交割通知单。并由会员通知客户。

交割日。通知日后的下一个交易日(即交割日)，上午9点钟以前，买方会员应将尚欠货款划入交易所的账户；当交易所收到买入方会员全额货款后，与交割日将货款的80%划转给卖出方会员；同时将卖出方会员的标准仓单交给买入方会员。余额在买方会员确认收到卖方会员转交的“增值税专用发票”时结清。交易所结算部门为买卖双方办理交割结算手续，买卖双方在“交割通知单”注明的时间通过交易所会员服务系统查收交割结算的结果。并且，同时买方会员把客户名称、税务登记证号等事项提供给卖方会员，以便顺利完成交割手续。

6. 标准仓单

在实物交割的实施中，买卖双方不是直接进行实物商品的交收。而是交收代表商品所有权的标准仓单。因此，标准仓单在实物交割中有十分重要的角色。

标准仓单是指由交易所统一制定的、在指定仓库完成商品入库验收、确认合格后，发给货主的实物提货凭证。标准仓单经交易所注册生效，专门用于实物交割、转让、提货质押等。

标准仓单的持有形式为“标准仓单持有凭证”。标准仓单持有凭证是由交易所开具的代表标准仓单所有权的有效凭证。是在交易所办理交割、交易、转让、质押、注销的凭证，是受法律保护的凭证。

在实物交割中，可以有不同形式的标准仓单。其中主要形式有“仓库标准仓单”和“厂库标准仓单”。仓库标准仓单是由交易所指定仓库发给货主的、用于提取实物商品的法律凭证。仓库是指某品种的现货生产企业的仓库，它是交易所指定的履行实物交割的地点。厂库标准仓单是由交易所批准指定的、履行实物交割的、由厂库签发的实物提货凭证。

目前，我国大连商品交易所的豆粕、豆油、棕榈油期货采用仓库标准仓单和厂库标准仓单。郑州商品交易所采用“通用标准仓单”和“非通用标准仓单”。通用标准仓单是指仓单持有人可以按照交易所的规定和程序，到仓库载明品种所在的交易所任何一个交割仓库选择提货的财产凭证。非标准仓单是指仓单持有人按照交易所的规定和程序，只能到仓单上指定的仓库提取货物的财产凭证。

7. 现金交割

现金交割是指合约到期时，交易双方按照交易所的规定及公布的交割结算价格进行现金差价结算，了结到期未平仓合约的过程。

目前，中国金融期货交易所(简称金交所)的股指期货合约采用现金交割方式。规定股指期货合约最后交易日收市后，交易所以交割结算价格为基准，划转持仓双方的盈亏，了结所有未平仓合约。其中，股指期货交割结算价为最后交易日标的“指数”最后2个小时的算术平均价格。

第五节　期货行情表与行情图

正确解读期货行情，是期货市场交易者的最基本技能。期货市场价格的运行主要通过“期货行情表”和“期货行情图”反映出来。

一、期货行情表解读

期货行情表是指在某一时点上某种期货合约交易的基本信息。期货行情表清晰地反映出一系列的价格指标、数量指标及其他重要信息。

1. 合约

行情表中“合约”二字是指在当日期货交易中正在进行交易的期货品种。例如：豆 1、豆 2、豆粕、豆油、玉米、棕榈油、聚乙烯等。

合约正下方是期货交易代码。每一个期货品种都有一个代码，作为不同期货品种的标识。交易代码有期货品种与合约到期月份组成。例如：“a1011”代码。“a”代表期货交易品种黄大豆 1 号；“1011”代表合约到期月份是 2010 年 11 月。行情表中的豆 1 这一种期货品种就有 9 个不同的合约正在进行交易。详情见表 1－1。

表1-1　大连商品交易所期货行情表（2010年10月22日）

豆1　豆2　豆粕　豆油　玉米　棕榈油　聚乙烯　聚氯乙烯　自选　[增/删自选]　[技术分析]　[快速链接]　[使用帮助]　大连商品交易所

合约	开盘价	最高价	最低价	最新价	涨跌	买价	买量	卖价	卖量	成交量	持仓量	收盘价	结算价	昨收盘	昨结算
a1011	4 030	4 030	3 990	4 008	-3	3 970	1	4 009	1	32	424	4 008	3 997	3 996	4 011
a1101	4 061	4 118	4 061	4 107	-10	4 107	105	4 112	1	2 576	31 298	4 107	4 109	4 098	4 117
a1103	4 165	4 205	4 165	4 205	-4	4 180	1	4 213	1	16	156	4 205	4 187	4 201	4 209
a1105	4 305	4 313	4 283	4 293	-19	4 291	72	4 293	226	131 828	203 032	4 293	4 301	4 290	4 312
a1107	4 385	4 385	4 350	4 368	2	4 350	2	4 388	2	18	1 040	4 368	4 362	4 359	4 366
a1109	4 400	4 456	4 396	4 430	1	4 430	14	4 431	18	192 122	224 818	4 430	4 432	4 412	4 429
a1111	4 447	4 490	4 432	4 433	-39	4 435	3	4 471	1	12	854	4 433	4 485	4 420	4 472
a1201	4 488	4 516	4 478	4 502	13	4 495	3	4 502	3	604	2 912	4 502	4 498	4 471	4 489
a1203	4 500	4 510	4 500	4 500	12	4 500	4	4 519	1	44	168	4 500	4 508	4 480	4 488

豆1	豆2	豆粕	豆油	玉米	棕榈油	聚乙烯	聚氯乙烯
成交:327 252	成交:36	成交:1 586 190	成交:1 380 352	成交:1 003 256	成交:273 760	成交:655 724	成交:46 608	成交:5 273 178
持仓:464 702	持仓:256	持仓:2 221 420	持仓:934 696	持仓:808 856	持仓:210 172	持仓:237 554	持仓:54 824	持仓:4 932 480

2. 开盘价

开盘价又称开市价，是指某一期货合约每个交易日开市后的第一笔买卖成交价格。

在中国，开盘价是交易开始前 5 分钟经过集合竞价产生的。当集合竞价未产生成交价格时，以集合竞价后的第一批成交价作为开盘价。开盘价在表 1－1 中显示。例如：“a1011”的开盘价为 4030 元/吨。

3. 最高价

最高价是开盘后到目前为止的一段时间内某一期合约的最高成交价格。这个“最高”是一个相对概念，并非是一个交易日结束后的最高价。每一个交易日结束交易之后，全天只有一个最高价或者最低价。

4. 最低价

最低价是开盘后到目前为止的一段时间内某一期合约的最低成交价格。这个“最低”也是一个相对概念。

5. 最新价

最新价是某一期货合约在最近、最新成交的一笔交易中的瞬时成交价格。这个“最新”也是相对概念，它随时间和成交手数在不断地变化，也是市场价的即时价格。

6. 涨跌

涨跌是某一期货合约在当日交易期间的最新价与上一交易日的结算价二者之差。

7. 买价

买价是某一期货合约的最高申报买入价格。表 11 - 1 中的第 7 列是不同期货合约的买入价格。其中 a1011 期货合约的最高申报买入价格为 3970 元/吨。

8. 买量

买量是与当前的最高申报买入价格相对应的买入数量。单位为“手”。

表 1 - 1 中的第 8 列是不同期货合约的买入数量。其中 a1011 期货合约当前的最高申报买入数量为 1 手。

“手”为交易单位，也称合约规模，是指在期货交易所交易的每张期货合约代表的标的物的数量。不同的交易所、不同期货品种，其交易单位的数量也不相同。例如：上海期货交易所，螺纹钢、线材、燃料油、期货合约规定 1 手等于 10 吨（1 手 = 10 吨）；阴极铜、铝、锌期货合约规定 1 手等于 5 吨；黄金期货合约 1 手等于 1000 克（1000 克/手）。

9. 卖价

卖价是指某一期货合约当前的最低申报卖出价格。

10. 卖量

卖量是与当前的最低申报卖出价格相对应的卖出数量。单位为“手”。

11. 成交量

成交量（Volume）是指开盘后到目前为止的某一段时间内某一种期货合约的买卖双方达成交易的合约数量。单位为“手”。当日交易结束之后，则为全天的成交量。

目前，我国商品期货的成交量采取“双边计算”。双边计算是买入方与卖出方的成交量先各自计算，然后再将二者相加。例如：买入方按照成交价买入 16 张某一种商品期货合约，卖出方按照成交价卖出 16 张某一种商品期货合约；则成交量为 32 手。表 1 - 1 中的第 11 列是不同期货合约的成交量，其中 a1011 期货合约的成交量 32 手。

12. 持仓量

持仓量是指到目前为止某一期货合约交易中未平仓合约的数量。单位为“手”。

目前，我国商品期货的持仓量也采用“双边计算”。例如：如果买卖双方均为开仓（分为买入开仓和卖出开仓），则持仓量增加 2 手；如果乙方为开仓、另一方为平仓，则持仓量不变。

若买卖双方均为平仓，则持仓量减少2手。表11－6中第12列是不同期货合约的持仓量，其中a1011合约的持仓量为424手。

13. 收盘价格

收盘价是指某一种期货合约在当日交易中的最后一笔成交价格。

表1－1中的第13列是不同期货合约的收盘价，其中a1101期货合约的收盘价为4008元/吨。

14. 结算价格

结算价是指某一种期货合约当天所有成交价格的“加权平均值”。它与成交价格相对应的成交量作为“权重”。如果当天没有成交价格，则以上一个交易日的结算价作为当天的结算价格。

表1－1中的第14列是不同期货合约的结算价。其中a1101期货合约的结算价为3997元/吨。

15. 昨收盘价

昨收盘价是指某一种期货合约在上一交易日的最后一笔成交价格。

表1－1中的第15列是不同期货合约的昨日收盘价，其中a1101期货合约的上一交易日收盘价格为3996元/吨。

16. 昨日结算价格

昨日结算价格是指某一期货合约在上一交易日的结算价格。

表1－1中的第16列为不同期货合约的昨结算，其中a1101期货合约的上一交易日的结算价格为4011元/吨。

在期货行情表的下方，不同到期月份的某一期货合约的成交量和持仓量进行了加总。例如：9种不同到期月份的黄大豆1号期货合约的成交量合计为327252手，持仓量合计为464702手。

二、期货行情图解读

期货行情图是反映某一时段某种期货合约价格走势图形。

期货行情图有“分时图”和“综合行情图”两大类。

1. 分时图

分时图是把每分钟内的最新价格标出并连成曲线。用以反映期货价格的运行趋势。

分时图分上下两部分。图形的上方有黄蓝两条曲线，黄色曲线表示该品种期货即时成交价的“平均价格”；蓝色曲线表示该品种期货即时成交的最新价格。图形的下方有许多条“柱线”和一条红色曲线，其中柱线表示每分钟的成交量（一分钟一根柱线），红色表示平均成交量曲线，又称“均量线”，也可以表示每分钟的“持仓量”。见图1－1。

分时图是从上午9点钟开市到下午15点的走势图形。全天的走势图形通常用“日K线”来表示。K线图又分为日K线、周K线、月K线等，用K线图表示行情趋势时，成为“综合图”。

2. 综合图（以日K线为例）

期货行情综合图分为上、下两个画面。

上画面是由“平均线系统”与“日K线”构成的期货行情的价格趋势图形。平均线系统是由5日、10日、20日、30日四条平均线组成，并且分别用蓝色、黑色、红色、绿色曲线表示。有一目了然的特点。其中K线图多用“日K线”表示。横轴代表时间，纵轴代表价格。在K线图中，每一根 K 线图都表示除了一个交易日当天的开盘价、收盘价、最高价和最低价四个价位。见图 1 -1。

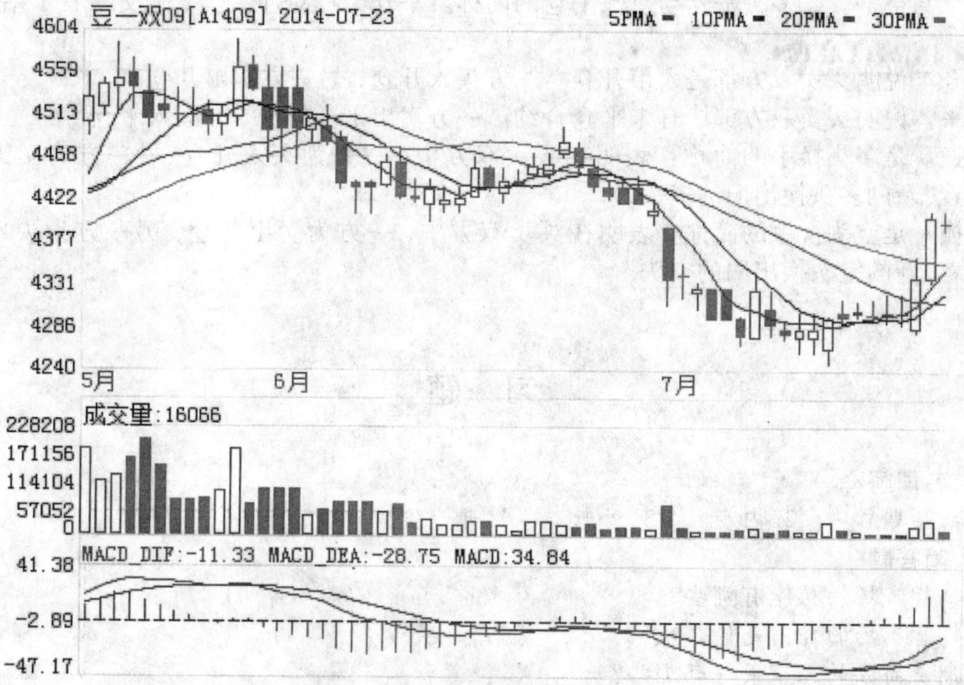

图 1 -1

上图是“成交量”和十多个“技术指标”构成。

第一个就是成交量指标。用鼠标点击“成交量”栏中的√，就会出现十多个技术指标。从上往下依次为:震动升降指标(BOLL)、商品路径指标(CCI)、带状能量线指标(CR)、趋向指标(DMI)、随机指标(KDJ)、平滑异同移动平均线指标(MACD)、能量潮指标(OBV)、变动率指标(ROC)、相对强弱指标(RSI)、抛物线转向指标(SAR)、成交量变异率指标(VR)、威廉指标(WR)等项技术指标。这些技术指标的应用方法将在以后的技术分析一章中介绍。横轴代表时间，纵轴代表各项技术指标数据。

3. 行情图中的文字信息

在图 1 -1 的右侧，还给出了“豆 1 -1101”期货合约的基本交易信息。

总手。是指开盘后到目前为止该期货合约的总成交量，单位为“手”。一天内的现手累计起来就是全天总手。

现手。是指刚刚撮合成交的该合约的数量，用“手”表示。

仓差。是持仓差的简称，即持仓量增减变化情况。具体是指目前持仓量与上一个交易日收盘时持仓量二者之差值。仓差为正，表示目前持仓量增加;仓差为负，表示目前仓量减少。

外盘。是指主动卖出成交的期货合约纳入“外盘”，即主动卖出盘。若“外盘”较大，则意味着多数的卖出报价都得到卖方认可(想买进的人多)，显示市场买进方力量比较强势。

内盘。是主动买入成交的期货合约纳入“内盘”(在内里想往外出的)。若“内盘”较大，则意味着多数的买入报价都得到卖出方认可(想卖出的人多)，显示市场卖出方力量比较强势。

当外盘远大于内盘时，买方力量强大，价格上升;内盘远大于外盘时，卖方力量强大，价格下跌;若外盘与内盘大致相近，说明市场中买卖双方力量相当。它与股票市场交易中的外盘和内盘的含义相同。

多开与空开。是多头开仓与空头开仓的简称。开仓又称建仓，是指新建期货头寸的行为。

多平与空平。是多头平仓与空头平仓的简称。平仓又称对冲买卖，是交易者了结交易的行为。

双开。说明买卖双方都是入市开仓。一方买入开仓，另一方卖出开仓。

双平。说明买卖双方都持有未平仓合约。一方卖出平仓，另一方买入平仓。

多换。是多头换手的简称。表明在买卖双方中，一方为买入开仓、另一方为卖出平仓。它意味着“新的多头换出旧的多头”。

空换。是空头换手的简称。表明在买卖双方中，一方为卖出开仓，另一方为买入平仓。它意味着“新的空头换出旧的空头”。

习　题

一、名词解释

1. 商品期货　　2. 内盘　　3. 外盘　　4. 开盘价

二、简答题

1. 期货市场的功能有哪些?
2. 期货市场的作用是什么?
3. 期货商品的上市条件有哪些?

习题参考答案

一、名词解释

1. 商品期货:是指以实物商品为标的物的标准化合同。
2. 内盘:是主动买入成交的期货合约纳入“内盘”。
3. 外盘:是指主动卖出成交的期货合约纳入“外盘”，即主动卖出盘。
4. 开盘价:是指某一期货合约每个交易日开市后的第一笔买卖成交价格。

二、简答题

1. 期货市场的功能:一是规避风险功能;二是价格发现功能。

2. 期货市场的作用:

(1)期货市场的发展有利于现货市场的完善;

(2)期货市场的发展有利于企业的生产经营;

(3)期货市场的发展有利于国民经济稳定和宏观决策;

(4)期货市场的发展有利于增强国际市场价格形成的主导权。

3. 期货商品的上市条件:

(1)商品能够长期储存，不会变质和损坏;(2)商品的品质等级能够明确划分，能为社会公众认可，并符合某种规定标准;(3)商品能够进行大批量交易和生产，消费量和流通量比较大。预期想买入该商品的人多，预期成交量大;(4)商品的价格波动比较频繁;否则，套期保值和投机交易都难以实现;(5)商品的未来市场供求关系动向不容易估计，未来的价格趋势方向不会成为社会投资大众明确一致的风向标，否则将会缺少交易对手;(6)商品的运输条件和交收地点方便。

◆第二章　期货市场的组织结构

期货市场的构成由期货交易所、期货结算机构、期货公司、期货服务机构和期货交易者构成。

第一节　期货交易所

世界各大洲都有期货交易所，国际期货交易中心主要集中在芝加哥、纽约、伦敦、香港等大城市。

一、期货交易所的联合

20 世纪 90 年代，西方发达国家的期货交易所纷纷走向合并及强强联合的道路。由于历史的原因，最初的期货交易所都是在现货交易和远期交易的基础上发展起来的，并且多数交易品种集中在农产品和矿产品等初级产品。现代期货市场越来越向金融产品发展，并且期货交易所日益向大型化、综合性方向发展。所以期货交易所越来越趋向于合并与联合。例如，1994 年 8 月，纽约商业交易所与纽约商品交易所合并，成为全球最大的商品期货交易所。1992 年 3 月，伦敦国际金融期货交易所与伦敦期权交易所合并，进行股票期权交易;1996 年又与伦敦商品交易所合并，又进行糖、土豆等其他农产品期货交易，其交易量曾一度超过芝加哥商品交易所。1998 年 9 月，德国期货交易与瑞士期权交易所及金融期货交易所合并为"欧洲期货交易所";合并后的欧洲期货交易所的交易量一度超过芝加哥期货交易所，成为当时世界第一大期货交易所。1999 年，法国、比利时、荷兰三个国家也分别完成了本国证券与期货交易所的合并，最终合并为一家交易所，名字为"泛欧洲交易所"。在欧洲期货市场的整合中，形成了欧洲期货交易所和泛欧洲交易所两个战略同盟。

在亚洲，日本期货交易所合并为 7 家期货交易所。1984 年 9 月，东京纺织商品交易所、东京橡胶交易所、大阪纤维交易所和东京黄金交易所合并为"东京工业品交易所"。它是日本最大的交易所。1999 年 12 月新加坡股票交易所与新加坡国际金融交易所合并为"新加坡交易所"。2000 年 3 月香港期货交易所与香港联合交易所合并为"香港交易所"。

1998年8月，中国期货市场正处在规范发展阶段，国务院发布了《关于进一步调整和规范期货市场的通知》，对我国期货市场进行了进一步的整顿，从数量和质量上进行了整顿和调整，将原来14家期货交易所合并为大连、郑州、上海3家期货交易所。交易品种由35个削减为12个品种。1999年6月2日，国务院颁布了《期货交易所管理暂行条例》，后来又出台了《期货交易管理办法》、《期货经纪公司管理办法》、《期货经纪公司高级管理人员任职资格管理办法》、《期货从业人员资格管理办法》等一系列文件。1999年12月，大连商品期货交易所、郑州商品期货交易所、上海期货交易所，分别召开会员大会，三家交易所正式挂牌成立。2000年12月，中国期货协会正式成立，它标志着中国期货市场的"三级管理体系"已经初步形成。2001年5月8日，国内三家期货交易所正式实现了通信联网。它标志着中国期货交易所向全球化期货市场发展的新趋势；并且向着更成熟、更快捷、更健康的方向发展，也表明了国内期货市场开始从区域分割走向统一。

二、期货交易所的宗旨

1. 期货交易所的性质

期货交易所是专门进行标准化期货合约买卖的场所。期货交易所的性质，它是一个实行自律管理的、不以盈利为目的的法人组织。期货交易所为期货交易提供场所、设施、相关服务和交易规则的机构。它自身不参与期货交易。在现代经济条件下，期货交易所已经成为具有高度系统性、高度严密性、高度组织化和规范化的期货交易服务组织。期货交易所为期货交易创造安全、有序、高效的市场机制；它的基本宗旨是：营造公开、公平、公正和诚信透明的市场环境，并维护投资者的合法权益。期货交易所只为期货交易提供场地、设施和服务，不参加期货交易活动，不参与期货价格的形成，也不拥有期货合约标的商品。我国期货交易所是按照《期货交易管理条例》并由国务院期货监管机构审批设立的法人组织。期货交易所不以营利为目的，按照其章程的规定"实行自律性管理"。

2. 期货交易所的职能

根据《期货交易管理条例》的规定，中国期货交易所履行下列职责。

(1) 提供交易场所、设施和服务

期货交易实行场内交易制度。交易双方必须在指定的场所内买卖期货合约，即所有的买卖指令必须在期货交易所内进行集中竞价成交。因此，期货交易所必须为期货交易提供场所、必要的设施、先进的通讯设备、现代化的信息传递和显示设备等。有一套良好的"硬件设施"，再加上完美的、周到的服务，就能保证期货交易的正常有序运行。

(2) 设计合约、安排合约上市

期货合约的标准化，是期货交易得以顺利进行的前提条件。设计制定标准化期货合约，并及时安排上市是期货交易所的一个主要职能。期货交易所应结合期货市场的"需求"状况开发新的期货品种，并选择合适的时间安排新的期货合约上市。满足交易者的需求，保持期货市场的活力，增强期货市场服务国民经济的功能。同时还要科学合理的设计期货合约的各项条款，提高合约的标准化程度，有效地避免因合约条款发生的纠纷。极大地提高合约市场的流动性和交易效率，更有效地发挥期货市场的功能和作用。

(3) 组织和监督期货交易，控制市场风险

期货交易所的组织工作是保障整个交易流程有序、稳定运行的基础。科学而严密的组织

工作，既可以降低交易成本，又能提高市场的运行效率。期货组织工作能为交易者利用期货市场达到盈利目的提供一个安全、方便的交易环境。

期货交易所应当监督期货交易行为。通过实时监控、违规处理、市场异常情况处置等措施，保障期货市场制度和交易规则的有效执行。

动态监控市场风险状况并化解与防范市场风险。因为，期货市场是一个高风险高收益的市场，所以只有对期货市场的各个环节的风险进行有效控制，才能保证期货市场健康、平稳运行。期货交易所制定了一整套控制风险的制度。例如：保证金制度、每日无负债结算制度、涨跌停板制度、持仓限额制度、风险准备金制度等。这些制度在以后的相关章节中会详细介绍。

(4)保证合约的履行

期货交易所有一整套严密的市场制度和交易规则及交易程序，并且为自己的会员在财务、资信等方面提供了一定程度的担保，凡是在期货交易所内买卖期货合约的投资者都可以得到履约保证。而违约者会受到相应的处罚。这样，期货交易不但吸引了大量的客户，而且还保证了期货市场竞争的充分性和期货价格形成的权威性。

(5)发布市场信息

期货交易所应及时把本交易所内形成的期货价格和相关信息向会员、投资者及社会公众公布。以保证信息的公开透明；以方便交易者利用这些信息调整自己的交易行为，达到套期保值或投机获利的目的。

(6)对会员进行监督管理

期货交易所按照国家的有关规定建立一整套风险管理制度。当期货市场出现异常情况时，交易所应采取紧急措施，并立即报告国务院期货监督管理机构。

(7)监管指定交割仓库

结算和交割是联系期货市场与现货市场的纽带，是期货交易的最重要的环节。它的规范运作是期货市场功能发挥的重要保障。因此，对交割仓库的管理很重要，实物交割是期货市场一项很重要的管理制度。

3. 期货交易所的组织形式

期货交易所的组织形式一般分为会员制和公司制两种。

(1)会员制

会员制期货交易所是由全体会员共同出资组建而成。缴纳一定的会员资格费作为注册资本，并且以全部财产承担民事责任的非营利性法人组织。中国期货交易所的负责人由国务院期货监督管理机构任免。中国期货交易所会员应当在中华人民共和国境内登记注册的企业法人或者其他经济组织；未经国务院期货监督机构批准，任何单位或者个人不得设立期货交易所或者以任何形式组织期货交易活动。

①会员资格

只有取得会员资格才能进入期货交易所的场内进行期货交易活动。会员制期货交易所的出资者就是期货交易所的会员，享有直接进场进行期货交易的权利。

会员制期货交易所会员资格的获得有多种方式，主要是：以交易所创办发起人的身份加入；接受发起人的资格转让加入；接受期货交易所其他会员的资格转让加入；依据期货交易所的相关规则加入。

②会员构成

世界各地期货交易所的会员构成分类主要有:自然人会员与法人会员、全权会员与专业会员、结算会员与非结算会员等。

③会员的基本权利和义务

期货交易所会员的基本权利包括:参加会员大会、行使表决权、申诉权;在期货交易所内进行期货交易，使用期货交易所提供的交易设施，获得期货交易的信息和服务;按规定转让会员资格，联名提议召开临时会员大会等。

会员应当履行的主要义务包括:遵守国家有关法律、法则、规章和政策;遵守期货交易所的章程、业务规则及有关规定;按规定缴纳各种费用;执行会员大会和理事会的决议，接受期货交易所的业务监督等。

④会员制期货交易所的组织机构

根据我国现行期货交易管理条例和证监会有关文件的规定，会员制期货交易所一般设有:会员大会、理事会、专门委员会和业务管理部门。

会员大会由期货交易所的全体会员组成，会员大会是期货交易所的最高权力机构。会员大会由理事会负责召集。

I. 会员大会的主要职权:

a. 制定和修改交易所章程和交易规则;

b. 选举和罢免会员理事;

c. 审议和批准理事会、总经理的工作报告;

d. 审议和批准期货交易所的财务预算、决算方案;

e. 审议期货交易所的财务报告和风险准备金使用情况;

f. 决定增加或减少期货交易所的注册资本;

g. 决定期货交易所的变更、终止和清算等事项;

h. 决定期货交易所的其他重大事项。

II. 理事会的主要职责:

理事会是会员大会的常设机构，理事会对会员大会负责，执行会员大会的决议。并行使下列职权:

a. 召集会员大会，并向会员大会报告工作;

b. 监督会员大会决议的实施和交易所的工作运行;

c. 审议期货交易所的章程，交易规则和修改方案，提交会员大会通过;

d. 审议期货交易所变更、终止和清算方案，提交会员大会通过;

e. 制定交易规则和实施细则;

f. 决定会员的接纳和退出;

g. 决定对严重违规会员的处罚;

h. 决定风险准备金的使用;

i. 决定专门委员会的设置。

III. 理事长行使下列职权:

a. 担任会员大会期间的会议主席;

b. 组织召开理事会;

c. 主持理事会的日常工作；

d. 组织协调专门委员会的工作；

e 监督协调专门委员会的工作。

IV. 总经理行使下列职权：

总经理是负责期货交易所日常经营管理工作的高级管理人员。总经理是交易所的法定代表人。期货交易所的主要高级管理负责人由国务院期货监督管理机构任免。并行使其职权：

a. 组织实施会员大会、理事会通过的规章制度和决议；

b. 主持期货交易所的日常工作和市场监管；

c. 拟定并实施批准期货交易所发展规划，年度工作计划，财务预算方案；

d. 拟定期货交易所的变更、终止和清算方案；

e. 决定期货交易所的行政机构设置，聘任和解聘工作人员；

f. 决定期货交易所员工的工资和奖惩；

g. 紧急情况下的临时处置权；

h. 理事会授予的其他职权。

V. 专业委员会

理事会下设若干个专业委员会，专业委员会包括：

a. 会员资格审查委员会。负责审查入会申请，调查申请人的真实性及财务状况，个人品质及商业信誉等。

b. 交易规则委员会。负责起草交易规则，并按理事会提出的意见修改。

c. 交易行为管理委员会。负责监督会员的市场交易行为，使会员的交易行为既符合国家的法规，又符合交易所内部有关交易规则和纪律要求。保证期货交易的正常进行。

d. 合约规范委员会。负责审查现有合约，并向理事会提出有关合约的修改意见。

e. 新品种委员会。负责对本交易所发展前途良好的新品种期货合约的论证、有关文件的上报批准。

f. 业务委员会。负责监督与交易活动有关的问题、调查、解决在交易期间发现的问题。

g 仲裁委员会。负责通过仲裁程序解决会员之间、非会员与会员之间、交易所内部的纠纷和申诉。

VI. 期货交易所的部门设置

a. 研究部。负责研究新期货合约、现行合约的变化，并提供研究报告。

b. 交易部。负责监督管理交易系统，确保期货交易系统的安全运行。

c. 结算部。负责收取交易保证金，收取每一笔交易的手续费、协调交易双方的结算。

d. 交割部。负责期货交割具体事项，负责签发运输单据，监督实物交割和单据转让，处理在实物交割中出现的问题。

e. 市场部。负责交易所的对外宣传、教育和培训工作。

f. 信息部。负责向经纪商、投资者及社会公众提供期货信息和资料，让他们了解期货交易情况。

(2)公司制

公司制期货交易所是由若干股东共同出资组建的、以营利为目的的企业法人机构。公司制期货交易所的盈利是通过期货交易所进行期货交易而取得的各种费用，公司的股份可以按照有关规定转让。可以按股份的多少取得投资回报(分红)。公司制的职工虽然不能参与本交易所的期货交易，但是，股东单位可以申请作为会员参与本交易所的期货交易。公司制的缺陷:存在内幕交易弊端;股东会员交易量大，非股东会员交易量小;两种会员的信息极其不对称;有的交易所为了增大交易量，允许透支交易，又存在过度投机和恶性炒作。其组织结构与会员制类似。

①会员资格

股东单位经申请批准后，就可以取得股东会员资格。股东会员可以在期货交易所内进行交易，可以使用期货交易所提供的交易设施。

②组织机构

公司制期货交易所下设:股东大会、董事会、监事会、总经理等。他们各负其职，并相互制约。

I. 股东大会

股东大会由全体股东共同组成，它是交易所的最高权力机构。它对本公司的重大事项作出决议。

II. 董事会

董事会是公司制期货交易所的常设机构。行使股东大会授予的权力。并对股东大会负责，执行股东大会的决议。

III. 监事会

监事会对股东大会负责。对公司的财务、公司董事、总经理等高级管理人员履行职责的合法性进行监督;维护公司及股东的合法权益。

在欧美法律体系中，一般不设“监事会”，改设“独立董事”。这是因为，大陆法系与欧美法系存在一定的差异。

IV. 总经理

总经理是负责期货交易所日常经营管理工作的高级管理人员。他对董事会负责，由董事会聘任或解聘。

另外，公司制期货交易所下设的一些专业委员会和业务、行政部门与会员制期货交易所基本相同，不再重述。

(3)会员制与公司制期货交易所的主要区别

会员制与公司制期货交易所的主要区别有以下几个方面:

①追求的目标不同

是否以营利为目标，是两种期货交易所的根本性区别。会员制期货交易所通常不以营利为目标，公司制期货交易所是以营利为目标，并且追求交易所利润最大化。

②适用法律不同

会员制期货交易所一般适用民法的相关规定;公司制期货交易所首先适用公司法的规定，只有在公司法未作规定的情况下，才适用民法的有关规定。

③决策机构不同

会员制期货交易所的最高权力机构是会员大会，并且，其最高权力机构的常设机构是理事会;公司制期货交易所的最高权力机构是股东大会，并且，其最高权力机构的常设机构是董事会。

会员制与公司制期货交易所虽然存在差异，但是二者的职能基本相同。都是为期货合约的集中竞价交易提供场所、设施、服务、交易规则和交易组织。并且，进入期货交易所内进行交易，都必须获得会员资格。两种期货交易所都要接受期货监督管理部门的监管。

第二节　期货结算机构

期货结算机构是期货交易的核心和灵魂，建立科学合理、完善的结算体系是期货市场规范化建设的一个重要方面。本节主要简述期货结算机构的职能、组织形式、结算制度等内容。

一、期货结算机构的职能

期货结算机构是负责对每日成交的期货合约进行统一清算、对会员的保证金进行管理和结算，并负责风险控制的机构。其主要职能包括：担保交易履约、结算交易盈亏、控制市场风险等。

1. 担保交易履约

期货交易成交以后，买卖双方缴纳一定的保证金，结算机构就可以保证每笔交易按期履约。交易双方并不发生直接关系，双方只与结算机构发生联系。这样，结算机构就成了所有合约的买方和所有合约的卖方。如果交易者一方违约，结算机构将先代替其承担履约责任，因此，就极大地降低了信用风险。

因为有结算机构替代原始交易对手，结算会员及其客户才可以随时对冲期货合约而不必征得原始对手的同意，使得期货交易的“对冲平仓”方式得以顺利实施。

2. 结算交易盈亏

结算交易盈亏是指每一个交易日结束后，期货结算机构对会员的每日交易盈亏进行计算。计算完成后采取发放结算单据或电子传输等方式向会员提供“当日盈亏”结算数据。会员以此做为对客户结算的依据。

3. 控制市场风险

结算机构用控制和动态调整会员保证金的方法进行担保履约的。因为期货市场情况和价格是在不断变化的，结算机构通过动态调整让会员的保证金始终保持在规定水平上。当市场价格发生了不利的变动，导致亏损使会员保证金不能达到规定水平时，结算机构就会向会员发出“追加保证金通知”。会员收到“通知”以后，必须在下一个交易日的规定时间内把保证金缴齐。否则，结算机构有权对其持仓合约进行强行平仓，使亏损不再继续扩大。结算机构通过对会员保证金的管理和控制，做到有效控制市场风险、保证期货市场的平稳运行。当期货价格下跌时，需要追加保证金，实际风险在会员与客户，而不在市场。

二、期货结算机构的组织形式

按照期货结算机构与期货交易所的关系划分，期货结算机构的组织形式有两种模式。即内部结算模式和独立结算模式。

1. 内部结算模式

内部结算模式是指结算机构是某一交易所的内部机构，它是该交易所的一个下属部门，专门为该交易所提供结算服务。例如：日本、美国等国家期货交易所都设有自己的结算部门。中国目前采取的就是内部结算模式。

内部结算模式的优点：结算机构直接受期货交易所的控制，便于期货交易所全面掌握市场参与者的资金情况；还可以根据交易者的资金情况和持仓情况及时处理、控制市场风险。但是，这种结算机构的风险承担能力是有限的；当市场发展到一定阶段后，这种结算模式不利于提高市场整体效率。

选择内部一体化的结算模式，其主要原因：首先是信息传达和信息处理手段比较落后，远距离结算的成本高、效率低。其次是期货交易所各据一方、区域分割、各自为政，彼此之间相互联系较少，有各自结算的需要。最后是交易所的结算业务量不大，合约的流动性不高。但是，随着现代信息技术的发展、随着金融市场国际化和资本市场的全球化，这种内部结算模式有一定的局限性。

2. 独立结算模式

独立结算模式是指独立的结算公司。采取独立经营模式的公司不从属于任何一家期货交易所，它可以为多家期货交易所提供结算服务。它的财产所有权和管理部门是独立的，有独立的经营目标。它与期货交易所之间有相对独立性，有针对性的防止某期货交易所在部门利益驱动下可能出现的违规、违纪行为。它不为某一家特定的期货交易所独有。期货交易所和独立结算公司各为独立的法人。所以期货交易所需要付出一定的沟通、协调、结算的服务成本费。

独立结算公司的优点：专业化经营、结算会员多，同时为多家期货交易所提供结算服务。有利于实现规模经济，降低成本。期货交易所自身不设结算机构，也节约了成本，期货交易所可以采取股份制的方式拥有结算公司的部分股份。但是结算公司在发起人和所有权、使用权等方面有支配地位。

选择独立结算模式的主要原因：首先，是信息传递技术的飞速发展，使远距离信息结算的成本降低、效率提高。其次，电子技术和计算机技术的广泛应用，使信息结算的处理手段比较先进，技术局限性已不复存在。最后，世界经济一体化，金融市场开放化、资本市场自由化，地域限制的界线已被打破。

在独立结算的模式下，期货交易所与结算机构一体化服务能够降低基础设施的建设成本，提高管理效率，有利于增强交易所和结算机构的整体竞争力。

例如：伦敦结算所就是一家独立结算机构。它的大部分结算会员都是各个期货交易所的会员。伦敦国际金融期货交易所、伦敦金属交易所、伦敦国际石油交易所，还拥有伦敦结算所的部分股份；但是伦敦结算所在法律上独立于这三家交易所之外，它拥有自己的管理权和大部分财产所有权。伦敦结算所不但为上述三家期货交易所提供结算服务，而且还为股票交易、场外交易、回购和互换交易等提供结算服务。

三、期货结算三级制度

在国际上，期货结算通常采用“分级结算制度”，即三级结算制度。只有结算机构的“结算会员”才能直接得到结算机构提供的服务；非结算会员只能由“结算会员”提供结算服务。这种分级结算制度使得期货结算大致分为三个层次：第一个层次是结算机构对结算会员进行结算（结算会员是期货交易所会员中资金雄厚、信誉良好的期货公司或者金融机构）；第二个层次是结算会员对非结算会员所代理的客户进行结算；第三个层次是非结算会员对非结算会员所代理的客户进行结算。三级结算过程可以简单归纳为：期货结算机构对结算会员进行结算，结算会员再对非会员代理的客户进行结算。这样“结算会员”就把期货结算机构与客户间接地联系起来了。实现了期货结算机构、结算会员、客户三者之间的结算。

这种结算制度是上面少，下面多，也叫“金字塔”形结算制度。“金字塔”形分级结算制度是通过建立多层次的结算机制，逐级承担风险和逐级化解期货交易风险（主要是违约风险）作用。形成了多层次的风险控制体系，提高了结算机构整体抗风险能力，保证了期货交易的安全性。所以，分级结算制度是期货市场风险防范的“防火墙”。

四、我国境内期货结算机构

目前我国境内有四家期货交易所的结算机构，它们都是交易所的内部机构，均为“内部结算模式”。目前我国境内共有四家期货交易所，每个交易所都有自己的内部结算机构。因此，我国期货交易所同时提供两种服务。一是提供期货交易服务；二是提供结算服务。这样。我国境内期货交易所除了有组织和监督期货交易的职能以外，还具有组织并监督结算职能、交割职能、保证金的履行职能、监管指定交割仓库职能等。

我国境内期货结算制度：

目前我国境内期货结算制度分为两大类型。一种是郑州、大连、上海三家商品期货交易所采用的全会员结算制度；二是中国金融期货交易所采用的会员分级结算制度。

1. 全会员结算制度

全会员结算制度是指期货交易所的全部会员都具有与期货交易所直接进行结算的资格。全员结算制度的期货交易所直接对会员结算；会员再对其受委托的客户进行结算。交易所全体会员不划分会员与非会员，交易所的会员既是交易会员，又是结算会员。因此，期货公司会员和非期货公司会员都统称为会员。

2. 会员分级结算制度

会员分级结算制度是指只有交易所的结算会员才有与结算结构进行直接结算的资格。而非结算会员没有与期货交易所进行结算的资格。中国金融期货交易所采用会员分级结算制度。期货交易所的会员划分为结算会员与非结算会员两种类型。结算会员可以从事结算业务，并具有与交易所进行直接结算的资格；非结算会员不具有直接与期货交易所进行结算的资格。会员分级结算的流程：期货交易所先对自己的结算会员进行结算；再由结算会员对非结算会员进行结算；最后再由非结算会员对其代理的客户进行结算。这样才是真正的“三级结算制”。这种结算制度在国际期货交易的结算中被普遍采用。

结算会员按照其业务范围划分，可以分为三种类型。一是交易结算会员。交易结算会员只能直接为自己的受托客户办理结算、交割业务。二是全面结算会员。全面结算会员既可以为自己的受托客户办理结算、交割业务；又可以为其签订结算协议的交易会员办理结算、交割业务。三是特别结算会员。特别结算会员只能为与其签协议的交易会员办理结算、交割业务；然后再由交易会员对受托客户办理结算与交割业务。三者的主要区别是：结算会员的业务范围不同、会员的结算权限不同。但是，结算权限越大，交易所对他的资本金、盈利状况、相应的资信程度等方面要求越高。

中国金融期货交易所除了结算会员，还有非结算会员。非结算会员通常是指“交易会员”。交易会员可以从事期货经纪业务和自营业务，不具有与中国金融期货交易所直接进行结算的资格。“交易会员”可以与全面结算会员、特别结算会员签订结算协议。

实行会员分级结算制度的期货交易所应当建立配套结算的设备和“结算担保金”制度。结算会员通过缴纳结算担保金实行风险共担。结算担保金是指由结算会员按规定缴存的，用于对结算会员违约风险的共同担保资金。结算担保金由结算会员的自有资金、按交易所的规定金额向期货交易所预先缴纳。结算担保金由期货交易所代存，属于结算会员所有，用于应对结算会员的违约风险。当市场出现重大风险时，所有结算会员都有义务共同承担市场风险，确保市场能够正常运行。结算担保金又分基础结算担保金和变动结算担保金两大类。基础结算担保金是指结算会员参与交易所结算、交割业务时必须缴纳的最低结算担保的资金数额。变动结算担保金是指结算会员在结算担保过程中，随业务量的变化而调整的资金数额。结算担保金均以现金形式缴纳。

第三节 期货公司

一、期货公司的概念

期货公司又称期货经纪公司，是指依法成立的、以期货业务为主的，用自己的名义代理客户买卖期货合约的，并收取客户佣金的，独立核算的、期货市场的中介组织。

从期货公司的定义中可以知道，我国的期货公司是依照《中华人民共和国公司法》设立的法人组织，它是一个经济实体；设立期货公司同时还应当经国务院证券监督管理机构批准，未经国务院监督管理机构批准，任何单位或个人不得设立或者变相设立期货公司，经营期货业务；设立期货公司应符合规定条件；期货公司业务实行“许可证”制度，由国务院期货监督管理机构颁发商品期货业务许可证。

期货公司是期货交易所的会员，期货交易所对会员实行总额控制。只有交易所的会员，才能取得场内交易席位，在期货交易所进行交易。非会员则必须通过期货中介机构进行交易。我国会员有两大类，一是只能代理客户从事交易的会员经纪公司；二是又能为自己的企业从事套期保值业务的非会员公司。

我国期货公司的设立，应当符合《中华人民共和国公司法》的规定，并且还要具备下列条件：

①注册资本最低限额为人民币三千万元；

②董事、监事、高级管理人员具备任取资格，从业人员具有从业资格；

③有符合法律，行政法规规定的公司章程；

④主要股东及实际控制人具有持续盈利能力，信誉良好，最近三年无重大违法违规记录；

⑤有合格的营业场所和业务设施；

⑥有健全的风险管理和内部控制制度；

⑦国务院期货监督管理机构规定的其他条件；

期货公司的性质是专门接受客户委托，代理客户进行期货交易，不能从事自营期货交易业务的经济实体。期货公司只能代理客户进行期货交易，并且收取佣金，其盈利主要来自收取的佣金。它属于非银行金融机构。

二、期货公司的职能

期货公司是期货交易者与期货交易所之间的桥梁和纽带。其主要职能包括：根据客户指令代理客户买卖期货合约，并且办理结算与交割手续；对客户的账户进行管理，控制客户的交易风险；为客户提供期货交易信息；为客户提供期货交易咨询，充当客户的交易顾问；传递期货交易所“即时交易行情”，并协助客户进行行情分析；制止非法交易行为，及时将交易单送达期货交易所的交易系统，并将成交信息回馈给客户；履行保证金制度，提供基本会计记录，确保客户资金运行正确，不损害客户利益等项职责。

三、期货公司的部门设置

各类期货公司的组织结构大同小异，内部机构设置的主要部门有：总经理室、客户服务部、交易部、结算部、交割部、财务部、研发部、风险管理及网络工程部等机构。各部门的主要职责如下：

1. 总经理室

总经理室负责期货公司的全面业务工作和行政管理工作，是公司的法人代表。

2. 客户服务部

客户部负责客户的开户；向客户揭示期货交易风险；介绍期货交易规则和交易流程；为客户办理开户手续，并签订期货交易经纪合同；审查有关证件，并为客户分配交易编码；负责客户资料档案管理，并将客户有关资料通知相关业务部门；负责市场调研及客户回访工作，了解客户需求；负责客户的发展和客户交易资金的监管等项服务性工作。

3. 交易部

交易部负责代理客户交易。即把客户指令及时准确地下达到期货交易系统内，并将成交状况及时传递给客户。

4. 结算部

负责本期公司对全体客户的结算。每个交易日都要根据交易结果和交易所的相关规定，对客户的保证金、盈亏状况、手续费、佣金及其他有关款项进行计算和划拨。将结算结果以账单或者电子传输方式送达客户。

5. 交割部

交割部负责对客户到期未平仓期货合约的标的物的实物商品进行交收和货款的交接；处理有关文件交收和货物往来。

6. 财务部

财务部负责制订、实施、监督、检查各项财务制度。保证公司财务的规范性正常运转；对公司的各项财务收支进行监督；编制各项财务报表；对公司现在和未来的财务状况作出评价；按规定，给每位客户单独开立保证金账户，并进行封闭式运行。

7. 研发部

研发部负责研究、分析期货市场信息，并对市场进行预测。研究本公司的发展规划。

8. 风险管理部

风险管理与法规部可以合署办公。对公司的业务风险进行控制；对公司经营行为的合法性、合规性进行审查。

9. 网络工程部

网络工程部负责本公司网络、计算机系统的规划、交易系统、行情信息系统的安全运行及客户数据信息备份。做好设备的技术维修工作。

10. 行政部

行政部门负责公司人力资源、行政管理、后勤保障等工作。期货公司对客户采取“一户一码制”编码。期货公司必须与期货交易所配合，实行一户一码制交易。

四、中国对期货公司经营管理的要求

1. 期货公司业务实行许可证制度

在中国，对期货公司业务实行许可证制度。根据《中华人民共和国行政许可法》，由国务院期货监督管理机构为期货公司依法办理期货业务许可证。期货公司除可申请经营境内期货经纪业务外，还可以申请经营境外期货经纪业务、期货投资咨询以及国务院期货监督管理机构规定的其他业务。

2. 期货公司对营业部实行“四统一”管理

所谓“四统一”是指期货公司应当对营业部实行统一结算、统一风险管理、统一资金调拨、统一财务管理和会计核算。建立规范完善的营业部岗位责任制度和业务操作规程。期货公司不得从事与期货业务无关的活动；不得与他人合作经营管理营业部；不得为其股东、实际控制人或者其他关联人提供融资，不得对外担保；不得将营业部包租或者委托给他人经营管理。

3. 期货公司要有建立健全风险控制体系

期货公司应当按照审慎经营的原则，健全风险防范控制体系。符合资本充足的要求，建立以净资本为核心的风险控制体系。保护客户资产；按规定时间披露信息；保持财务稳健运行；保护保证金存管安全；确保客户的交易安全和公司资产安全；从而有效地控制内部风险。

4. 完善期货公司法人治理结构

①强化风险防范功能。按照《期货管理办法》的规定，公司应加强风险管理，建立完善的风险管理制度。

②强调公司的独立性。独立性是指期货公司与控股股东（实际控制人）之间保持经营独立、管理独立、服务独立。经营独立是指期货公司与控股股东在业务、人员、资产、财务、场所等方面严格分开。独立经营，独立核算。管理独立是指期货公司的控股股东不得超越期货公司股东大会和董事会而任免期货公司的高级管理人员；不得非法干预客户交易、结算、风险管理和财务管理等项经营活动。服务独立是指期货公司不得向股东做出最低收益、最低分红的承诺；期货公司向股东，实际控制人提供期货经济业务的，不得降低风险管理要求。

③强化股东权利。按照《公司法》和《公司章程》，股东有权参与股东大会，有审议和表决权；有知情权、表决权的行使是按照股东出资比例行使表决权。

实际控股人不得滥用权利。实际控股人在出现重大事项时，应在规定时间内有义务通知期货公司。

④加强制度建设。期货公司应当完善股东大会制度（每年至少召开一次）；完善董事会制度；依法建立监事会制度；健全独立董事制度等项基本制度。具有会员分级结算资格的期货公

司和独资期货公司，应当设“独立董事”。独立董事应保持独立性。不得与期货公司及实际控股股东存在有可能妨碍其进行独立客观判断的关系；独立董事应遵守法律、行政法规；执行中国证监会的规定；遵守公司章程；维护客户、期货公司和全体股东的合法权益；不能在期货公司担任职务。

⑤设立首席风险官。期货公司应当设立首席风险官。对期货公司经营管理行为的合法性、风险管理状况进行监督和检查。首席风险官是期货公司的高级管理人员，向期货公司董事会负责。首席风险官的解聘，期货公司应当有正当理由，并向中国证监会的派出机构报告。首席风险官不履行职责的，中国证监会及派出机构有权责令更换。首席风险官发现涉嫌占用、挪用客户保证金等违法、违规行为或者可能发生风险的，应当立即向中国证监会派出机构和公司董事会报告。

⑥建立高级人员任职资格准入制度。期货公司的董事、监事和高级管理人员应当在职前取得中国证监会核准的任职资格。高级管理人员是指公司的总经理、副总经理、首席风险官、财务主要负责人、营业部负责人等。

五、期货服务机构

1. 中间介绍经纪商

中间介绍经纪商在国外可以是机构，也可以是个人，但一般都以机构的形式存在。中间介绍经纪商起源于美国。在中国，介绍经纪商的定义是为期货公司提供中间介绍业务的证券公司。证券公司把客户介绍给期货公司，并为客户开展期货交易提供一定服务，所以，期货公司要向证券公司支付一定的费用。

根据相关规定，证券公司受期货公司委托从事中间介绍业务时，双方应当签订书面协议。委托协议载明的主要事项有：业务范围、保证金存管措施、业务对接规则、客户投诉处理办法、报酬支付、违约责任等。

证券公司不得代理客户进行期货交易，不得结算和交割，不得代期货公司收取客户保证金，也不得利用证券账户为客户存取、划转期货保证金。

证券公司受期货公司委托从事中介介绍业务时，期货公司应当协助办理开户手续，并提供行情信息及交易设施。

证券公司只能接受全资控股的期货公司的委托从事中间介绍业务，不能接受其他期货公司的委托。

2. 期货居间人

期货居间人是指独立于期货公司之外的，接受期货公司委托进行中间介绍业务的、独立承担民事责任的自然人或法人组织。目前在中国期货市场的运行中，期货公司使用居间人进行客户开发是一条重要业务渠道。因为，居间人手中有大量的客户资源，并且有大量的信息优势。居间人与期货公司没有隶属关系，不是期货公司的在职人员，也不是期货公司经纪合同签订的当事人。

期货居间人的主要职责是向期货公司介绍客户。居间人的作用是为期货公司和投资者“牵线搭桥”。因为，期货居间人在从事中介业务活动时要付出劳务，所以，按双方合同的约定，居间人有向期货公司获取酬金的权利。

期货居间人在从事介绍业务时，应当客观、准确地介绍期货市场情况。实事求是地介绍收益和风险，不得向客户夸大收益。居间人无权代理客户签订期货经纪合同，无权代理客户签署交易账单，无权代理客户调拨资金，无权代理客户下达交易指令，无权代理客户进行期货交易活动。

3. 信息咨询机构

期货信息咨询机构是专门提供期货行情及相关信息服务的机构。设计行情软件，保证交易系统的稳定性、可靠性，使价格传输及时准确。期货信息咨询机构是投资者进行期货交易的重要环节，也是网上交易的重要工具。信息系统的稳定性和价格传递速度对投资者获取收益有重要作用。信息系统只有稳定、可靠、准确、快捷才能吸引大量的客户。

4. 存管银行

存管银行是指存管期货保证金的银行。它属于期货服务机构。存管银行是由期货交易所指定的、协助期货交易所办理期货结算业务的银行。

存管银行必须与期货交易所签订相应的协议书。明确双方的权利、义务、规范业务行为。期货交易所对存管银行有期货结算业务监督权力。

存管银行的权利包括:开设期货交易所专用结算账户、会员专用资金账户、其他有关结算账户;吸收交易所和会员的存款;了解会员在期货交易所的资信情况等。

存管银行的义务包括:根据期货交易所的要求对会员保证金实施监管;向期货交易所提供会员专用资金账户的资金情况;根据交易所提供的票据优先划转会员的资金;向期货交易所及时通报会员标准仓单的质押情况和会员在资金结算方面的不良行为;当期货交易所出现重大风险时，必须协助交易所化解风险，保守期货交易所和会员的商业秘密。

5. 实物交割仓库

实物交割仓库是期货商品进入实物交割环节时的期货服务仓库。

实物交割一般为指定的交割仓库。它是由期货交易所指定的、为期货合约履行实物交割的地点。期货交易的交割活动是由交易所统一组织进行。期货交易所不得限制实物交割总量。

要成为期货交易所的指定交割仓库，必须首先进行申请和审批。并且交割仓库必须具备一定条件。例如，根据《上海期货交易所指定交割仓库管理办法》，必须具备的条件主要包括:有工商管理机关颁发的营业执照;有规定要求的固定资产和注册资本，有良好的商业信誉;有较强的抗风险能力;有完善的规章制度;有一支训练有素的专业管理队伍;有一定规模的库房、场地;有完好的设备和良好的交通运输条件;承认并执行期货交易所的交易规则和交割细则等。郑州、大连期货交易所交割仓库申请条件大致相同。

交割仓库的权利和义务。交割仓库的主要权利包括:按期货交易所的规定签发标准仓单;按期货交易所审定的收费项目、收费标准，收取相关费用;对期货交易所制度的有关实物交割享有建议权等。交割仓库的主要义务包括:遵守期货交易所的交割细则，并接受其监管;根据期货合约规定的标准，对用于期货交割的商品进行验收入库;保管好库存商品，确保商品安全;按标准仓单的要求提供商品，积极协助货主安排商品的运输;保守有关商业秘密;出现法律纠纷时，在三个工作日内向期货交易所报告等项义务。

指定交割仓库不得有下列行为:出具虚假仓单;限制交割商品的入库和出库;违反国家有关规定参与期货交易;泄露商业秘密等。

指定交割仓库的日常业务分为:商品入库、商品保管、商品出库三个阶段。交割仓库应优先保证期货交割商品的入库和出库。

除了上述期货中介机构与服务机构以外，还有会计事务所、律师事务所、资产评估机构等服务性机构。

第四节 期货交易者

期货交易者是期货市场的主要参与者，是期货市场的主要构成部分。其中机构投资者有较雄厚的资金实力和较强承受风险的能力，成为期货市场的重要力量。

一、期货交易者的类型

1. 按投资目的不同，可划分为套期保值者和投机者。

(1)套期保值者

套期保值者是指通过买卖期货合约，用盈利降低因自身或因市场的变化而带来的现货市场价格波动风险。商品期货的套期保值者通常是该商品的生产商、加工商、经营商和贸易商等企业法人。金融期货的套期保值者通常是证券公司、银行、保险公司等投资者。

(2)投机者

投机者是指通过买卖期货合约以期望获取价格的差额收益的交易者。

投机者是通过预测期货合约未来价格的走向趋势，进行买卖操作以获取价格波动的差额收益。当预测期货价格会上升时，买入期货合约;若期货价格果真上升以后，再卖出期货合约(先买后卖称做多)。当预测期货价格下跌时，卖出期货合约;当期货价格果真下跌以后，再在规定期限买入期货合约(先卖后买称做空)。

2. 按投资主体不同，可以划分为个人投资者与机构投资者。

(1)个人投资者

个人投资者是指进行期货投资的社会自然人。

个人投资者的资金来源主要是自有资金。如:生活费、养老金、个人存款等。

个人投资者的特点:一是结构多样化。年龄结构、知识结构、性别、职业各不相同。二是人数众多。在股票市场上，全国约有 1.5 亿投资者。三是资金少，抗风险能力差。个人投资者少则几千元、几万元，多则几十万元、几百万元等。并且，无法抵抗突如其来的风险，没有办法化解风险。四是投资效果不同。多数个人投资者是盈利者少，亏损者多。五是没有统一组织。全国众多的“散户”投资者，没有一个统一的组织机构，都是个人奋战。

(2)机构投资者

机构投资者是指专门从事期货投资的法人组织机构。机构投资者不是社会自然人，而是一个企业法人机构。

机构投资者与个人投资者相比，机构投资者的特点:一是资金实力雄厚。机构投资的资金来源是单位的公有资金，还有筹借资金。例如，中国投资有限责任公司，是国家级的投资机构(2007.9.29 成立)，注册资金为 2000 亿美元，国家财政部用发行“特别国债”的方式筹集 1.55 万亿元人民币。投资方向是在全球范围内对股权，固定收益投资及私募股权投资、直接投资等。二是专业能力强。技术人员多，专业技能好。三是投资的资金数额巨大。四是获取信息的能力强。有专门的信息收集与分析机构。五是抵抗风险能力强。可以用组合投资方式分散风险。机构投资者是稳定期货市场的重要力量。

3. 其他分类

(1)多头交易者是指买入期货合约的交易者。交易者在期货交易所的“交易部位”(买卖期货合约的状态与总数量，称部位)是买进期货合约，或者买进多于卖出，则称该交易者是处于多头交易部位。

(2)空头交易者是指在期货交易所卖出期货合约的交易者。

二、国际期货市场的机构投资者

在国际期货市场上有很多机构投资者，其中，对冲基金和商品投资基金已经成为目前国际期货市场上最重要的两种机构投资者。对冲基金是把期货投资作为“投资组合”中的一个组成部分，商品投资基金则是以期货投资为主的机构投资者。

1. 对冲基金

(1)对冲基金的概念

对冲基金是指风险已经被“对冲”过的基金。对冲平仓的方法是通过先买后卖或者先卖后买期货合约的方法了结期货交易，回避了市场风险。所以，对冲基金又称避险基金。目前，对冲基金在全球没有一个统一的定义，前美联储主席格林斯潘给对冲基金的定义是:一家通过将客户限定于少数十分老练而富裕个体的组织安排(有限合伙形式)以避开管制，并追求大量金融工具投资和交易运用下的高回报率的基金形式。这个定义可简要概括为:对冲基金是不受管制并追求高回报率的、组合投资形式的机构投资者。它的合伙人为100人以下，并且要求合伙人有很高的资金实力。对冲基金的另一种定义:对冲基金是一种私人投资基金，投资目标是从市场短暂的价格波动中获取高水平的回报，而且常常进行高杠杆比率的操作。例如:卖空、买空(买进回补平仓)、套利操作等手段。因为，对冲基金在期货交易和股票交易中是用买空卖空的方法进行风险对冲操作，所以，能在一定程度上规避和化解证券投资风险。目前，对冲基金经过多年的发展，已经变成了高杠杆效应、承担高风险、追求高收益的投资方式。

对冲基金一般是属私募基金。它是把所有合伙人的资金集合起来进证券交易。用做多、做空、融资交易等手段，把资金投向于期货、股票等各种证券。其中，期货、期权是对冲基金资产组合中的重要组成部分。

对冲基金主要是通过“组合投资”来规避风险的，而不是投资于一、两种股票和债券分散风险的。目前，对冲基金的“组合投资”已经成为基金行业中一支重要力量。对冲基金经常运用“对冲”的方法抵消市场风险，锁定套利机会。

对冲基金不需要在政府注册。这是由于对冲基金的客户都是十分老练成熟的投资人，并且资金来自于个人合伙;对冲基金属于私募基金，不能向社会公众进行融资。

对冲基金可以直接投向期货市场和金融衍生产品。对冲基金不但可以直接投向股票、债券，还可以直接投向期货及衍生产品。这说明对冲基金投资的范围广。也说明对冲基金与共同基金有一定区别。

对冲基金常用组合投资的方法分散市场风险，锁定获利。对冲的方法是用一买一卖，了结期货交易，赚取差价利润，消除市场风险。新世纪又出现了“对冲基金的组合基金”，专门用组合投资的方法分散市场风险。

(2)共同基金

共同基金是一种利益共享、风险共担的集合投资方式。共同基金通过发行基金单位，把社会上投资者的零散资金集合起来，由基金托管人安全保管基金资本；再对基金资本进行投资运作：从事股票、债券、外汇、货币等品种的投资，并且获得投资收益和资本增值。共同基金与对冲基金一样，都是金融市场的重要参与者。

共同基金要受政府有关法律、法规的严格管制，以保证基金份额定价的合理性。因为，对于开放式基金来说，基金份额随时可以兑现，必须要公布基金净值、基金投资策略等。

共同基金投资组合的资金不能投资期货产品和期货金融衍生产品市场。但是，当共同基金为其持有的股票、债券、外汇等相关现货资产避险时，才能以套期保值者的身份与期货交易。

2. 商品投资基金

(1)商品投资基金的概念

商品投资基金是指由专业投资机构，利用巨额资金，在期货市场进行交易的、收益共享、风险共担的一种集合投资方式。

也就是说，商品投资基金是把社会上广大投资者的资金以发行基金份额的方式集中起来，汇聚成巨额资金；然后委托给专业投资机构，由专业商品交易顾问(CTA)进行期货和期权交易，广大投资者承担风险并享受投资收益的一种"集合投资方式"。

从定义和组织形式上理解，商品投资基金与共同基金相似。但二者在集合投资方面和风险收益承担方面有共同之处。但二者有显著区别。主要区别是商品投资基金专项投资于期货合约和期权合约。它既可以做多，也可以做空；它既可以投资于外汇期货、利率期货、股指期货等金融衍生产品，也可以投资于商品期货中的某一类期货市场。也就是说，商品投资基金主要投向于期货市场。而共同基金不能专门投资期货市场。

商品投资基金是从社会上众多的中小投资人手中募集资金用于投向期货市场及衍生品市场，获取投资收益；它又通过专业投资机构参与期货与期权投资，并获得多元化的好处；它向广大中小投资人分配收益，并让其承担风险。这些都与共同基金相似，但与对冲基金却有明显区别。

(2)商品投资基金与对冲基金的区别

①二者投资领域不同。商品投资基金的投资领域小；对冲基金投资领域大。商品投资基金的投资对象主要是期货交易所的期货和期权，一般不涉及股票、债券和其他金融资产。对冲基金既可以投资期货市场，又可以投资股票、债券市场，还可以投资外汇、金黄、货币市场。

②二者规范程度不同。从组织形式上看，商品投资基金的运作非常规范，投资运作的透明度很高，风险相对较小。对冲基金的投资运作十分灵活，它不受有关法律和法规的限制；投资运作规范性较差，它是一种高风险、高收益的基金。

(3)商品投资基金的组织机构

以美国的商品投资基金为例，组织机构由总经理、交易顾问、交易经理、期货佣金商(期货公司)、托管人等组织机构形式。

①基金总经理(CPO)。商品基金总经理是基金组织的最高管理人，是基金投资运作的决策者，负责基金的发行方式，选择主要成员，决定基金的投资方向等项工作。

②基金交易顾问(CTA)

基金交易顾问是指向客户提供买卖期货合约与期权合约的指导建议，或者以客户名义进行期货、期权操作的自然人或法人。

基金交易顾问由基金总经理聘任，并且对投资基金进行具体的交易操作，决定投资的操作策略。交易顾问不能接受客户的资金。交易顾问必须严格遵守期货委员会的一系列规则。

交易顾问是期货市场的投资专家。不同的交易顾问有不同的风险偏好和操作方式。

③交易经理(TM)

交易经理是指内部组织机构的部门经理。主要帮助总经理挑选交易顾问，并监视交易顾问的交易活动，控制风险，分配资金等。

④期货佣金商

美国的期货佣金商同中国期货公司相似。期货佣金商是依法设立的基金管理公司。它是期货市场的主要中介结构。它为交易顾问提供期货交易途径，它负责执行交易顾问发出的交易指令；它负责管理客户的保证金；它向客户提供投资项目的业绩报告，并为客户提供投资于商品投资基金的机会。

⑤托管人

基金托管人是依法设立的，并且有托管资格的商业银行。它是一个独立的金融机构，是一个法人组织。为了保障基金投资人的权益，防止基金资产被挪用、被滥用，它有资格安全保管基金资产和监督金资产的运作。托管人的主要职责有安全保管基金资产，监督基金资产在证券市场上的交易、计算资产本息、办理交割事项，签署基金决算报告等。

习　题

一、名词解释

1. 会员制结算制度　　2. 期货公司　　3. 投机者

二、简答题

1. 简述期货交易所的职能。

2. 简述期货交易者的类型有哪些。

参考答案

一、名词解释

1. 全会员结算制度：全会员结算制度是指期货交易所的全部会员都具有与期货交易所直接进行结算的资格。

2. 期货公司：期货公司又称期货经纪公司，是指依法成立的、以期货业务为主的，用自己的名义代理客户买卖期货合约的，并收取客户佣金的，独立核算的、期货市场的中介组织。

3. 投机者：投机者是指通过买卖期货合约以期望获取价格的差额收益的交易者。

二、简答题

1. 期货交易所的职能包括：买卖期货合约、并且办理结算与交割手续；对客户的账户进行管理，控制客户的交易风险；为客户提供期货交易信息；为客户提供期货交易咨询，充当客户的交易顾问；传递期货交易所“即时交易行情”，并协助客户进行行情分析；制止非法交易行为，及时将交易单送达期货交易所的交易系统，并将成交信息回馈给客户；履行保证金制度，提供基本会计记录，确保客户资金运行正确，不损害客户利益等项职责。

2. 期货交易者的类型有：(1) 按投资目的不同，可划分为套期保值者和投机者；(2) 按投资主体不同，可以划分为个人投资者与机构投资者；(3) 多头交易者；(4) 空头交易者。

◆第三章　期货合约

第一节　期货合约概述

一、期货合约的定义

期货合约是指由期货交易所统一制定的、规定在将来某一特定的时间和地点交割一定数量和质量标的物的标准化合约。期货合约是期货交易的对象，期货交易参与者正是通过在期货交易所买卖期货合约，转移价格风险，获取风险收益。期货合约的标准化便利了期货合约的连续买卖，使之具有很强的市场流动性，极大地简化了交易过程，降低了交易成本，提高了交易效率。

二、期货合约的种类

在国外期货商品比较多，都是逐渐增加的，而且各个交易所都因其类别和当地经济特点而有所不同。现将国外期货商品分类介绍如下。

1. 上市的农产品期货合约

农产品期货交易最早是在美国的 CBOT 和日本的大阪（1697 年），而最兴旺的还是 CBOT。上市的农产品期货见表 3－1。

表 3－1　　国外农产品期货

商品	交易所	交易单位
玉米	芝加哥交易所 中美洲商品交易所	5000 蒲式耳 1000 蒲式耳
燕麦	芝加哥交易所 中美洲商品交易所	5000 蒲式耳 1000 蒲式耳
黄豆	芝加哥交易所 中美洲商品交易所	5000 蒲式耳 1000 蒲式耳

续表

商品	交易所	交易单位
红豆	日本	1 口 80 袋(2400 公斤)
小麦	芝加哥交易所 堪萨斯市交易所 明市谷物交易所 中美洲商品交易所	5000 蒲式耳 5000 蒲式耳 5000 蒲式耳 1000 蒲式耳
糙米	中美洲商品交易所	20 万磅
大豆油	芝加哥交易所	6 万磅
大豆粉	芝加哥交易所	100 吨
活牛	芝加哥交易所 中美洲商品交易所	4 万磅 2 万磅
活猪	芝加哥交易所 中美洲商品交易所	3 万磅 1.5 万磅
猪腹肉	芝加哥商业交易所	3.8 万磅
棉花	纽约棉花交易所	5 万磅
干茧	日本	300 公斤
糖 可可 咖啡 冰冻橘子汁	咖啡、糖及可可交易所 咖啡、糖及可可交易所 咖啡、糖及可可交易所 纽约棉花交易所	11.2 万磅

2. 生产资料期货商品合约

伦敦金属交易所(LME)是金属期货商品交易的最大期货市场，它所形成的价格往往有国际影响。其中交易的商品见表 3－2。在生产资料方面还有木材，芝加哥商业交易所等交易；原油，纽约商品交易所交易；含铅汽油，2 号取暖用油，纽约商品交易所等交易；橡胶，东京工业品交易所交易。

表 3－2　LME 期货商品合约

商品	品质	交易单位	计价货币
铜	A 级铜	25 吨	美元
铝	高级铝	25 吨	美元
铅		25 吨	美元
锌	特级、高级	25 吨	美元
镍		6 吨	美元
锡	99.85%	5 吨	美元
银		1000 盎司	美元

3. 金融工具期货合约

金融期货由美国最早推出，现将美国及其他国家、地区常见的金融期货列于下：

(1)外汇期货有:英镑、加拿大元、澳元、日元、马克、瑞士法郎、美元等。

(2)利率期货有:政府公债、中短期债券、抵押证券、存款凭证、商业票据、欧洲美元、欧洲Et元等。

(3)期货价格指数期货有:纽约证交所综合指数、标准与普尔500指数、价值线综合指数、H经平均指数、香港恒生指数、中国金融期货交易所采用的沪深300指数等。

此外，还有黄金、白金、钯等贵重金属的期货商品上市。

三、期货合约的上市条件

关于期货商品上市应具备的条件，是不断摸索总结形成的，迄今并没有形成统一的明确法规。根据过去的经验，期货商品上市的条件可以概述如下：

1. 商品可以储藏、保存相当长的时间，不会变质、损坏；

2. 商品的品质等级可以划分和评价，界线分明，能为公众认可或者符合某种标准规定；

3. 商品可以进行大批量交易，生产量、消费量和流通量比较大；

4. 商品价格波动比较频繁，否则，套期保值交易和投机交易都难以实现；

5. 商品的未来市场供求关系和动向，不容易估计，不会为公众产生明确的一致性估计，否则，将会缺少交易对手；

6. 打算买卖该种商品的人比较多，成交量估计比较大；

7. 对远期合约还应考虑商品的运输条件和交割地点方便。

我国期货市场及期货商品种类现今只推出一般商品期货，其品种经几次修订，目前只保留12种，前已述及。金融期货与期货价格指数期货，目前没有开展交易。

四、期货合约标的的选择

现货市场中的商品和金融工具不计其数，但并非都适合作为期货合约的标的。交易所为了保证期货合约上市后能有效地发挥其功能，在选择标的时，一般需要考虑以下条件：

1. 规格或质量易于量化和评级

期货合约的标准化条款之一是交割等级，这要求标的物的规格或质量能够进行量化和评级。这一点对金融工具和大宗初级产品如小麦、大豆、金属等很容易做到，但对于工业制成品等来说，则很难，因为这类产品加工程度高，品质、属性等方面存在诸多差异，甚至不同的人对完全相同的产品可以有完全不同甚至相反的评价，例如时装，这类产品不适宜作为期货合约的标的。

2. 价格波动幅度大且频繁

期货交易者分为套期保值者和投机者。套期保值者利用期货交易规避价格风险；投机者利用价格波动赚取利润。没有价格波动，就没有价格风险，从而也就失去了现货交易者规避价格风险的需要，对投机者而言就失去了参与期货交易的动力。所以价格频繁波动既迫使保值者又刺激投机者投身于期货市场，否则期货市场将不能生存发展。

3. 供应量较大，不易被少数人控制和垄断

能够作为期货品种的标的在现货市场上必须有较大的供应量，否则其价格很容易被操

纵，即通过垄断现货市场然后在期货市场进行买空交易，一直持仓到交割月，使交易对手无法获得现货进行交割，只能按高价平仓了结。如果价格过高，交易对手可能会发生巨额亏损，由此会引发违约风险，增加期货市场的不稳定性。

第二节 期货合约的主要内容

一、期货合约的内容

期货合约各项条款的设计对期货交易有关各方的利益以及期货交易能否活跃至关重要。

1. 合约名称

名称注明了该合约的品种名称及其上市交易所名称。以上海期货交易所铜合约为例，合约名称为“上海期货交易所阴极铜期货合约”。

2. 交易单位与合约价值

交易单位是指在期货交易所交易的每手期货合约代表的标的物的数量。合约价值是指每手期货合约代表的标的物的价值。一般来说，商品期货合约文本只列明其交易单位，而金融期货合约文本只列出其合约价值。如大连商品交易所豆粕期货合约的交易单位为“10 元/吨”，而沪深 300 指数期货仿真交易的合约价值为“300 元 × 沪深 300 指数期货价格”。在进行期货交易时，只能以交易单位(合约价值)的整数倍进行买卖。

对于商品期货来说，确定期货合约交易单位的大小，主要应当考虑合约标的物的市场规模、交易者的资金规模、该商品的现货交易习惯等因素。一般来说，某种商品的市场规模较大，交易者的资金规模较大，则该合约的交易单位就可以设计得大一些，反之则小一些。

3. 报价单位

报价单位是指在公开竞价过程中对期货合约报价所使用的单位，即每计量单位的货币价格。例如，国内阴极铜、铝、小麦、大豆等期货合约的报价单位以元(人民币)/吨表示。

4. 最小变动价位

最小变动价位是指在期货交易所的公开竞价过程中，对合约每一计量单位报价的最小变动数值。在期货交易中，每次报价的最小变动数值必须是最小变动价位的整数倍。最小变动价位乘以交易单位，就是该合约价值的最小变动值。例如，上海期货交易所锌期货合约的最小变动价位是 5 元/吨，即每手合约的最小变动值是 5 元/吨 ×5 吨 =25 元。

商品期货合约最小变动价位的确定，通常取决于该合约标的物的种类、性质、市场价格波动情况和商业规范等。

一般而言，较小的最小变动价位有利于市场流动性的增加，但过小的最小变动价位将会增加交易成本;过大的最小变动价位会减少交易量，影响市场的活跃程度，不利于套利和套期保值的正常操作。

5. 每日价格最大波动限制

每日价格最大波动限制(涨跌停板幅度)是指期货合约在一个交易日中的交易价格波动不得高于或者低于规定的涨跌幅度，超过该涨跌幅度的报价将被视为无效，不能成交。涨跌停板一般是以合约上一交易日的结算价为基准确定的。每日价格最大波动限制条款的规定在于防止价格波动幅度过大而带来的风险。

涨跌停板的确定主要取决于该种标的物市场价格波动的频繁程度和波幅的大小。一般来说，标的物价格波动越频繁、越剧烈，该商品期货合约的每日停板额就应设置得大一些。

6. 合约交割月份

合约交割月份是指某种期货合约到期交割的月份。商品期货合约交割月份的确定一般受该合约标的商品的生产、使用、储藏、流通等方面的特点影响。例如，许多农产品期货的生产与消费具有很强的季节性，因而其交割月份的规定也具有季节性特点。

7. 交易时间

期货合约的交易时间是固定的。每个交易所对交易时间都有严格规定。一般每周营业 5 天，周六、周日及国家法定节、假日休息。一般每个交易日分为两盘，即上午盘和下午盘。各交易品种的交易时间安排由交易所公告。

8. 最后交易日

最后交易日是指某种期货合约在合约交割月份中进行交易的最后一个交易日，过了这个期限的未平仓期货合约，必须按规定进行实物交割或现金交割。期货交易所根据不同期货合约标的物的现货交易特点等因素确定其最后交易日。

9. 交割日期

交割日期是指合约标的物所有权进行转移，以实物交割或现金交割方式了结未平仓合约的时间。

10. 交割等级

交割等级是指由期货交易所统一规定的、准许在交易所上市交易的合约标的物的质量等级。在进行期货交易时，交易双方无须对标的物的质量等级进行协商，发生实物交割时按交易所期货合约规定的质量等级进行交割。

对于商品期货来说，期货交易所在制定合约标的物的质量等级时，常常采用国内或国际贸易中最通用和交易量较大的标准品的质量等级为标准交割等级。

为了保证期货交易顺利进行，许多期货交易所都允许在实物交割时，实际交割的标的物的质量等级与期货合约规定的标准交割等级有所差别，即允许用与标准品有一定等级差别的商品作替代交割品。期货交易所统一规定替代品的质量等级和品种。交货人用期货交易所认可的替代品代替标准品进行实物交割时，收货人不能拒收。用替代品进行实物交割时，价格需要升贴水。交易所统一规定和适时调整替代品与标准品之间的升贴水标准。

11. 交割地点

交割地点是指由期货交易所统一规定的进行实物交割的指定交割仓库。

商品期货交易大多涉及大宗实物商品的买卖，因此，统一指定交割仓库可以保证卖方交付的商品符合期货合约规定的数量与质量等级，保证买方收到符合期货合约规定的商品。

期货交易所在指定交割仓库时主要考虑的因素是:指定交割仓库所在地区的生产或消费集中程度，指定交割仓库的储存条件、运输条件和质检条件等。金融期货交易不需要指定交割仓库，但交易所会指定交割银行。负责金融期货交割的指定银行，必须具有良好的金融资信、较强的进行大额资金结算的业务能力，以及先进、高效的结算手段和设备。

12. 交易手续费

交易手续费是期货交易所按成交合约金额的一定比例或按成交合约手数收取的费用。不同期货交易所的交易手续费收取标准一般不同。交易手续费的高低对市场流动性有一定影响，交易手续费过高会增加期货市场的交易成本，扩大无套利区间，降低市场的交易量，不利于市场的活跃，但也可起到抑制过度投机的作用。

13. 交割方式

期货交易的交割方式分为实物交割和现金交割两种。商品期货、股票期货、外汇期货、中长期利率期货通常采取实物交割方式，股票指数期货和某些短期利率期货采用现金交割方式。

14. 交易代码

为便于交易，每一期货品种都有交易代码。如我国期货市场中，阴极铜合约为 CU，铝合约为 AL，小麦合约的交易代码为 wT，豆粕合约为 M，天然橡胶合约为 RU，燃料油合约的交易代码为 FU，黄金合约为 AU。

二、期货合约图例

表 3－3　郑州商品交易所优质强筋小麦期货合约

交易品种	优质强筋小麦
交易单位	10 吨/手
报价单位	元(人民币)/吨
最小变动价位	1 元/吨
每日价格最大波动限制(涨跌停板幅度)	不超过上一交易日结算价的 ±3%
合约交割月份	1 月、3 月、5 月、7 月、9 月、11 月
交易时间	每周一至周五(北京时间 法定节假日除外) 上午 9：00～11：30 下午 13：30～15：00
最后交易日	合约交割月份的倒数第 7 个交易日
交割日期	合约交割月份的第 1 个交易日至最后交易日
交割等级	标准品：符合郑州商品交易所期货交易用优质强筋小麦标准(Q/ZSJ 001－2003) 二等优质强筋小麦 替代品及升贴水：符合郑州商品交易所期货交易用优质强筋小麦标准(Q/ZSJ 001－2003)的一等优质强劲小麦升水 30 元/吨；同等级优质强筋小麦的不完善粒大于 6.0% 小于 10.0%(其中霉变粒小于等于 2.0%) 贴水 10 元/吨
交割地点	交易所指定交易仓库
最低交易保证金	合约价值的 5%
交易手续费	2 元/手(含风险准备金)
交易代码	WS
上市交易所	郑州商品交易所

表 3－4　　大连商品交易所黄大豆 1 号期货合约

交易品种	黄大豆 1 号
交易单位	10 吨/手
报价单位	元(人民币)/吨
最小变动价位	1 元/吨
每日价格最大波动限制 (涨跌停板幅度)	上一交易日结算价的 4%
合约交割月份	1 月、3 月、5 月、7 月、9 月、11 月
交易时间	每周一至周五（北京时间 法定假日除外）上午 9：00～11：30 下午 13：30～15：00
最后交易日	合约月份第 10 个交易日
最后交割日	最后交易日后 7 日(遇法定节假日顺延)
交割等级	标准品:三等黄大豆 替代品:一等黄大豆、二等黄大豆、四等黄大豆
交割地点	大连商品交易所指定交割仓库
最低交易保证金	合约价值的 5%
交易手续费	不超过 4 元/手
交割方式	集中交割
交易代码	A
上市交易所	大连商品交易所
交割方式	实物交割
交割代码	WS
上市交易所	郑州商品交易所

表 3－5　　上海期货交易所铝期货合约

交易品种	铝
交易单位	5 吨/手
报价单位	元(人民币)/吨
最小变动价位	5 元/吨
每日价格最大波动限制 (涨跌停板幅度)	不超过上一交易日结算价的 ±4%
合约交割月份	1～12 月
交易时间	每周一至周五（北京时间 法定假日除外）上午 9：00～11：30 下午 13：30～15：00

续表

最后交易日	合约交割月份的15日(遇法定假日顺延)
交割日期	合约交割月份的16日至20日(遇法定节假日顺延)
交割等级	标准品:铝锭,符合国标GB/T1196－2002标准中AL99.70规定,其中铝含量不低于99.70% 替代品:LME注册铝锭,符合P1020A标准
交割地点	交易所指定交割仓库
最低交易保证金	合约价值的5%
交易手续费	不高于成交金额的万分之二(含风险准备金)
交割方式	实物交割
交易代码	AL
上市交易所	上海期货交易所

表3－6 **中国金融期货交易所沪深300指数期货合约**

合约标的	沪深300指数
合约乘数	每点300元
报价单位	指数点
最小变动价位	0.2点
合约月份	当月、下月及随后两个季月
交易时间	上午:9:15－11:30,下午:13:00－15:15
最后交易日交易时间	上午:9:15－11:30,下午:13:00－15:00
每日价格最大波动限制	上一个交易日结算价的±10%
最低交易保证金	合约价值的12%
最后交易日	合约到期月份的第三个周五,遇到国家法定假日顺延
交割日期	同最后交易日
交割方式	现金交割
交易代码	IF
上市交易所	中国金融期货交易所

习　题

一、名词解释

1. 最小报价单位　2. 交割日期

二、简答题

1. 简述合约的种类有哪些。

2. 简述期货合约的内容。

参考答案

一、名词解释

1. 最小报价单位:是指在期货交易所的公开竞价过程中，对合约每一计量单位报价的最小变动数值。

2. 交割日期:是指合约标的物所有权进行转移，以实物交割或现金交割方式了结未平仓合约的时间。

二、简答题

1. 合约的种类有:(1)上市的农产品期货合约;(2)生产资料期货商品合约;(3)金融工具期货合约。

2. 期货合约的内容:(1)合约名称;(2)交易单位与合约价值;(3)报价单位;(4)最小变动价位;(5)每日价格最大波动限制;(6)合约交割月份;(7)交易时间;(8)最后交易日;(9)交割日期;(10)交割等级;(11)交割地点;(12)交易手续费;(13)交割方式;(14)交易代码。

◆第四章　期货交易制度

为了维护期货市场的正常运行，维护期货交易的“公开、公平、公正”原则，期货交易所制定有一整套相关制度和交易规则。我国《期货交易管理条例》(以下简称《条例》)，规定了一些最基本的制度。主要制度有:保证金制度、每日无负债结算制度、涨跌停板制度、持仓制额制度、大户报告制度、强行平仓制度、风险警示制度、实物交割制度、客户交易编码制度和信息披露制度等。

第一节　期货交易基本制度

一、保证金制度

保证金是指期货交易者根据交易所的规定，按照一定比例缴纳的履约资金。《条例》对保证金的定义:保证金是期货交易人按照规定标准缴纳的资金，用于结算和保证履约。它是按照交易者所买卖期货合约价值的一定比例缴纳(5%至15%)，作为履行期货合约的财力保证。先缴纳保证金后，才能参与期货合约的买卖。所以，保证金是合约规定的最低资金。在期货交易中，实行保证金制度是必不可少的基本制度，也是期货市场风险管理的重要手段。《条例》对结算的定义:结算是指根据期货交易所公布的价格对交易双方的交易盈亏状况进行资金清算和划转。

在国际期货市场上，实施保证金制度有以下几个特点:

(1)保证金的收取是分级进行

期货交易所或者结算机构只向自己的会员收取保证金，称作“会员保证金”。所以保证金又分为会员保证金和客户保证金。

会员保证金:

会员保证金又划分为结算准备金和交易保证金。结算准备金是指会员为了交易结算在交易所的专用账户中预先存入的准备资金，它是未被占用的保证金。结算准备金的最低金额由交易所规定，目前我国三个期货交易所的结算准备金都是200万元。交易保证金是指会员在交易所的专用账户中存放的确保合约履行的资金，它是已被合约占用的保证金。在实际交易中，交易保证金、最低保证金、初始保证金、保证金，四者含义是一样的。当日买卖双方成交以后，交易所按持仓合约价值的一定比例向双方收取保证金。保证金制度体现了期货交易特有的“杠杆效应”，同时又是交易所控制交易风险的重要手段。这是期货交易与其他交易方式不同的特点。例如，当期货价格变化幅度较大时，交易所就会提高保证金数额(从5%提高到10%等)。

客户保证金：

在国际期货交易中，客户保证金又划分为初始保证金、维持保证金、追加保证金。初始保证金是指客户初次合约成交时应交纳的保证金。维持保证金是指客户的合约价格朝不利方向变化时，初始保证金的一部分用于弥补亏损，剩下的保证金刚好达到某一最低维持水平的保证金。追加保证金是指客户的维持保证金不足时，交易所和期货公司通知客户应当追加的资金；追加后的保证金水平应达到初始保证金标准。在国际期货交易中，通常是按每张合约收取一定比例的保证金；在我国客户保证金是按合约面值的一定比例收取。客户保证金的收取比例可由期货公司确定，但不得低于交易所规定的标准。一般情况下，当期货交易非常活跃时，期货公司会加上1%至3%左右。

保证金实行分级收取与管理，对期货市场风险的分层次承担和分层管理有重要意义。

我国与国际上收取客户保证金的方式不一样，在国际上对净头寸收取保证金；而我国对双边头寸同时收取保证金。例：某人买进9月份铜的期货合约100张；同时在另一价位卖出9月份铜的期货合约50张。国际上按照50张(100－50)收取保证金；而我国按照150张(100＋50)收取保证金。

另外，对投机头寸和套期保值头寸，美国的保证金收取比例不同；英国和我国在保证金收取金额上，一视同仁，保证金相同。

(2)交易者的保证金应与面临的风险相对应

在国际期货交易中，交易者面临的风险越大，需要交纳的保证金就越多。对投机者要求交纳的保证金要大于套期保值者和套利者的保证金。

交易所还可以根据各种期货合约的特点设定最低保证金标准，并且根据期货市场风险的大小状况随时调节保证金水平。例如，期货价格波动幅度越大的合约，交易者面临的风险也越大，设定的最低保证金标准就越高。又例如，当过度投机时，期货市场价格会剧烈波动；期货交易所可以随时提高保证金；增大交易者的入市成本，抑制市场风险。中国“上海期货交易所风险控制管理办法”规定，当出现下列情况时，交易所可以根据市场风险状况调整交易保证金水平：一是交易者持仓量达到一定水平时，双边持仓量超过100万手时，大豆1号保证金为8%－10%；二是临近交割期时，交割月份提高到30%；三是连续数个交易日的累计涨跌幅度达到一定水平时(黄金期货合约连续三个交易日累计涨跌幅度为10%时；连续四个交易日累计涨跌幅度为12%时；连续五个交易日累计涨跌幅度达到14%时)，但是，调整后的涨跌停板幅度一般不超过20%的保证金水平；四是连续出现涨跌停跌时；五是遇到国家法定长假时；六是交易所认为市场风险明显增大时等。

从《上海期货交易所风险控制管理办法》中可以看出中国期货交易所保证金制度有五个自身特点。一是对期货合约上市运行的不同阶段规定有不同的保证金比率。它是距交割月份越近，交易者面临实物交割的可能性越大，为了防止实物交割中可能出现的违约风险，促使不愿意进行实物交割的交易者尽快平仓了结期货交易，所以保证金随着交割月份的临近而提高保证金比率。二是交易者持仓量增大到规定水平时(大于100万手)，交易所会随着持仓量的增大，而提高保证金比率(持仓量大于200万手，保证金为合约价值的10%)。三是期货合约连续出现涨跌停板时，提高保证金比率。四是连续几个交易日期货价格的累计涨跌幅度(不是涨跌停板)达到规定程度时(黄金期货合约连续五个交易日，累计涨跌幅度达到14%)提高保证金比率。五是某种期货合约的交易出现异常情况时，调整保证金水平。

除了随时调整保证金比率之外，交易所还会采取其他措施控制市场风险。例如：暂停部分会员或全部会员"开新仓"、限期平仓、强行平仓等多种措施，以控制风险。

二、逐日盯市制度

逐日盯市制度又称"当日无负债结算制度"，它是指在每一个交易日结束之后，由期货结算机构对期货交易保证金账户当天的盈亏状况进行结算，并根据结算结果，对应收应付的款项资金实行净额一次性划转。结算是指根据结算价格对交易双方的交易盈亏状况进行的资金清算和划转。

期货结算机构是按照"当日结算价格"，对所有合约的交易盈亏、交易保证金及手续费进行资金的一次性划转。每日无负债制度的结算使期货合约持有人的"持仓价格"就是"当日的结算价格"，并且按结算价格计算交付的保证金。这样，就能保证期货交易所收取的保证金，完全能够控制每一天的价格波动风险。当期货交易发生亏损时，导致保证金账户资金不足时，则要求期货交易者必须在结算机构规定的时间内向账户中存缴"追加保证金"，以做到"当日无负债"。

由于采用了"每日无负债结算制度"，投资者就必须准备适当的资金作为"追加保证金"。

一般情况下，投资者是按期货公司的最低要求缴纳保证金的。假设股指期货的最低保证金是合约价值的10%，如果投资者卖出(做空)一张股指期货合约，价值为10万元；那么，投资者至少要交纳一万元作为保证金。但是，仅仅有一万元保证金是不够的，万一股指期货价格没有向投资人预期的方向运行，而是往相反方向运行了(卖出后没有下跌，而是上升了)；投资人的卖出就出现了损失(没有能够在低点补回，而是在高价位补回)。例如，股指上升了(预测是下降)2%，投资人就损失了2000元，保证金只剩下8000元；如果手续费是200元，期货公司就会通知投资人，需要补交2200元保证金。因为上涨的期货合约价值为10.2万元了。为了保持10%的比率，必须追交2200元保证金才行。如果投资人不按规定时间缴纳"追加保证金"，期货公司就会进行"强行平仓"。强行平仓之后，投资人手中就没有"保单"(期货合约)了，将来市场价格真的下跌了，也不会再盈利，只能接受损失的现实了。

当日无负债结算制度的实施，能够及时调整客户的保证金；为控制风险提供了可靠依据，对于控制期货市场风险，维护期货市场的正常运行都具有十分重要作用。

当日无负债结算制度的实施有以下特点：

一是能够及时、具体、真实的反映交易盈亏状况。期货结算机构对所有账户的客户按不同品种，不同月份的期货合约分别进行结算和汇总，使每一个交易账户的盈利、亏损都能够得到及时的、具体的、真实的反映。

二是对所有合约的盈亏进行结算。在对交易盈亏进行结算时，不仅对"平仓头寸"卖出(交易部位的价格与数量)的盈亏进行结算；而且对未平仓合约产生的"浮动盈亏"也要进行结算。

三是对交易保证金进行逐日结算。结算机构的工作人员每一天，对于每一位会员或客户的市场盈亏及保证金状况都采取了“逐日盯市”的方法进行跟踪监视，并进行动态调整。

四是通过“分级结算”体系实施结算。当日无负债结算制度是期货交易所通过分级结算体系进行具体实施的。先由期货交易所的结算机构对自己的会员进行结算；再由期货公司(会员)根据期货交易所的结算机构的结算结果对自己的客户进行结算。当期货交易所的会员(客户)的保证金不足时，就会被通知及时追加保证金或者自行平仓。否则，期货合约将会被“强行平仓”。逐日盯市制对每一份持仓合约的每天按当日结算价格计算账面盈亏，以确保是否需要追加保证金，确保期货交易所实现“每日无负债”。

三、平仓与强行平仓制度

1. 平仓制度

平仓是指在“交割期”之前，卖出与先前已经买进的相同交割月份、相同数量、相同品种的期货合约的交易行为。《条例》对平仓的定义：平仓是指期货交易者买入或者卖出与持有合约的品种、数量和交割月份相同，但交易方向相反的合约，了结期货交易的行为。因为期货交易可以做多，也可以做空，另一种定义：平仓是指在交割期之前，买进与先前已经卖出的相同交割月份、相同数量、相同品种的期货合约的交易行为。

期货合约的平仓原则：

(1)买卖方向相反原则

买卖方向相反是指：用先买后卖(做多)的原则，或者用先卖后买(做空)的原则；用这两个原则都可以达到平仓了结期货交易的行为。

(2)数量相等原则

数量相等是指卖出的数量应当与先前已经买入的数量相同。或者是指买入的数量应当与先前已经卖出的数量相同。

(3)买卖方向相反，买卖数量不相等原则

只有一买一卖，或者一卖一买，才能了结期货交易，才能把该赚的钱赚到手。但是，买卖合约的数量可以不相等，因为期货交易和股票一样，都允许一部分先平仓，另一部分后平仓。例如，买进10张期货合约，可以先卖出5张；以后又上涨了，再卖出5张。

(4)品种相同，交割月份相同原则

拟被平仓的，原有持仓合约与现在申报的平仓合约，二者的品名相同，交割月份相同。

(5)平仓时间原则

对原持仓的期货合约，允许被平仓的时间是该合约的交割月份的“最后交易日”之前的任何一个交易日。过了这个“最后交易日”的期限的未平仓期货合约，必须进行实物交割。期货合约到期后进行实物交割的比例很小，绝大多数的期货合约都是在“最后交易日”之前进行平仓，了结期货交易行为。

应该在“平仓合约申报单”上注明“平仓”字样，在成交中就会找到拟被平仓的合约，予以平仓，了结这份持仓合约。及时退还被占用的保证金，增加了客户的交易资金。另外，注明“平仓”字样，则可优先成交。因为平仓的目的是想尽快了结原有的持仓合约，防止亏损扩大，或者获取应得盈利，所以“平仓”比新买进合约更加紧迫。因此，交易所的计算机交易系统中采用了这种“平仓优先原则”。

2. 强行平仓制度

强行平仓是指期货交易所按照有关规定对会员(客户)的持仓合约实行平仓的一种强制性措施。其目的是控制交易风险。强行平仓也是分级进行:一是期货交易所对会员的持仓合约实行强行平仓;二是期货公司对客户自己的持仓合约进行强行平仓。强行平仓有两种情况:第一是因账户的交易保证金不足,并且未在规定时间内补足而实行了强行平仓;第二是当会员(客户)的持仓量超出了规定的限额而实行了强行平仓。第一种强行平仓情况是最常见的,当期货市场价格发生了不利方向的变动时,因亏损造成保证金不足,并且又未能在规定时间内补足保证金或者未能主动减仓,而且市场行情仍然朝着不利方向发展时,期货交易所、期货公司强行平掉会员、客户的一部分仓位甚至全部仓位,将所得资金填补保证金缺口。强行平仓制度有利于避免账户损失扩大。通过控制个别账户的风险,有效地防止风险扩散到整个期货市场。第二种强行平仓情况是少数会员或客户违反持仓限额制度遭到强行平仓。客户超过了规定的持仓限额,并且又未在规定期限自行减仓,期货交易所(期货公司)将其超出持仓限额的部分头寸被强行平仓。只是强行平掉超出持仓限额的一部分合约,而不是全部合约。

我国期货强行平仓制度的规定,当会员、客户出现下列情形之一时,交易所有权对其持仓进行强行平仓:

(1)会员结算准备金额小于零,并未能在规定时限内补足的;

(2)客户、从事自营业务的交易会员持仓量超出其限仓规定;

(3)因违规受到交易所强行平仓处罚的;

(4)根据交易所的紧急措施应予强行平仓的;

(5)其他需要强行平仓的。

强行平仓的执行过程:

(1)通知。交易所以“强行平仓通知书”的形式向有关会员下达强行平仓要求。

(2)执行。开市后,有关会员必须首先自己平仓,直至达到平仓要求,执行结果由交易所审核。

超过会员自行强行平仓时限而未执行完毕的,剩余部分由交易所直接执行强行平仓。

(3)确认。强行平仓执行完毕后。由交易所记录执行结果并存档。

(4)强行平仓结果发送。

(4)强行平仓制度是一种强制性措施。当会员、客户不能按时交纳保证金、结算准备金不足,持仓超出限额,违反交易所有关规定时,交易所有权对相关的会员或者客户实施强行平仓。强行平仓的实施,能及时控制风险的扩大和蔓延,能将风险控制在最小范围内。

四、涨跌停板制度

涨跌停板制度又称每日价格最大波动限额制度,是指期货合约在一个交易日中的最大价格波动幅度限制。即期货合约的市场价格每日波动不得高于或者不得低于规定的涨跌幅度,超过该涨跌幅度的报价将被视为“无效报价”,不能成交。涨跌停板的设置和制度的实施,能够有效地减缓和抑制一些过度投机行为及突发性事件冲击期货价格。许多因素都能对期货市场价格造成巨大冲击,从而使期货价格狂涨暴跌。为了减小每一个交易日的价格波动幅度,把会员、客户的当日损失控制在相对较小的范围内,涨跌停板制度对风险管理有一定的意义。在市场面临剧烈波动时,涨跌停板制度为市场的管理者争取时间,控制局面,缓解风险等,都有很多益处。同时，也给期货交易者一个理性思考和理性判断的机会，避免市场的过度反应。涨跌停板制度还能够锁定会员、客户的每一个交易日所持有合约的最大盈亏；为保证金制度和当日结算无负债制度的实施提供了有利条件。

涨跌停板制度设置的最大波动价格限额定为合约上个交易日结算价的一定百分比。一般情况，期货价格波动幅度较大的品种，设定的涨跌停板幅度也应当大一些。不同的期货品种有不同的涨跌幅度限制。例如：郑州商品交易所棉花期货合约，每日价格最大波动幅度限制，不超过上一个交易日结算价 ±4%；大连商品交易所 1 号黄大豆期货合约，每日价格波动幅度限制，为上一交易日结算价的 ±3%；中国金融期货交易所，股指期货合约的涨跌停板幅度为上一交易日结算价的 ±10% 等。

另外，期货交易所还可以根据市场的风险状况，对涨跌停板幅度进行调整。

涨跌停板制度有以下几个特点：

（1）新上市品种和新上市合约，首日涨跌停板幅度，为该合约规定涨跌停板幅度的 2 ~ 3 倍。若合约有成交，则下一个交易日恢复到该合约规定的涨跌停板幅度；若合约无成交，则下一个交易日继续执行前一个交易日涨跌停板幅度。

（2）交易所可以根据市场风险状况调整涨跌停板幅度。当期货合约价格往相同方向连续涨跌停板时，遇国家法定长假时，交易所认为市场风险明显增大时，交易所可以临时调整涨跌停板幅度。

（3）出现涨停停板时，交易所控制风险，有两种措施：一是当某种期货合约以涨跌停板成交时，成交计算机撮合实行“平仓优先和时间优先原则”。急于平仓的合约，才能以涨跌停板价格成交，当日新开仓合约不适用“平仓优先原则”。二是某种合约连续出现涨跌停板，单边又无连续报价时，实行强制性减仓。当合约出现连续涨（跌）停板情况时，空头（多头）交易者无法平仓而出现大规模的亏损，并且有可能引发整个市场风险。为避免这种现象发生，实行强制性减仓。强制性减仓是指交易所将当日以涨（跌）停板价格申报的未成交平仓报单，以当日涨（跌）停板价格与该合约净持仓盈利客户按照持仓比例计算机会自动撮合成交。类似股市中的“涨停板”时，空头交易者可以用涨停板价格卖出股票；“跌停板”时，多头交易者可以用跌停板价格买进股票。其目的是快速地、有效地化解市场风险，防止会员大量违约。这就是“涨停板”时只能卖出，“跌停板”时只能买进的优点。

五、持仓限额及大户报告制度

1. 持仓限额制度

持仓限额制度是指期货交易所对会员及客户可持有的期货合约的最大数额进行限制的制度。《条例》的定义是，持仓限额是指期货交易所对期货交易者的持仓量规定的最高数额。持仓量是指交易者所持有的未平仓合约的数量。

期货交易所为了防止操纵市场价格的行为和防止期货市场风险过度集中于少数投资者的行为，对会员及客户的持仓数量进行限制。限仓制度不但对投机者进行数量限制，而且对套利者也要进行数量限制，但对套期保值者不限仓。如果超出了最大限额数量，交易所可以采取“强行平仓”，提高“保证金”等一系列措施，把会员和客户的持仓数量控制在规定范围内。交易所还要对持仓量较大的会员或客户进行重点监控，了解他们的持仓动向、持仓意图，有效地防止操纵市场价格的行为和有效地防范市场风险过度集中于少数投资者；防止少数投资者无法承担巨额损失，造成大面积违约风险，最终把风险蔓延到整个期货市场。

持仓限额制度的基本原则：

(1)会员、机构投资者和个人投资者的限仓额度应分别规定。

例如，《大连商品交易所风险管理办法》规定，棕榈油的一般月份合约单边持仓量大于5万手时，会员的持仓限额不得大于总量的25%，客户不得大于10%。

(2)根据不同的期货合约品种和不同的交易时间阶段，分别制定限仓额度。

期货交易所按照"一般月份"，"交割月前一个月份"，"交割月份"，三个时间阶段依次对持仓数额进行限制。假设一个会员的某种合约，在"一般月份"的单边持仓量不得超过该合约持仓总量的15%；那么，随着交割月份的临近，这位会员的持仓量百分比就应该越来越小(10%、5%)。以防止期货合约到期后进行实物交割时数量太大而引发的大面积实物交割违约风险。

(3)超过持仓限额时，由期货交易所按比例对会员、客户进行减仓(强制性减仓)。

限仓制度都是对投机者和套利者的限制，中小投资者一般很少达到或超过持仓额；对于套期保值者，因交易所对其实行"审批制度"，一旦被批准进入期货市场，套期保值者的持仓量不受限制。手中有现货的套利者，可以向交易所申请豁免。中国金融期货交易所、套期保值者和套利者的持仓均不受限制。

在国际期货市场上，持仓限额制度有以下几个特点：

(1)交易所根据市场风险状况制定和调整持仓限额标准。

(2)一般月份持仓量标准高，随着交割月的临近，持仓额标准降低。

(3)持仓限额通常只针对投机者，套期保值者和套利者则可向交易所申请豁免。

中国期货市场的限仓制度有以下几个特点：

(1)交易所根据不同期货品种，分别制定每一个品种、每一个月份的限仓数额标准。

(2)总持仓量不同，持仓限额的标准也不同(百分比不同)。

(3)不同时期(时间阶段)，制定有不同的限仓数额。

(4)会员、非会员、客户制定有不同的限仓数额。

2. 大户报告制度

大户报告制度是指当会员或客户某品种期货合约的持仓量达到交易所规定标准时，应当向交易所报告。当会员(客户)的持仓数量达到交易所规定的一定数额时，会员(客户是通过代理会员)向交易所报告相关资料。主要包括：持仓情况、持仓保证金、可动用资金、资金来源、持仓意图、申请交割数量等情况。大户报告制度与限仓制度是密切相关的又一个防范大户操纵市场价格、控制市场风险的制度。二者可以配合使用，控制风险事态的发展。

中国郑州商品交易所、大连商品交易所、上海期货交易所，对大户报告制度，有以下规定：

(1)会员(客户)某品种持仓合约的投机和套利头寸达到交易所规定的持仓限量80%以上(含本数)时，应向交易所报告。

(2)套期保值交易会员也要遵守大户报告制度。

(3)交易所可以根据市场风险状况，改变报告的持仓量水平。

期货交易所对于不报告或者虚假报告的会员(客户)会进行严厉处罚。

六、信息披露制度

信息披露制度是指期货交易所按照有关规定公布期货交易有关信息的制度。我国《证券法》规定，应当依法披露信息，并保证所披露信息的真实性、准确性和完整性。我国《证券法》还规定："禁止内幕交易"。"内幕交易"是指内幕信息的知情人员利用内幕信息进行证券交易活动。我国《期货交易管理条例》对内幕信息下的定义是：内幕信息是指可能对期货交易价格产生重大影响的、尚未公开的信息。内幕信息包括：国务院期货监督管理机构以及其他相关部门制定的对期货交易价格可能发生重大影响的政策；期货交易所做出的可能对期货交易价格发生重大影响的决定；期货交易所会员、客户的资金和交易动向以及国务院期货监督管理机构认定的对期货交易价格有显著影响的其他重要信息。我国《条例》还规定了"内幕信息的知情人员，是指由于其管理地位、监督地位或者职业地位、或者作为雇员、专业顾问履行职务，能够接触或者获得内幕信息的人员，包括：期货交易所的管理人员以及其他由于任职可获取内幕信息的从业人员。国务院期货监督管理机构和其他有关部门的工作人员以及国务院期货监督管理机构规定的其他人员。"以上可以看出，内幕信息是对期货交易价格有重大影响的尚未公开的信息；内幕交易是指内幕信息的知情人员利用内幕信息非法进行期货交易的活动。我国《证券法》对内幕信息知情人员在信息公开之前，买卖该证券，或者泄露该信息，或者建议他人买卖该证券的，责令依法处理非法持有的证券，没收违法所得，并处以违法所得 1 倍以上 5 倍以下的罚款。违法所得不足 3 万元的，处以 3 万元以上 60 万元以下的罚款。证券监督管理机构工作人员进行内幕交易的，从重处罚。我国《证券法》还规定："禁止操作市场"、"禁止虚假陈述"、"禁止欺诈客户"的行为。

我国《条例》规定，期货交易所应当以适当方式发布下列信息：

(1) 即时行情信息。即时行情是交易者在交易屏幕上看到的即时行情信息表。在即时行情信息表格中主要信息包括：商品期货名称、最新价格、即时成交量（现手）、最高买入价格（买价）、最低卖出价格（卖价）、买量（是指某一期货合约交易系统中未成交的最高价位申请买入的数量）、卖量（是指某一期货合约交易系统中未成交的最低价位申请卖出的数量），成交量（是指某一期货合约从当天开盘到即时成交合约的双边交易数量），仓差（是指某一期货合约当天的变化，为正值表示持仓量增加，为负值表示减少）、结算价格（是指计算某一期货合约盈亏的价格）、开盘价（是指某一期货合约开市前 5 分钟的集合竞价产生的成交价）、最高价、最低价等，共 15 个信息。

(2) 每周期货交易信息。主要内容：商品合约名称、周开盘价、周最高价、周收盘价、涨跌、持仓量、周持仓量变化、周结算价、周成交量、周成交额；各上市商品标准仓单、数量及与上次发布的增减量，已申请交割数量及本周进出库数量。

此处还有每月期货交易信息等。

即时期货交易信息是时刻变化的，而每日、每周、每月公布的信息是一次性的。交易者可以从持仓量、交易量、仓单变化中预测期货价格的走势。所以，这些信息对交易者是很重要的。

七、实物交割制度

实物交割是指期货合约过了最后交易日尚未平仓者，必须按规定进行实物交割或现金交收，了结未平仓合约的交易活动。

期货交易所实物交割制度是为了实现期货与现货的结合，保障期货市场与现货市场的两个市场价格的相对平稳。

在期货交易中，虽然利用实物交割方式平仓了结的交易活动很少，只占合约总数的1%－3%，但是，实物交割制度却有着十分重大的意义。正是由于期货交易的买卖双方可以进行实物交割，才能确保期货价格真实地反映出交易商品的实际现货价格；使期货价格与现货价格，二者不至于偏离太远，为套期保值者参与期货交易提供了保值的可能性。因此，实物交割是非常重要的。

卖方将货物提单和销售发票通过期货交易所结算机构交给买方，并同时收取全部货款。而买方需要付清全部货款后，方能提取实物商品货物。

现金结算，只是很少量的期货合约到期时采取现金清算，而不是实物交割（例如：股指期货）。

实物交割地点，是由期货交易所统一规定的专门进行实物交割的仓库。期货交易多数是大宗商品的买卖。因此，必须事先统一指定交割仓库。并且规定的数量与质量等级要符合国际或国内标准。

商品期货、股票期货、外汇期货等，通常采用实物交割方式；股票指数期货、短期利率期货，通常采用现金交割方式。

我国农产品期货的实物交割仓库，多数在大连市附近；金属产品期货的实物交割仓库，在上海地区。

八、风险准备金制度

风险准备金制度是指期货交易所从自己收取的会员交易手续费中提取一定比例的资金，作为确保交易所担保履约的备付资金的制度。

交易所风险准备金的设立目的是为了维护期货市场正常运转而提供财务担保，也是为了弥补不可预测的风险带来的亏损。

风险准备金的主要来源：一是期货交易所从自己会员交易手续费中提取风险准备金；二是针对股指期货的特殊风险而建立的由会员缴纳的股指期货特别风险准备金；而股指期货特别风险准备金只能用于为了维护股指期货市场正常运转提供财务担保和弥补因交易所不可预测风险带来的亏损。

风险准备金必须单独核算，设立专用账户、专户存储；除了用于弥补风险损失之外，一律不得挪作他用。风险准备金的动用，应当遵守事先规定的法定程序，经交易所理事会批准，报中国证监会备案之后，方可按照规定的用途和规定程序进行运用。

风险准备金制度有以下规定：

（1）交易所向会员收取的手续费收入（含向会员优惠减收部分）20%的比例，从管理费用中提取。当风险准备金达到交易所注册资本的10倍时，可以不再提取。

（2）风险准备金必须单独核算、专户存储，除了用于弥补风险损失外，不得挪作他用。

（3）风险准备金的动用必须经过交易所理事会批准，并报中国证监会备案后才能按规定的用途和规定的程序进行运用。

九、撮合成交制度

撮合成交制度是指由计算机交易系统按照价格优先、时间优先的原则，采取网上集合竞价撮合成交的方式的成交制度。

期货交易所按照“价格优先，时间优先”的原则，由计算机交易系统自动撮合成交数量和成交价格。在同一撮合轮次中，当买方报价高于卖方报价时，按照“价格优先”原则，可以成交。成交数量是买方报出的买进数量；成交价格通常是等于买方报价，卖方报价和前一成交价，三者居中的一个价格。当价格相同时，先申报者先成；后申报者后成交。

每天开盘的第一个成交价就是今天的“开盘价”。开盘价是指某一品种期货合约开市前5分钟经过计算机自动交易系统集中撮合竞价产生的成交价格。从开市后到闭市，都是采用连续成交的方式。

当期货市场出现了涨跌停板情况时，计算机自动交易系统还采取了成交撮合实行“平仓优先、时间优先”原则。“平仓优先、时间优先”原则就防止了当某种合约出现连续涨(跌)停板时，空头(多头)交易者因无法平仓出现的大规模、大面积亏损，并由此可能引发的整个市场的全局性风险。

十、交易编码制度

交易编码制度是指期货交易所对所有的、全部客户实现全国统一的交易编码的制度。

客户的交易编码必须严格遵守的原则:“一户一码，不得混码”。

我国三大期货交易所的客户编码是一致的、统一的。客户交易编码是由期货公司按照期货交易所确定的编码方案编制的，并报交易所备案，不会混码，不会重复。

十一、套期保值审批制度

期货交易所对套期保值者实行审批的制度。交易所对套期保值的经营业务范围，年度经营业绩、现货购销合同、现货经营情况等，一切能够证明其现货经营情况的材料进行上报，由交易所审核。期货交易所核实后，并根据期货各个品种的特点，核定套期保值者的头寸额度。并令套期保值者不得炒作期货品种合约的价格。

套期保值者一旦被批准入市，交易所还会给予套期保值者一些优惠待遇。例如，持仓量不受限制等。平时交易所会对套期保值者进行严格监控，一旦发现出具虚假材料，会给于严厉处罚。例如，没收平仓盈利、取消套期保值资格、罚款、暂停会员资格、开除会员资格，宣布为期货市场的禁入者等。

十二、稽查制度

期货市场的各项基本制度和交易规则的贯彻落实，均需要交易所实行严格的稽查制度。稽查的对象一般是指交易所的会员。稽查的方式，由交易所的专门机构进行，也可以协同有关会员一起对交易所和整个市场监管机关进行核查，还可以对客户的交易情况进行稽查。其内容主要是:交易业务稽查和财务稽查。目的是及时发现会员或者客户的违法、违规、违约行为。例如，分仓情况、超仓交易、凭借资金优势和持仓优势，操纵市场价格等。稽查的另一个目的是:保障会员和客户的合法权益不受侵害。

稽查的重点是:会员的财务情况。例如，会员呈交的财务报告是否翔实、财务检查是否准确、对会员进行资信评级等。对会员的稽查要求做到定期稽查与不定期稽查相结合;平时稽查与重点稽查相结合等。

第二节 期货交易法规

本节主要介绍一些简要的国外的有关期货交易的法律、法规和规则。

一、国外期货交易法律

期货交易法律是以西方发达国家的法律为例，来认识期货市场立法的重要性和以法律进行管理的规范性。主要以美国为例。

1848 年，由 82 位美国商人在芝加哥发起组建了世界上第一家期货交易所，名称叫芝加哥期货交易所(CBOT)，又称芝加哥谷物交易所。芝加哥期货交易所于 1865 年推出了“标准化合约”，同年又实行了“保证金制度”。1882 年交易所又允许以“对冲合约”的方式结束期货交易，而不必去进行实物交割。20 世纪 70 年代，商品期货新品种不断涌现。1970 年以后，又出现了金属期货、石油能源期货、金融期货等。1995 年中国香港开始了股票期货交易。1990 年以后，随着计算机和互联网技术的飞速发展和广泛应用，电子化交易方法被引入期货市场，并成为期货交易采用的主要方式。芝加哥交易所开发了“全球网络化交易系统”，世界各地的交易者可以通过这个交易系统进行全天 24 小时交易。电子化和网络化交易系统使期货交易突破了时间和地域的限制，降低了交易成本。期货市场的创新和发展推动了期货市场的国际化和一体化的进程，但也急需要期货市场立法，用法律来规范交易者的行为。

另外，期货市场风险是客观存在的，并且风险又有放大性。风险放大性主指期货价格比现货价格波动幅度大;期货交易有“以小博大”的投机性，风险也被放大了许多;期货交易是连续性的合约买卖，风险易于延伸，并引发连锁反应;期货交易量很大、风险易于集中、盈亏幅度极大。为了防范和控制市场风险，也需要急需立法。

在美国，政府的最高监管机构是“商品期货交易委员会(CFTC)。1921 年通过了第一部《期货交易法》、1922 年又通过了一部《谷物期货交易法》。1974 年《商品交易法》修正案确立了美国商品交易委员会对整个期货市场拥有全面的管理、监督权。《商品交易法》规定:期货交易必须在美国商品交易委员会指定的交易所内进行。

美国国会通过了《1992 年期货交易规则法案》，该法案又进一步扩大了美国商品交易委员会的监管权限。例如，加强了对交易所的监管，加强对交易所的审计等。

中国香港立法局于 1976 年 9 月正式颁布了《商品期货交易法》。该法规定设立“商品期货交易委员会”，统一监管香港的期货行业。该法律同时要求所有期货代理商、交易顾问和其代表，都必须在商品期货交易委员会登记。2000 年香港期货交易所与香港联交所合并，组成“香港交易及结算所有限公司”(HKEX)，简称“香港交易所”，并且成为香港交易所的上市公司。香港交易所由香港证券及期货事务监察委员会统一监管，简称《证监会》。《证监会》是目前香港的独立法定监管机关。2003 年 4 月 1 日《证券及期货条例》正式生效。它促进了香港证券期货市场的发展。

二、我国期货交易法规

期货交易法规主指政府的行政法规，它是由政府统一制定，统一管理期货市场的条例、规定、办法、通知等规范性文件。下面以我国为例，说明期货交易法规的类型。

我国的全国统一管理机构是：中国证券监督管理委员会（简称证监会）。它是证券与期货市场的最高监管机构。这是我国的国务院"国发[1993]77 号文件"中规定设立的国家行政统一的监管机构。它已明确规定，中国股票证券交易监管与期货交易监管工作合并为一个管理机构进行管理。欧洲多数国家也是这样。但是，美国则不同，期货市场由[CFTC]"期货交易委员会"统一管理，而股票市场由证券交易委员会[SEC]管理。

我国证券市场与期货市场各有不同的法律和行政法规。

中国股票市场适应的法律有《刑法》、《民法通则》、《仲裁法》、《公司法》、《证券法》、《基金法》等少数几部法律。

中国期货市场尚未立法，但行政性法规有很多。1999 年 6 月 2 日中华人民共和国"国务院令（第 267）"发布了《期货交易管理暂行条例》，有了第一部全国统一的有关期货交易的行政性法规文件。主要内容：总则、期货交易所、期货经纪公司、期货交易基本规则、监督管理、罚则、附则等七章共计七十一条。

2001 年 1 月 1 日证监会发布、试行《期货交易所、期货机构信息技术管理规范》（试行）；2001 年 5 月 24 日，又发布了《国有企业境外期货套期保值业务管理办法》。

2002 年 1 月 23 日证监会发布了《期货从业人员资格管理办法》；2002 年 2 月 5 日，又发布了《期货经纪公司高级管理人员任职资格管理办法》。

2003 年 5 月 16 日，最高人民法院审判委员会发布了《最高人民法院关于审理期货纠纷案件若干问题的规定》。

2006 年 1 月证监会发布了《关于规范期货保证金存取业务有关问题的通知》；2006 年 6 月又发布了《关于推广期货保证金安全存管工作的通知》。

2007 年 3 月 6 日，中华人民共和国国务院令[第 489 号]颁布并实施《期货交易管理条例》。这是我国最高的期货交易管理行政法规。

2007 年还发布了许多部门规范性文件，主要有：

2007 年 4 月 9 日证监会发布了《期货公司管理办法》和《期货公司董事、监事和高级管理人员任职资格管理办法》；4 月 15 日证监会发布了《期货交易所管理办法》；4 月 18 日证监会又发布了《期货公司风险监管指标管理试行办法》；4 月 19 日证监会又发布了《期货投资者保障基金管理暂行办法》和《期货公司金融期货结算业务试行办法》；4 月 20 日证监会又发布了《证券公司为期货公司提供中间介绍业务试行办法》。

2007 年 7 月 4 日证监会发布了《期货从业人员管理办法》。

2008 年 3 月 27 日，证监会发布了《期货公司首席风险管理规定》；4 月 30 日又发布了《期货从业人员执业行为准则》。

2010 年 2 月 5 日，证监会发布了《关于建立股指期货投资者适当制度的规定》（试行）；2 月 9 日，又发布了《期货公司执行股指期货投资者适当性制度管理规定》（试行）。

2010 年 2 月 28 日，《中金所》发布《股指期货投资者适当性制度操作指引》（试行）的通知。

总之，中国期货市场的这些行政法规和国家部门的规范性文件，对稳步发展期货市场将会产生深远的影响。

三、期货交易规则

现代期货市场都有一套科学而严密的规章制度及交易规则，许多发达国家还有一套管理期货市场的法律法规。只有市场的法律法规完善、条例齐全、操作规范、竞争公平、信息共享，才能保持市场的稳定性和流动性，使期货市场健康、顺利发展。有一套完整的、科学合理的交易规则，是期货交易正常运转的前提条件。

期货交易规则的定义有广义和狭义之分。

广义期货交易规则：是指含有期货市场管理的一切法律、法规、条例，及期货交易所章程和交易所制度的规则。

狭义期货交易规则：是指由期货交易所制定的，经过国家监管机关审核批准的《期货交易规则》，及在此基础上产生的各种管理办法、细则和规定。这种交易规则比较翔实具体。例如：交易商品的质量规定、数量、交易时间、交易地点、交易价格、交易保证金数额、佣金手续费标准及期货合约各个方面的具体而翔实的规定。本节所讲的交易规则是二者兼备。

政府监管机构可以通过制定、颁布和实施各类期货交易法律、法规、条例等硬性规定，来引导和调节期货交易规则、规范期货市场行为、调节期货市场的运行，使之符合国家宏观经济市场体系的要求。同时要保证期货市场内在规律性在交易规则方面表现出来的正确性，这也是期货市场内在规律性的基本要求。政府可以通过制定法律、条例来规范期货市场的组织机构及运行机制；政府又可以有针对性地颁布法令，要求期货交易所制定各项交易规则；政府还可以直接制定交易原则，例如“公平、公正、公开”原则等。政府制定的“交易规则”，权威性最高，执行力度最大。广义交易规则的作用是使期货交易起到指导生产经营者、市场参与者及时调整策略，减少市场盲目性，保证市场的稳定性；让公众特别感兴趣，并评价良好。例如，美国从 1865 年开始采用第一个交易规则——“保证金制度”开始，至今，美国期货法律、法规比较完善；监管严密，较好地避免了许多市场消极因素，美国公众评价良好。

狭义期货交易规则，主指由期货交易所制定的各种交易细则、办法和规定。这种交易规则是以期货交易所为中心的全部交易规范。它实际上是期货交易所会员单位（期货公司）之间、期货公司与各个客户之间签订的一种共同遵守的“契约”。

期货交易所的规则种类繁多，基本规则的内容包括开市、闭市、报价、成交、记录、停板、结算、保证金、交割、纠纷处理、违约处罚等。

期货交易所的规则仍然是一种总的规定，是各种规定的总称。交易所根据业务管理的需要，可以制定各种细则和实施办法。例如，交割细则、套期保值管理规定、定点仓库管理规定、仓单管理办法、期货交易规则等。期货合约本身也是交易规则的重要组成部分。

期货交易所制定交易规则的目的是为了维护正常交易秩序、保护平等竞争、惩罚违约、制止垄断市场、操纵市场等不正当的交易行为。

关于各个期货交易所制度的交易规则、交易细则、实施办法等，都可以登录相关交易所的网站上查询。

在中国除期货交易所制定交易规则、实施办法和交易细则之外，中国期货业协会也制度了不少的规则。例如，《期货从业人员资格考试管理规则》、《期货从业人员资格管理规定》、

《期货从业人员后续职业培训规则》、《期货从业人员执行行为准则》、《中国期货业协会纪律惩戒程序》、《中国期货业协会行业信息数据库系统管理规则》等多种规定。因为中国期货业协会是自律性社会组织，所以，制定的规则又称为“自律规则”。

总之，在期货交易过程中，无论是中小投资者，还是大型企业、机构投资者，大家的法律地位完全是平等的，一切交易都是公正的，一切交易信息都是公开的。

中国期货市场的构成已经形成了中国证监会、期货交易所、期货经纪公司、各类投资者（客户），“四位一体”的组织结构形式。它既方便管理，又各行其职责。

习　题

一、名词解释

1. 保证金　2. 涨跌停板制度　3. 平仓　4. 实物交割

二、简答题

1. 简述期货合约的平仓原则。

2. 期货交易所的基本规则有哪些？

参考答案

一、名词解释

1. 保证金：是期货交易人按照规定标准缴纳的资金，用于结算和保证履约。

2. 涨跌停板制度：又称每日价格最大波动限额制度，是指期货合约在一个交易日中的最大价格波动幅度限制。

3. 平仓：是指在“交割期”之前，卖出与先前已经买进的相同交割月份、相同数量、相同品种的期货合约的交易行为。

4. 实物交割：是指期货合约过了最后交易日尚未平仓者，必须按规定进行实物交割或现金交收，了结未平仓合约的交易活动。

二、简答题

1. 期货合约的平仓原则：(1) 买卖方向相反原则；(2) 数量相等原则；(3) 买卖方向相反，买卖数量不相等原则；(4) 品种相同，交割月份相同原则；(5) 平仓时间原则。

2. 期货交易所的基本规则：开市、闭市、报价、成交、记录、停板、结算、保证金、交割、纠纷处理、违约处罚等。

◆第五章 套期保值交易

第一节 套期保值概述

从商品期货交易的目的和性质来看，商品期货交易主要分为套期保值交易和投机交易，本小节主要阐述套期保值交易的概念、基本原理、操作方法及其演进，分析基差与基差风险特征；基差交易与叫价交易的操作方法；投机交易理论与实际操作；以及有关套期保值与投机交易的主要策略。

一、套期保值交易的含义

1. 套期保值的概念

在市场经济中商品总是存在价格波动，价格波动对相关交易者会带来风险，即所谓的价格风险。企业在从生产、加工、储存到销售的全过程中，商品价格总是不断发生波动，且变动趋势难以预测，因此，在商品生产和流通过程的每一个环节上都可能出现因价格波动而带来的风险。这就需要借助一定工具，规避价格风险，以对自己的商品进行保值。

期货市场上最常用的规避价格风险的交易工具就是套期保值。套期保值（Hedging）又译作“对冲交易”，是指在期货市场买进卖出与现货数量相等，但交易方向相反的商品期货合约，以期补偿因现货市场价格变动带来的损失，是以规避现货价格风险为目的一种期货交易行为。

2. 套期保值的操作原则

套期保值的基本原理是利用期货合约可以在期货市场上很方便地进行“对冲”这一特点，通过在期货市场上持有一个与现货市场交易部位相反但数量相同的合约，从而在一个市场出现亏损时，另一个市场就会出现盈利。这样就在两个市场之间建立一种互相补偿、互相冲抵的机制。进行套期保值时，需要遵循以下几个方面原则。

（1）交易方向相反原则

交易方向相反原则是指在做套期保值交易时，套期保值者必须同时或先后在现货市场和期货市场上采取相反的买卖行动，即进行反向操作，在两个市场上处于相反的买卖位置。只有遵循交易方向相反原则，交易者才能取得在一个市场上亏损的同时在另一个市场上盈利的结果，从而才能用一个市场上的盈利去弥补另一个市场上的亏损，达到套期保值的目的。如果违反了交易方向相反原则，所做的期货交易就不达不到套期保值的目的，不仅不能规避价格风险，反而增加了价格风险，其结果是要么同时在两个市场上亏损，要么同时在两个市场上盈利。比如，对于现货市场上的买方来说，如果他同时也是期货市场的买方，那么，在价格上涨的情况下，他在两个市场上都会盈利。相反，在价格下跌的情况下，在两个市场上都会亏损。

(2)商品种类相同原则

商品种类相同原则是指在做套期保值交易时，所选择的期货商品必须和套期保值者在现货市场中买进或卖出的现货商品在种类上相同。只有商品种类相同，期货价格和现货价格之间才具有高度相关性，才能在价格走势上保持大致相同的趋势，从而在两个市场上同时采取反向买卖行动才能取得效果。在做套期保值交易时，必须遵循商品种类相同原则，否则，所做的套期保值交易不仅不能规避价格风险，反而会增加价格波动的风险。

(3)商品数量相等原则

商品数量相等原则是指在做套期保值交易时，所选用的期货合约上载明的商品数量必须与交易者将要在现货市场上买进或卖出的商品数量相等。原因在于，只有保持两个市场上买卖商品的数量相等，才能使一个市场上的盈利额与另一个市场上的亏损额相等或最接近，盈亏相抵，达到完全规避价格风险的目的。

(4)月份相同或相近原则

月份相同或相近原则是指在做套期保值交易时，所选用的期货合约的交割月份最好与交易者将来在现货市场上实际买进或卖出现货商品的时间相同或相近。在选择期货合约时，之所以必须遵循交割月份相同或相近原则，是因为两个市场上出现的亏损额和盈利额受两个市场上价格变动幅度的影响，只有使所选用的期货合约的交割月份和交易者决定在现货市场上实际买进或卖出现货商品的时间相同或相近，才能使期货价格和现货价格之间的联系更加紧密，增强套期保值效果。

从理论上讲，套期保值交易必须同时兼顾上述四大操作原则，忽略其中任何一个都有可能影响套期保值交易的效果。

二、套期保值的实现条件

套期保值交易之所以能够达到规避风险的目的，在于期货市场价格与现货市场价格变化存在以下两个规律：

1. 期货价格与现货价格走势一致

期货交易过程中期货价格与现货价格尽管变动幅度不会完全一致，但变动的趋势基本一致。即当特定商品的现货价格趋于上涨时，其期货价格也趋于上涨；反之亦然。这是因为期货市场与现货市场虽然是两个各自分开的不同市场，但对于特定的商品来说，其期货价格与现货价格主要的影响因素是相同的。这样，引起了现货市场价格的涨跌，就同样会影响期货市场价格同向涨跌。套期保值者就可以通过在期货市场上做与现货市场相反的交易来达到保值的功能，使价格稳定在一个目标水平上。

2. 期货价格与现货价格的趋同性

现货市场与期货市场价格随期货合约到期日的临近，期货价格收敛于现货价格，两者趋向一致。这是因为，期货价格通常高于现货价格，在期货价格中包含有储藏该项商品直到交割日为止的一切费用，当合约接近交割日时，这些费用会逐渐减少乃至完全消失，这样，决定两者价格的因素实际上已经几乎相同了。这就是期货市场与现货市场的市场走势趋同性原理。

正是上述两个实现的条件，使得套期保值能够起到为商品生产经营者最大限度地降低价格风险的作用，保障生产、加工、经营活动的稳定进行。

三、套期保值的种类

生产经营企业面临的价格波动的风险最终可分为两种：一种是担心未来某种商品的价格上涨；另外一种是担心未来某种商品的价格下跌。因此，期货市场上的套期保值可以分为两种最基本的操作方式，即买入套期保值和卖出套期保值。

1. 买入套期保值

买入套期保值就是指套期保值者先在期货市场上买入与其将在现货市场上买入的现货商品数量相等、交割日期相同或相近的该商品期货合约，即预先在期货市场上买空，持有多头头寸。然后，当该套期保值者在现货市场上买入现货商品的同时，在期货市场上进行对冲，卖出原先买进的该商品的期货合约，进而为其在现货市场上买进现货商品的交易进行保值。因为套期保值者首先在期货市场先以买入方式建立多头的交易部位，故又称多头套期保值。

2. 卖出套期保值

卖出套期保值是指套期保值者先在期货市场上卖出与其将要在现货市场上卖出的现货商品数量相等，交割日期也相同或相近的该种商品的期货合约。然后，当该套期保值者在现货市场上实际卖出该种现货商品的同时或前后，又在期货市场上进行对冲，买进与原先所卖出的期货合约，结束所做的套期保值交易，进而实现为其在现货市场上卖出现货保值。因其在期货市场上首先建立空头的交易部位，故又称为空头保值或卖空保值。

第二节　套期保值的应用

一、卖出套期保值的应用

1. 适用对象与范围

适用于在未来某一时间内在现货市场上售出实物商品，担心日后价格下跌，希望价格仍能维持在当前合适的价格水平的交易者。卖期保值的目的在于为了回避日后因价格下跌而带来的亏损风险。具体说来，卖期保值主要用在下面几种情况中：

（1）直接生产商品期货实物的生产厂家、农厂、工厂等手头有库存产品尚未销售或即将生产、收获某种商品期货实物，担心日后出售时价格下跌；

（2）储运商、贸易商手头有库存现货尚未出售或储运商、贸易商已签订将来以特定价格买进某一商品但尚未转售出去，担心日后出售时价格下跌；

(3)加工制造企业担心库存原料价格下跌。

2. 卖出套期保值的操作方法

交易者先在期货市场上卖出期货合约，其卖出的品种、数量、交割月份都与将来在现货市场卖出的现货大致相同，如果以后现货市场价格真的出现下跌，他虽然在现货市场上以较低的价格卖出手中的现货商品，但是他在期货市场上买入原来卖出的期货合约进行对冲平仓，用对冲后的盈利弥补因现货市场出售现货所发生亏损，从而实现保值的目的。

[**例5－1**] 东北某一农垦公司主要种植大豆，2011 年 9 月初因中国饲料工业的发展而对大豆的需求大增，同时 9 月初因大豆正处在青黄不接的需求旺季导致了现货价格一直在 3300 元/吨左右的价位上波动，此时 2012 年 1 月份到期的期货合约的价格也在 3400 元/吨的价格徘徊。该农垦公司经过充分的市场调查，认为 2011 年底或 2012 年初，大豆市场因价格一直过高而导致种植面积增加，同时大豆产区天气状况良好将使本年度的大豆产量剧增，预计日后的大豆价格将要下跌，为了回避日后大豆现货价格下跌的风险，该农垦公司决定为其即将收获的 50000 吨新豆进行保值，于 2011 年 9 月初在大连商品交易所卖出 50000 吨 2012 年 1 月份到期的大豆期货合约，价格为 3400 元/吨。到了 2011 年底 2012 年初大豆现货价格果然下跌，该农垦公司 50000 吨大豆平均起来现货价格只能卖 2700 元/吨左右，但此时 2012 年 1 月期的大豆期货合约也跌至 2800 元/吨，期货跟现货大豆都下跌了 600 元/吨，该农垦公司的经营状况如表 5－1 所示。

表 5－1　　卖出套期保值实例

市场 / 时间	现货市场	期货市场
2011 年 9 月初	大豆的价格为 3300 元/吨，但此时新豆还未收获	卖出 2012 年 1 月份到期的大豆合约 50000 吨价格为 3400 元/吨
2012 年 1 月初	卖出收获不久的大豆，平均价格为 2700 元/吨	买进 50000 吨，2012 年 1 月份到期的大豆期货合约，对冲原先卖出的大豆期货合约
结果	2012 年初比 2011 年 9 月平均少卖 600 元/吨	期货对冲盈利 600 元/吨

由此可见，该农垦公司利用期货市场进行卖期保值，用期货市场上盈利的 600 元/吨弥补了现货市场价格下跌而损失的 600 元/吨，成功地实现了原先制订的 3300 元/吨的销售计划，即用现货市场上平均卖出的价格 2700 元/吨加上期货市场盈利的 600 元/吨。

假设 2011 年底 2012 年初大豆的价格不跌反涨，平均起来，现货跟期货的价格都上涨了 200 元/吨，则该农垦公司的经营状况如表 5－2 所示。

表5－2 卖出套期保值实例

市场 时间	现货市场	期货市场
2011年9月初	大豆的价格为3300元/吨，但此时新豆还未收获	卖出2012年1月份到期的大豆合约50000吨，价格为3400元/吨
2012年1月初	卖出收获不久的大豆，平均价格为3500元/吨	买进50000吨2012年1月份到期的大豆期货合约，对冲原先卖出的大豆期货合约
结果	2012年初比2011年9月平均多卖200元/吨	期货对冲亏损200元/吨

由此可见，2012年1月初农垦公司虽然在期货市场上每吨亏损了200元，但现货市场上卖出的价格比9月底卖出的价格要高200元/吨，其实际的销售价仍然是3300元/吨，即现货市场上平均卖出的价格3500元/吨减去期货市场亏损的200元/吨的价格。

3.卖出套期保值的利弊分析：

卖出保值对套期保值者的好处：

(1)卖出保值能够回避未来现货价格下跌的风险。如在本例中，该农垦公司成功地回避了大豆现货价格下跌的风险。

(2)经营企业通过卖出保值，可以使保值者能够按照原先的经营计划，强化管理、认真组织货源，顺利的完成销售计划，如本例中，农垦公司将其销售计划订在3300元/吨。

(3)有利于现货合约的顺利签订。企业由于做了卖出保值，就不必担心对方要求以日后交货时的现货价为成交价，这是因为在价格下跌的市场趋势中，企业由于做了卖出保值，就可以用期货市场的盈利来弥补现货价格下跌所造成的损失。反之，如果价格上涨，企业趁机在现货市场上卖个好价钱，尽管期货市场上出现了亏损但该企业还是实现了自己的销售计划。

卖出保值所付出的代价是保值者放弃了日后出现价格有利对获得更高的利润的机会，如本例中如果现货市场价格上涨，同时不参与期货保值，该企业将获得3500元/吨的销价，但如果做了卖出套期保值，该企业必须减去期货市场损失的200元/吨，另外，必须支付交易费用和损失一部分的银行利息。

二、买入套期保值的应用

1.适用对象及范围

买入套期保值适用于准备在将来某一时间内必须购进某种商品时，希望价格仍能维持在目前自己认可的水平时，交易者使用的保值方法，他们最大的担心是当他们实际买入现货商品或偿还债务时，价格上涨。买入套期保值一般可运用于如下一些领域：

(1)加工制造企业为了防止日后购进原料时价格上涨的情况。如铝型材厂担心日后购进铝锭时价格上涨，用铜企业担心日后电解铜的价格上涨，饲料厂担心玉米、豆粕的价格上涨等等。

(2)供货方已经跟需求方签订好现货供货合同，将来交货，但供货方此时尚未购进货源，担心日后购进货源时价格上涨。如某一进出口公司5月底跟外商签订了8月底给外商提供3000吨绿豆，价格为4000元/吨，5月底绿豆的现货价格为3800元/吨，预计将有200元/吨的利润，但由于货款或库存方面的原因，跟外商签订合同时，尚未购进绿豆，担心8月初到现货市场购进绿豆时，绿豆价格上涨，造成利润减少或亏损，此时，应进行买期保值。

(3)需求方认为目前现货市场的价格很合适，但由于资金不足或者缺少外汇或一时找不到符合规则的商品，或者仓库已满，不能立即买进现货，担心日后购进现货，价格上涨。稳妥的办法是进行买期保值。

2. 买入套期保值的操作方法

交易者先在期货市场上买入期货合约，其买入的商品品种、数量、交割月都与将来在现货市场上买入的现货大致相同，以后如果现货市场价格真的出现上涨，交易者在现货市场上以较高的现货价格买入现货商品，但由于此时他在期货市场上卖出原来买进的期货合约进行对冲平仓而获利，这样，用对冲后的期货盈利弥补因现货市场价格上涨所造成的损失，从而完成了买入保值交易。

［例5－2］ 广东某一铝型材厂的主要原料是铝锭，2012年3月铝锭的现货价格为12900元/吨，该厂根据市场的供求关系变化，认为两个月后铝锭的现货价格将要上涨，为了回避两个月后购进600吨铝锭时价格上涨的风险，该厂决定进行买入套期保值。3月初以13200元/吨的价格买入600吨5月份到期的铝锭期货合约，到5月初该厂在现货市场上买铝锭时价格已上涨至15000元/吨，而此时期货价格亦已涨至15200元/吨，这样，该铝型厂的经营状况如表5－3所示。

表5－3　　买入套期保值实例

市场 / 时间	现货市场	期货市场
3月初	现货市场价格为13000元/吨，但由于资金和库存的原因没有买入铝锭	以13200元/吨的价格买进600吨5月份到期的铝锭期货合约
5月初	在现货市场上以15000元/吨的价格买入600吨铝锭	以15200元/吨将原来买进600吨5月份到期的合约卖掉
结果	5月初买入现货比3月初多支付2000元/吨的成本	期货对冲盈利2000元/吨

由此可见，该铝型材厂在过了2个月后以15000元/吨的价格购进铝锭，比先前3月初买进铝锭多支付了2000元/吨的成本。但由于做了买期保值，在期货交易中盈利了2000元/吨的利润，用以弥补现货市场购进时多付出的价格成本，其实际购进铝锭的价格仍然是13000元/吨，即实物购进价15000元/吨减去期货盈利的2000元/吨，回避了铝锭价格上涨的风险。

假如5月初铝锭的价格不涨反跌，现货、期货都下跌了500元/吨，则铝型材厂的经营结果如表5－4所示。

表 5－4 买入套期保值实例

时间＼市场	现货市场	期货市场
3 月初	铝锭现货价为 13000 元/吨，但由于库存及资金原因未买入	以 13200 元/吨的价格买进 5 月份到期的铝锭期货合约
5 月初	以 12500 元/吨的价格购入 600 吨铝锭	以 12700 元/吨将 3 月初买进 600 吨 5 月份到期合约卖掉
结果	5 月初买入铝锭比 3 月初买入的少支付 500 元/吨的成本	期货对冲盈利 500 元/吨

由此可见，该铝型厂在 2 个月后买入铝锭比 3 月初买入少支付了 500 元/吨，但由于在期货市场上做了买入保值，期货市场亏损了 500 元/吨，因此，该铝型材厂铝锭的实际进价成本仍然为 13000 元/吨，即用现货市场上少支付的 500 元/吨弥补了期货市场上亏损的 500 元/吨。实际购进价为 12500＋500＝13000 元/吨。

由上面的例子可知，该铝型材厂通过做买入套期保值，无论未来一段时间内价格怎样涨跌，都能使铝锭的进价成本维持在原先 3 月初认可的 13000 元/吨，该厂在成功的回避价格上涨的风险的同时，也放弃了价格下跌时获取更低的生产成本的机会。

3. 买入套期保值的利弊分析

（1）买入套期保值能够回避价格上涨所带来的风险。如在本例中，铝型材厂通过买入保值，用期货市场上的盈利弥补了现货市场上多支付的成本，回避了价格上涨的风险。

（2）提高了企业资金的使用效率。由于期货交易是一种保证金交易，因此只用少量的资金就可以控制大批货物，加快了资金的周转速度。如在本例中，根据交易所 5% 的交易保证金，该铝型材厂只需运用 13200×600×5%＝3960000 元，最多再加上 5% 的资金作为期货交易抗风险的资金，其余 90% 的资金在 2 个月内可加速周转，不仅降低了仓储费用，而且减少了资金占用成本。

（3）节省仓储费用，保险费用和损耗费。

（4）促使现货合同的早日签订。如在本例中，面对铝锭价格上涨的趋势，供货方势必不会同意按照 3 月初的现货价格签订 5 月份供货合同，而是希望能够按照 5 月初的现货价格签约，如果买方一味坚持原先的意见，势必会造成谈判破裂。如果买方做了买入套期保值，就会很顺利地同意按照供货方的意见成交，因为如果价格真的上去了，买货方可以用期货市场的盈利弥补现货多支付的成本。

买入套期保值付出的成本是：一旦采取了套期保值策略，即失去了由于价格变动而可能得到的获利机会。也就是说，在回避对已不利的价格风险的同时，也放弃了因价格可能出现对已有利的价格机会，即如果不做买入套期保值，反而能够获取更大的利润。比如在上例中，如果铝锭价格下跌，该铝型材厂做买入套期保值反而再现亏损，拿现货市场少支付的成本来弥补期货市场的亏损，同时，必须支付交易成本，主要是佣金和银行利息。

习　题

一、名词解释

1. 买入套期保值　　2. 卖出套期保值

二、简答题

1. 套期保值的交易原则是什么?
2. 套期保值的现实条件是什么?

参考答案

一、名词解释

1. 买入套期保值:就是指套期保值者先在期货市场上买入与其将在现货市场上买入的现货商品数量相等、交割日期相同或相近的该商品期货合约。

2. 卖出套期保值:指套期保值者先在期货市场上卖出与其将要在现货市场上卖出的现货商品数量相等,交割日期也相同或相近的该种商品的期货合约。

二、简答题

1. 套期保值的交易原则:(1)交易方向相反原则;(2)商品种类相同原则;(3)商品数量相等原则;(4)月份相同或相近原则。

2. 套期保值的实现条件:(1)期货价格与现货价格走势一致;(2)期货价格与现货价格的趋同性。

◆第六章　投机与套利交易

第一节　期货投机交易

期货交易者依照其交易目的不同可分为两类，即套期保值者和投机者(包括套利者)。投机者在期货交易中发挥至关重要的作用，不仅提高市场流动性，而且重要的是，投机者能主动吸收套期值者转嫁的风险，成为价格风险承担者。所以，要正确认识期货市场运行机制及其经济功能，必须正确认识和理解期货投机。

一、期货投机概述

1. 期货投机的概念

期货投机是指交易者通过预测期货合约未来价格的变化，以在期货市场上获取价差收益为目的的期货交易行为。期货市场上的投机者可以“卖空”也可以“买空”。投机的目的很明确就是获得价差收益。

期货交易实行保证金制度，即交易者可以用少量资金做数倍于其资金的交易，以此寻找获取高额利润的机会。在期货市场上，交易者一般只需缴纳合约总值5% ~10%左右的保证金，就能做成一笔交易。由于期货市场价格波动频繁，存在着极大的不确定性，因此，对交易者也有较强的风险性。期货投机是期货市场的一种重要交易形式，同时也是交易者的一种投资手段。这种投资手段不同于一般意义上的投资行为，也不同于套期保值行为，它具有特定的运作方式和表现形式。

(1)从交易对象来看，期货投机交易主要以期货市场为对象，利用期货合约的价格频繁波动进行买空卖空的交易活动。投机者一般不做现货交易，几乎不进行实物交割；而套期保值交易则是以现货和期货两个市场为对象。

(2)从交易目的来看，期货投机交易以较少资金作高速运转，以获取较大利润为目的，不希望占用过多资金或支付较大费用；而套期保值交易通常是在进行现货交易的同时，做相关合约的期货交易，其目的是利用期货市场为现货市场规避风险。

(3)从交易方式来看，投机交易主要是利用期货市场中的价格波动进行买空卖空，从而获得价差收益；套期保值交易则是利用期货市场中的价格波动，使现货市场与期货市场紧密结合，以期达到两个市场的盈利与亏损基本平衡。

(4)从交易风险来看，投机交易是以投机者自愿承担价格波动风险为前提进行期货投机交易，风险的大小与投机者收益的多少有着直接、内在的联系，投机者通常为了获得较高的收益，在交易时要承担很大的风险；而套期保值者则是价格风险转移者，其交易目的就是为了转移或规避市场价格风险。

2. 期货投机的作用

期货投机交易是套期保值交易顺利实现的基本保证。期货投机交易活动在期货市场的整个交易活动中起着积极的作用，发挥着特有的经济功能。

(1)承担市场风险

期货市场的一个主要经济功能是为生产、加工和经营者等提供价格风险转移工具。要实现这一目的，就必须有人愿意承担风险并提供风险资金。扮演这一角色的就是投机者。如果没有这些风险承担者，只有套期保值者参与期货交易，那么只有在买入套期保值者和卖出套期保值者的交易数量完全相符时，交易才能成立，风险才能得以转移。但从实际来看，买入套期保值者和卖出套期保值者之间的不平衡是经常存在的。投机者的加入恰好能抵消这种不平衡，促使套期保值交易的实现。由此可见，如果没有投机者的加入，套期保值交易活动就难以进行，期货市场规避风险的功能也就难以发挥。

(2)促进价格发现

期货市场把各种各样的投机者集中在交易所内进行公开竞价，买卖双方彼此竞价所产生的互动作用使得价格趋于合理。当价格上涨的时候，投机者经过分析，认为价格不久便会回跌，而在市场上采取卖空的方式进行交易。相反，如果价格下跌，市场上自然有人承接，以缓和下跌趋势。正是如此，他们所反映的是相对准确、比较真实的价格趋势。期货市场的价格发现机制正是由所有市场参与者对未来市场价格走向预测的综合反映体现的。交易所每天向全世界传播市场行情和信息，使那些置身于期货市场之外的企业也能充分利用期货价格作为制定经营战略的重要参考依据。

(3)保持价格体系稳定

各期货市场商品之间价格和不同种商品间价格具有高度相关性。投机者的参与促进了相关市场和相关商品的价格调整，有利于改善不同地区价格的不合理状况，有利于改善商品不同时期的供求结构，使商品价格趋于合理，并且有利于调整某一商品对于相关商品的价格比值，使之趋于合理化，从而保持价格体系的稳定。

(4)提高市场流动性

市场流动性即市场交易的活跃程度。在流动性很高的市场上，交易非常活跃，众多买者、卖者频繁地出入市场。期货交易是否成功，在很大程度上取决于市场流动性的大小，这一点主要取决于投机者。例如，某一农产品预计丰收，可能就会出现供过于求的局面。价格下跌，供应商就会作卖出套期保值，希望在价高时卖出期货；而用户则会作买入保值，希望在价低时买入。双方南辕北辙，很难成交，市场也就无法运转。投机者的介入，就象润滑剂一样，为套期保值者提供了更多的交易机会。投机者通过对价格的预测，有人看涨，有人看跌，交投积极，实际上增加了买卖双方的人数，扩大了交易量，使套期保值者无论是买进还是卖出都能很容易地找到交易伙伴，自由地进出期货市场，从而提高了市场流动性。

期货投机除了以上积极因素以外，在某些情况下，也有其消极性的一面。比如，市场上投机成分过浓，可能会造成过大的市场流动性，形成经济的虚假繁荣，即所谓的“期货泡沫”从而可能引发现货市场的波动以及金融危机和经济危机。

3. 投机者的类型

期货市场中投机者大致可分为下述以下几类：

(1)从交易部位区分，可分为多头投机者和空头投机者。

多头投机俗称做多头，其操作手法是买空。多头投机是指投机者预测期货行情上涨时先买进期货合约，希望等期货价格上涨后平仓获利。多头投机者在期货市场上处于多头部位。

空头投机也叫做做空头，是指投机者预测期货行情将下跌时而先卖出期货合约，希望等价格下跌后平仓获利。空头投机者在期货市场上处于空头部位。

(2)从交易量大小区分，可分为大投机商和中小投机商。对大、中、小投机商的界定一般是根据其交易量的大小和拥有资金的多少。这又和所参与交易的市场规模有关。目前尚未有绝对的量化标准。

(3)从分析预测方法区分，可分为基本分析派和技术分析派。基本分析派是通过分析商品供求因素来预测价格走势，技术分析派是通过分析图形和技术指标来分析商品的价格走势。

(4)从投机者交易态度区分，可分为长线交易者、短线交易者、当日交易者和套期图利者。长线交易者通常将合约持有几天、几周甚至几个月，待价格变至对其有利时再将合约对冲；短线交易者一般是当天下单，在一日或几日内了结；当日交易者，一般一天几次进出市场。当日交易者又称抢帽子者，是利用微小的价格波动来赚取微小利润，他们频繁进出，也很少将其合约过夜，盈利小，亏损也小，但交易量很大，希望以大量微利头寸来赚取利润。现在的炒家都喜欢采用这种办法投机。

4. 投机与套期保值的关系

从起源上看，期货市场产生的原因主要在于满足套期保值者转移风险、稳定收入的需要，这也是期货市场主要经济功能之一。但是，如果期货市场中只有套期保值者，而没有投机者，而套期保值者所希望转移的风险就没有承担者，套期保值也不可能实现。可以说，投机的出现是套期保值业务存在的必要条件，也是套期保值业务发展的必然结果。

(1)投机者提供套期保值者所需要的风险资金。投机者用其资金参与期货交易，承担了套期保值者所希望转嫁的价格风险。

(2)投机者的参与增加了市场交易量，从而增加了市场流动性，便于套期保值者对冲其合约，自由进出市场。

(3)投机者的参与，使相关市场或商品的价格变化步调趋于一致，从而形成有利于套期保值者的市场态势。所以，期货投机和套期保值是期货市场的两个基本因素，共同维持期货市场的存在和发展，二者相辅相成，缺一不可。

5. 期货投机与赌博的区别

(1)风险机制的区别

赌博是人为制造的风险。赌徒所冒的风险是由赌局的设立而产生的。如果赌局不存在，这种风险也随之消失。所以，赌博者所冒的风险是人为制造的风险。而期货市场规避的风险，本身已在现实的商品生产经营活动中客观存在。即使没有期货投机活动，这种风险依然存在，并不会消失。

(2)运作机制的区别

赌博以事先建立的游戏规则为基础，该游戏规则的运行是随机的，遵循随机规律，从而对结果是无法预测的，所以，赌博者唯一能做的就是听天由命，成败完全归于运气。而期货投机依靠的是投机者的分析、判断能力和聪明才智以及对经济形势的掌握和理解。成功的投机者是那些能够根据已知的市况，运用自己的智慧去分析、判断，正确预测市场变化趋势，适时入市，适时出市的人。投机中也有运气，但更多的是抓住机遇。

(3)经济职能的区别

赌博仅仅是个人之间金钱的转移，它所耗费的时间和资源并没有创造出新的价值，对社会也没有作出特殊的贡献。期货投机则不然，如前所述，投机者在期货市场承担市场价格风险的功能，是价格发现机制中不可缺少的组成部分，不仅能够提高市场流动性，而且有助于社会经济生活正常运行。

二、期货投机的基本原则

一般来讲，期货投机交易要想获得盈利，必需遵循以下基本原则：

1. 充分了解期货合约

为了尽可能准确地判断期货合约价格的将来变化趋势，在决定是否购买或卖出期货合约之前，应对其种类、数量和价格作全面、准确和谨慎的研究。只有在对合约有足够的认识，才能决定下一步准备购买的合约数量。在买卖合约时切忌贪多，即使有经验的交易者也很难同时进行三种以上不同类别的在手期货合约交易，应通过基本分析或技术分析，或将两种技巧方法加以综合地运用，始终将市场主动权掌握在自己的手中。

2. 准确预测期货价格变动，慎重做出交易决策

在预测期货价格的变动时，投机者应该综合利用基本分析方法和技术分析方法，对期货价格作出较为准确的判断，对商品的价格趋势作出估计后，就要认真制定交易计划，慎重选择入市时机。在具体操作中，除非出现预先判断失误的情况，一般应该注意按计划执行，切记由于短时间的行情变化或因传闻的影响，仓促改变原定计划。

3. 确定获利和亏损限度，切记贪得无厌

一般情况下，个人倾向是决定可接受的最低获利水平和最大亏损限度的重要因素。通过对期货合约进行预测，应该把现实的和潜在的各种可获得的交易策略结合起来，获利的潜在可能性应大于所冒的风险。既然从事投机交易就同时面临着盈利和亏损两种可能，那么，在决定是否买空或卖空期货合约的时候，交易者应该事先为自己确定一个最低获利目标和所期望承受的最大亏损限度，作好交易前的心理准备。为避免发生重大损失的风险，投机者不易无止境的追组可能得到的高额的利润，以防遭到惨败。在期货市场中有一句格言“做多者赚钱，做空者赚钱，唯有贪得无厌者赔钱”，因此，投资者应该正确运用停损订单，保住既得利益，避免更大损失。

4. 确定投入的风险资本

在确定了获利目标和亏损限度后，还要确定用于风险的资金额度。为了尽可能增加获利机会，增加利润量，以下三点有必要做到：第一，要分散资金投入方向，而不是集中用于某一笔交易，这样有利于减少风险性；第二，持仓应限定在自己可以完全控制的数量之内，否则持仓合约数量过大，是一个交易者很难控制的。第三，还应有长远的眼光，为可能出现的新的交易机会留出一定数额的资金。一些投机商得出这样的经验，即只有当最初的持仓方向被证

明是正确的，即证明是可获利后，才可以进行追加的投资交易，并且追加的投资额应低于最初的投资额。应该按照当初制定的交易计划进行交易头寸的对冲，严防贪多。不过，市场变化反复无常，投机商应该根据市场行情的实际变化作出战略调整，保持一定的灵活性和应变能力，做到既按计划行事，又不墨守成规。对于一笔交易的获利愿望主要取决于投机商的经验和个人偏好。成功的交易预测和交易最终还是受个人情绪、客观现实、分析方法和所制定的交易计划的影响。

三、期货投机的策略

除坚持基本原则外，在真正步入市场做期货投机时，还须充分做好一系列的准备工作，制定一套切实可行的交易策略，并掌握一些必要的交易技巧。

1. 在建仓阶段

(1)选择入市时机

一般应采取基本分析法，仔细研究市场是处于牛市还是熊市。如果是牛市，要分析升势有多大，持续时间有多长；如果是熊市，要分析跌势有多大，持续时间有多长。此时技术分析法是一个比较合适的分析工具。

其次，权衡风险和获利前景。只有在获利的概率较大时，才能入市。一般说来，风险和获利机会是对等的，获利潜力大意味着承担的风险也大，反之亦然。所以，投机者在入市时，要充分考虑自身承担风险的能力。

最后，确定入市的具体时间。因为期货价格变化很快，入市时间的决定尤其重要。即使对市场发展趋势的分析正确无误，如果入市时间错了，在预测趋势尚未出现时即已买卖合约，仍会使投机者蒙受惨重损失。技术分析法对选择入市时间有一定作用。基本分析法表明从长期来看期货价格将上涨(下跌)，但如果当时的市场行情持续下滑(上升)，这时可能是基本分析出现了偏差，过高地估计了某些供求因素，也可能是一些短期因素对行情具有决定性的影响，使价格变动方向和长期趋势出现暂时的背离。建仓时应该注意，只有在市场趋势已经明确上涨时才买入期货合约，在市场趋势已经明确下跌时才卖出期货合约。如果趋势不明朗，或不能判定市场发展趋势就不要匆忙建仓。

(2)平均买低和平均卖高策略

如果建仓后市场行情与预料的相反，可以采取平均买低或平均卖高的策略。在买入合约后，如果价格下降则进一步买入合约，以求降低平均买入价，一旦价格反弹可在较低价格上卖出止亏盈利，这称为平均买低。在卖出合约后，如果价格上升则进一步卖出合约，以提高平均卖出价格，一旦价格回落可以在较高价格上买入止亏盈利，这就是平均卖高。

(3)合约交割月份的选择

建仓时除了要决定买卖何种合约及何时买卖外，还必须确定合约的交割月份。当远期月份合约的价格大于近期月份合约的价格时，市场处于正向市场。如果市场行情上涨，在远期月份合约价格上升时，近期月份合约的价格也会同步上升，以维持与远期月份合约间的价差和持仓费用的相等关系，且可能近期月份合约的价格上升更多；如果市场行情下滑，远期月份合约的跌幅不会小于近期月份合约，因为远期月份合约对近期月份合约的升水通常不可能大于与近期月份合约间相差的持仓费。所以，决定买入某种期货月份合约，做多头的投机者应买入近期月份合约；做空头的投机者应卖出远期月份合约。

当远期月份合约的价格低于近期月份合约的价格时，市场处于反向市场。如果市场行情上涨，在近期月份合约价格上升时，远期月份合约的价格也上升；如果市场行情下滑，近期月份合约受的影响较大，跌幅很可能大于远期月份合约。所以，决定买入某种期货合约，做多头的投机者应买入交割月份较远的远期月份合约，行情看涨同样可以获利，行情看跌时损失较少；做空头的投机者应卖出交割月份较近的近期月份合约，行情下跌时可以获得较多的利润。

2. 在平仓阶段

投机者建仓后应该密切注视市场行情的变动，适时平仓。行情变动有利时通过平仓获取投机利润；行情变动不利时，通过平仓可以限制损失。

(1)掌握限制损失、滚动利润的原则

这一原则是指期货价格复杂多变，实际情况往往会出乎意料之外，因此在拟订交投策略计划时不仅要算可能盈利的一本帐，也要对可能出现的亏损有充分的心理准备，即确定一个所能承受的最大风险值。若市场价格果真出现不利变化，当亏损值已经达到或接近设定的最大亏损承受值警线时，如无十分把握行情会出现反转，即应"割肉"平仓。一般来讲，每次交易的最大亏损额应限于可动用风险资金的很小比例，比如十分之一，这样可以避免孤注一掷的赌博心理而遭受巨大损失。

(2)灵活运用止损指令

止损指令是实现限制损失、滚动利润原则的有力工具。只要运用止损单得当，可以为投机者提供保护。不过投机者应该注意，止损单中的价格不能太接近于当时的市场价格，以免价格稍有波动就不得不平仓。但也不能离市场价格太远，否则又易遭受不必要的损失。止损单中价格的选择可以利用技术分析法确定。目前，我国期货交易指令中没有止损指令，但投机者可及时用限价指令起到部分止损作用。止损单还可以保护投机者的利润。如果市场按照预测的趋势，朝有利的方向发展，投机者就可以继续持有自己买入或卖出的仓位，直至基本分析表明市场趋势已经出现逆转为止。

第二节　期货套利交易

一、套利交易概述

1. 套利交易的概念

套利交易是指利用期货市场中不同月份、不同市场、不同商品之间的相对价格差，在相关市场或相关合约上同时作方向相反的交易，以期价差发生有利变化时，对冲平仓获取利润。正如一种商品的现货价格与期货价格经常存在差异一样，同种商品不同交割月份的合约价格变动存在差异，同种商品在不同的期货交易所的价格变动也存在差异。由于这些价格差异的存在，使期货市场的套利交易成为可能。

套利交易丰富和发展了期货投机交易的内容，并使期货投机不局限于期货合约的绝对价格水平变化，还更多地转向期货合约相对价格水平变化。套利交易对期货市场的稳定发展有积极的意义。具体地讲，套利的作用主要表现在两个方面：一是套利交易提供了风险对冲的机会，二是套利有助于合理价格水平的形成。

2. 套利交易的特点

套利交易与普通的投机交易相比较有其自身的特点。

①普通的投机交易是利用单一期货合约价格的上下波动赚取利润，而套利交易则是从不同的两个期货合约彼此间的相对价格差异套取利润。普通投机者关心和研究的是单一合约价格的涨跌，而套利者关心和研究的则是不同合约之间的相对价差。

②普通投机者在一段时间内只持有单向多头寸或单项空头头寸，而套利者则是在同一时间内既持有多头头寸又持有空头头寸，即在买入某种合约的同时卖出另一种合约，同时扮演多头和空头的双重角色，不同头寸之间的组合是其基本交易方法。

③套利的风险相对较小。由于套利者同时持有相反的头寸，可以避免一些始料不及原因引起的价格异常波动风险，一般情况下套利交易风险小于单向投机交易。当然，如果判断失误，损失也有可能超过单向投机交易。

④套利的交易成本较低，利润较稳定。在成熟的期货市场，对套利交易保证金的收取比例较单向交易低很多，因此杠杆作用更加明显，从而使交易者以更少的资金控制更多的合约总值，为交易者在资金融通上提供更大的灵活性。

3. 套利的原理和作用

(1)套利原理

套利者是在不同的合约(包括现货)上建立正反两方向的头寸，并且这两种合约价格联动性很强。因此，这种套利交易与套期保值的“方向相反、数量相等”的原理很有相似之处。

①两种合约的价格大体受相同的因素影响，因而正常价格变动趋势理应相同，但波幅会有差异。

②两种合约间应存在合理的价差范围，在这个范围之外(超过或小于)是受到了外界异常因素的影响，影响消除后，最终还是会回到原来的价差范围。

③两种合约间的价差变动有规律可循，价差的运动方式是可以预测的。

套利交易的实质是对两种合约的价差进行投机。由于合约间价差变动可以预测，只要分析正确就可获利。

由于套利者所关心的是合约间的价差变动问题，而对具体每个合约的价格怎样并不十分关心，并且，交易是否盈利仅仅取决于价差的变动，所以，套利交易的报价也是利用价差报价。下达指令时，并不注明特定的买价和卖价，只指定价差是多少，这样可以加大成交的机会。

(2)套利作用

套利交易为交易者提供了一个极低风险的对冲机会。在一般情况下，合约间价差的变化比单一合约的价格变化要小得多，且获利大小和风险大小都较易于估算。所以，套利交易颇受投资基金和风格稳健的投资者青睐。在国外期货交易所，套利交易的保证金和佣金都较低，而相应的投资回报却比纯单向投资稳定得多。除了以上作用外，套利交易对整个期货市场还起到以下作用：

①促使非正常的价格关系回到正常水平。当市场价格扭曲时，相关合约价差波动往往超过正常范围，这时就会引发大量的套利交易，交易者大量卖出相对价高的合约，同时买进相对价低的合约。大量的套利行为的结果，往往会将价格拉回到正常水平。

②抑制过度投机。进行过度投机的投机者往往利用各种手段将价格拉抬或打压到不合理

的水平，以便从中获利。如果期货市场上有大量的理性套利者存在，过度投机行为就会被有效地抑制。

③增强市场流动性，活跃远期合约。套利者一般交易量较大，通过在不同合约上建立正反头寸，可以有效地增强市场的流动性。特别是跨期套利注重同时在近期和远期合约上操作，这就带动了远期合约的交易。

4. 套利交易的分类

根据期货合约选择标准的不同，套利交易可分为跨期套利、跨市场套利和跨商品套利三种类型。

(1)跨期限套利

跨期套利又称同类商品套利交易，是指买进某一交割月份商品期货合约的同时，卖出另一交割月份的同类商品合约的交易方法，即跨交割月份套利。这种交易形式是利用同一商品在不同交割月份合约之间正常的价差出现异常变化时进行对冲获利的。根据套利者在市场中建立交易部位的不同，跨期套利可以分为牛市套利、熊市套利和蝶式套利三种。

①牛市套利。牛市套利又称买空套利、多头套利或买近卖远套利。是指在牛市中，商品或金融资产价格不断上扬，套利者买进近期期货合约，同时卖出远期期货合约，并寄希望在看涨的市场气氛中，近期合约的价格上涨幅度会大于远期合约的价格上涨幅度。反之，若市场不涨反跌，则希望近期合约的价格下跌幅度会小于远期合约的价格下跌幅度，即是利用近期月份在牛市中起领涨作用和抗跌性强的特点，使其组合头寸获利可能性大大增加。

下面举例分析该种套利策略。

［例 6－1］ 设 10 月 26 日，次年 5 月份棉花合约价格为 27075 元/吨，次年 9 月份合约价格为 27725 元/吨，两者价差为 650 元/吨。交易者预计棉花价格将上涨，5 月与 9 月的期货合约的价差将有可能缩小。于是，交易者买入 50 手(注:1 手 =5 吨)5 月份棉花期货合约的同时卖出 50 手 9 月份棉花期货合约。12 月 26 日，5 月和 9 月的棉花期货价格分别上涨为 27555 元/吨和 28060 元/吨，两者的价差缩小为 505 元/吨。交易者同时将两种期货合约平仓，从而完成套利交易，交易结果见表 6－1

表 6－1 牛市套利实例

10 月 26 日	买入 50 手 5 月份棉花期货合约,价格为 27075 元/吨	卖出 50 手 9 月份棉花期货合约,价格为 27725 元/吨	价差 650 元/吨
12 月 26 日	卖出 50 手 5 月份棉花期货合约,价格为 27555 元/吨	买入 50 手 9 月份棉花期货合约,价格为 28060 元/吨	价差 505 元/吨
每条“腿”的盈亏状况	盈利 480 元/吨	亏损 335 元/吨	价差缩小 145 元/吨
最终结果	盈利 145 元/吨,总盈利为 145 元/吨 ×50 手 ×5 吨/手 = 36250 元		

该例中，交易者预计棉花期货价格将上涨，两个月后，棉花期货价格的走势与交易者的判断一致，最终交易结果使套利者获得了 36250 元的盈利。现假设，若两个月后棉花价格并没有出现交易者预计的上涨行情，而是出现了一定程度的下跌，交易者的交易情况见例 6－2。

［例 6－2］ 设 10 月 26 日，次年 5 月份棉花合约价格为 27075 元/吨，次年 9 月份合约价格为 27725 元/吨，两者价差为 650 元/吨。交易者预计棉花价格将上涨，5 月与 9 月的期货合约的价差将有可能缩小。于是，交易者买入 50 手 5 月份棉花合约的同时卖出 50 手 9 月

份棉花合约。12 月 26 日，5 月和 9 月的棉花期货价格不涨反跌，价格分别下跌至 26985 元/吨和 27480 元/吨，两者的价差缩小为 495 元/吨。交易者同时将两种期货合约平仓，从而完成套利交易，交易结果见表 6 - 2。

表 6 - 2 牛市套利实例

10 月 26 日	买入 50 手 5 月份棉花期货合约，价格为 27075 元/吨	卖出 50 手 9 月份棉花期货合约，价格为 27725 元/吨	价差 650 元/吨
12 月 26 日	卖出 50 手 5 月份棉花期货合约，价格为 26985 元/吨	买入 50 手 9 月份棉花期货合约，价格为 27480 元/吨	价差 495 元/吨
每条“腿”的盈亏状况	亏损 90 元/吨	盈利 245 元/吨	价差缩小 155 元/吨
最终结果	盈利 155 元/吨，总盈利为 155 元/吨 × 50 手 × 5 吨/手 = 38750 元		

该例中，交易者预计棉花期货价格将上涨，两个月后棉花期货价格不涨反跌，虽然棉花价格走势与交易者的判断相反，但最终交易结果仍然使套利者获得了 38750 元的盈利。

上述两例均是在正向市场进行的，由此可得出结论，在正向市场，只要两月份合约的价差趋于缩小，交易者就可以实现盈利，而与棉花期货价格的涨跌无关。同样，我们也可以使用买进套利或卖出套利的概念对这两个例子进行判断。该交易者进行的都是卖出套利操作，两种情况下价差分别缩小 145 元/吨和 155 元/吨。因此，可以很容易判断出这两种情况下该套利者每吨盈利 145 元和 155 元，250 吨总盈利为 36250 元和 38750 元。

在反向市场上，近期价格要高于远期价格，牛市套利是买入近期合约同时卖出远期合约。在这种情况下，牛市套利可以归入买进套利这一类中，则只有在价差扩大时才能够盈利。在进行牛市套利时，需要注意的一点是：在正向市场上，牛市套利的损失相对有限而获利的潜力巨大。这是因为：在正向市场进行牛市套利，实质上是卖出套利，而卖出套利获利的条件是价差要缩小。如果价差扩大的话，该套利可能会亏损，但是由于在正向市场上价差变大的幅度要受到持仓费水平的制约，价差如果过大，超过了持仓费，就会产生套利行为，会限制价差扩大的幅度。而价差缩小的幅度则不受限制，在上涨行情中很有可能出现近期合约价格大幅度上涨，远远超过远期合约的可能性，使正向市场变为反向市场，价差可能从正值变为负值，价差会大幅度缩小，使牛市套利获利巨大。

②熊市套利。熊市套利又称卖空套利、空头套利或卖近买远套利，是指在熊市中，期货价格下跌，套利者卖出近期交割月份合约，同时买进远期期货合约，寄希望于在看跌的市场中，近期月份的价格下跌幅度会大于远期合约的价格下跌幅度。反之，如果市场不跌反涨，则寄希望于近期合约的价格上涨幅度会小于远期合约价格上涨幅度，即是利用近期月份在熊市中起领跌作用和反弹力度弱的特点，使其组合头寸获利的可能性增加。

[例 6 - 3] 设交易者在 7 月 8 日看到，11 月份上海期货交易所天然橡胶期货合约价格 21955 元/吨，次年 1 月份合约价格为 22420 元/吨，前者比后者低 465 元/吨。交易者预计天然橡胶价格将下降，11 月与次年 1 月的期货合约的价差将有可能扩大。于是，交易者卖出 60 手（1 手为 5 吨）11 月份天然橡胶期货合约的同时买入 60 手次年 1 月份合约。到了 9 月 8 日，11 月和次年 1 月的天然橡胶期货价格分别下降为 21215 元/吨和 21775 元/吨，两者的价差为 560 元/吨，价差扩大。交易者同时将两种期货合约平仓，从而完成套利交易，交易结果见表 6 - 3。

表 6-3 熊市套利实例

7 月 8 日	卖出 60 手 11 月份天然橡胶期货合约，价格为 21955 元/吨	买入 60 手次年 1 月份天然橡胶期货合约，价格为 22420 元/吨	价差 465 元/吨
9 月 8 日	买入 60 手 11 月份天然橡胶期货合约，价格为 21215 元/吨	卖出 60 手次年 1 月份天然橡胶期货合约，价格为 21775 元/吨	价差 560 元/吨
每条“腿”的盈亏状况	盈利 740 元/吨	亏损 645 元/吨	价差扩大 95 元/吨
最终结果	盈利 95 元/吨，总盈利为 95 元/吨 ×60 手 ×5 吨/手 = 28500 元		

该例中，交易者预计天然橡胶期货价格将下跌，两个月后，天然橡胶期货价格的走势与交易者的判断一致，最终交易结果使套利者获得了 28500 元的盈利。现假设，若两个月后天然橡胶期货价格并没有像交易者预计的那样下跌，而是出现了上涨行情，交易者的交易情况见例 6-4。

[例 6-4] 设交易者在 7 月 8 日看到，11 月份上海期货交易所天然橡胶期货合约价格为 21955 元/吨，次年 1 月份合约价格为 22420 元/吨，前者比后者低 465 元/吨。交易者预计天然橡胶期货价格将下降，11 月与次年 1 月的期货合约的价差将有可能扩大。于是，交易者卖出 60 手(1 手为 5 吨)11 月份天然橡胶期货合约的同时买入 60 手次年 1 月份合约。到了 9 月 8 日，11 月和次年 1 月的天然橡胶期货价格不降反涨，价格分别上涨至 22075 元/吨和 22625 元/吨，两者的价差为 550 元/吨，价差扩大。交易者同时将两种期货合约平仓，从而完成套利交易，交易结果见表 6-4。

表 6-4 熊市套利实例

7 月 8 日	卖出 60 手天然橡胶期货合约，价格为 21955 元/吨	买入 60 手次年 1 月份橡胶期货合约，价格为 22420 元/吨	价差 465 元/吨
9 月 8 日	买入 60 手 11 月份天然橡胶期货合约，价格为 22075 元/吨	卖出 60 手次年 1 月份天然橡胶期货合约，价格为 22 625 元/吨	价差 550 元/吨
“每条腿”的盈亏状况	亏损 120 元/吨	盈利 205 元/吨	价差扩大 85 元/吨
最终结果	盈利 85 元/吨，总盈利为 85 元/吨 ×60 手 ×5 吨/手 = 25500 元		

该例中，交易者预计天然橡胶期货价格将下跌，两个月后天然橡胶价格不跌反涨，虽然天然橡胶期货价格走势与交易者的判断相反，但最终交易结果仍然使套利者获得了 25500 元的盈利。在上述两个例子中，我们可以发现，只要天然橡胶两个合约月份的价差趋于扩大，交易者就可以实现盈利，而与天然橡胶期货价格的涨跌无关。同样，我们也可以使用买进套利或卖出套利的概念对这两个例子进行判断。该交易者进行的是买进套利，在这两个例子中价差分别扩大了 95 元/吨和 85 元/吨，因此，可以判断该套利者每吨盈利为 95 元和 85 元，总盈利为 28500 元和 25500 元。由上述两个例子可以判断，套利是在正向市场进行的，如果

在反向市场上，近期价格要高于远期价格，熊市套利是卖出近期合约同时买入远期合约。在这种情况下，熊市套利可以归入卖出套利这一类中，则只有在价差缩小时才能够盈利。

③蝶式套利。蝶式套利是指利用若干个不同交割月份合约的价差变动来获利的交易方式。它是利用不同交割月份的价差进行套期获利，由两个方向相反、共享居中交割月份合约的跨期套利组成，是套利交易中的一种合成形式。在期货套利中涉及的三个合约是近期合约，中期合约以及远期合约。由于不同交割月份的期货合约在客观上存在着价格水平的差异，而且随着市场供求关系的变动，中间交割月份的合约与两旁交割月份的合约价格还有可能会出现更大的价差。这就造成了套利者对蝶式套利的高度兴趣，即通过操作蝶式套利，利用不同交割月份期货合约价差的变动对冲了结，平仓获利。

跨期套利交易的共同点是持有不同月份的等量的相反头寸，利用远近月份的价差变动获利。一般对冲时，某一方向的头寸盈利，而另一方向的头寸亏损，希望在盈亏相抵后仍有盈余。成功的关键是正确判断价差变化趋势，制定交易策略入市。如远近月份价差没有变化，套利者无法获利。如价差与预计的变化相反，则套利者将面临损失。

(2)跨市场套利

跨市场套利是指在某期货交易所买入(或卖出)某交割月份的某种商品期货合约的同时，在另一个交易所卖出(或买进)同一交割月份的同一种商品期货合约，然后寻机分别在两个交易所对冲合约，从中获利的交易方法。

同一商品期货合约可能同时在两个或更多的交易所内进行交易，由于区域间的地理环境不同、局部供求关系的不同或者合约设计差别等原因，各交易所中同一合约间往往存在一定的合理价差关系。当这种价差关系受某些因素影响而发生变化时，就为套利者提供了跨市场套利的机会，从而缩小了商品在不同地区间的不合理价差。

在期货市场间进行跨市场套利时，主要是依据其市场间的价差，因此在操作中应特别注意影响各市场间差价的因素。

(3)跨商品套利

跨商品套利是指利用两种不同的、但相互关联的商品之间的期货合约价格差异进行套利的交易方法。这种交易形式通常是在买入某一交割月份某种商品的期货合约时，同时卖出另一份相同交割月份、相互关联的商品期货合约，然后待机同时对冲获利。这两种商品通常具有替代性或互补性，可受同一种供求因素的影响，即两种商品具有相关性，如燕麦与玉米。下面举例说明这种交易形式。

[例6－5] 6月1日，次年3月份上海期货交易所铜期货合约价格为54390元/吨，而次年3月该交易所铝期货合约价格为15700元/吨，前一合约价格比后者高38690元/吨。套利者根据两种商品合约间的价差分析，认为价差小于合理的水平，如果市场机制运行正常，这两者之间的价差会恢复正常。于是，套利者决定买入30手(1手为5吨)次年3月份铜合约的同时卖出30手次年3月份铝合约，以期未来某个有利时机同时平仓获取利润。6月28日，该套利者以54020元/吨卖出30手次年3月份铜合约的同时以15265元/吨买入30手次年3月份铝合约。交易情况见表6－5。

表 6-5　　　　跨商品套利实例

6月1日	买入30手次年3月份铜合约，价格为54390元/吨	卖出30手次年3月份铝合约，价格为15700元/吨	价差38690元/吨
6月28日	卖出30手次年3月份铜合约，价格为54020元/吨	买入30手次年3月份铝合约，价格为15265元/吨	价差38755元/吨
套利结果	亏损370元/吨	获利435元/吨	
	净获利(435元/吨 - 370元/吨)×30手×5吨/手 = 9750元		

二、期货套利与期货投机的区别

期货投机与期货套利都是冒一定风险以获利为目的的期货交易行为，而且都是通过低价买进、高价卖出以赚取其中价差收益的交易行为，因此，很多人将二者混为一谈，实际上二者存在着较大的差别。

期货套利与期货投机交易的区别主要体现在：

1. 利润来源不同。期货投机交易只是利用单一期货合约价格的上下波动赚取利润，而期货套利是从不同的两个期货合约彼此之间的相对价格差异套取利润。普通投机者关心和研究的是单一合约的涨跌，而套利者关心和研究的则是不同合约之间的价差。

2. 交易方式不同。期货投机交易在一段时间内只作买或卖，而期货套利则是在同一时间买入并卖出期货合约，同时扮演多头和空头的双重角色。

3. 承担的风险不同。期货投机承担单一期货合约价格变动风险，而套利交易承担价差变动的风险。由于相关期货合约变动方向具有一致性(期现套利中，期货价格和现货价格变动方向也一致)，因此，价差变动幅度一般要小于单一期货合约价格动幅度，即套利交易相对投机交易所承担的风险更小。

4. 交易成本不同。由于套利者在交易时承担的风险相对较小，而投机者却要承担较大的风险。所以，国际上，期货交易所为了鼓励套利交易，通常针对套利交易收取较低的保证金，针对投机交易收取较高的保证金。

一般来说，投资方式之间没有绝对的优劣，究竟是选择投机还是选择套利很大程度上取决于投资者的风险偏好、投资风险和资金大小。套利交易是一种风险相对单边投机交易小、收益稳定的交易方式。在期货市场中，套利交易方式为投资者提供了对冲机会，有助于将扭曲的市场价格重新拉回至正常水平。由于套利交易的获利并不是依靠价格的单边上涨或下跌来实现的，因此，在期货市场中，这种交易风险相对较小而且是可以控制的，从国外成熟的交易经验看，这种方式被当做是大型基金获得稳定收益的一个关键。

三、期货套利与套期保值的区别

套利者和套期保值者都是建立了两个方向相反的交易部位，在对冲之后，用一个交易部位的盈利弥补另外一个交易部位的亏损。但是，套利交易和套期保值有着根本的区别，主要表现在以下几个方面：

1. 两者的目的不同。套利交易的主要目的是在承担较小风险的同时，获得较为稳定的利润。而套期保值的目的是转移市场风险，并不以盈利为目的。在很多套期保值的成功案例中，期货部位往往是亏损的，但只要期货与现货两个市场的盈亏基本相抵，就达到了套期保值锁定风险的目的。

2. 两者的基础不同。套期保值者一般是在现货市场上持有头寸，或者预期将持有现货头寸，因而在期货市场上建立反向的期货头寸以管理现货风险，也就是说，如果没有现货市场的交易需求，就不会持有期货部位。而套利则不同，其所持有的多头部位、空头部位以及现货部位都是套利交易的一部分，套利者从这些头寸的相对价格差异中获得利润。

3. 两者涉及的市场范围不同。套期保值只涉及现货和期货两个市场。而在套利交易中，交易者既可在期货和现货市场同时操作进行期现套利，也可仅在期货市场进行套利，或在同一品种不同交割月之间进行跨期套利，或在不同品种同一交割月之间进行跨品种套利，或在不同的期货市场之间进行跨市场套利。

4. 两者的依据不同。套期保值依据的是期货市场和现货市场价格变动的一致性，并且变动的趋势、幅度越一致，套期保值的效果越好；而套利交易者利用的期货与现货之间，或者期货合约之间的价格出现的不合理偏差来获取套利利润的，并且这种不合理的价差越大，套利交易的利润就越大。

习 题

一、名词解释

1. 期货投机　　2. 套利

二、简答题

1. 简述期货投机的作用。

2. 期货投机与期货套利的区别。

3. 期货套利与套期保值的区别。

参考答案

一、名词解释

1. 期货投机：指交易者通过预测期货合约未来价格的变化，以在期货市场上获取差价收益为目的的期货交易行为。

2. 套利：套利交易是指利用期货市场中不同月份、不同市场、不同商品之间的相对价格差，在相关市场或相关合约上同时作方向相反的交易，以期价差发生有利变化时，对冲平仓获取利润。

二、简答题

1. 期货投机的作用:(1)承担市场风险;(2)促进价格发现;(3)保持价格体系稳定;(4)提高市场流动性。

2. 期货套利与期货投机交易的区别主要体现在:(1)利润来源不同;(2)交易方式不同;(3)承担的风险不同;(4)交易成本不同。

3. 期货套利与套期保值的区别:(1)两者的目的不同;(2)两者的基础不同;(3)两者涉及的市场范围不同;(4)两者的依据不同。

◆第七章 基 差

第一节 基差的概念

一、基差的定义

基差(Basis)是套期保值中一个相当重要的概念。它是指在某一特定时点某种商品的现货价格与期货价格之间的价差。

基差 = 现货价格 - 期货价格

虽然期货价格与现货价格的变动方向基本一致，但变动的幅度往往不同，所以基差并不是一成不变的。随着现货价格和期货价格持续不断的变动，基差时而扩大，时而缩小。最终因现货价格和期货价格的趋同性，基差在期货合约的交割月趋向为零。通常所说的基差扩大、缩小是指绝对值而言，不分正负。由于地理位置等不同，同种商品可以有多种现货价格，又由于交易者对不同交割月份的合约兴趣不同，所以同种商品的基差不是唯一的，可能多达数十个、甚至上百个，但对交易者来说有价值的只是其中的一、二个。

二、基差的变化

若画出某品种的基差图，会发现其基差也是不断波动的，由于基差是现货价格与期货价格基差的变化，故其变化幅度要比现货价格本身变化幅度小得多。如图7－1所示，基差的变化有基差变强和基差变弱两种趋势，若基差沿着粗箭头方向变动，则称基差变强；若基差沿着细箭头方向变动，则称基差变弱。

1. 基差变强

基差变强有三种情况：(1)基差负值缩小。(2)基差由负变正。(3)基差正直增大。

2. 基差变弱

基差变弱也有三种情况：(1)基差正值缩小。(2)基差由正变负。(3)基差负直增大。

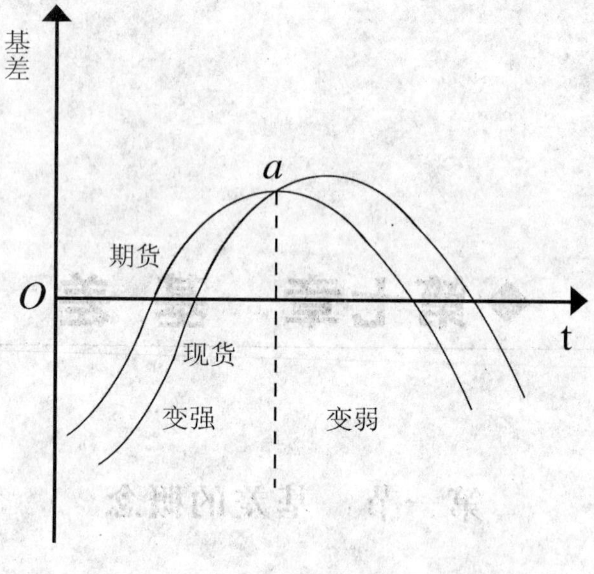

图 7－1　基差的变动

三、影响基差变化的因素

基差的决定因素主要是市场上商品的供求关系。在现货交割地，如果市场供给量大于需求量，现货价格就会低于近期月份合约的价格；如果市场需求量远大于供给量，现货价格就会高于近期月份合约的价格。对于初级产品，特别是农产品的基差，除受一般供求因素的影响外，还在很大程度上受季节性因素的左右，使基差在一个时期扩大，在另一个时期缩小，一年一年周而复始。例如，在正向市场上，收获季节因大量农产品集中在较短的时间内上市，造成供给量大大超过当时的市场需求，现货价格下降，基差扩大。一俟收获季节过去，大量农产品逐步为市场所吸收，基差又开始缩小，逐渐恢复正常水平。随着春季来临，上年库存大量减少，在一些地区很可能出现供给短缺，现货价格相对于期货价格骤然上升，便可能出现反向市场，基差由负值变成正值。除此以外，替代产品的供求状况、仓储费用、运输费用、保险费、上年结转库存等因素或多或少都会影响商品期货的基差。

总的来说，对不同的基差变化规律要具体问题具体分析。比如分析我国小麦、大豆等品种的基差，主要考虑国内的供求状况、仓储、运输条件、季节性价格波动等。而对于胶合板、铜等大量进口的商品来说，还要考虑国际市场情况、国外产量和需求、国家进口政策等。对于国内生产、主要用于出口的品种来说，则要考虑进口国的需求状况、进口国配额等因素。

第二节　基差对套期保值的影响

一、基差与套期保值效果

期货价格与现货价格趋同的走势并非每时每刻保持完全一致，标的物的现货价格与期货价格之间的价差(即基差)也呈波动性，因此，在一定程度上会使套期保值效果存在不确定性。但与单一的现货价格波动幅度相比，基差的波动相对要小，并且基差的变动可通过对持仓费、季节等因素进行分析，易于预测。套期保值的实质是用较小的基差风险代替较大的现货价格风险。

下面我们将通过卖出套期保值和买入套期保值的案例来说明基差变动与套期保值效果之间的关系。

1. 基差与买入套期保值

[例7－1]　广东某一铝型材厂的主要原料是铝锭，某年3月初铝锭的现货价格为20430元/吨，该厂根据供求关系分析，认为铝锭价格将涨，可是由于目前库存已满且能满足生产使用，为了回避以后再购进600吨铝锭时价格上涨的风险，该厂决定进行铝的买入套期保值。3月初，该厂以21310元/吨的期货价格买入120手(每手5吨)7月份到期的铝锭期货合约。到了5月初，现货市场铝锭价格已上涨至21030元/吨，高出3月初现货价格600元/吨。而此时期货价格亦已涨至21910元/吨。此时，该铝型厂按照当前的现货价格购入600吨铝锭，同时将期货多头头寸对冲平仓，结束套期保值。该铝型厂的套期保值状况见表7－1。

表7－1　买入套期保值

时间＼市场	现货市场	期货市场	基差
3月初	现货市场价格为20430元/吨，但由于库存的原因没有买入铝锭	以21310元/吨的价格买进120手(每手5吨)7月份到期的铝锭期货合约	－880元/吨
5月初	在现货市场上以21030元/吨的价格买入600吨铝锭	以21910元/吨的价格将120手7月份到期的合约平仓	－880元/吨
结果	5月初买入现货比3月初每吨多支付600元，共增加成本360000元	期货市场每吨盈利600元，共盈利360000元	基差不变
	期货市场盈利完全弥补现货市场亏损，实现完全套期保值		

由此可见，该铝型材厂在5月份以21030元/吨的价格购进铝锭，比先前3月初买进铝锭多支付了600元/吨的成本。但由于做了买入套期保值，在期货交易中盈利600元/吨，刚好可以弥补现货市场购进时多付出的价格成本。通过套期保值，该铝锭厂实际购买铝锭的成本等于:现货市场实际采购价格－期货市场盈利＝21030－600＝20430(元/吨)，与3月初现货

价格水平完全一致，相当于铝锭厂按3月初的价格预先将5月份要购买的铝锭价格锁定，完全回避了铝锭价格上行的风险。我们还可以将基差的变化与套期保值结果联系起来。3月初基差为负880元/吨，到了5月初基差仍为负880元/吨，由于基差没有变，即现货与期货之间的价差在套期保值期间没有变化，所有两个市场盈亏完全相抵，完全实现套期保值。

假如5月初铝锭的价格不涨反跌，现货、期货每吨都下跌了600元，则铝型材厂的套期保值结果见表7－2。

表7－2 **买入套期保值案例(价格下降)**

时间＼市场	现货市场	期货市场	基差
3月初	现货市场价格为20430元/吨，但由于库存的原因没有买入铝锭	以21310元/吨的价格买进120手(每手5吨)7月份到期的铝锭期货合约	－880元/吨
5月初	在现货市场上以19830元/吨的价格买入600吨铝锭	以20710元/吨的价格将120手7月份到期的合约平仓	－880元/吨
结果	5月初买入现货比3月初每吨少支付600元，共节约成本360000元(可视为盈利)	期货市场每吨亏损600元，共亏损360000元	基差不变
	现货市场盈利完全弥补期货市场亏损，实现完全套期保值		

由此可见，该铝型厂在5月份买入铝锭比3月初买入每吨少支付了600元，但由于在期货市场上做了买入套期保值，期货市场每吨亏损了600元。

通过套期保值，该铝锭厂实际购买铝锭的成本等于：

现货市场实际采购价格－期货市场每吨盈利＝19830＋600＝20430(元/吨)

与3月初现货价格水平完全一致，与第一种情形相似，即相当于铝锭厂按3月初的价格预先将5月份要购买的铝锭价格锁定，完全回避了铝锭价格上行的风险。

同样，我们仍可以将基差的变化与套期保值结果联系起来。3月初基差为负880元/吨，到了5月初基差仍为负880元/吨，由于基差没有变，即现货与期货之间的价差在套期保值期间没有变化，所有两个市场盈亏完全相抵，完全实现套期保值。

由上面的例子可知，该铝型材厂做套期保值的目的是为了回避价格波动的风险，追求生产经营的稳定性，而不是获取价格波动的风险收益。通过套期保值操作可以使该厂无论未来一段时间内价格怎样涨跌，都能使铝锭的进价成本维持在原先3月初认可的水平。当然，该厂在成功地回避价格上涨风险的同时，也放弃了价格下跌时获取更低的生产成本的机会。

基差变化的情形。事实上，在实施套期保值过程中，期货价格和现货价格的涨跌幅度完全相同(即基差不变)是很少发生的。通常情况下，两个市场走势基本一致，但涨跌幅度却可能会存在差异，基差的变化，将会对套期保值效果带来不确定性，使套期保值并非一定能完全转移风险。此时，套期保值的风险是基差风险，即由于期货价格和现货价格涨跌幅度不同，给套期保值效果带来的不确定性。

［例 7－2］ 1 月中旬，某食糖购销企业与一个食品厂签订购销合同，按照当时该地的现货价格 3600 元/吨在两个月后向该食品厂交收 2000 吨白糖。该食糖购销企业经过市场调研，认为白糖价格可能会上涨。为了避免两个月后履行购销合同时采购白糖的成本上升，该企业决定在期货市场进行买入套期保值操作。该企业在期货市场上买入 5 月份交割的白糖期货合约 200 手（每手 10 吨），成交价为 4350 元/吨。春节过后，白糖价格果然开始上涨，至 3 月中旬，白糖现货价格已达 4150 元/吨，期货价格也升至 4780 元/吨。该企业在现货市场采购白糖交货的同时将期货市场多头头寸平仓，结束套期保值。交易情况见表 7－3。

表 7－3 买入套期保值案例（基差走强）

<table>
<tr><th>市场
时间</th><th>现货市场</th><th>期货市场</th><th>基差</th></tr>
<tr><td>1 月中旬</td><td>按照 3600 元/吨签订白糖购销合同，约定两个月后交货 2 000吨</td><td>以 4350 元/吨的价格买进 200 手（每手 10 吨）5 月份到期的白糖期货合约</td><td>－750 元/吨</td></tr>
<tr><td>3 月中旬</td><td>现货市场白糖价格涨至 4150 元/吨，买入 2000 吨用于交货</td><td>以 4780 元/吨的价格将 200 手 5 月份到期的合约平仓</td><td>－630 元/吨</td></tr>
<tr><td rowspan="2">结果</td><td>期货市场每吨成本上升 550 元，共亏损 1110000 元</td><td>期货市场每吨盈利 430 元，共盈利 860000 元</td><td rowspan="2">基差走强
120 元/吨</td></tr>
<tr><td colspan="2">期货市场盈利 860000 元，现货市场亏损 1110000 元，未能完全冲抵，净损失 240000 元，每吨的净损失为 120 元</td></tr>
</table>

由此可见，在该案例中，由于现货价格上涨幅度超过期货价格上涨幅度，基差走强，令期货市场和现货市场未能实现盈亏相抵。具体来说，该食糖购销企业在两个月后买入的白糖比 1 月中旬多支付了 550 元/吨，但由于在期货市场上做了买入套期保值，期货市场盈利 430 元/吨。通过套期保值，该企业实际采购白糖的成本等于：

现货市场实际采购价格－期货市场每吨盈利＝4 150－430＝3720 元/吨。

虽然该价格每吨高出购销合同（约定 3600 元/吨）120 元，但是如果不做套期保值，采购价格可能上升 550 元/吨，企业亏损会更大。而这 120 元/吨，正是基差走强的变化值。这表明，正是基差变动 120 元/吨，给套期保值效果带来了净损失 120 元/吨，这就是套期保值中的基差风险。

从该例子中可以总结出一个结论是：进行买入套期保值时，基差走强，期货市场和现货市场不能完全盈亏相抵，存在净损失。

在该例子中，如果基差不是走强而是走弱，套期保值效果就又会不同。假设至 3 月中旬时，白糖现货价格涨至 4350 元/吨，期货价格升至 4730 元/吨，则套期保值结果见表 7－4。

表 7-4　　买入套期保值案例(基差走弱)

市场 时间	现货市场	期货市场	基差
1月中旬	按照 3600 元/吨签订白糖购销合同，约定两个月后交货 2000吨	以 4350 元/吨的价格买进 200 手(每手 10 吨)5 月份到期的白糖期货合约	-750 元/吨
3月中旬	现货市场白糖价格涨至 3950 元/吨，买入 2000 吨用于交货	以 4800 元/吨的价格将 200 手 5 月份到期的合约平仓	-850 元/吨
结果	现货市场每吨成本上升 350 元，共亏损 700000 元	期货市场每吨盈利 450 元，共盈利 900000 元	基差走弱 100 元/吨
	期货市场盈利 900000 元，现货市场亏损 700000 元，完全冲抵后净盈利 200000 元，每吨净盈利 100 元		

由此可见，在该案例中，由于现货价格上涨幅度小于期货价格上涨幅度，基差走弱，令期货市场和现货市场完全实现盈亏相抵且还有净盈利。具体来说，该食糖购销企业在两个月后买人的白糖比 1 月中旬多支付了 350 元/吨，但由于在期货市场上做了买入套期保值，期货市场盈利 450 元/吨。通过套期保值，该企业实际采购白糖的成本等于：

现货市场实际采购价格 - 期货市场每吨盈利 = 3 950 - 450 = 3 500(元/吨)

该价格要比购销合同约定的 3600 元/吨的价格低 100 元/吨，如果不做套期保值，采购价格会高出购销价格 350 元/吨，亏损较大。而这 100 元/吨，正是基差走弱的变化值 100 元/吨。这表明，正是基差变动 100 元/吨，给套期保值效果带来了净盈利 100 元/吨。这是套期保值中的意外收获。

从该例子中可以总结出的另一个结论是:进行买入套期保值时，基差走弱，期货市场和现货市场能完全盈亏相抵且有净盈利。

在以上案例中，我们假设价格变化方向与套期保值者最初预测是一致的，因而套期保值的结果是期货市场盈利，而现货市场亏损。事实上，也有可能出现价格变化方向与套期保值者最初预测相反的情形，即价格没有上涨而是下降了。这种情况下，套期保值者是现货市场盈利而期货市场亏损。但是，套期保值效果仍可通过基差变化来判断，并且与价格上涨情形相似，即如果基差不变，现货市场盈利完全弥补期货市场亏损，完全实现套期保值;如果基差走强，现货市场盈利未能完全弥补期货市场亏损，会出现净损失;如果基差走弱，现货市场盈利可完全冲抵期货市场亏损且有净盈利。由此可见，无论价格上涨还是下降，套期保值效果均取决于现货与期货之间的价格差的变化，即基差变动。

2. 基差与卖出套期保值

[例 7-3]　10 月初，某地玉米现货价格为 1610 元/吨，当地某农场年产玉米 5000 吨。因担心新玉米上市后，销售价格可能会下跌，该农场决定进行套期保值交易。当日卖出 500 手(每手 10 吨)对第二年 1 月份交割的玉米合约进行套期保值，成交价格为 1580 元/吨。到了 11 月，随着新玉米的大量上市，并且养殖业对玉米需求疲软，玉米价格开始大幅下滑。现

货价格跌至 1350 元/吨，期货价格也下跌至 1360 元/吨的价格，该农场按此价格将期货合约买入平仓。套期保值结果见表 7－5。

表 7－5　　卖出套期保值（基差走弱）

时间 \ 市场	现货市场	期货市场	基差
10 月初	玉米价格为 1610 元/吨	以 1580 元/吨的价格卖出 500 手(每手 10 吨)1 月份到期的玉米期货合约	+30 元/吨
11 月初	玉米价格跌至 1350 元/吨，农场以该价格卖出 5000 吨	以 1360 元/吨的价格将 500 手 1 月份到期的玉米期货合约平仓	－10 元/吨
结果	售价下跌 260 元/吨，共亏损 1300000元	期货市场每吨盈利 220 元，共盈利 1100000 元	基差走弱 40 元/吨
	期货市场盈利 1100000 元，现货市场亏损 1300000 元，完全冲抵后净亏损 200000 元，相当于每吨净亏损 40 元		

由此可见，在该案例中，由于现货价格下跌幅度大于期货价格下跌幅度，基差走弱，令期货市场和现货市场的盈亏未完全相抵存在净亏损。通过套期保值，该农场玉米的实际售价为：

现货市场实际销售价格＋期货市场每吨盈利＝1350＋220＝1570(元/吨)

该价格虽然要比 10 月份的 1610 元/吨的现货价格低 40 元/吨，亏损额正好是基差走弱的变化值，此为套期保值中的基差风险。但是如果不做套期保值，农场就要承担玉米价格下跌的损失，每吨要亏损 260 元。因此，进行卖出套期保值时，若基差走弱，期货市场和现货市场不能完全盈亏相抵，只能实现部分保值，但比不做套期保值要好。

在上例中，如果基差不是走弱而是走强，套期保值效果就又会不同。假设至 11 月，玉米现货价格跌至 1410 元/吨，期货价格跌至 1360 元/吨，则套期保值结果见表 7－6。

表 7－6　　卖出套期保值（基差走强）

时间 \ 市场	现货市场	期货市场	基差
10 月初	玉米价格为 1610 元/吨	以 1580 元/吨的价格卖出 500 手(每手 10 吨)1 月份到期的玉米期货合约	+30 元/吨

续表

市场 时间	现货市场	期货市场	基差
11月初	玉米价格跌至1410元/吨，农场以该价格卖出5000吨	以1360元/吨的价格将500手1月份到期的玉米期货合约平仓	+50元/吨
结果	售价下跌200元/吨，共亏损1000000元	期货市场每吨盈利220元，共盈利1100000元	基差走强20元/吨
	期货市场盈利1100000元，现货市场亏损1000000元，完全冲抵后有净盈利100000元，相当于每吨净盈利20元		

由此可见，在该案例中，由于现货价格下跌幅度小于期货价格下跌幅度，基差走强，令期货市场和现货市场的盈亏完全相抵且有净盈利。通过套期保值，该农场玉米的实际售价为：

现货市场实际销售价格+期货市场每吨盈利=1410+220=1630(元/吨)

该价格要比10月份的1610元/吨的现货价格高20元/吨，如果不做套期保值，农场就要承担玉米价格下跌的损失，每吨要亏损300元。而这20元/吨，正是基差走强的变化值。这表明，正是基差变动20元/吨，给套期保值效果带来了净盈利20元/吨。

从该例子中可以总结出的另一个结论是:进行卖出套期保值时，基差走强，交易者除能完全保值外，还可获得额外盈利。

3. 基差变动与保值效果关系的总结

根据以上分析，我们可以将买入套期保值和卖出套期保值在基差不同变化情形下的效果概括见表7-7。

表7-7　价差变动与套期保值效果关系图

	基差变化	套期保值效果
买入套期保值	基差不变	期货市场和现货市场盈亏相抵，实现完全套期保值
	基差走强	期货市场和现货市场盈亏不能完全相抵，存在净损失，不能实现完全的套期保值
	基差走弱	期货市场和现货市场盈亏完全相抵且有净盈利，实现完全套期保值
卖出套期保值	基差不变	期货市场和现货市场盈亏相抵，实现完全套期保值
	基差走强	期货市场和现货市场盈亏完全相抵且有净盈利，实现完全套期保值
	基差走弱	期货市场和现货市场盈亏不能完全相抵，存在净损失，不能实现完全的套期保值

二、基差风险

套期保值者最后面临的风险就是基差风险，为了很好的理解这一点，我们对不同的套期保值者进行讨论。

若为买入套期保值，则交易者欲以期货市场的盈利 $F_2 - F_1$，弥补现货价格上涨带来的损失，因而其实际买入现货支付价格为：

$$S_2 - (F_2 - F_1) = F_1 + (S_2 - F_2) = F_1 + b_2 \quad (7-3)$$

若为卖出套期保值，则交易者在期货市场盈利为 $F_1 - F_2$，而实际卖出现货收到的有效价格为：

$$S_2 + (F_1 - F_2) = F_1 + (S_2 - F_2) = F_1 + b_2 \quad (7-4)$$

交易者在进行套期保值后，F_1 成为已知因素，所以最终买卖的现货价格取决于 b_2，在非交割月份，期货价格和现货价格通常都不聚合，并且不稳定，很难准确预测。在实际操作过程中在交割月份，由于种种原因，b_2 也通常不为0，我们把由于 b_2 的不确定性给套期保值者所带来的风险称之为基差风险。可见，套期保值者并没有完全消除风险，让渡的只是绝对价格变动的风险，而承担了其中的基差风险。

三、基差变化对套期保值的影响

在商品实际价格运动过程中，基差总是在不断变动，基差变化是判断能否完全实现套期保值的依据。由于期货合约到期时，现货价格与期货价格会趋于一致，而且基差呈现规律的季节性变动。套期保值者利用基差的有利变动，不仅可以取得较好的保值效果，而且还可以通过套期保值交易获得额外的盈余。一旦基差出现不利变动，套期保值的效果就会受到影响，蒙受一部分损失。

为了找出基差变化对套期保值的影响程度规律，假定套期保值情况如表7-8所示：

表7-8　　基差变化对套期保值的影响

时间	现货市场	期货市场	基差
t_1	S_1	F_1	b_1
t_2	S_2	F_2	b_2

即套期保值者在时间 t_1 开仓建立第一个期货合约头寸，此时现货价格、期货合约价格分别为 S_1、F_1；套期保值者在 t_2 时间平仓，此时现货价格、期货合约价格分别为 S_2、F_2；t_1、t_2 时刻的基差分别为 b_1、b_2。

对于买入套期保值者来说，避险程度为：

$$F_2 - F_1 + S_1 - S_2 = (S_1 - F_1) - (S_2 - F_2) = b_1 - b_2 \quad (7-1)$$

则有：

$b_1 - b_2 > 0$ 时，为有盈套期保值；

$b_1 - b_2 = 0$ 时，为持平套期保值；

$b_1 - b_2 < 0$ 时，为减亏套期保值。

由此，可以得出结论：在现货和期货数量相等情况下，基差变弱时对买入套期保值有利，即套期保值最后避险程度为 $b_1 - b_2$。

对于卖出套期保值者来说，避险程度为：

$$F_1 - F_2 + S_2 - S_1 = (S_2 - F_2) - (S_1 - F_1) = b_2 - b_1 \qquad (7-2)$$

则有：

$b_2 - b_1 > 0$ 时，为有盈套期保值；

$b_2 - b_1 = 0$ 时，为持平套期保值；

$b_2 - b_1 < 0$ 时，为减亏套期保值。

由此，可以得出结论：在现货和期货数量相等情况下，基差变强时对卖出套期保值有利，即套期保值最后避险程度为 $b_2 - b_1$。

第三节　基差交易

一、基差交易的概念

套期保值的本质是用基差风险取代现货价格的波动风险。由于影响基差的因素非常多而且富于变化，要对基差的变化进行准确的判断是很困难的。这会在一定程度上影响套期保值交易的避险效果。套期保值者在结束交易时，如果基差对自己不利，只能接受损失的结果。经过不断的实践，期货市场上出现了一种以基差为轴心的交易方式——基差交易。采取这种交易方式，无论基差如何变化，都可以在结束套期保值交易时取得理想的保值效果。基差交易是指以某月份的期货价格为计价基础，以期货价格加上或减去双方协商同意的基差来确定双方买卖现货商品的价格的交易方式。这样，不管现货市场上的实际价格是多少，只要套期保值者与现货交易的对方协商得到的基差，正好等于开始做套期保值时的基差，就能实现完全套期保值，取得完善的保值效果。如果套期保值者能争取到一个更有利的基差，套期保值交易就能盈利。

二、基差交易种类

基差交易是期货交易中较高层次的交易方式，在国外运用已很广泛。根据确定具体时点的实际交易价格的权利归属划分，基差交易可分为买方叫价交易和卖方叫价交易两种类型。

1. 买方叫价交易

买方叫价交易指将确定交易时间的权利赋予买方的交易，为了便于理解，用例 7-4 说明买方叫价交易的操作过程。

[例 7-4]　某进口商 5 月份以 17000 元/吨的价格从国外进口铜，一时还没有找到买主，为了回避日后价格下跌的风险，该进口商在期货交易所作了卖期保值，以 17500 元/吨的价格卖出三个月后到期的期货合约，则此时的基差为 -500 元/吨，同时在现货市场上积极寻找买家，6 月中旬，有一铜杆厂认为铜价还将继续下跌，不愿意当时确定价格，双方经过协商，同意以低于 8 月份到期的期货合约价格 100 元/吨的价格作为双方买卖现货的价格，并且由买方即铜杆厂确定 8 月 1 日至 15 日内上海金属交易所交易时间内的任何一天的 8 月份到期的期货合约价格为基准期货价格，8 月 10 日上海金属交易所 8 月的铜期货合约的收盘价跌至

15700 元/吨，铜杆加工厂认为铜价已跌得差不多了，决定以 8 月 10 日以 8 月期铜价的收盘价为基准价计算现货买卖价。此时，该进口商现货实际售出的价格为 15700 - 100 = 15600 元/吨，并同时于次日在期货市场上以 15700 元/吨左右的价格买进平仓，结束了套期保值交易。综合以上的内容，进口商交易的具体情况如表 7 - 9 所示。

表 7 - 9 进口商在现货市场和期货市场的盈亏状况

	现货市场	期货市场	基差
5 月份	进口商以 17000 元/吨的价格从国外买进一批电解铜	以 17500 元/吨的价格卖出 3 个月后到期的期货合约	-500 元/吨
7 月份	约定以低于 8 月份到期的期货合约结算价 100 元/吨为双方交货的价格，并由买方在 8 月 1 日至 8 月 15 日其中一日的结算价为基准价，基差为 -100 元		
8 月 10 日	以 15600 元/吨卖出	以 15700 元买入平仓	约定基差 -100 元
结果	亏损 1400 元/吨	盈利 1800 元/吨	

该进口商通过套期保值和基差交易，不仅回避了价格下跌的风险，而且还得到了 400 元/吨的利润；铜杆厂通过这个交易，一方面保证了货源，同时获得了选择合适的价格的权利。由于进口商确定了交货时的基差为 -100，与购进现货时作卖期保值的基差 -500 相比，基差由弱转强，且已确定基差变化为 400 元/吨，此时套期保值者可稳定地获取每吨 400 元的利润，实现盈利性保值。假设 8 月份铜价不跌反涨，假如在 18000 元/吨时，铜杆厂确定以这个价格为基准价，则进口商现货市场将盈利（18000 - 100）- 17000 = 900 元/吨，虽然此时期货市场每吨将亏损 500 元，但两者抵消后，该进口商仍可获得 400 元/吨的利润，因此，通过基差交易，该进口商稳定地获取了 400 元/吨的利润。

上面的基差交易是在进口商作了卖期保值的前提下，由双方确定到期日的基差，由于以哪一天的期货价为现货买卖基准价由买方决定，故属于基差交易中的买方叫价交易，它一般与卖期保值配合使用，即现货商已经为其将要出售的商品作了卖期保值，即已确定买进时的基差，事后无论价格怎么变化该卖期保值都可稳定地实现盈利性保值。

反之，如果买方为了防止日后价格上涨，事先作了买期保值，确定了买进期货时的基差，同时积极在现货市场上寻找货源，由双方协商以买方买进的套期保值的交割月某一天的期货结算价为基准上下浮动一定的价格，确定了平仓时基差，然后卖方决定以哪一天的结算价为现货买卖的基准价即为卖方叫价交易。这样，不论价格如何变化，该买入期货保值者均可以实现盈利性保值。卖方叫价交易的基本方式跟买方叫价交易相似。

2. 卖方叫价交易

卖方叫价交易是指将交易时间的选择权赋予卖方的交易。卖方叫价交易程序举例：

[例 7 - 5] 小麦供应商（甲）和面粉加工商（乙）做一笔小麦交易，甲认为小麦价格可能上涨，所以不愿意立即把价格确定下来，但同意以特定的基差卖出；乙要有固定的小麦供应渠道，为保证来源，答应购买甲的小麦，条件是预先订下基差为 -5 美分，允许甲在 20 天内选定期货价。交易程序如下：

①乙要在未来几周内购进小麦现货补充库存，以 8.5 美元/蒲式耳的价格做了买期保值，买入基差 -5 美分/蒲式耳。

②乙提出购买甲的小麦，条件是基差 -5 美分(基差不变)，允许甲有20天确定期货价格的期限，甲接受条件成交。

③三周后，小麦现货价格上涨，期货价达 9.50 美元/蒲式耳，甲认为价格已到顶，决定以此价作为期货价，现货交易成交。

④甲在期货市场通知乙的经纪人，将乙的期货头寸平仓。乙的交易分析见表 7 -10。

表 7 -10 卖方叫价的例子

现货市场	期货市场	基差
未来几周要补充库存 8.45	买进小麦期货 8.50	-0.05
三周后买进小麦 9.45	平仓 9.5	-0.05
	乙的保值结果为 0	

分析：

①通过叫价交易，乙方保证了卖出基差不变，实现持平保值，保证了货源，锁定了 8.45 的成本价，因为乙在期货市场平仓盈利达 1.00 美元/蒲式耳。

②甲掌握了叫价的主动权，如果价格确实上涨，他就能够从中获得好处。

从以上分析可以看出，进行基差交易的套期保值者的目的是回避基差变动的风险，当然，交易者也可能因此失去盈利更多的机会，这可视为基差交易的机会成本。交易者必须对市场有准确预测，以便采用恰当的交易方式。

三、场外交易

一般来说，套期保值交易的了结方式有如下几种：

(1)现货市场交易的同时，将期货头寸平仓；

(2)直接到期货市场实物交割；

(3)结合现货市场进行基差交易；

(4)采用所谓的“场外”期货交易方式。

所谓“场外”期货交易，是期货交易的买卖双方直接进行的“特殊的交易”。按惯例，期货交易必须要在交易所内公开喊价成交或在其电子撮合系统内成交，买卖双方不能直接进行交易，个别成交。但是，根据国外某些期货交易所的特殊规定，也允许一种买卖双方一一对应的“场外”期货交易方式存在，但不是在真正的场外，而是在交易所内单画一个区域，不再原来品种的交易权或交易池内。它最早出现在伦敦金属交易所(LME)，当时，每日伦敦场内交易闭市后，人们还聚集在场外人行道上进行交易，称为 kerb 交易。后来该交易转移到场内进行，以便更好的维持秩序。而在美国的期货市场，场外交易在不同交易所名称各不一样。场外交易最先从谷物商品交易开始，称为 expit transation(交易池外交易)；在可可商品中，则称为 exchang for physicals(期货转现货交易)；咖啡和糖的交易称 against - actuals(兑现货)。从以上的名称可以看出“场外”交易的一些特征。

习 题

一、名词解释

1. 基差　　2. 买方叫价交易　　3. 场外交易

二、简答题

1. 套期保值交易的了结方式有哪些?

2. 基差交易的种类有哪些?

3. 基差变化对套期保值的影响是什么?

参考答案

一、名词解释

1. 基差是指在特定时点某种商品的现货价格与期货价格间的价差。

2. 买方叫价交易:指将确定交易时间的权利赋于买方的交易。

3. 场外交易:是期货交易的买卖双方在交易所外直接进行的“特殊的交易”。

二、简答题

1. 套期保值交易的了结方式有如下几种:

(1)现货市场交易的同时,将期货头寸平仓;

(2)直接到期货市场实物交割;

(3)结合现货市场进行基差交易;

(4)采用所谓的“场外”期货交易方式。

2. 基差交易可分为:买方叫价交易和卖方叫价交易两种类型。

3. 基差变化对套期保值的影响:

(1)在现货和期货数量相等情况下,基差变弱时对买入套期保值有利。

(2)在现货和期货数量相等情况下,基差变强时对卖出套期保值有利。

◆第八章 商品期货期权

第一节 期权交易概述

在衍生金融工具中，有一类是选择权(options)，它是以对一定标的物买卖权利为核心，赋予买方在将来一定时间内以事先约定的价格选择是否买入或卖出一定数量和规格的某种标的物获取合约的权利，而卖方有义务按规定满足买方未来买卖的要求。选择权与期货一样，也以合约的形式存在。

国内交易者在20世纪80年代后才逐渐参与期货与选择权交易，而习惯于把options译为期权，而实际上，在英文中期权是“期货选择权”的简称。考虑到“期权”这一称呼在我国已经流传甚广，因此本书中的options(原意为选择权)均理解为“期权”。

期权的萌芽形式已经出现了几百年。较早的期权交易主要是用于实物商品、贵金属和房地产业务，都是现货期权。20世纪20年代，美国出现了股票的期权交易，但带着较为浓厚的投机色彩而不为大多数人所接受。在同一时期里，美国政府赋予了期货交易所正式的法律地位，并加强了期货管理，使交易所内期货加以稳步发展。1936年，美国商品交易法案禁止对各种具体商品进行期权交易，但这并不能完全阻止场外的期权交易。70年代以前，期权交易都是在场外进行的，合约内容各不相同，而且市场一直很小。因为期权定价要比期货定价复杂得多，使之成为只有少数交易者才能利用的工具。1973年，期权市场出现了巨大的变化。世界上第一个期权交易所——芝加哥期权交易所(CBOE)成立，推出了第一批场内期权，期权的场内标准化合约得以出现；同年，美国经济学家迈伦·斯科尔斯(Myron Scholes)与费雪·布莱克(Fischer Black)公开发表了Black - Scholes期权定价模型(Black - Scholes Option Pricing Model)，并被CBOE采用，不到一年的时间，期权交易量迅速上升。1982年10月，作为美国政府实验的一部分，在CBOE正式退出了长期国债期货期权。同时，美国商品期货委员会开始贵国内商品期货期权交易进行管理，期权交易被高度重视，由此带动了传统商品期货期权及其他金融期货期权的发展。目前，期权作为金融衍生品市场的重要组成部分，已成为规避风险的手段。

期权(Options)是一种选择权，是一种能在未来某特定时间以特定价格买入或卖出一定数量的某种特定商品的权利。

期权交易是一种权利的买卖，是期权的买方支付了权利金后，便取得了在未来某特定时间买入或卖出某种特定商品的权利的交易方。

一、期权的定义

期权，又称选择权，是指期权的买方有权在约定的期限内，按照事先确定的价格，买或卖出一定数量的某种特定商品的权利。

期货期权就是买或不买、卖或不卖相关期货合约的选择权利。期货期权交易就是期权的买方向卖方支付一定数额的权利金后，取得在特定时间以特定价格向期权卖方买入或卖出相关期货合约的权利的交易方式，但不负有必须买入或卖出的义务。在期权合约规定的有效期内，期权买方可以行使或转售这种权利。如期权买方认为行使期权对自己不利，就可以放弃这种权利，只是购买期权时的权利金不退还。超过规定期限，合约就自动失效，所购的期权也随之作废。

二、商品期权的特点

相对于股票和期货而言，期权有鲜明的特点：

1. 期权是一种权利的买卖；

2. 期权买方要获得这种权利就必须向卖方支付一定数额的费用（权利金）；

3. 期权买方取得的权利是未来的；

4. 期权买方在未来买卖的标的资产是确定的；

5. 期权买方在未来买卖标的资产的价格是事先确定的（即执行价格）；

6. 期权买方根据自己买进的合约可以买进标的资产（看涨期权）或卖出标的资产（看跌期权）。

三、期权的交易双方

1. 期权的买方

期权买方（options buyer），也称期权持有者，是指买进期权合约的一方，是支付一定数额的权利金而持有期权合约的人。买进期权即为期权的多头。

需要注意的是，期权买方只是买进期权合约的一方，而不一定是买进标的资产的一方。执行看涨期权，期权买方就会买进相应数量的标的资产；而执行看跌期权，期权买方就会卖出相应数额的标的资产。

当投资者支付权利金买进期权建立多头头寸后，就享有了买进或卖出标的资产的权利。因为他不负有义务，所以他仅以其投入的权利金承担有限的风险，但是却有巨大的获利潜力。

2. 期权的卖方

期权的卖方（options seller）也称期权出售者，是指卖出期权合约的一方，从期权买方那里收取权利金，在买方执行期权时承担履约的义务。卖出期权即是期权的空头。

同样，期权卖方只是卖出期权合约的一方，而不一定就是卖出标的资产的一方。执行看涨期权，期权卖方就必须卖出相应数量的标的资产；而执行看跌期权，期权卖方就必去买入相应数量的标的资产。

如果期权买方在事先约好的期限内没有执行他的权利，那么该期权就会自动失效，卖方不必承担任何责任。对于现货期权，执行时就必须买卖相应的金融产品；而对于期货期权来说，执行合约时是按相应的执行价格买入或卖出相应的期货合约。

四、期货合约要素

期货期权合约与期货合约一样，也是标准化合约，是由期货交易所统一制定的、规定买方有权在将来特定时间以特定价格买入或卖出相关期货合约的标准化合约。期货期权合约几乎包括了相关期货合约的所有标准化要素，其中另有三项要素是期货合约中所没有的。

1. 权利金

权利金(premium)又称期权费、期权金，是期货期权的价格，是期货期权的买方为获取期权合约所赋予的权利而必须支付给卖方的费用。是期权卖方承担相应义务的报酬。即对卖方来说，它是卖出期货期权的报酬，也就是期货期权的成交价。期权权利金对于期货期权的买方来说，是其买入期权可能遭受损失的最高限度。对于卖方而言，卖出期货期权立即可以获得一笔权利金收入，而不必马上进行期货合约的交割。当然，它同时使卖方面临一定的市场风险，即无论期货市场的价格如何变动卖方都必须做好履约的准备。与期货交易相同，在期权交易中，期权权利金即期权成交价格是期权合约中唯一能在交易所内讨价还价的要素，其他合约要素均已标准化。权利金的最终确定，也必须经过期权买卖双方的经纪人在交易所大厅通过公开竞价才能形成。

2. 执行价格

执行价格(又称履约价格、敲定价格)是指期权的买方行使权利时事先规定的相关期货合约买卖价格。这一价格一经确定，则在期权有效期内，无论相关期货合约的市场价格上涨或下跌到什么水平，只要期权买方要求执行该期权，期权卖方都必须以此执行价格履行其必须履行的义务。因此，如果期权买方买入了看涨期权，那么在期权合约的有效期限内，若该期权的相关期货合约的市场价格上涨，且高于该期权的执行价格，则期权买方有权以较低的执行价格向期权卖方买入一定数量的相关期货合约，而期权卖方也必须无条件地以较低的执行价格卖出该期权所规定的相关期货合约。同理，如果期权买方买入了看跌期权，则在期权有效期限内，即使期权的相关期货合约市场价格下跌，并远低于该期权的执行价格，期权买方仍可以以较高的执行价格向期权卖方卖出一定数量的相关期货合约，而期权卖方也必须无条件地以较高的执行价格买进该相关期货合约。

3. 合约到期日

合约到期日是指期货期权合约必须履行的时间，是期货期权合约的终点，一般是在相关期货合约交割日期之前一个月的某一时间。这是为了让期权卖方在买方行使期权时为履行义务而必须买入或卖出相关期货合约时，还有一定的时间在期货市场上进行反向的期货合约交易来对冲平仓，使期权卖方有机会来避免他可能不愿或不准备进行实物交割局面的出现。欧式期权规定只有在合约到期日方能执行期权，美式期权规定在合约到期日之前的任何一个交易日(含合约到期日)均可执行期权。

第二节　商品期权的种类

一、按期权的权利划分，有看涨期权和看跌期权

1. 看涨期权

看涨期权(call options)是指期货期权的买方向期货期权的卖方支付一定数额的权利金后，即拥有在期权合约的有效期内，按事先约定的价格向期权卖方买入一定数量的相关期货合约，但不负有必须买进的义务。期权买方若不想买，只需让该合约到期作废即可。如有人买，也可将看涨期权转卖出去。对期权卖方来说，有义务在期权规定的有效期限内，应期权买方的要求，以期权合约预先规定的价格卖出相关的期货合约。

2. 看跌期权

看跌期权(put options)是指期货期权的买方向期货期权的卖方支付一定数额的权利金后，即拥有在期权合约的有效期内，按事先约定的价格向期权卖方卖出一定数量的相关期货合约，但不负有必须卖出的义务。同样的，若不想卖，可让期权到期作废，亦可将看跌期权转售给想要该期权的人。从期权卖方来说，则有按期权合约的有关规定随时买入这些相关期货合约的义务。

二、按交割时间划分，有美式期权和欧式期权

1. 美式期权

美式期权是指在规定的有效期限内的任何时候可以行使权利。期权买方既可以在期权合约到期日这一天行使权利，也可在期权到期日之前的任何一个交易日行使权利。

2. 欧式期权

欧式期权是指在规定的合约到期日方可行使权利。期权买方在期权合约到期日之前不能行使权利，过了期限，期权合约也就自动作废。

美式期权与欧式期权的划分并无地域上的区别。近年来无论在欧洲还是在美国，或是其他地区，美式期权已占据主流，欧式期权虽仍存在，但其交易量已比不上美式期权。

三、按交易场地不同，有交易所交易期权和柜台(OTC)交易期权

1. 交易所交易期权

交易所交易期权也叫场内交易期权，一般在交易所的交易大厅公开竞价，所交易的是标准化期权合约，即由交易所预先制定每一份合约的交易规模、敲定价格、通知日、到期日、交易时间等，合约的唯一变量是权利金。

2. 柜台交易期权

柜台交易期权也成场外交易期权，是卖方为满足某一购买者特定的需求而产生的。它并不在交易所大厅内进行交易，因此没有具体的交易地点。成家额、敲定价格、到期日等都有买卖双方自行协商。柜台式期权合约不经过清算所清算，也没有担保，它的履约与否全看期权的出售者是否履行合约。

现举例说明场外交易期权下：

[例如 8－1] 1997 年初美国通用汽车公司董事会给予总裁一份 5 年内按当前价格购买 100 万股公司普通股的期权。这意味着，总裁如果把公司经营得好，股票市值每股上升 1 美元，总裁就可以获利 100 万美元。

[例如 8－2] 一家投资银行欲以每股 3 美元发行 1000 万股某公司的新股。由于担心新股的发行不顺利，为使股票有吸引力，改投资银行采用了期权策略，即每购 100 股新股，出售(送)给购买者一份卖权，使其在未来一年内有权按每股 2 美元的价格卖掉 100 股股票。这样，购买者的损失就限制在每股 1 美元以内，而一旦股票上涨，他们的获利潜力很大。

由以上的例子可以看出，期权在场外交易中该应用很普遍，常用于低价发行新股，也用于债券交易、房产交易中。但本章的主要目的是探讨的是更为规范化和标准化的场内期权，因此对场外期权只是略作介绍。在以后章节中如不另行指明，所说的期权交易都是指场内期权交易。

四、按期权的标的物来划分，有实物期权、股票期权、外汇期权、利率期权、期货期权、股票指数期权、基金指数期权等

1. 实物期权

实物期权的标的物是实物商品，如贵金属、黄金和房地产及其他实物商品，多在场外市场交易。

2. 股票期权

股票期权选择买卖的是某种股票，如美国市场中的 IBM、柯达和通用汽车的股票期权，股票交易所和期权交易所都开展这方面的交易。

3. 外汇期权

外汇期权的标的物是外汇或者外汇期货，如英镑或英镑期货合约等。

4. 利率期权

利率期权主要是指国债级国债期货合约的期权交易。

5. 期货期权

期货期权的标的物是期货合约。

6. 股票指数期权和基金指数期权

股票指数期权和基金指数期权是对相应的指数进行预测，定出敲定价格，但最终履行期货合约时是以现金结算。

五、按敲定价格和标的物市场价格的关系不同，有实值期权、平值期权、虚值期权

1. 实值期权

实值期权是指具有内在价值的期权。当看涨期权的敲定价格低于相关期货合约的当时市场价格时，该看涨期权具有内涵价值。当看跌期权的敲定价格高于相关期货合约的当时市场价格时，该看跌期权具有内涵价值。买方立即执行即可获利。

当看涨期权的执行价格远远低于当时的标的物价格时，该期权称为极度实值期权。

当看跌期权的执行价格远远高于当时的标的物价格时，该期权称为极度实值期权。

［例8－3］　小麦期货价格为1620元/吨，执行价格为1600元/吨的看涨期权为实值期权；执行价格为1640元/吨的看跌期权为实值期权。

［例8－4］　当前COMEX12月期黄金的价格是435美元/盎司，那么430美元的看涨期权就是实值期权；对于看跌期权而言正好相反，比如，当前COMEX12月期黄金的价格是435美元/盎司，那么440美元的看跌期权就是实值期权。

2. 平值期权

平值期权是看涨期权（看跌期权）的履约价格等于或近似等于标的物价格，买方立即执行不赢不亏的期权。

［例8－5］　小麦期货价格为1620元/吨，执行价格为1620元/吨的看涨期权和看跌期权均为平值期权。

3. 虚值期权

虚值期权，又称价外期权，是指不具有内涵价值的期权，即敲定价高于当时期货价格的看涨期权或敲定价低于当时期货价格的看跌期权。如果把企业的股权资本看作是一种买方期权，则标的资产即是企业的总资产，而企业的负债值可看作是期权合约上的约定价。期权的有效期即与负债的期限相同。

［例8－6］　小麦的期货价格为1620元/吨，执行价格为1640元/吨的看涨期权为虚值期权；执行价格为1600元/吨的看跌期权为虚值期权。

执行价格与期货价格相差越大，实值额或虚值额越大，称之为深度实值期权或深度虚值期权。

表8－1　　实值期权、平值期权、虚值期权与看涨、看跌期权的对应关系

	看涨期权（买权）	看跌期权（卖权）
实值期权	市场价格 > 敲定价格	市场价格 < 敲定价格
平值期权	市场价格 = 敲定价格	市场价格 = 敲定价格
虚值期权	市场价格 < 敲定价格	市场价格 > 敲定价格

［例如8－7］　若豆粕期货市场价格为165美元/吨，则敲定价格为160美元/吨的看涨期权就是实值期权；敲定价格为160美元/吨的看跌期权是虚值期权；而敲定价格为165美元/吨的看涨和看跌期权均为平值期权。

实值、平值、虚值描述的是期权在有效期内某个时点的状态，随着时间的变化，标的物价格会不断变化，同一期权的状态也会不断变化，有时是实值期权，有时是平值期权，也有的时候变成虚值期权。

第三节 商品期权的了结方式

一、期权交易的了结

任何投资者建立期权头寸，其目的无外乎投资期权权利金获利或进行套期保值。而期权都有期限，到期之后期权就会变得没有任何的价值，那么在期权到期时或到期之前，投资者如何来平掉自己的期权头寸，实现原来的目的，就是投资者需要考虑的十分重要的问题。

期权了结的方式有三种：对冲平仓、执行期权和自动失效。下面对它们分别进行介绍。

1. 对冲平仓

对冲平仓是在期权到期之前，交易一个与初始交易头寸相反的期权头寸。例如，某投资者在 11 月 10 号买入一张 IBMLP 期权合约，也即建立了一个看涨期权多头头寸，如果他在 12 月的第三个星期五之前又卖出一张 IBMLP 期权合约，那么他的这种操作就实现了对冲平仓。

大多数期权的买方和卖方在期权到期时或到期前选择对冲平仓的方法来了结期权头寸。随着到期日的临近，期权的买方和卖方都会更准确地判断市场价格和期权的价值，从而决定是否发出一个相反的指令（卖出或买进期权）来对冲平仓。盈亏状况取决于权利金的差价。

2. 执行期权

如果期权到期日前，交易者尚未对冲平仓手中的期权，交易者准备执行期权。当某一期权多头持有人要执行其期权时，就通知其经纪人，经纪人随即通知负责该期权交易的结算公司会员，该会员接着把执行指令转发至其结算公司。结算公司随机的选择某个持有相同期权空头的会员。该会员按程序选出某个相同期权空头的持有人，然后买卖双方进行期权交割。一般来说，期权交易者很少采用这种方式来了结持有的期权头寸。

如果期权的标的资产是期货合约，那么期权多头执行期权以后，就以期权合约规定的执行价格获得一个相应的期货头寸。看涨期权的多头和空头分别取得了多头和空头期货头寸，而看跌期权的多头和空头情况却相反，即分别取得了空头和多头的头寸。如上述看跌期权的买方选择以 400 美元/盎司的价格卖出一张 8 月份黄金期货合约。期权执行后，该期权买方拥有了一份 8 月份黄金期货合约的空头头寸。所以期权的买方若选择执行合约，对于期货期权来说，经过期权清算所的清算，买卖双方将在期货市场处于表 8－2 中所显示的头寸。

表 8－2　　期货期权履约后期权买方、卖方在期货市场所处头寸

	看涨期权	看跌期权
期权买方	获得多头期货头寸	获得空头期货头寸
期权卖方	获得空头期货头寸	获得多头期货头寸

3. 自动失效

期权买方对冲平仓和执行期权与否，完全取决于是否有利可图。当期权到期时，期权本身没有内涵价值，或内涵价值小于执行期权时所需要支付的交易费用时，期权买入者将会放弃该期权，让其过期失效。一般来说，放弃权利不需要提出申请。

买方放弃权利，意味着他的全部权利金已完全损失，当然这也是他的最大损失；而此时卖方则得到全部的权利金的全部收入，权利金收入也是卖方最大的收益。

到期日，如果期权没有价值，买方放弃期权，则买方的权利消失，卖方的义务消失，双方的期权头寸自动从计算机中消失。

一般来说，期权在到期日之前都含有时间价值，所以在交易所上市的期权交易，只有很少部分的期权合约到期执行或让其自行失效，大部分合约都是通过对冲平仓来了结。

二、期货交易与期货期权交易的关系

1. 期货交易与期货期权交易的共同之处

期货期权交易是以特定权利为买卖对象的交易，是期货交易与期权交易的有机结合。它是通过在期货市场上买卖期货期权合约的方式进行的。在期货期权交易中，看涨期权与看跌期权并不是一宗交易的买卖双方，而是截然不同的两码事。相对于每一个看涨期权的买方，就有一个看涨期权的卖方；相对于每一个看跌期权的买方，也有一个相对应的看跌期权卖方。即每一个期权形式都有相应的买方和卖方。买入看涨期权或看跌期权后，可以多次转卖。而卖出看涨期权或看跌期权后，也可以通过买入同样的的看涨期权或看跌期权的方式来对冲，只要是在交易所发出期权行使通知书之前对冲即可。

期货交易与期货期权交易有许多共同之处，交易对象都是标准化合约；交易都是在期货交易所内通过公开竞价的方式进行；交易达成后，都必须通过结算所统一结算。

2. 期货交易与期货期权交易的不同之处

由于期货期权交易的特殊性，它与期货交易也存在许多不同之处。

（1）合约标的物不同。期货合约是交易双方达成的在未来特定日期交付一定数量和品级的实物商品或金融工具的可转让且标准化的合约，因此，期货合约的标的物是一般商品或金融工具。而期货期权合约是支付了权利金的买方有权在规定的有效期限内买入或卖出一定数量的期货合约的标准化合约，因此，期货期权合约的标的物是相关的商品期货合约或金融期货合约。

（2）买卖双方的权利义务不同。在期货交易中，期货合约的买卖双方都被赋予了相应的权利和义务，不存在一方只享有权利而不承担义务的情况。买卖双方都有进行实物交割的义务，若想免除到期履行期货合约的义务，必须在合约交割期到来之前进行对冲。而在期货期权交易中，期权的买方有权在其认为合适的时候行使权利，但并不负有必须买入或卖出的义务。当买方认为行使期权对自己不利时，完全可以放弃期权，而不必征得期权卖方的同意，不过买方因此而损失一笔期权权利金。而对于期权合约的卖方却没有任何权利，他只有义务满足期权买方要求履行合约时买入或卖出一定数量的期货合约。

（3）保证金规定不同。在期货交易中，买卖双方都要缴纳一定数量的保证金，客户在开立期货交易账户时就必须缴纳保证金，并将其维持在一定水平。若客户交易过程中保证金水平不足，应随时追加保证金，以作为成交双方的履约保证。而在期货期权交易中，期权买方勿需缴纳保证金，买方所面临的最大损失就是他预先付出的期权权利金。由于这种风险是有限的和能够预知的，他的最大亏损不会超过他已支付的期权权利金，因此，期权买方就没有必要开立保证金账户，也不用缴纳履约保证金。但对于期权卖方来说，他所面临的市场风险与期货交易中的风险一样，由于谁也无法准确预测期货市场的变动方向，所以，期权卖方就必须交付一笔保证金，并将其维持在一定水平，以表明他具有相应的履行期货期权合约的能力。

(4)市场风险程度不同。在期货交易中，交易双方由于价格的不确定变动必然使其中一方盈利，而使另一方亏损，盈利和亏损的程度取决于价格变动的幅度。所以，买卖双方的潜在的盈利和亏损都是无限的。而在期货期权交易中，由于期权买方与期权卖方在权利与义务的不对称性，他们在交易中的盈亏也具有不对称性。从理论上说，期权买方的亏损是有限的(仅以期权权利金为限)，而盈利的可能是无限的(在看涨期权的情况下)，也可能是有限的(在看跌期权的情况下)；期权卖方的盈利可能是有限的(仅以期权权利金为限)，而亏损的风险可能是无限的(在看涨期权的情况下)，也可能是有限的(看跌期权的情况下)。当然，在现实的期权交易中，期权卖方并非总是处于不利的地位。因为在期权交易中很少以履约平仓的方式进行，也就是说，交易者不是采用对冲平仓的方式，就是期权买方采用放弃权利的方式结束交易。

(5)获利机会不同。在期货交易中，买卖双方都无权违约，也无权要求提前或推迟交割，而只能在到期前的任一时间通过反向交易而实现对冲。交易者获得意外收益和遭受意外损失的风险性是均等的，我们可以称之为“对称性风险”。例如套期保值就是通过期货交易而抵销这种对称性风险，也就是说，保值交易可避免因价格的不利变动而造成的损失，但为了达到这一目的，套期保值者必须放弃因价格的有利变动而带来的利益。投机交易有可能获利丰厚，也有可能损失惨重。而在期货期权交易中，由于交易方式更加灵活，给交易者带来了更多的获利机会。

例如期权买方既可以行使期权买入或卖出相关期货合约，也可以转卖期权，或放弃期权。如果交易者在期货市场上做保值交易或投机交易时，配合使用期货期权交易，可以降低市场风险，从而增加盈利机会。自 1982 年以来，期货期权交易在国际期货市场上异军突起，发展迅猛，显示了它独有的魅力，有人称之为“化危机为契机”的绝佳工具。

第四节　影响期权的定价的因素

1. 期权价值的构成

根据持有成本理论，期货理论价格是由标的资产价格(现货价格)和持有成本决定的。期货执行价格与当前标的资产价格的关系用内涵价值来表示，与未来标的资产价格的关系用时间价值表示。所以，期权价值由内涵价值和时间价值两部分构成。

(1)内涵价值(intrinsic value)

内涵价值是期权买方立即履行合约时可获得的收益，它等于期权合约执行价格与标的资产市场价格之间的差值。实值期权的内涵价值大于零，虚值期权和平值期权的内涵价值等于零。

内涵价值是期权价值的重要组成部分，一般来说，实值期权的价格最高，平值期权和虚值期权没有内涵价值，期权价格由时间价值来决定。

(2)时间价值

时间价值对期权卖方来说反映了期权交易时间内的时间风险，对期权买方来说反映了期权内涵价值在未来增值的可能性。可以这样理解，期权买方希望随着时间的延长，标的资产价格波动可能使期权增值，因而愿意支付高于内涵价值的权利金；期权卖方由于要冒时间风险，也要求高于内涵价值的权利金。所以，期权合约剩余有效时间越长，即离到期日越远，期权的时间价值越大。期权时间价值的大小与期权有效长度成正相关，且在其他条件不变的情况下，期权临近到期日时，时间价值加速减少；到了到期日，期权的时间价值减少为零。

2. 影响期权价格的因素

在研究了期权理论价值以后，进而研究期权的市场价格。在一般情况下，市场价格是围绕理论价值上下波动的，也就是说期权市场价格与其理论价值是有区别的。期权的市场价格满足价格形成的一般基本原理。期权需求量大，期权价格上涨；反之，期权价格下跌。

影响期权价格的因素主要有 6 个：标的资产市场价格（S）、执行价格（X）、距离到期日前剩余的时间（$T-t$），其中 T 为期权到期时间，t 为当前时间）、标的资产市场价格波动幅度（V），无风险利率（r）、股票分红（只对股票期权有影响）。

（1）标的资产市场价格（S）

对期权价格影响最大的是标的资产市场价格，市场大小决定标的资产执行价格的高低，而期权价格重要组成部分内涵价值是由标的资产市场价格与执行价格的差值决定的。另外，标的资产市场价格的波动大小直接影响期权价格，当标的资产市场价格变化大时，买方获利机会多，且盈利较大；而卖方被迫执行期权合约履约风险，亏损就越大，相应卖方期权价格就会越高。

（2）执行价格（X）

执行价格主要通过影响期权的内涵价值来能影响期权价格。比如，当玉米期货市场价格为 110 美元/吨时，在其他条件相同情况下，执行价格为 115 美元/吨的看涨期权的权利金比执行价格为 105 美元/吨的看涨期权的权利金肯定要低。因为前者是虚值期权、后者是实值期权。有时，执行价格也影响到期权的时间价值，如果同一品种、相同的到期日但不同的执行价格的两份期权合约相比，则通常平值期权的时间价值较大。对平值期权来说，期权向平值期权还是虚值期权转化，方向难以确定。转为实值期权时则买方盈利，转为虚值期权时则卖方盈利（收取权利金，而无任何损失）。所以，平值期权的时间价值最大。对于虚值期权来说，若市场价格离执行价格越远，人们会认为其转为实值的可能性很小，其时间价值也会很小，甚至为 0；对实值期权而言，若市场价格偏离执行价格很远（市价偏离更远的可能性已经很小，因为市价不可能无限上涨或下跌），则期权的杠杆作用减弱了（因为内涵价值已经很大，在权利金中占绝大部分），此时时间价值也很小。

（3）标的资产市场价格波动幅度（V）

标的资产价格波动幅度是影响期权价格水平的重要因素之一。标的资产市场价格波动从幅度和频率两个方面来影响期权价格。就市场标的资产波动幅度来说，当波动幅度较小时，期权价格较低；当波动幅度很大时，期权卖方由于买方履约带来较大的亏损，从而要求较高的权利金。较高的权利金一方面弥补亏损，另一方面减少买方需求，减少买方履约的可能性。标的资产波动频率高，期权向实值方向变动可能性加大，期权权利金相应增加，期权买方也愿意接受期权卖方权利金增加的要求。

（4）无风险利率（r）

无风险利率反映了投资者的资金成本，无风险利率一般认为是短期国债的利率。既然有资金成本，交易者交易时，自然会把无风险利率考虑进去。一般来说，由于权利金较标的资产面值小得多，加之无风险利率低，无风险利率对期权时间价值影响十分有限。对于股票期权及股指期权来说，无风险利率变动会引起其利率的变化，从而影响期货价格及股指的变化，自然就是期权的内涵价值发生改变，其变化大小与标的资产对利率的敏感度有关。

(5)距离到期日前剩余的时间 $(T-t)$

距离到期日前剩余的时间通过时间价值来影响期权的价格。$(T-t)$ 对期权的价格影响较大。在其他因素不变的情况下，剩余时间越多，期权价格越高。因为剩余时间越多，对买方而言，期权价格向有利方向变动的可能性增加。

(6)股票分红

如果是股票期权，股票分红将影响其期权价格。一般来说，红利支付对期货价格产生影响，期货价格会下跌。因此，对看涨期权来说，在其他条件相同时，标的股票红利越大，分红除权后，期货价格下降越大，看涨期权的内涵价值越小，从而使期权价格下降幅度很大。另外，分红的预期也会对期货价格产生影响，从而对股票期权价格产生影响。

第五节　期权交易策略

期权是一种较为复杂的衍生工具。在实际的交易活动中，无论是套期保值者，还是套利者或投机者，都有许多可供他们选择的交易策略。这些不同的交易策略都各有其特殊功用，适合于不同的市场时机和场合，可产生不同的交易结果。下面对常见的交易策略按由简到繁的顺序进行介绍。

一、买进看涨期权

当投资者预期某种标的资产的市场价格将要上涨时，他可买进该资产的看涨期权。若以后市场价格果然上涨，且涨至期权合约的执行价格以上，则该投资者可执行期权，从而获利。获利的多少将视市场价格上涨的幅度而定。从理论上来讲，因市场价格上涨的空间无限，故看涨期权买方的获利空间亦为无限大。反之，若市场价格不涨反跌，且跌至执行价格或以下，期权买方可放弃期权。其最大损失仅限于权利金，因而损失是有限的，且是已知的。如图 8－1。

[例 8－8]　7 月份某投资者预计 9 月份将会收到一笔款项，准备用来购买 AmericaOnline 股票，由于对该股票价格看涨，决定提前安排买入，以保证在低价位购进。于是买入了 AmericaOnline 股票的看涨期权，敲定价为 30 美元，权利金为 3 美元。到 9 月份，股票价格果然上涨，期权的价格也上涨了，投资者对冲期权，分析如表 8－3。

表 8－3　买入看涨期权保值

现　货	期　权
7 月 1 日股票价格 30 美元	买进 9 月到期，敲定价 30 美元的看涨期权合约，价格:3 美元
9 月 1 日股票价格 35 美元	卖出 9 月到期，敲定价 30 美元的看涨期权合约，价格:7 美元

[例 8－9]　结果:股票实际购买成本 =35 －3 =32 美元/股。

某榨油厂用大豆制成豆油，与某出口商签订了销售合同，由于担心在加工期内豆油价格下跌，使加工利润受影响，可以买入看跌期权进行保值，其分析如表

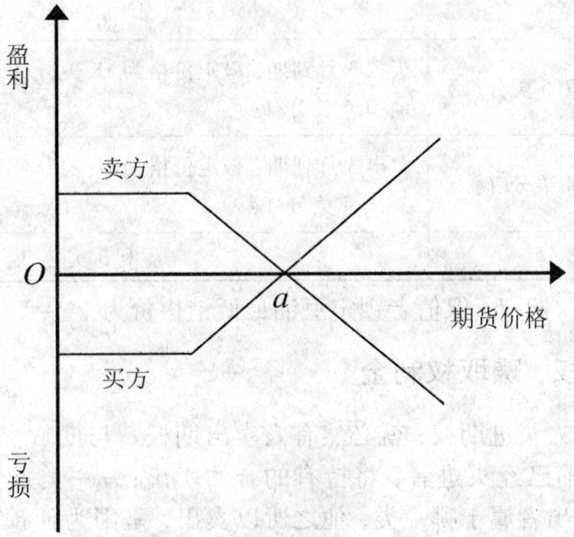

看涨期权图

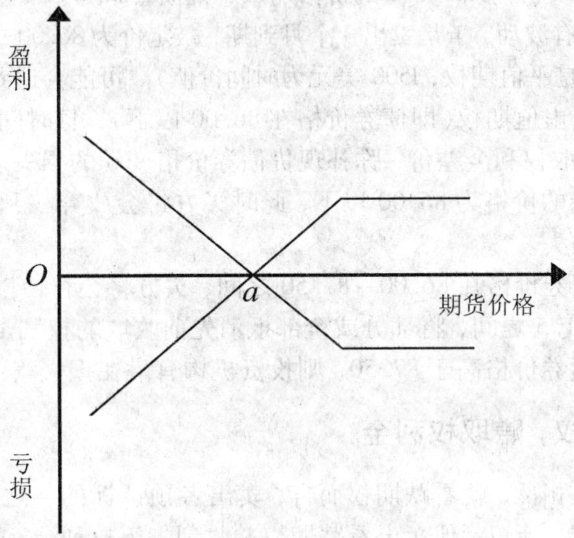

看跌期权图

图 8－1　期权损益图

二、买进看跌期权

当投资者预期某种标的资产的市场价格将要下跌时，他可以买进该资产的看跌期权。交易原理与上文相似，只是方向相反。若标的资产下跌，期权购买者的获利空间巨大(最大限度为执行价格减权利金之差);若标的资产上涨，期权购买者的最大损失仅限于权利金。

［例 8－10］ 某榨油厂用大豆制成豆油，与某出口商签订了销售合同，由于担心在加工期内豆油价格下跌，使加工利润受影响，可以买入看跌期权进行保值，其分析如表：

表 8－4 买入看跌期权保值

现 货	期 权
1 月 × 日豆油价格为 17.5 美分/磅	买入 3 月到期，敲定价格为 18 美分/磅的豆油看跌期权，权利金:0.6 美分/磅
2 月 × 日豆油价格为 14 美分/磅	卖出 3 月到期，敲定价格为 18 美分/磅的豆油看跌期权，权利金:4.4 美分/磅
亏损 3.5 美分/磅	盈利 3 美分/磅

结果:通过买入看跌期权，保值者锁定豆油最低销售价为 14＋3＝17 美分/磅。

三、卖出看涨期权，赚取权利金

在期权交易中，有人买进期权，就必然有人卖出期权。与期货交易类似，卖出期权者也可分为两类:一类是先前已经买进者，将持有的合约卖出;另一类是先前并未持有期权合约者，进行卖空。不管卖出者属于哪一类，他之所以卖出，是因为他预期该期权的权利金将会下跌，因而他此时卖出可收到一笔较高的权利金。

［例 8－11］ 某投资机构以 86.00 的价格购入一批债券，由于预计今后 3 个月债券价格会持稳或在 86.00 上下略有波动，于是卖出 3 个月到期，敲定价为 86.00 的看涨期权合约，收取权利金 1500 美元（该期权是平值期权，1500 美元为时间价值）。可能会遇到以下四种情况：

a. 期权到期前若是虚值期权（即债券价格在 86.00 以下），且时间价值已减小，权利金会很低，此时对冲，可获取权利金差价，弥补现货债券价格变动的损失。

b. 期权到期时债券的价格为 86.00 以下，此时买方将会放弃权利，卖方获取的权利金可用来弥补持有债券的损失。

c. 期权到期时若债券价格在 86.00－87.50 之间，买方将会行使以 86.00 买入的权利，投资机构的损失介于 0－1.5 之间，将部分或全部抵消先前收取的权利金。

d. 期权到期时若债券价格高于 87.50，则投资机构有潜在损失。

四、卖出看跌期权，赚取权利金

与上文所述的情况相反，就看跌期权而言，卖出者预计标的物之市场价格将上涨，从而引起看跌期权价格下降。所以，他卖出看跌期权并收到一笔权利金。而在标的物之市场价格上涨至敲定价或以上时，看跌期权的买方将自愿放弃执行期权。并且，即使标的物的市场价格低于执行价格，从而期权买方要求履约，但只要标的物的市场价格高于执行价格减权利金之差，则看跌期权卖方仍然有利可图，只是其利润少于他所收取的权利金而已。因此，与看涨期权的卖方类似，看跌期权卖方的最大利润也是他出售期权所得的权利金，而从理论上讲，其最大损失是执行价格与权利金之差。当然，看跌期权卖方也可采取各种防御措施，限制其损失进一步扩大。

习 题

一、名词解释

1. 美式期权　　2. 欧式期权　　3. 看涨期权

二、简答题

1. 简述期货交易与期货期权交易的区别。

2. 商品期权的种类有哪些?

参考答案

一、名词解释

1. 美式期权:是指在规定的有效期限内的任何时候可以行使权利。

2. 欧式期权:是指在规定的合约到期日方可行使权利。

3. 看涨期权:是指期货期权的买方向期货期权的卖方支付一定数额的权利金后,按事先约定的价格向期权卖方买入一定数量的相关期货合约,但不负有必须买进的义务。

二、简答题

1. 期货交易与期货期权交易的区别:(1)合约标的物不同;(2)买卖双方的权利义务不同;(3)保证金规定不同;(4)市场风险程度不同;(5)获利机会不同。

2. 商品期权的种类:

(1)按期权的权利划分,有看涨期权和看跌期权;

(2)按交割时间划分,有美式期权和欧式期权;

(3)按交易场地不同,有交易所交易期权和柜台(OTC)交易期权;

(4)按期权的标的物来划分,有实物期权、股票期权、外汇期权、利率期权、期货期权、股票指数期权、基金指数期权等;

(5)按敲定价格和标的物市场价格的关系不同,有实值期权、平值期权、虚值期权。

◆第九章　金融衍生工具

近年来，金融市场发展最重要、最显著的特征之一即为金融衍生工具市场的迅猛发展。随着人们投资偏好的变化和预防交易风险意识的增强，金融期货交易、金融期权交易以及权证交易等其他衍生工具交易已深入人心。

第一节　金融衍生工具概述

一、金融衍生工具的含义

金融衍生工具，又称“金融衍生产品”，是与基础金融产品相对应的一个概念，指建立在基础产品或基础变量之上，其价格随基础金融产品的价格（或数值）变动的派生金融产品。这里所说的基础产品是一个相对的概念，不仅包括现货金融产品（如债券、股票、银行定期存款单等等），也包括金融衍生工具。作为金融衍生工具基础的变量则包括利率、汇率、各类价格指数甚至天气（温度）指数等。

二、金融衍生工具的特征

1. 跨期交易

金融衍生工具是交易双方通过对利率、汇率、期货价格等因素变动趋势的预测，约定在未来某一段时间按照一定条件进行交易的合约。

2. 杠杆效应

金融衍生工具交易一般只需要支付少量的保证金或权利金就可签订远期大额合约或互换不同的金融衍生工具。例如，期货交易保证金通常是合约金额的5%，也就是说，期货交易者可以控制20倍于所投金额的合约财产，实现以小博大。

3. 不确定性和高风险

金融衍生工具收益性有赖于交易者对未来市场价格的判断，金融工具价格的变化莫测决定了金融衍生工具交易盈亏的不确定性，这是金融衍生工具具有高风险性的重要原因。

4. 套期保值和投机套利共存

金融衍生工具产生的直接动因是规避风险，进行套期保值，然而要求保值的交易者不可能恰好互相达成协议，金融衍生工具在集中了各种风险之后，需要释放和分配，需要有大量活跃的参与者承担风险，即投机者的加入。

三、金融衍生工具的产生与发展

金融衍生工具是在一定的客观背景中，一系列因素的促动下产生的。20 世纪 70 年代，维系全球的以美元为中心，实行“美元、黄金双挂钩”的固定汇率制——布雷顿森林货币体系连续出现危机，并于 1973 年正式瓦解，浮动汇率制取而代之，成为世界各国的新兴汇率制度。由此，各国的汇率处于剧烈的波动之中。由于利率是调节汇率的一项重要工具，也是影响货币供求的一个重要因素，所以，利率也剧烈波动起来，这种金融要素的不稳定性为衍生工具的产生奠定了基础。

1972 年 5 月，芝加哥商业交易所成功地推出了世界上第一张场内交易的标准化外汇期货合约。随后，芝加哥期货交易所和芝加哥商业交易所于 1975 年分别发行了联邦政府全国抵押协会存单和财政部短期债券利率期货合约。1982 年，又有 6 个交易所推出了各种各样的期货合约。在期货合约不断丰富的同时，现金结算也开始引入，从而代替了合约到期的实物交割，在技术上获得了发展。

20 世纪 80 年代初，衍生工具市场又有了突破性的发展。这首先表现在 1983 年美国费城证券交易所进行的货币期权交易。尽管在此之前，个人股票的场内交易在美国已较为普遍，但是，推动新一代风险策略与技术发展的，却是货币期权和期货期权交易。

衍生工具市场发展的另一重要表现是 1981 年出现的货币互换交易和紧接着出现的利率互换交易。这些场外交易为交易所平行市场发展开辟了道路，并且成为交易所市场的一个重要补充。

现在，金融衍生工具市场仍在继续发展之中，几乎每个月都有一种新型的合约产生，全球有 50 多个交易所在进行着衍生工具的交易，一些大的金融机构几乎可以根据客户的特殊要求“量身定做”任何品种的衍生工具，并为之创造市场。

由于金融衍生工具具有套期保值、风险转移、价格发现等功能，这就为任何一个经营者或持有货币的金融机构和个人化解因利率、汇率等因素的变动而产生的风险，提供了一个有效转移和规避的工具和手段，因而产生了强大的需求，又由于金融衍生工具交易实行的是保证金交易制度，具有高度杠杆性，具有以小博大的功能，这不仅有助于保值者的风险管理，更吸引了许多投机者入市，从而对金融衍生工具市场本已强大的需求更增添了推波助澜的作用。

此外，金融电子把全球金融交易联成一体，加速了市场的流动性，促进了金融衍生工具交易的迅速普及，使投资或投机的规模和深度达到了空前的状态。

四、金融衍生工具的分类

1. 按基础工具种类分类

(1) 股权式衍生工具

股权式衍生工具是指以股票指数为基础工具的金融衍生工具。主要包括股票期货、股票期权、股票指数期货、股票指数期权以及它们合约的混合交易合约。

(2)货币衍生工具

货币衍生工具是指以各种货币作为衍生工具的金融衍生工具，主要包括远期外汇合约、货币期货、货币期权、货币互换以及上述合约的混合交易合约。

(3)利率衍生工具

利率衍生工具是指以利率或利率的载体为基础工具的金融衍生工具，主要包括远期利率协议、利率期货、利率期权、利率互换以及上述合约的混合交易合约。

2. 按风险和收益特性分类

金融衍生工具从风险和收益特性来划分可以分为风险收益对称型和风险收益不对称型两类。

风险收益对称型是指交易双方都负有在将来某一日起按一定条件进行交易的义务，属于这一类的有远期合约、期货合约、互换合约。风险收益不对称型是指交易双方中购买方有权选择是否履行合约，属于这一类的有期权合约、权证等。

3. 按交易方法与特点分类

金融衍生工具从其自身交易的方法和特点来划分可以分为金融远期、金融期货、金融期权和金融互换。

(1)金融远期

金融远期是指合约双方同意在未来日期按照固定的价格买卖基础金融资产的合约。合约规定了将来交割的资产、交割的日期、交易的价格和数量，合约的条款因合约双方需要不同而不同。主要包括:远期利率协议、远期外汇合约和远期股票合约。

(2)金融期货

金融期货是买卖双方同意在有组织的交易所内以公开竞价的形式达成的，在未来某一特定时间交收标准数量特定金融工具的协议。主要包括:货币期货、利率期货、股票指数期货和股票期货四种。

(3)金融期权

金融期权是指合约买方先向卖方支付一定费用，在约定日期内买入某种金融工具权利的契约。包括:现货期权和期货期权两大类。

(4)金融互换

金融互换是指两个或两个以上的当事人按共同商定的条件，在合约的市价内交换一定支付款项的金融交易。主要包括货币互换和利率互换两大类。

第二节　金融期货

一、金融期货的含义

金融期货(Financial Futures)是指交易双方在金融市场上，以约定的时间和价格，买卖某种金融工具的标准化合约。也就是以金融工具为标的物的期货合约。金融期货作为期货交易中的一种，具有期货交易的一般特点。但是与商品期货相比较，其合约标的物不是实物商品，而是传统的金融商品，如证券、货币、汇率、利率等。

二、金融期货的特征

金融期货交易一般具有以下特点。

1. 交易对象是金融工具的标准化合约。即作为交易对象的金融商品，其收益率和数量都具有同质性和标准性，如货币币种、交易金额、清算日期、交易时间等都作了标准化规定，唯一不确定的是成交价格。

2. 对冲交易多、实物交割少，具有明显的投机性。金融工具现货交易的目的是为了筹资或投资，即为生产和经营筹集必要的资金，或为暂时闲置的货币资金寻找升息获利的投资机会。金融期货交易的目的主要是套期保值，即为不愿承担价格风险的生产经营者提供稳定成本的条件，从而保证生产经营活动的顺利进行。因此，在金融期货交易中，金融工具的销售者不一定卖金融工具，金融工具的购买者不一定真的要买金融工具，真正履约进行现货交割的是极少数。据统计，约占合约的1%～2%，绝大部分交易都在合约到期前通过做相反交易实现对冲买卖而了结交易，只进行现金差额结算，减少或免除金融工具实物的交换。

3. 交易采取公开竞价方式决定买卖价格。它不仅可以形成高效率的交易市场，而且透明度、可信度高。

4. 交易者众多，交易活跃，流动性好。参与金融期货的交易者不仅有套期保值者，更有跨期套利者。

三、金融期货的产生和发展

金融期货交易是证券市场的创新，它源于商品期货交易。美国芝加哥交易所在1848年建立了谷物期货交易市场。之后，芝加哥交易所开拓了金属、木材等产品期货市场。从20世纪70年代初开始，随着布雷顿森林体系的解体和世界性石油危机的发生，利率和汇率出现了前所未有的剧烈波动，市场风险急剧放大，迫使商业银行、投资机构、企业寻找可以规避市场的风险、进行套期保值的金融工具，金融期货、金融期权等衍生工具便应运而生。美国于1975年10月最先开设金融期货交易市场，其后西欧、日本等国也陆续开设了金融期货市场。人们在进行金融工具交易时，可以利用期货交易方式，在订立合同时就把金融工具价格确定下来，在未来规定的时间按照合同价格交割金融工具，而不管金融工具在到期时的市价是多少。显然，这是投资者稳定金融工具价值、转移金融工具价格涨落风险的一种手段。

金融期货的一个突出特点就是后来居上。商品期货市场在经历了数百年的探索后才发展到今天的规模。而金融期货市场仅经过短短二十余年的历史，远不如商品期货的历史悠久，但其发展速度却比商品期货快得多。目前，金融期货交易已成为金融市场的主要内容之一，在许多重要的金融市场上，金融期货交易量甚至超过了其基础金融产品的交易量。随着全球金融市场的发展，金融期货日益呈现国际化特征，世界主要金融期货市场的互动性增强，竞争也日趋激烈。

四、金融期货的种类

金融期货有三个种类:货币期货、利率期货、指数期货。

1. 利率期货

利率期货是指以利率为标的物的期货合约。世界上最先推出的利率期货是于 1975 年由美国芝加哥商业交易所推出的美国国民抵押协会的抵押证券期货。利率期货主要包括以长期国债为标的物的长期利率期货和以两个月短期存款利率为标的物的短期利率期货。

2. 货币期货

货币期货是指以汇率为标的物的期货合约，也称汇率期货。货币期货是适应各国从事对外贸易和金融业务的需要而产生的，目的是借此规避汇率风险，1972 年美国芝加哥商业交易所的国际货币市场推出第一张货币期货合约并获得成功。其后，英国、澳大利亚等国相继建立货币期货的交易市场，货币期货交易成为一种世界性的交易品种。目前国际上货币期货合约交易所涉及的货币主要有英镑、美元、德国马克、日元、瑞士法郎、加拿大元、法国法郎、澳大利亚元以及欧洲货币单位等。

3. 股票指数期货

股票指数期货是指以股票指数为标的物的期货合约。股票指数期货是目前金融期货市场最热门和发展最快的期货交易。股票指数期货不涉及股票本身的交割，其价格根据股票指数计算，合约以现金清算形式进行交割。

五、金融期货的功能

金融期货最基本的两大功能是规避风险和价格发现。

1. 规避风险功能

20 世纪 70 年代以来，汇率、利率的频繁、大幅波动，全面加剧了金融商品的内在风险。广大投资者面对影响日益广泛的金融自由化浪潮，客观上要求规避利率风险、汇率风险及期货价格波动风险等一系列金融风险。金融期货市场正是顺应这种需求而建立和发展起来的。因此，规避风险是金融期货市场的首要功能。

投资者通过购买相关的金融期货合约，在金融期货市场上建立与其现货市场相反的头寸，并根据市场的不同情况采取在期货合约到期前对冲平仓或到期履约交割的方式，实现其规避风险的目的。

从整个金融期货市场看，其规避风险功能之所以能够实现，主要有三个原因:其一是众多的实物金融商品持有者面临着不同的风险，可以通过达成对各自有利的交易来控制市场的总体风险。例如，进口商担心外汇汇率上升，而出口商担心外汇汇率下跌，他们通过进行反向的外汇期货交易，即可实现风险的对冲。其二是金融商品的期货价格与现货价格一般呈同方向的变动关系。投资者在金融期货市场建立了与金融现货市场相反的头寸之后，金融商品的价格发生变动时，则必然在一个市场获利，而在另一个市场受损，其盈亏可全部或部分抵消，从而达到规避风险的目的。其三是金融期货市场通过规范化的场内交易，集中了众多愿意承担风险而获利的投机者。他们通过频繁、迅速的买卖对冲，转移了实物金融商品持有者的价格风险，从而使金融期货市场的规避风险功能得以实现。

2. 价格发现功能

金融期货市场的发现价格功能，是指金融期货市场能够提供各种金融商品的有效价格信息。

在金融期货市场上，各种金融期货合约都有着众多的买者和卖者。他们通过类似于拍卖的方式来确定交易价格。这种情况接近于完全竞争市场，能够在相当程度上反映出投资者对金融商品价格走势的预期和金融商品的供求状况。因此，某一金融期货合约的成交价格，可以综合地反映金融市场各种因素对合约标的商品的影响程度，有公开、透明的特征。

由于现代电子通信技术的发展，主要金融期货品种的价格，一般都能够即时播发至全球各地。因此，金融期货市场上所形成的价格不仅对该市场的各类投资者产生了直接的指引作用，也为金融期货市场以外的其他相关市场提供了有用的参考信息。各相关市场的职业投资者、实物金融商品持有者通过参考金融期货市场的成交价格，可以形成对金融商品价格的合理预期，进而有计划地安排投资决策和生产经营决策，从而有助于减少信息搜寻成本，提高交易效率，实现公平合理、机会均等的竞争。

第三节 金融期权

一、金融期权的含义

金融期权（Financial Option）是以期权为基础的金融衍生产品。金融期权是指以金融商品或金融期货合约为标的物的期权交易。具体地说，其购买者在向出售者支付一定费用后，就获得了能在规定期限内以某一特定价格向出售者买进或卖出一定数量的某种金融商品或金融期货合约的权利。

金融期权是赋予其购买者在规定期限内按双方约定的价格（简称协议价格）或执行价格购买或出售一定数量某种金融资产的权利的合约。

二、金融期权的产生与发展

18 世纪，英国南海公司的股票期货价格飞涨，股票期权市场也有了发展。南海公司“泡沫”破灭后，股票期权曾一度因被视为投机、腐败、欺诈的象征而被禁止交易长达 100 多年。早期的期权合约于 18 世纪 90 年代引入美国，当时美国纽约证券交易所刚刚成立。19 世纪后期，被喻为“现代期权交易之父”的拉舍尔·赛奇（Russell Sage）在柜台交易市场组织了一个买权和卖权的交易系统，并引入了买权、卖权平价概念。然而，由于场外交易市场上期权合约的非标准化、无法转让、采用实物交割方式以及无担保，使得这一市场的发展非常缓慢。

1973 年 4 月 26 日，芝加哥期权交易所（CBOE）成立，开始了买权交易，标志着期权合约标准化、期权交易规范化。20 世纪 70 年代中期，美洲交易所（AMEX）、费城股票交易所（PHLX）和太平洋股票交易所等相继引入期权交易，使期权获得了空前的发展。1977 年，卖权交易开始了。与此同时，芝加哥期权交易所开始了非股票期权交易的探索。

1982 年，芝加哥商业交易所开始进行 S&P 500 期权交易，标志着股票指数期权的诞生。同年，由芝加哥期权交易所首次引入美国国库券期权交易，成为利率期权交易的开端。同在 1982

年，外汇期权也产生了，它首次出现在加拿大蒙特利尔交易所(ME)。该年12月，费城股票交易所也开始了外汇期权交易。1984年，外汇期货期权在芝加哥商业交易所的国际货币市场登台上演。随后，期货期权迅速扩展到欧洲美元存款、90天短期及长期国库券、国内存款证等债务凭证期货，以及黄金期货和股票指数期货交易，几乎所有的期货都有相应的期权交易。

此外，在20世纪80年代金融创新浪潮中还涌现出一支新军——新型期权(Exotic Options)，它的出现格外引人注目。"新型"之意是指这一类期权不同于以往，它的结构很"奇特"，有的期权上加期权，有的则在到期日、协定价格、买入卖出等方面含特殊规定。由于结构过于复杂，定价困难，市场需求开始减少。20世纪90年代以来，这一势头已大为减弱。20世纪90年代，金融期权的发展出现了另一种趋势，即期权与其他金融工具的复合物越来越多，如与公司债券、抵押担保债券等进行"杂交"，与各类权益凭证复合，以及与保险产品相结合等，形成了一大类新的金融期权产品。

三、金融期权的基本类型

1. 看涨期权

看涨期权(Call Option)，又称买入期权，是指期权的买方具有在约定期限内按特定价格买入一定数量金融资产的权利。投资者之所以买入看涨期权，是因为预期这种金融资产的价格在近期内将会上涨。如果判断正确，按协议价买入该项资产并以市价卖出，可赚取市价与协议价之间的差额；如果判断失误，则损失期权费。

2. 看跌期权

看跌期权(Put Option)，又称卖出期权，是指期权的卖方具有在约定期限内按特定价格卖出一定数量金融资产权利。投资者之所以卖出看跌期权，是因为预期该项金融资产的价格在近期内将会下跌。如果判断正确，可从市场上以较低的价格买入该项金融资产，再按协议价卖出，赚取协议价与市价的差额；如果判断失误，将损失期权费。

此外，按照期权合约所规定的履约时间的不同，金融期权可分为欧式期权与美式期权。欧式期权只能在期权到期日执行，既不能提前也不能推迟；而美式期权则可在期权到期日或到期日之前的任何一个营业日执行。当然，若超过到期日，美式期权也同样会失效。

四、金融期权的种类

1. 股票期权

股票期权是指买方在交付了期权费后，即取得在合约规定的到期日或到期日以前按协议价买入或卖出一定数量的相关股票的权利。

2. 股票指数期权

股票指数期权是以股票指数为标的物，买方在支付了期权费后，即取得在合约有效期内或到期时以协定指数与市场实际指数进行盈亏结算的权利。股票指数期权没有可作为实物交割的具体股票，采取现金结算的方式结算。

3. 利率期权

利率期权是指在买方支付了期权费后，即取得在合约有效期内或到期时以一定的利率(价格)买入或卖出一定面额的利率工具的权利。利率期权合约通常以政府短期、中期、长期债券，欧洲美元债券，大面额可转让存单等利率工具为标的物。

4. 货币期权

货币期权又叫外币期权、外汇期权，是指买方在支付了期权费后即取得在合约有效期内或到期时以约定的汇率购买或出售一定数额的某种外汇资产的权利。货币期权合约主要以美元、马克、日元、英镑、瑞士法郎、加拿大元及澳大利亚元等为标的物。

5. 金融期货合约期权

金融期货合约期权是一种以金融期货合约为交易对象的选择权，它赋予其持有者在规定时间内以协定价格买卖特定金融期货合约的权利。

五、金融期权与金融期货的区别

1. 标的物不同

金融期权与金融期货的标的物不尽相同。一般而言，凡可作期货交易的金融商品都可作期权交易。然而，可作期权交易的金融商品却未必可作期货交易。在实践中，只有金融期货期权，而没有金融期权期货，即只有以金融期货合约为标的物的金融期权交易，而没有以金融期权合约为标的物的金融期货交易。一般而言，金融期权的标的物多于金融期货的标的物。

随着金融期权的日益发展，其标的物还有日益增多的趋势，不少金融期货无法交易的东西均可作为金融期权的标的物，甚至连金融期权合约本身也成了金融期权的标的物，即所谓复合期权。

2. 投资者权利与义务的对称性不同

金融期货交易的双方权利与义务对称，即对任何一方而言，都既有要求对方履约的权利，又有自己对对方履约的义务。而金融期权交易双方的权利与义务存在着明显的不对称性，期权的买方只有权利而没有义务，而期权的卖方只有义务而没有权利。

3. 履约保证不同

金融期货交易双方均需开立保证金账户，并按规定缴纳履约保证金。而在金融期权交易中，只有期权出售者，尤其是无担保期权的出售者才需开立保证金账户，并按规定缴纳保证金，以保证其履约的义务。至于期权购买者，因期权合约未规定其义务，其无需开立保证金账户，也就无需缴纳任何保证金。

4. 现金流转不同

金融期货交易双方在成交时不发生现金收付关系，但在成交后，由于实行逐日结算制度，交易双方将因价格的变动而发生现金流转，即盈利一方的保证金账户余额将增加，而亏损一方的保证金账户余额将减少。当亏损方保证金账户余额低于规定的维持保证金时，其必须按规定及时缴纳追加保证金。因此，金融期货交易双方都必须持有一定的流动性较高的资产，以备不时之需。

而在金融期权交易中，在成交时，期权购买者为取得期权合约所赋予的权利，必须向期权出售者支付一定的期权费。但在成交后，除了到期履约外，交易双方都不发生任何现金流转。

5. 盈亏的特点不同

金融期货交易双方都无权违约，也无权要求提前交割或推迟交割，而只能在到期前的任一时间通过反向交易实现对冲或到期进行实物交割。而在对冲或到期交割前，价格的变动必然使其中一方盈利而另一方亏损，其盈利或亏损的程度决定于价格变动的幅度。因此，从理论上说，金融期货交易中双方潜在的盈利和亏损都是无限的。

相反，在金融期权交易中，由于期权购买者与出售者在权利和义务上的不对称性，双方在交易中的盈利和亏损也具有不对称性。从理论上说，期权购买者在交易中的潜在亏损是有限的，仅限于所支付的期权费，而可能取得的盈利却是无限的。相反，期权出售者在交易中所取得的盈利是有限的，仅限于所收取的期权费，而可能遭受的损失却是无限的。当然，在现实的期权交易中，由于成交的期权合约事实上很少被执行，因此，期权出售者未必总是处于不利地位。

6. 套期保值的作用与效果不同

金融期权与金融期货都是人们常用的套期保值的工具，但它们的作用与效果是不同的。

人们利用金融期货进行套期保值，在避免价格不利变动造成的损失的同时，亦丧失了价格有利变动可能获得收益的机会。人们利用金融期权进行套期保值，若现货价格发生不利变动，套期保值者可通过执行期权来避免损失。若现货价格发生有利变动，套期保值者又可通过放弃期权来保护利益。这样，通过金融期权交易，既可避免价格不利变动造成的损失，又可在相当程度上保住价格有利变动而带来的利益。

但是，这并不是说金融期权比金融期货更为有利。这是由于如从保值角度来说，金融期货通常比金融期权更为有效，也更为便宜，而且要在金融期权交易中真正做到既保值又获利，事实上也并非易事。

所以，金融期权与金融期货可谓各有所长，各有所短。在现实的交易活动中，人们往往将两者结合起来，通过一定的组合或搭配来实现某一特定目标。

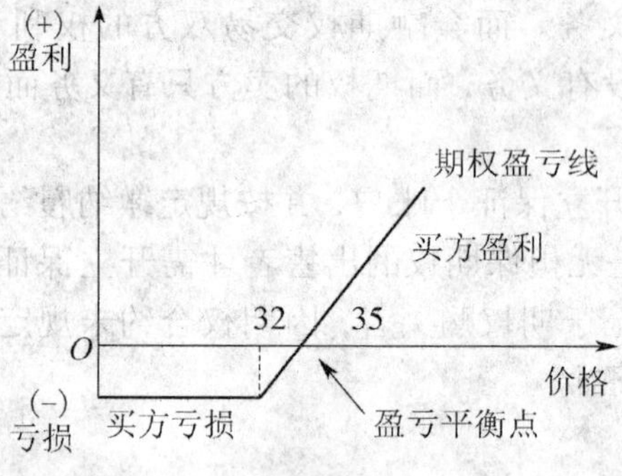

图 9-1　看涨期权买方

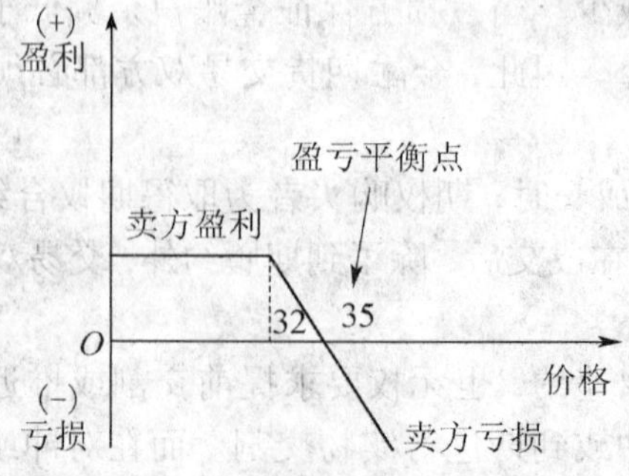

图 9-2　看涨期权卖方

习　题

一、名词解释

1. 金融期货　　2. 利率期货　　3. 股票指数期货

二、简答题

1. 简述金融期货与金融期权的区别。

2. 简述金融期货的基本功能。

参考答案

一、名词解释

1. 金融期货:是指交易双方在金融市场上，以约定的时间和价格，买卖某种金融工具的标准化合约。

2. 利率期货:是指以利率为标的物的期货合约。

3. 股票指数期货:是指以股票指数为标的物的期货合约。

二、简答题

1. 金融期货与金融期权的区别:(1)标的物不同;(2)投资者权利与义务的对称性不同;(3)履约保证不同;(4)现金流转不同;(5)盈亏的特点不同。

2. 金融期货最基本的两大功能是规避风险和价格发现功能。

◆第十章 股指期货和股票期货

股指期货是目前全世界交易最活跃的期货品种。沪深300股指期货的推出，填补了我国金融期货的空白。本章在介绍全球主要股票指数的同时，重点讲解沪深300股指期货及其交易规则，掌握股指期货套期保值和套利交易的操作要点。

第一节 股票指数与股指期货

股指期货(Stock Index Futures)的全称是期货价格指数期货(也可简称为期货价格指数期货、期指)，是指以期货价格指数为标的物的标准化期货合约，双方约定在未来的某个特定日期，可以按照事先确定的期货价格指数的大小，进行标的指数的买卖。股指期货交易的标的物是期货价格指数。自1982年2月美国堪萨斯期货交易所上市价值线综合平均指数期货交易以来，股指期货日益受到各类投资者的重视。交易规模迅速扩大，交易品种不断增加。目前，股指期货交易已成为金融期货，也是所有期货交易品种中的第一大品种。

一、股票指数的概念与主要股票指数

所谓股票指数，是衡量和反映所选择的一组股票的价格变动指标。不同股票市场有不同的股票指数，同一股票市场也可以有多个股票指数。不同股票指数的区别主要在于其具体的编制方法不同，即具体的抽样和计算方法不同。一般而言，在编制股票指数时，首先需要从所有上市股票中选取一定数量的样本股票。在确定了样本股票之后，还要选择一种计算简便、易于修正并能保持统计口径的一致和连续的计算公式作为编制的工具。通常的计算方法有三种:算术平均法、加权平均法和几何平均法。在此基础上，确定一个基期日，并将某一既定的整数(如10、100、1000等)定为该基期的股票指数。以后，则根据各时期的期货价格和基期期货价格的对比，计算出升降百分比，即可得出该时点的股票指数。

目前，世界上影响范围较大、具有代表性的股票指数有以下几种。

1. 道琼斯平均价格指数；

2. 标准普尔500指数；

3. 道琼斯欧洲 STOXX50 指数；
4. 金融时报指数；
5. 日经 225 期货价格指数；
6. 中国香港恒生指数；
7. 沪深 300 指数。

二、股票市场风险与股指期货

股票市场的风险可以归纳为两类：一是系统性风险，是指对整个股票市场或绝大多数股票普遍产生不利影响导致股票市场变动的风险。系统性风险造成的后果带有普遍性，其主要特征是对所有股票均产生不同程度的影响。系统性风险主要是由政治、经济及社会环境等宏观因素造成的。根据引发系统性风险的原因不同，系统性风险可以细分为：政策风险、利率风险、购买力风险和市场风险等。二是非系统性风险。它是指由于公司的经营管理、财务状况、市场销售、重大投资等因素发生重大变化而导致对某一只股票或者某一类期货价格发生大幅变动的风险。这种风险主要影响某一种证券，与市场上的其他证券没有直接联系。

根据现代证券组合理论，在股票投资管理中，投资者可以通过分散化投资来降低股票组合的非系统性风险，但是无法规避全局性因素变动而带来的系统性风险。为有效管理期市系统性风险，投资者可以通过在股指期货市场上进行套期保值交易达到该目的。

三、股指期货与股票交易的区别

股指期货是以股票指数为基础衍生出来的，股票指数是以一篮子期货价格为基准的，因此股指期货和股票有一定的联系。但股指期货属于期货领域，股票则属于现货领域，因而在交易制度上又存在着明显的区别。以我国股指期货与股票交易为例，股指期货和股票交易的区别见表 10－1。

表 10－1　　股指期货与股票交易的区别

	股指期货	股票
交易对象	股票期货合约	股票
交易方式	保证金交易	全额
买卖顺序	双向交易	单向交易，一般是先买入再卖出
交易限制	当日开仓可以当日平仓	当日买入当日不可以卖出
结算方式	当日无负债结算	没有，当日无负债结算
到期日	有，不能无限期持有	没有，只要发行股票的上市公司没有摘牌，股票就可以一直交易下去，既可以短期持有，也可以长期持有

续表

	股指期货	股票
交易时间	非最后交易日： 9:15 - 11:30(第一节) 13:00 - 15:15(第二节) 最后交易日： 9:15 - 11:30(第一节) 13:00 - 15:00(第二节)	9:30 - 11:30 13:00 - 15:00

第二节　沪深300股指期货的基本制度规则

一、沪深300股指期货合约解读

沪深300股指期货合约具体条款与其他品种相似(见表10-2)，但也有自身的特点，在此，分别对沪深300股指期货合约细则中的条款进行说明。

表10-2　　沪深300股指期货合约文本

合约标的	沪深300指数
合约乘数	每点300元
报价单位	指数点
最小变动价位	0.2点
合约月份	当月、下月及随后两个季月
交易时间	上午9:15 - 11:30，下午13:00 - 15:15
最后交易日交易时间	上午9:15 - 11:30，下午13:00 - 15:00
每日价格最大波动限制	上一个交易日结算的±10%
最低交易保证金	合约价值的12%
最后交易日	合约到期月份的第3个周五，遇法定节假日顺延
交割日期	同最后交易日
手续费	手续费标准为成交金额的万分之零点五
交割方式	现金交割
交易代码	IF
上市交易所	中国金融期货交易所

1. 合约乘数

一张股指期货合约的合约价值用股指期货指数点乘以某一既定的货币金额表示，这一既定的货币金额称为合约乘数。股票指数点越大，或合约乘数越大，股指期货合约价值也就越大。沪深300股指期货的合约乘数为每点人民币300元。当沪深300股指期货指数点为3000点时，合约价值等于3000点乘以300元，即90万元；当指数点为4000点时，合约价值等于4000点乘以300元，即120万元。

2. 最小变动价位

股指期货合约以指数点报价。报价变动的最小单位即为最小变动价位，合约交易报价指数点必须是最小变动价位的整数倍。沪深300股指期货的最小变动价位为0.2点，意味着合约交易报价的指数点必须为0.2点的整数倍。每张合约的最小变动值为0.2乘以300元，即60元。

3. 合约月份

股指期货的合约月份是指股指期货合约到期进行交割所在的月份。不同国家和地区股指期货合约月份的设置不尽相同。在境外期货市场上，股指期货合约月份的设置主要有两种方式：一种是季月模式（季月是指3月，6月，9月和12月）。欧美市场采用的就是这种设置方式，如芝加哥商业交易所的S&P500指数期货的合约月份以3月、6月、9月、12月为循环月份，如果当前时间是2008年2月，S&P500指数期货的合约月份为2008年3月、6月、9月、12月和2009年3月、6月、9月、12月。另外一种是以近期月份为主，再加上远期季月，如我国香港的恒生指数期货和我国台湾的台指期货的合约月份就是两个近月和两个季月。

沪深300股指期货合约的合约月份为当月、下月及随后两个季月，共四个月份合约。所谓季月就是3月、6月、9月、12月。如果当前时间是2010年9月4日，那么期货市场上同时有以下4个合约在交易：IF1009、IF1010、IF1012、IF1103。这四个合约中，IF1009、IF1010是当月和下月合约；IF1012、IF1103是随后两个季月合约。

4. 每日价格最大波动限制

为了防止价格大幅波动所引发的风险，国际上通常对股指期货交易规定每日价格最大波动限制。比如，新加坡交易的日经225指数期货规定当天的涨跌幅度不超过前一交易日结算价的 点。但并非所有交易所都采取每日价格波动限制，例如中国的香港恒生指数期货、英国的FT－SE100指数期货交易就没有此限制。

沪深300股指期货的每日价格波动限制为上一交易日结算价的±10%。季月合约上市首日涨跌停板幅度为挂盘基准价的±20%。上市首日有成交的，于下一交易日恢复到合约规定的涨跌停板幅度；上市首日无成交的，下一交易日继续执行前一交易日的涨跌停板幅度。沪深300股指期货合约最后交易日涨跌停板幅度为上一交易日结算价的±20%。

5. 保证金比例

合约交易保证金是指投资者进行期货交易时缴纳的用来保证履约的资金，一般占交易合约价值的一定比例。

沪深300股指期货合约最低交易保证金为合约价值的12%，这一水平是正常情况下交易所针对结算会员收取的保证金标准。交易所有权根据市场风险状况进行调整。比如出现连续的单边市时，或交易所规定的其他情况出现时，交易所都有可能会提高保证金比例。结算会员、非结算会员在交易所规定的保证金标准的基础上，会对投资者加收一定数量的保证金。

二、沪深 300 股指期货交易规则

1. 持仓限额制度

设置持仓限额的目的是防止少数资金实力雄厚者凭借掌握超量持仓操纵及影响市场。有些交易所为了及早发现与监控大户的动向，还设置了大户持仓申报制度。

沪深 300 股指期货的持仓限额是指中国金融期货交易所规定的会员或者客户对某一合约单边持仓的最大数量。同一客户在不同会员处开仓交易，其在某一合约单边持仓合计不得超出该客户的持仓限额。会员和客户的股指期货合约持仓限额具体规定为:进行投机交易的客户号某一合约单边持仓限额为 100 手;某一合约结算后单边总持仓量超过 10 万手的，结算会员下一交易日该合约单边持仓量不得超过该合约单边总持仓量的 25%;进行套期保值交易和套利交易的客户号的持仓按照交易所有关规定执行，不受该持仓限额限制。会员、客户持仓达到或者超过持仓限额的，不得同方向开仓交易。批准套期保值额度申请的投资者不受 100 手的单边持仓限制。

2. 交易指令

沪深 300 股指期货的交易指令分为市价指令、限价指令及中国金融期货交易所规定的其他指令。交易指令每次最小下单数量为 1 手，市价指令每次最大下单数量为 50 手，限价指令每次最大下单数量为 100 手。

3. 每日结算价

在股指期货交易中，大多数交易所采用当天期货交易的收盘价作为当天的结算价，美国芝加哥商业交易所的 S&P500 期指合约与中国香港的恒生指数期货合约交易都采用此法。也有一些交易所不采用此法，如西班牙股票衍生品交易所的 IBEX－35 期指合约规定为收市时最高买价和最低卖价的算术平均值。沪深 300 股指期货当日结算价是某一期货合约最后一小时成交价格按照成交量的加权平均价。计算结果保留至小数点后一位。最后一小时因系统故障等原因导致交易中断的，扣除中断时间后向前取满一小时视为最后一小时。合约最后一小时无成交的，以前一小时成交价格按照成交量的加权平均价作为当日结算价。该时段仍无成交的，则再往前推一小时。以此类推。合约当日最后一笔成交距开盘时间不足一小时的，则取全天成交量的加权平均价作为当日结算价。合约当日无成交的，当日结算价计算公式为:当日结算价＝该合约上一交易日结算价＋基准合约当日结算价－基准合约上一交易日结算价，其中，基准合约为当日有成交的离交割月最近的合约。合约为新上市合约的，取其挂盘基准价为上一交易日结算价。基准合约为当日交割合约的，取其交割结算价为基准合约当日结算价。根据本公式计算出的当日结算价超出合约涨跌停板价格的，取涨跌停板价格作为当日结算价。采用上述方法仍无法确定当日结算价或者计算出的结算价明显不合理的，交易所有权决定当日结算价。

4. 交割方式与交割结算价

股指期货合约的交割普遍采用现金交割方式，即按照交割结算价，计算持仓者的盈亏，按此进行资金的划拨，了结所有未平仓合约。股指期货的交割结算价通常是依据现货指数来确定的，这样可以有效地保证期指与现指的到期趋向。

交割结算价的选取不同交易所存在差异，例如美国芝加哥商业交易所的 S&P500 指数期货的交割结算价是以最后结算日（即周五上午）现指特别开盘报价（Special Opening Quotation,

简称 SOQ）为交割结算价；中国香港的恒生指数期货采取最后交易日现指每 5 分钟报价的平均值整数为交割结算价。

沪深 300 股指期货合约的相关规定是：股指期货合约采用现金交割方式；股指期货合约最后交易日收市后，交易所以交割结算价为基准，划付持仓双方的盈亏，了结所有未平仓合约。沪深 300 股指期货的交割结算价为最后交易日标的指数最后两小时的算术平均价。计算结果保留至小数点后两位。交易所有权根据市场情况对股指期货的交割结算价进行调整。

5. 股指期货投资者适当性制度

沪深 300 股指期货市场实行股指期货投资者适当性制度。该制度按照“把适当的产品销售给适当的投资者”的原则，从资金实力、投资经历、知识测试等方面对投资者进行了限制性的规定，从而规避了中小投资者因盲目参与而遭受较大损失的可能。股指期货投资者适当性制度主要包含以下要点：(1) 自然人申请开户时保证金账户可用资金余额不低于人民币 50 万元；(2) 具备股指期货基础知识，开户测试不低于 80 分；(3) 具有累计 10 个交易日、20 笔以上的股指期货仿真交易成交记录，或者最近三年内具有 10 笔以上的商品期货交易成交记录。

对于一般法人投资者申请开户除具有以上三点要求外，还应该具备：(1) 净资产不低于人民币 100 万元；(2) 具有相应的决策机制和操作流程；决策机制主要包括决策的主体与决策程序，操作流程应当明确业务环节、岗位职责以及相应的制衡机制。

第三节 股票期货

一、股票期货的含义

股票期货是以股票为标的物的期货合约。与股指期货一样，股票期货也是股票交易市场的衍生交易，其与股指期货的差别仅仅在于股票期货合约的对象是指单一的股票，而股指期货合约的对象是代表一组期货价格的指数。因而，市场上也通常将股票期货称为个股期货（Single Stock Future，简称 SSF）。

二、股票期货合约

各交易所的股票期货合约大同小异，这里以中国香港交易所的长江实业股票期货合约为例进行说明。长江实业有限公司股票期货合约见表 10－3。

表 10－3 长江实业股票期货合约

合约乘数	1000
合约月份	现月、下月及之后的两个季末月
立约成价	根据交易所的规则及通过电子自动化交易系统买卖方式确定，并在结算公司登记的港元价格
立约价值	立约成价乘以合约乘数

续表

最低价格波动	0.01 港元
调整	一般而言，不会调整所代表的股票的股息派送，但如果遇到股票拆细、派送红股或供股等情况，则会调整合约乘数和(或)立约成价。期货交易所行政总裁咨询证券监管委员会后，有最终的权利做出具有约束性的适当调整。
每日价格升跌限制	无
持仓限额	每一交易所参与者的公司户口，或每一客户户口，在任何一个 合约月份以 500 张长仓及短仓为限
交易时间	上午 10:00 至中午 12:30(第一节) 下午 14:30 - 16:00(第二节)
交易方法	电子自动化交易
最后交易日	该月最后第 2 个营业日
最后结算日	最后交易日之后的第 1 个营业日
结算方法	以现金结算
最后结算价	最后交易日代表股票在现货市场的每 5 分钟最高买入价和最低卖出价的中间价的平均数
现金结算价值	最后结算价乘以合约乘数
交易费用及征费	交易所费用　港币 3.5 元 证监会征费　港币 0.16 元 佣金　　　　商议

与股指期货相比，不难发现股票期货与股指期货两者之间实际上是很相像的，两者的区别不过是标的物之间的差别。

三、股票期货交易的特点

股票期货的主要特点有:第一，交易费用低廉。买卖股票期货合约的交易费用取决于合约的张数，而每张股票期货合约相当于数千股股票的价值，买卖一张期货合约的交易费用要远小于买卖同等数量股票的交易费用。第二，卖空股票期货要比在股票市场卖空对应的股票更便捷。能否做股票卖空交易取决于股票市场是否允许融券交易，而股票期货本身具有的双向交易机制则使卖空交易非常便利。第三，具有杠杆效应。投资者买卖股票期货合约只需缴付占合约而值一小部分的保证金，提高了资金使用效率。第四，投资者可以利用股票期货更快速、简便地对冲单一股票的风险。第五，股票期货使投资者能够进行单一股票的套利策略。总之，股票期货交易提供了一种相对便宜、方便和有效的替代和补充股票交易的工具，使投资者有机会增强其股权组合的业绩，是一种更灵活、更简便的管理风险和定制投资策略的创新产品。

习　题

一、名词解释

1. 股指期货　　2. 股票期货

二、简答题

1. 股指期货与股票交易的区别是什么?

2. 比较具有代表性的股票指数有哪些?

参考答案

一、名词解释

1. 股指期货:是指以期货价格指数为标的物的标准化期货合约,双方约定在未来的某个特定日期,可以按照事先确定的期货价格指数的大小,进行标的指数的买卖。

2. 股票期货:是以股票为标的物的期货合约。

二、简答题

1. 股指期货与股票交易的区别:

	股指期货	股票
交易对象	股票期货合约	股票
交易方式	保证金交易	全额
买卖顺序	双向交易	单向交易,一般是先买入再卖出
交易限制	当日开仓可以当日平仓	当日买入当日不可以卖出
结算方式	当日无负债结算	没有,当日无负债结算
到期日	有,不能无限期持有	没有,只要发行股票的上市公司没有摘牌,股票就可以一直交易下去,既可以短期持有,也可以长期持有
交易时间	非最后交易日: 9:15 - 11:30(第一节) 13:00 - 15:15(第二节) 最后交易日: 9:15 - 11:30(第一节) 13:00 - 15:00(第二节)	9:30 - 11:30 13:00 - 15:00

2. 具有代表性的股票指数有:(一)道琼斯平均价格指数;(二)标准普尔500指数;(三)道琼斯欧洲STOXX50指数;(四)金融时报指数;(五)日经225期货价格指数;(六)中国香港恒生指数;(七)沪深300指数。

◆第十一章　期货市场价格的基本分析

期货价格分析是交易的基础。期货市场价格的分析有基本分析和技术分析两大类。本章只讨论基本分析。

第一节　基本分析的概念

期货投资分析是指通过各种分析方法，对影响期货价格的各种因素进行综合性分析，以判断期货价值和市场价格的变化趋势。

期货基本分析的目的是帮助交易者正确选择期货品种和期货合约的买卖时机，争取较大的盈利。

期货价格分析的方法有基本分析与技术分析两大类。

一、基本分析的含义

期货投资基本分析是根据供求关系决定市场价格的理论，对影响期货价格的基本因素进行分析，预测期货价格未来的发展变化趋势。

二、基本分析的作用

期货基本分析通常有两大作用。一是预测期货市场价格的长期变化趋势，帮助期货交易者正确选择交易品种;二是预测期货品种中期的价格变化情况，帮助交易者确定买卖策略。

三、基本分析的特点

1. 理论基础是供求关系决定期货市场价格

它以供求决定价格为基本理念。基本分析认为市场价格是由供给和需求共同决定的，供给和需求的变化将引起期货市场价格的变化。所以，客观地分析影响供求的各种因素，才能对期货价格的变化做出正确判断。

2. 预测期货价格的中长期趋势

基本分析更注重对市场价格的基本运动方向进行把握，预测市场价格变动的中长期趋势，帮助交易者正确选择交易策略。

3. 分析方式是从基本因素入手

这些基本因素除了供给与需求外，还有国家的宏观经济状况、宏观政治因素、财政政策因素、金融货币因素、自然气候因素等。从这些基本因素入手进行分析，是预测市场价格变动的基石。

4. 分析的作用是给交易者提供帮助

通过基本分析，在正确预测期货价格的变动方向之后，就可以帮助交易者正确选择期货品种和期货合约的买卖时机。买卖时机非常重要，它是赚钱与赔钱、盈利与亏损的关键。

四、基本分析的方法

基本分析的主要方法有：供给与需求分析、宏观经济分析、宏观政治分析、自然气候因素分析和人的心理因素分析等。

第二节　供给和需求分析

一、供给分析

1. 供给的含义

供给是指在一定时间和地点，在各种价格水平下卖方愿意并能够提供的产品数量。

2. 供给的构成

本期供给量的构成是由期初存量、当期产量、当期进口量构成。

(1) 期初库存量

期初库存量是指上一期的期末结存数量。期初存量的多少直接影响本期的供给。库存量充裕，就会制约价格的上涨；库存量较少，就不能制约价格的上涨。对于耐储藏的农产品、金属产品、能源化工产品等，分析期初库存量是十分必要的。

(2) 当期产量

当期产量是指当期国内生产数量。不同产品的产量受到不同因素的影响。例如，农产品的产量与天气状况密切相关；矿产品的产量与矿石储量、含量、开采条件密切相关。所以，要对具体产品的产量影响因素进行具体分析。

(3) 当期进口量

进口量是指本国市场销售在国外生产的产品数量。进口量主要受国内市场供需状况、内销和外销价格比、关税和非关税壁垒、汇率等因素的影响。进口是国外生产者对本国的供给。若国内需求旺盛，进口量增加；反之，则进口量减少。

3. 影响供给的因素

(1) 价格的影响

供给与价格之间的关系可以通过“供给曲线”来表示。横轴表示数量，纵轴表示价格，供给曲线向右上方倾斜。见图 11－1。

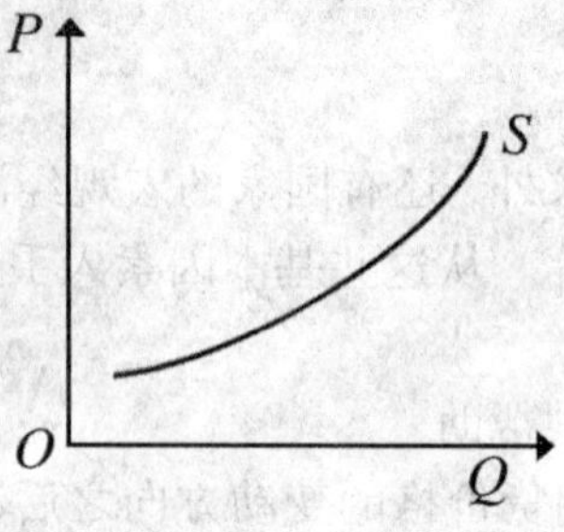

图 11－1　供给曲线

一般说，其他条件不变时，价格越高、供给量也越大；价格越低，供给量越小。价格与供给之间这种同方向变化的关系，称为“供给法则”。

(2)生产成本的影响

生产产品需要投入各种生产要素。当生产要素价格上涨时，生产成本提高，利润则会降低，供给就会减少；否则，反之，供给就会增加。

(3)相关产品价格的影响

在同一块土地上既可以种植小麦又可以种植黄豆(黑龙江)。若小麦价格上涨、黄豆价格不变，农民就会增加小麦的种植面积，而减少黄豆的种植面积；小麦数量增多、黄豆数量减少。这充分说明了小麦价格的变化影响了黄豆的供给量。

(4)管理与技术的影响

产品是在一定管理和技术水平下生产出来的。管理水平提高和技术进步，会提高生产效率，增加产品的供给。

(5)厂商预期的影响

企业生产商预测某一种产品的价格将会上涨，就会增加该产品的生产数量或者把现有产品储存起来，以期望在未来以更高的价格卖出获取更多利润，从而增加了当期的供给。

把以上影响因素的各种因素综合起来，就得到“供给函数”。其公式如下：

$$S = f(P, M, V, P_r, P_e)$$

其中，S 为一定时期内某种产品的供给，P 为价格，M 为生产成本，V 为技术水平，P_r 为相关产品价格，P_e 为厂商预期价格。

二、需求分析

1. 需求的含义

需求是指在一定的时间和地点，在各种价格水平下买方愿意并有能力购买的产品数量。

2. 需求的构成

本期需求量的构成是由当期国内消费量、当期出口量、期末结存量构成。

(1)当期国内消费量

国内消费量包括居民消费量与政府消费量。当期国内消费量主要受消费人数、消费者收入水平或购买能力、消费结构、相关产品价格等因素的影响。

(2)当期出口量

出口量是在本国内生产的产品销往国外市场的数量。出口量是主要受国际市场供求状况、内销和外销价格比、关税和非关税壁垒、汇率等因素的影响。出口是国外市场对本国产品的需求。若总产量既定，出口量增加则国内市场供给量减少；出口量减少则国内市场供给量增加。

(3)期末结存量

期末结存量就是库存量。它就像一个蓄水池。当本期产品供大于求时，期末结存量增加；当本期产品供小于求(供不应求)时，期末结存量减少。从期末结存量的变化，可以看出本期的产品供求状况。并对下期的产品供求状况产生影响。

3. 影响需求的因素

(1)价格的影响

需求与价格之间的关系可以通过“需求曲线”来表示。纵轴表示价格，横轴表示数量。需求曲线从右上方向右下方倾斜，见图 11－2。

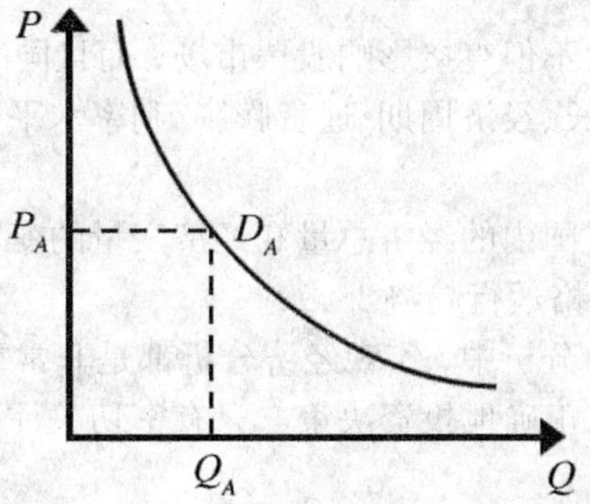

图 11－2　需求曲线

一般说，在其他条件不变的情况下，价格越高，需求量越小；价格越低，需求量越大。价格与需求之间的这种反方向变化关系称为“需求法则”。

(2)收入水平的影响

消费者的收入水平决定其支付能力或购买能力。一般来讲，收入增加，消费者会增加购买的数量或提高质量；高消费会直接增加需求的数量或质量。收入减少，需求则会相应降低，低消费不但直接减少需求量还降低消费质量。

(3)消费偏好

消费偏好就是消费者对其产品的偏好。有的人不爱喝咖啡，所以不管咖啡的价格多么便宜或自己的收入水平多么高，都不会去购买咖啡。喜欢喝咖啡的人，则能接受较高价格的咖啡并且增加咖啡的消费需求量。

人们对某种产品的偏好也会发生变化。若消费者由喜欢喝咖啡转变为喜欢喝茶，则会减少对咖啡的需求量，而增加购买茶叶的需求数量。

(4)相关产品价格的影响

相关产品包括替代品和互补品。梨和苹果、豆油和菜籽油、羊肉和牛肉等产品之间存在替代关系。如果苹果价格偏高，梨的价格低，消费者就会增加梨的购买数量，从而减少对苹果的需求量。也就是说，梨的价格变化会影响人们对苹果的需求。又如汽油与汽车，如果汽油的价格一涨再涨，那么汽车的销售量就会减少。所以，某种产品的需求不仅与自身的价格有关，还与其替代品和互补品的价格有关。

消费者预期某种产品的价格将会上涨时，远期需求就会减少；消费者预期某种产品的价格将会下跌时，需求就会增加。

将以上影响需求的各种因素综合起来，便得到“需求函数”。其公式如下：

$$D = f(P,\ T,\ I,\ P_r,\ P_e)$$

其中，D表示一定时期某种产品的需求，P表示该产品的价格，T表示消费者偏好，I表示消费者的收入水平，P_r 表示相关产品的价格，P_e 表示消费者的预期。

第三节　宏观经济因素分析

一个国家的宏观经济因素不但直接影响股票市场，而且同时会影响期货市场。这里的宏观经济因素主要是指：经济增长、经济周期、通货膨胀、利率水平、汇率水平、宏观经济政策等因素的影响。

宏观经济因素分析是指对国内的经济总量和经济变量的变动规律及相互之间的关系进行分析，进而预测期货市场的价格运行趋势。

在股市投资和期货投资的分析中，宏观经济分析都是非常重要的。只有把握住国家宏观经济发展的大方向，才能做出正确地投资决策。只有密切关注宏观经济因素的变化，才能抓住市场机遇。

所谓宏观经济分析是指对经济体的总量经济变量的变动规律及相互之间的关系进行分析，进而预测期货市场运行的趋势。

宏观经济因素对期货市场的影响不仅是根本性的，而且是全局性和长期性的。首先，期货价格本质上是由宏观经济决定的。因此，从根本上来说期货市场与宏观经济密切相关。其次，宏观经济因素几乎对所有证券都产生影响，因而必然影响期货市场的全局走势。从各国期货市场的发展史来看，成熟的期货市场的每一次牛市均是以宏观经济向好为背景的，而每一次熊市的形成都和宏观经济发展趋缓或衰退密不可分。最后，由于宏观经济因素对期货市场的影响是根本性的，所以它的影响也就必然是长期性的。决定期货市场长期趋势的基础正是宏观经济态势。因此，要想成为一个成功的投资者，必须高度重视宏观经济状况及其走向。正是因为此，期货市场中才有了“顺势者生，逆势者亡”、“选股不如选时，选时不如选势”等投资格言。

宏观经济因素主要包括经济增长、经济周期、就业、通货膨胀、利率、汇率、财政政策和货币政策等。

一、经济增长

国内生产总值(GDP)是衡量一国经济增长情况的重要指标。国内生产总值是指一个经济社会在一定时期内运用生产要素所生产的全部最终产品的市场价值。在开放经济条件下，国内生产总值由家庭消费、企业投资、政府购买和净出口四部分构成。国内生产总值的变动与证券市场的变动之间有着紧密的联系。从长期来看，股票平均价格的变动与国内生产总值的变化趋势相吻合。当经济增长缓慢或停滞时，企业经营不善，企业利润和居民收入水平下降，证券需求减少，证券价格下跌；经济增长迅速时，企业发展势头良好，企业利润和居民收入增加，人们对证券价格的预期良好，证券需求增加，证券价格上涨。但不能简单断定国内生产总值的增长必然伴随着证券市场的上涨，实际上有的时候恰好相反。因此，要将国内生产总值与经济形势结合起来进行综合分析。当经济处于失衡状态的高速增长时，总需求超过总供给，出现高的通货膨胀。此时，如果政府不采取有效的措施，经济发展中的矛盾将逐步表现出来，居民实际收入会降低，导致证券价格下跌。但如果政府采取有效的调控措施维持经济的稳定增长，经济矛盾会逐渐缓解，证券市场也将呈现平稳上升的态势。

由于证券市场是宏观经济变动的先行指标，证券市场会提前对国内生产总值的变动做出反应，因此对国内生产总值的变动进行分析要着眼于未来。投资者要抓住好的投资时机，就必须准确预测国内生产总值的走势。

二、经济周期

国民经济增长常常呈现周期性变化，这种周而复始的变化称为经济周期。经济周期通过影响企业的生产经营状况及人们的收入水平对期货市场产生重要影响，因此投资者必须对经济周期做出准确的判断和预测。

经济周期一般分为衰退、萧条、复苏和繁荣四个阶段。与经济周期相适应，期货市场行情也呈周期性变化。一般来说，经济衰退阶段，企业产品滞销，利润相应减少，人们纷纷抛售期货合约，使期货合约价格下跌；经济萧条阶段，大量的企业倒闭，人们对经济形势持悲观态度，期货合约价格跌至低谷；经济复苏阶段，企业经营状况有所好转，人们开始重新购买证券，使期货合约价格逐渐回升；经济繁荣阶段，企业经营状况良好，盈利大增，从而推动期货合约价格上涨至峰顶。虽然期货市场的周期与经济周期大体一致，但两者又不是完全同步的。从实践上来看，期货市场变动比经济周期要领先一步。经济衰退以前，期货合约价格已经开始下跌；经济复苏之前期货合约价格已经回升；经济进入萧条阶段以前，期货合约价格已经见顶；经济未进入繁荣阶段，期货合约价格就已经见顶。这是因为期货合约价格的涨落包含着投资者对经济形势变动的预期和投资者的心理反应等因素。例如：二战后美国股市和经济周期的研究，股市高峰与经济高峰的时差平均为 3.5 个月，而股市低谷与经济低谷的时差平均为 5.25 个月。正因为证券市场的变动比经济周期提前，所以我们常说“证券市场是宏观经济的晴雨表”。当然，证券市场的“晴雨表”功能是就其中长期趋势而言的。

近年来，虽然各国加强了宏观经济调控，使得经济周期趋缓，但经济周期依然存在。这就意味着国家干预经济的政策只能在一定程度上削弱经济周期的振幅，却不能消除经济周期。另外，经济周期并没有严格的波长和波幅，这也给经济周期的预测和判断带来了困难。

三、通货膨胀

通货膨胀是指一个经济社会中整体物价水平的持续上涨。其实质是货币的贬值。一般，常用消费者价格指数（CPI）、生产者价格指数（PPI）和 GDP 平减指数来测量通货膨胀的情况。

通货膨胀对期货市场的影响不能一概而论，应该区别通货膨胀的成因、程度及政府可能采取的调控措施等来分析判断。首先，从经济是否处于充分就业状态来分析通货膨胀对期货市场的影响。当经济处于非充分就业时，适度的通货膨胀能使经济繁荣，就业增加，居民收入和企业利润提高，期货需求和资金流入增加，从而刺激期货价格上涨；当经济处于充分就业时，一方面物价的上涨只会刺激工人要求提高工资，企业成本加大，利润降低，另一方面，物价上涨使居民购买力下降，不利于企业的销售，人们将大量购买实物商品而非有价证券来保值，从而导致所有的证券价格下跌。最后，从通货膨胀的程度及政府可能采取的调控措施来探讨其对期货市场的影响。当经济低迷，通货膨胀率很低甚至为负时，政府为了保证经济发展，而采取扩张性的货币政策如降低利率，增加货币供应量，使期货需求增大，期货市场走好。当通货膨胀加剧甚至危害经济健康发展时，政府往往采取紧缩性的货币政策如提高利率，从而导致期货市场走软。

四、利率水平

利率是资金的价格，会对所有的证券市场产生直接而迅速的影响。利率水平通过两个途径影响证券市场:第一，替代效应，即利率水平的高低及其变化趋势将引起资金在不同的金融市场上流动。如果利率高企，且有进一步升高的趋势，则资金有流向银行存款或借贷出去以获取更高的收益的趋势，从而不利于期市;反之则相反。第二，企业经营效应，即利率水平的高低及其变化趋势将影响企业的盈利水平，从而影响期市。如果利率水平高企且有升高趋势，则企业投资成本会增大，对企业投资的积极性和盈利能力都会产生不利影响。投资者只要能正确分析、预测中央银行的利率政策，期货投资就可以胜券在握了。“看利率水平及其变化趋势行事”，也成为很多发达国家期货投资者最简单有效的“法则”。

五、汇率水平

汇率是本国货币与外国货币的兑换比率。在经济全球化的基础上，汇率对一国经济的影响越来越大，而且影响程度取决于该国的开放程度。一国经济中受到汇率变动直接影响的就是进出口。所以，汇率变动对外向型企业的影响较大。当汇率上升导致本币贬值时，本国出口企业的商品在国际市场上的价格竞争力提高，利润增加，这类企业的有价证券价格将上涨，但本国的进口企业则会因成本增加而受损，导致该类企业的有价证券价格将下跌;而当汇率下降导致本币升值时，情况刚好相反。所以，投资者要区别对待汇率变动对不同企业的影响。

六、宏观经济政策

经济运行内在地具有不稳定性，经济周期也给人们带来了很大的困扰。为了减轻经济的周期性波动，实现物价稳定、充分就业等目标，政府往往采取一系列干预经济的政策即宏观经济政策。宏观经济政策主要分为财政政策和货币政策两大类。

1. 财政政策

财政政策是指政府通过变动收入和支出来影响总需求进而影响国民收入的政策手段。财政收入主要包括政府税收和国债。财政支出主要包括政府购买性支出和政府转移性支付。财政政策既影响财政收支水平，进而影响经济的整体发展状况，又影响企业和行业的发展，从而影响它们在全国各个证券市场上的表现。比如，政府调整税收会对企业利润和生产积极性产生影响。一般来说，税收水平的提高，加重了企业的负担，导致企业利润减少，进而抑制全国有价证券价格上扬;而税收水平的降低，使企业的经营环境改善，利润增加，进而刺激全国有价证券价格上涨。另外，国债的发行对证券市场的资金流向也有很大影响，大量发行国债将分流股票市场和期货市场的资金，导致股票价格和期货价格下跌。

根据财政政策的运作方式，财政政策可以分为扩张性财政政策和紧缩性财政政策。采取扩张性财政政策时，政府大力投资基础设施建设，从而刺激相关行业的发展；采取紧缩性财政政策时，政府财政主要保证各种行政和国防开支，很少进行大规模基础设施投资。总体来说，扩张性财政政策通过降低税收水平、增加财政支出和增发国债等手段来刺激经济发展，全国证券市场因而会走强；而紧缩性财政政策则通过提高税收水平、减少财政支出等手段来控制过热的经济，全国证券市场因而会走弱。

2. 货币政策

货币政策是指政府通过变动货币供给量来影响利率和投资进而影响国民收入的政策手段。货币政策工具分为一般性工具和选择性工具两种。一般性货币政策工具主要包括再贴现率、公开市场操作和法定存款准备金率等。中央银行调整再贴现率通过影响商业银行向央行借入资金的成本，进而影响商业银行的信贷规模，从而调整货币供给量。公开市场业务是中央银行在金融市场上公开买卖证券，来调节货币供给量。中央银行买进有价证券会增加货币供给量，卖出证券则会减少货币供给量。公开市场业务是市场经济国家的中央银行常用的一项工具。法定存款准备金率的高低直接影响商业银行的可用资金数量。当中央银行提高法定准备金率时，商业银行可贷资金减少，货币供给量相应减少；降低法定准备金率时则相反。这项工具的效果很明显，而且过于猛烈，所以中央银行慎用此工具。选择性货币政策工具主要包括直接信用控制和间接信用控制。直接信用控制是指中央银行以行政命令或其他方式对金融机构的信用活动进行控制，具体手段包括直接干预、规定流动性比率、利率最高限、信用配额、信用条件限制等。间接信用控制中央银行采用各种间接的措施来影响金融机构的信用创造，具体手段包括道义劝告、窗口指导等。

如果说财政政策对全国证券市场有持久而缓慢的影响，货币政策对全国证券市场的影响是迅速而直接的。中央银行的货币政策对证券市场的影响，可以从以下四个方面进行具体分析：

(1)中央银行调整利率对全国证券市场的影响 。金融市场上存在多种利率，如贴现利率、再贴现利率、同业拆借利率、回购利率和国债利率等，其中再贴现利率和同业拆借利率是基准利率。随着金融市场的不断发展，基准利率已成为中央银行有效的货币政策工具。

一般来说，利率下降时，股票价格和期货价格就上升，而利率上升时，股票价格就下降。究其原因有两方面：一方面，利率水平的变动直接影响到公司的融资成本，从而影响到全国的证券价格。当利率水平降低时，公司筹资成本降低，公司盈利相应增加，证券收益增多，价格也随之上升；当利率水平提高时，公司筹资成本也高，利息负担重，造成公司利润下降，证券收益减少，证券价格因此降低。另一方面，利率降低，人们宁可选择股票投资和期货投资方式而减少对固定利息收益金融品种的投资，同时，证券投资者能够以低利率拆借到资金，会增大股票和期货需求，造成股价和期货价格上升；反之，若利率上升，一部分资金将会从证券市场转向银行存款，致使股价和期货价格下降。除这两方面原因之外，在股票市场上，利率还是人们藉以折现股票未来收益、评判股票价值的依据。当利率上升时，投资者评估股票价值所用的折现率也会上升，股票价值因此会下降，从而股票价格相应下降；反之则股价上升。例如，1993 年 5 月 15 日和 7 月 11 日，中国人民银行两度提高利率，上证指数也由 1000 余点跌至 300 余点，跌幅达 60% 以上，入市者损失惨重。1996 年 5 月 1 日和 8 月 23

日，中国人民银行两度降低利率，结果股市“牛市冲天”。

利率对股票价格和期货价格的影响一般比较明显，市场反应也比较迅速。因此要把握住股票价格的走势，首先要对利率的变化趋势进行全面掌握。有必要指出的是，利率政策本身是中央银行货币政策的一个组成内容，但利率的变动同时也受到其他货币政策因素的影响。如果货币供应量增加、中央银行贴现率降低、中央银行所要求的存款准备金率下降，就表明中央银行在放松银根，利率将呈下降趋势；反之，则表示利率总的趋势在上升。

（2）中央银行的公开市场业务对全国证券价格的影响。当政府倾向于实施较为宽松的货币政策时，中央银行就会大量购进有价证券，使市场上货币供给量增加，推动利率下调，降低资金成本，激发企业和个人的投资和消费热情，生产扩张，利润增加，从而推动股票价格和期货价格上涨；反之，股票价格和期货价格将下跌。另外，中央银行的公开市场业务是直接以国债为操作对象的，因此直接关系到国债市场的供求变动，影响到国债行市的波动。

（3）调整法定准备金率和再贴现政策对全国证券市场的影响。中央银行可以通过法定存款准备金率和再贴现政策调节货币供应量，从而影响货币市场和资本市场的资金供求，进而影响证券市场。如果中央银行提高法定存款准备金率，这在很大程度上限制了商业银行体系创造派生存款的能力，就等于冻结了商业银行的一部分超额准备金。再通过货币乘数的作用，使货币供应量更大幅度地减少，全国证券市场的行情趋于下跌。同样，如果中央银行提高再贴现率，对再贴现资格加以严格审查，商业银行资金成本增加，市场贴现利率上升，社会信用收缩，全国证券市场的资金供应减少，使全国证券市场的行情走势趋软；反之，如果中央银行降低法定存款准备金率或降低再贴现率，通常都会导致全国证券行情上扬。

（4）选择性货币政策工具对全国证券市场的影响。为了实现国家的产业政策和区域经济政策，我国在中央银行货币政策通过贷款计划实行总量控制的前提下，对不同行业和区域采取区别对待的方针。一般说来，该项政策会对全国证券市场行情整体走势产生影响，而且还会因为板块效应对全国证券市场产生结构性影响。当直接信用控制或间接信用指导降低贷款限额、压缩信贷规模时，从紧的货币政策使全国证券市场行情呈下跌走势；但如果在从紧的货币政策前提下，实行总量控制，通过直接信用控制或间接信用指导区别对待，紧中有松，那么一些优先发展的产业和国家支柱产业以及农业、能源、交通、通信等基础产业及优先重点发展的地区的某种行业证券价格则可能不受影响，甚至逆势而上。总的来说，此时贷款流向反映当时的产业政策与区域政策，并引起证券市场价格的比价关系作出结构性的调整。

总体来看，当政府减少货币供给量时，是在实施紧缩性货币政策，将带来股价的下跌。紧缩性货币政策通过缩紧银根，控制流入市场的货币量，达到抑制经济过快增长的目的。这主要是打击投资者的心理。另外，由于进入市场的资金减少，使得多方推动股价和期货价格上涨的资金受到压制，从而使股票价格和期货价格上涨减缓或是下跌。相反，当政府增加货币供给量时，就是在实施扩张性货币政策，通常会带动股价和期货价格的上升。我国的股票市场是比较鲜明的政策市，受货币政策影响较大。

一般在经济不景气时，采取扩张性的财政政策和货币政策；在经济过热时，采取紧缩性的财政政策和货币政策。宏观经济政策通常具有一定的连续性。这对预测宏观经济政策很有意义。对投资者来说，最重要的是把握政策转变中的拐点。另外，还需要注意政策的作用效果和作用时滞问题。

第四节　宏观政治因素分析

国家、地区和国际政治局势的变化，对期货市场的反应非常敏感。

战争、内乱、反恐、政变，国际冲突等，都会导致期货市场供求状况的变化和期货价格的剧烈波动。例如:2001 年“9 · 11 事件”在美国发生后，投资者纷纷抛售美元，购入黄金保值，使世界黄金期货的价格暴涨。

宏观政治因素，包括国际政治因素和国内政治因素。

一、国际政治因素

在当今世界，政治与经济密不可分，政治事件的发生会引起经济的变化，进而也将波及全球证券市场，使相关期货价格和股票价格上升或下跌。政权更替、战争爆发、国际政治的重大变化等都是影响全球证券市场的主要政治因素。例如，美国进行四年一次的总统选举时，人们考虑到新总统上任后可能出台有利于经济发展的政策，对股票市场未来的预期使得选举年股价大幅波动。又例如，2001 年美国 9 · 11 事件发生之后，美国股市和美元汇率双双走低，在美国股市停市 4 天重新开市后，开市第一天(2001 年 9 月 17 日)就下挫近 700 点。9 · 11 事件后一周美国股市主要指数下跌逾 11%，创造了 20 世纪 30 年代大萧条后的最大跌幅。

投资者预测到重大政治事件将要发生之时，应果断地买进或卖出期货合约和股票。如外交关系的改善会使相关跨国公司的股价上升，投资者应在外交关系改善前，不失时机地买进相关跨国公司的股票。战争会使军需工业繁荣，投资者应不失时机地买进这些军需公司的股票。

二、国内政治因素

我国股市行情和期货行情与政治因素的相关性也很强，国内重大政治事件和重要领导人的讲话都会对股票市场和期货市场产生重大影响，股价和期货价格甚至猛升或狂跌。比如 1992 年的邓小平视察南方重要谈话后，促使中国股市进入一轮波澜壮阔的牛市。从 1992 年 11 月到 1993 年 2 月的 60 余个交易日里，上证综合指数从 386 点涨到 1558 点，深证综合指数从 160 点涨到 368 点。

第五节　其他因素分析

其他因素是指除了供需因素、宏观经济因素、宏观政治因素以外的因素。这里主要指:金融货币因素、政策因素、自然因素、心理因素等。

一、金融货币因素

金融货币对期货市场供求的影响主要表现在货币供应量、利率和汇率几个方面。

货币政策是全球各个国家普遍采用的一项宏观经济调控政策，其核心是对货币供应量的管理。为了刺激经济增长，中央银行实行宽松的货币政策，降低利率，并增加货币的流通量，物价水平也随之上升。为了抑制通货膨胀，中央银行实行紧缩的货币政策，提高利率，并减少货币的流通量，物价水平也随之下降。随着金融改革的深化和世界一体化经济的发展，利率在现代市场经济中的地位和作用日益重要。利率的高低不仅影响商品的价格水平，而且直接决定资产的定价。资产价格取决于资产的未来收益与利率之比。利率上升，资产价格降低;利率下降，资产价格升高。

汇率对国际贸易和国际投资有直接影响。随着经济全球化的发展，国际贸易和国际投资不断扩大。汇率的影响是最直接的因素。若本币升值，本币的国际购买力增强，有利于对外投资。同时，以本币表示的外国商品的价格下降，以外币表示的本国商品的价格上升。所以，本币升值，有利于进口而不利于出口。若本币贬值，外币的国际购买力增强，有利于吸引外商到本国直接投资。同时，以本币表示的外国商品的价格上升，以本币表示的本国商品的价格下降。所以，本币贬值，有利于进口而不利于出口。

目前，国际上的大宗商品大多以“美元”计价，美元的升值或贬值直接影响国际上大宗商品的价格。

二、国内政策因素

国内政策是对本国宏观经济调控的重要措施。政策在这里主要指一个国家的财政政策、税收政策、产业政策、货币政策等。它又统称为经济政策。这里主要介绍财政政策和产业政策。

财政政策是政府通过变动收入与支出来影响总需求。财政收入主要包括税收和国债，财政支出主要包括政府购买性支出。财政政策直接影响国家政府的收支水平。其中，财政政策的核心是税收政策。增加或减少税收，直接影响生产供给和市场的需求状况。若税收提高，企业利润减少，全国证券价格下降，供给减少;若税收降低，企业利润增加，全国证券价格上升，需求增加。

产业政策是政府根据“经济发展的长远规划”，对不同行业采取不同的政策。在一定时期内重点发展某些行业时，则给予优惠政策;限制某些行业发展时，则实行限制性政策。它极大地保证了某些行业和社会的稳定性。否则，社会则变得十分混乱。例如，食品和粮食过高涨价，多数人民群众买不到粮食，社会则动荡不安。产业政策直接影响某一行业的供给与需求，直接改变价格关系，被重点扶持的产业，行业的证券价格较高;被限制的产业，行业的证券价格较低。

随着证券市场全球化的发展，对期货市场产生影响的政策因素，不仅受各国政府的经济政策的影响，而且还受国际组织的经济政策的影响。例如，2012 年的欧洲债务危机，影响了整个欧洲的证券市场。目前，国际大宗商品：石油、铜、锡、糖、小麦、茶叶等的供求和价格，均受到相关国际组织的影响。

三、自然因素

农产品的期货价格受自然因素影响很大。自然因素主要是指气候条件、地理位置和自然灾害等。自然因素主要包括：洪涝、干旱、虫灾、严寒、地震、台风等方面的因素。自然因素直接影响农产品的供给，从而直接影响农产品的期货价格。同时，也间接地影响需求和消费价格。因为，自然因素对运输和仓储会造成影响，所以会间接影响需求和消费。自然因素对农产品的制约性很强。当自然条件恶劣时，农作物的生产严重欠收，产量巨减，使供给减少，刺激农产品期货价格上涨；反之，气候适宜，风调雨顺，五谷丰登，农作物增产，增加了市场供给，促使农产品期货价格下降。

虽然自然因素对非农产品期货价格影响较小。但是非农产品受自然因素会影响运输和仓储，从而影响供求，间接影响期货价格。

自然因素对农产品期货价格的影响是长期的，而对非农产品期货价格的影响是短期的，一旦自然因素的影响消失，非农产品的供给马上就能恢复到原来的水平，从而使期货价格又恢复到原来的价格附近。

四、心理因素

心理因素是指投机者对市场的信心和预期希望。当社会公众投机者对市场充满信心、对后市的价格预测有很大希望、众人认为预期价格将会上涨，就会大量购买期货合约；巨大的成交量又会推动期货价格进一步上升。反之，社会公众对市场失去信心，情绪悲观，就会伤心离开市场，价格也会下跌。

当市场处于牛市行情时，由于投机者的大量涌入，疯狂购买，引起价格步步上升、节节攀高；即使有真的“利空消息”，也无法很快扭转价格坚挺的走势。当市场处于熊市行情时，由于投机者对后市行情的看空心理，失去信心，引起价格下跌。如果再大量抛售期货合约，则会引起价格的进一步下跌。利好消息也无法扭转价格的下跌趋势。

另外，心理因素还受投机者“羊群效应”和“博弈效应”的影响。市场心理的变化往往与投机行为交织在一起，相互制约，又相互促进，产生综合效应。过度投机会造成期货价格与实际的市场供求相脱离。

五、大户操纵因素

大户是指机构投资者和少数散户自然人凭借资金优势和信息优势，人为地进行投资性的大量买卖，造成价格的暴涨或暴跌，一时操纵了市场价格，从中获取暴利。

大户用投机交易操纵和控制市场价格的手法有两种。一是低买高卖；二是高卖低买。所谓低买高卖（买低卖高）又称为“看涨”或“看多”操作手法。低买高卖是指投机者判断将来期货价格会上升，因此，就先在较低价位买进期货合约，等待一段时间期货价格果然上升时，再卖出平仓，了结交易，从中获取买卖差价收益。所谓高卖低买（卖高买低），又称“看跌”或

“看空”的操作手法，高卖低买又称“先卖后买”，是指投机者判断未来的期货价格会下跌时，就先在较高价位卖出期货合约，待一段时间期货价格果然下跌以后，再从较低价位买进平仓，了结交易，获取差价利润。

期货保值者在遇到大户操纵市场时，一定要首先分析，做出正确判断。若还能跟上大户的“步伐和节拍”时，有较大利润可图时，则可跟随大户一块买进或卖出。否则，不要盲目“追涨杀跌”，造成经济损失。

习　题

一、名词解释

1. 经济周期　　2. 基本分析　　3. 财政政策　　4. 货币政策

二、简答题

1. 简述基本分析的特点。
2. 简述基本分析的作用。
3. 简述影响宏观经济的因素有哪些？

参考答案

一、名词解释

1. 经济周期：国民经济增长常常呈现周期性变化，这种周而复始的变化称为经济周期。

2. 基本分析：是根据供求关系决定市场价格的理论，对影响期货价格的基本因素进行分析，预测期货价格未来的发展变化趋势。

3. 财政政策：是指政府通过变动收入和支出来影响总需求进而影响国民收入的政策手段。

4. 货币政策：是指政府通过变动货币供给量来影响利率和投资进而影响国民收入的政策手段。

二、简答题

1. 基本分析的特点：(1)理论基础是供求关系决定期货市场价格；(2)预测期货价格的中长期趋势；(3)分析方式是从基本因素入手；(4)分析的作用是给交易者提供帮助。

2. 基本分析的作用：一是预测期货市场价格的长期变化趋势，帮助期货交易者正确选择交易品种；二是预测期货品种中期的价格变化情况，帮助交易者确定买卖策略。

3. 宏观经济因素主要包括经济增长、经济周期、就业、通货膨胀、利率、汇率、财政政策和货币政策等。

◆第十二章 技术分析概述

一个成熟的投资者，不仅要善于进行证券投资基本分析，而且还应进行证券技术分析。证券投资技术分析的方法有很多，但大致可以分为基本分析和技术分析两大类。价格、成交量是进行技术分析的基本要素。技术分析有着强大的生命力，对帮助投资者掌握股票买卖时机，具有十分重要的指导作用。

第一节 技术分析的基本概念

一、技术分析的市场行为要素

在证券市场中，价格、成交量、时间和空间是进行分析的要素。这几个因素的具体情况和相互的关系是进行正确分析的基础。

证券的市场行为是指证券在市场中的具体表现。

证券的市场行为内容包括：证券价格的高低，价格变化幅度的大小，价格与成交量的变化情况，完成量价变化过程所需时间的长短与空间的大小。

1. 市场行为四要素的含义

(1)价格：主要指证券的票面价格、发行价格、交易价格、到期价格及理论价格等。证券价格反映了市场的交易行为和供求关系，市场价格是随机变化的。

(2)成交量：是指在交易活动中成交的数量，它揭示了供求关系的变化规律。成交量是买卖双方力量对比的结果，它体现了买卖双方价格升降的认同程度，成交量大，价格上升；反之，下降。

(3)时间：是指完成量价变化过程的循环周期所需时间的长短。证券价格随时间周期性变化，它表现出价格随时间变化的历史性循环特征，价格高低点的出现也有时间的周期性。

(4)空间：是指在一个循环过程中价格变化的幅度和成交量的大小。空间体现了价格波动幅度的极限。不同的证券，不同的时期，价格变化幅度的空间位置也不相同，投资者的盈亏幅度也不相同。

2. 成交价和成交量是市场行为最基本的表现

市场行为最基本的表现就是成交价和成交量。过去和现在的成交价、成交量涵盖了过去和现在的市场行为。技术分析就是根据过去和现在的成交量、成交价资料，利用图形分析和指标分析工具来解释、预测未来的市场走势。如果把时间也考虑进去，技术分析其实就可简单地归结为对时间、成交价、成交量三者关系的分析。在某一时点上的成交价和成交量反映的是买卖双方在这一时点上共同的市场行为，是双方的暂时均势点。随着时间的变化，均势会不断发生变化，这就是价量关系的变化。一般来说，买卖双方对价格的认同程度通过成交量的大小得到确认，认同程度大，成交量大；认同程度小，成交量小。双方的这种市场行为反映在成交价、成交量上就往往呈现出这样的一种规律：价增量增，价跌量减。根据这一规律，当价格上升时，成交量不再增加，意味着价格得不到买方确认，价格的上升趋势就将会改变；反之，当价格下跌时，成交量萎缩到一定程度就不再萎缩，意味着卖方不再认同价格继续往下降了，价格下跌趋势就将会改变。成交价、成交量的这种规律关系是技术分析的合理性所在。因此，价、量是技术分析的基本要素。一切技术分析方法都是以价、量关系为研究对象的，目的就是分析、预测未来价格趋势，为投资决策提供服务。

3. 成交量与价格趋势的关系

(1)价格随着成交量的递增而上涨，是市场行情的正常特性。此种量增价涨关系，表示价格继续上升。

(2)在一波段的涨势中，价格随着递增的成交量而上涨。突破前一波的高峰，创下新高价，然而此波段价格上涨的整个成交量水准却低于前一波段上涨的成交量水准，价格创新高，成交量却没突破新高，则此波段价格涨势令人怀疑；同时，也是价格趋势潜在的反转信号。

(3)价格随着成交量的递减而回升。价格上涨，成交量却逐渐萎缩，成交量是价格上涨的原动力，原动力不足显示价格趋势潜在反转的信号。

(4)有时价格随着缓慢递增的成交量而逐渐上涨。缓慢上涨走势突然成为垂直上升的急升走势，成交量急剧增加，价格跃升暴涨。紧随着此波走势，继之而来的是成交量大幅度萎缩；同时，价格急速下跌。这种现象表示涨势已到末期，上升乏力，走势力竭，显示出趋势反转的现象，反转所具有的意义将视前一波价格上涨幅度的大小及成交量扩增的程度而定。

(5)价格走势因成交量递增而上涨，是十分正常的现象，并没有暗示趋势反转的信号。

(6)在价格一波段长期下跌形成谷底后，价格回升，成交量并没有因价格上涨而递增，价格上涨欲振乏力，然后再度跌落至先前谷底附近，或高于谷底。当第二谷底的成交量低于第一谷底时，是价格上涨的信号。

(7)价格下跌，向下跌破价格的某条重要支撑线，同时出现大成交量，是价格下跌的信号，强调趋势反转形成空头。

(8)价格跌落一段相当长的时间，出现恐慌盘卖出，随着日益扩大的成交量，价格大幅度下跌，继恐慌盘卖出之后，预期价格可能上涨；同时，恐慌盘卖出所创的低价，将不可能在极短时间内跌破。随着恐慌盘大量卖出之后，往往是(但并非永远是)空头市场的结束。

(9)当市场行情持续上涨很久，出现急剧增加的成交量，而价格却上涨乏力，在高档盘旋，无法再向上大幅上涨，显示价格在高档大幅振荡，卖压沉重，从而形成价格下跌的因素。价格连续下跌之后，在低档出现大成交量，价格却没有进一步下跌，价格仅小幅变动，此表示进货。

(10)成交量作为价格形态的确认。在以后的形态学讲解中，如果没有成交量的确认，价格上的形态将是虚的，其可靠性也就差一些。

⑪成交量是价格的先行指标。关于价和量的趋势，一般来说，量是价的先行者。当量增时，价格迟早会跟上来;当价增而量不增时，价格迟早会掉下来。从这个意义说，价是虚的，而只有量才是真实的。特别是在一个投机市场中，机构大户打压、拉抬价格，投资者不能仅从价上来看，而要从量上去把握庄家操纵的成本。如此才能摸清庄家的策略，并最终获利。

时间在进行行情判断时有着很重要的作用。一方面，一个已经形成的趋势在短时间内不会发生根本改变，若出现反方向波动，对原来趋势不会产生大的影响;另一方面，一个形成了的趋势又不可能永远不变，经过了一定时间又会有新的趋势出现。循环周期理论关心的就是时间因素，它强调了时间的重要性。

从某种意义上讲，可以认为空间是价格的一方面，指的是价格波动能够达到的空间上的幅度极限。

二、技术分析的特点

1. 社会实践性

技术分析的理论来自千百万人的社会实践，然后又回到实践中去。不但完成了由感性认识到理性认识的升华，而且又用其规律性指导人们的社会实践。

2. 针对性

每一项技术指标都是根据过去和现在的资料，有针对性地解决某一个问题，并能取得良好的效果。

3. 真实直观性

技术分析所提供的各类图形、期货价格运行轨迹，既是历史的记录，又是现在的记录，无虚假臆断之弊端，真实直观，方便了投资大众。它提供的各种图形都是价格运行轨迹的真实记录，并且一目了然。

4. 趋势追逐性

根据这些技术指标的趋势特征，投资者知道如何去追逐趋势、利用趋势。可以做到追随趋势，顺势而为。

5. 量化特性

每一项技术指标的运动轨迹都是经过精确的数学计算，精心绘制出来的，是一种量化指标，可以指示出期市行情的转折趋势。它是借助数学工具的分析，体现价格变化幅度和变化规律的。

6. 现实性

几乎所有的技术指标都给投资者指示了目前如何根据市场态势而进行投资决策。

三、技术分析与基本分析的区别

期市中有两种主要的分析方法，即技术分析与基本分析。这两种分析方法的目的和结果是相同的。但这两种分析方法所采用的策略、研究的方向是大不相同的。

二者的主要异同如下：

1. 二者的相同点

(1)二者分析的目的相同

二者都是分析预测证券的市场价格未来的发展变化趋势和方向。

(2)二者分析的结果相同

分析结果相同是指二者得出的结论一致，并且二者的结论可以互相印证。

2. 二者的区别

(1)二者的研究方向不同

基本分析重点研究证券市场价格变化的原因，即有哪些因素可以影响证券市场价格的变化。技术分析重点研究证券市场价格变化的结果，即证券市场价格发生了变化，投资者应该怎么办，如何去应对。

(2)二者的理论依据不同

基本分析的理论依据是证券的市场价格应该由内在价值决定。技术分析的理论依据是证券的市场价格应该由供求关系决定。

(3)二者分析的方法不同

基本分析是从影响证券市场价格的基本因素入手，分析预测证券价格的变化趋势和发展方向。技术分析是从影响证券价格的具体的、技术性因素入手，分析预测证券价格的变化趋势和发展方向。

(4)二者的作用不同

基本分析重点是预测证券市场价格变化的长期趋势。技术分析帮助投资者正确选择买卖时机(何时买卖)。常言说，选股不如选时，就是说，何时买卖股票和期货，比买卖何种股票与期货合约更重要。只有买卖时机正确，才能赢利。

二者虽有区别，也有相同。在分析证券价格的发展变化趋势时，二者应该是互相联系、互相补充的，不应该是对立的。二者虽然有独立性，但是也有相关性。独立性是说二者的结论可以独立运用，它体现了矛盾的特殊性。相关性是指二者的结论可以互相印证，它体现矛盾的普遍性。二者是对立的统一。对立性是说，二者的理论根据、理论观点有时候是相互排斥的。比如，是内在价值决定证券市场价格还是供求关系决定市场价格。统一性是指二者分析的结论一致。分析的结果一致。二者是一对孪生兄弟。基本分析和技术分析二者都有不确定性。这种不确定性，就是证券投资的风险性。基本分析和技术分析一样，也属于社会科学而不是自然科学。社会科学重在研究社会发展的变化规律，而不侧重于建立数学模型去量化。在证券市场中，想建立一种数学模型去量化其证券价格的变化幅度，都是徒劳的。因为，在很多时候，不能用 1 +1 =2 的方法去预测证券价格。

总之，基本分析可以帮助投资者正确选择投资对象，同时，也可以告知投资者证券市场的价格运行方向及运行大趋势。技术分析可以帮助投资者正确选择投资对象的买卖时机。

第二节 技术分析的理论前提

技术分析完全是一种根据市场行情的变化，通过反映市场状况的资料进行量化、推测、判断的分析方法。一百多年来各种各样的理念、方法、技术不断融入技术分析之中，使技术分析的生命力更加旺盛。

技术分析为什么经久不衰，说明它适应了证券投资市场，因此就受到了世界亿万投资者的信赖。谁能对期市进行正确分析和判断，谁就能占一步先机。

在中国期货市场中，由于各种突发因素和政策等的影响，再加上市场的不规范，庄家为了追求巨额利润而炒作，中小投资者操作不理性，常会引起期货价格的大幅波动。许多投资者会对这种巨大波动感到困惑。主力庄家只追逐价格波动带来的巨大利润，而对市场运行的内在规律很少研究，有的人甚至得出“技术分析过程是徒劳的”或“技术分析是无用的”的结论，这是我国证券市场技术分析的不完善和不发达的表现。

一、市场行为涵盖一切

市场行为涵盖一切是技术分析的基础。也就是说，影响证券价格变动的一切内因和外因都会反映在市场行为中。投资者关心的是这些内外因素是否会影响证券价格的升降，是否会使证券价格走势方向发生转变。在这些因素中，价格与供求关系是主要因素。即供求关系决定市场行为，市场行为是指影响证券价格变化的一切内因和外因。

投资者在实际分析时都是利用价格与供求关系的相互关联进行分析和预测价格走势的。若市场供不应求时，价格就会上升；若市场供过于求时，价格就会下跌。这种价格供求关系是证券市场预测的基础。根据这种供求关系可以得出这样的一个结论：“供求关系决定市场价格走势”。通常情况下，技术分析不关心价格涨跌的原因，只关心价格上涨或下跌之后带来的结果。也就是说技术分析只关心该市场行为会给价格的变化带来什么样的影响，不关心影响价格变化的因素。

有的信息会影响证券价格的变化，有的信息不会对价格造成影响。不论人们思维如何，只有影响了价格变化的信息才是有效信息。例如，2007 年 5 月 19 日，央行针对当前经济形势对经济进行宏观调控，又一次加息为经济降温，为期货市场降温。中国证监会又是提示风险，又是进行投资教育。这些利空消息都没有使期市发生逆转，说明价格仍然是由供求关系决定。供求关系决定期货价格与合约价格走势是内在规律。

二、价格依据趋势波动

证券价格的随机波动是有趋势性的。趋势性就是市场的内在规律性，即市场价格有趋势可循。趋势是客观存在的，趋势是有规律的，规律是可以被发展，被利用的。

虽然价格的波动是随机的，但并不是漫无边际的。在一定时间范围内价格波动呈现出一定的规律性和方向性，这种一定时间内的规律性和方向性就是价格波动的趋势性。

趋势性是技术分析中的基本概念，是技术分析的核心。它有三层含义：一是在技术分析中认为趋势是客观存在的；二是价格按照市场运行趋势的方向发生变动；三是一个正在运行中的主级趋势将会持续下去，直到反转为止。这就是物理学中的“惯性定律”在证券市场中的表现。根据这一定律，一个大趋势在一般情况下将会按照其内在规律性持续下去，除非突然出现了一些外来的力量改变了原来的运行方向。证券交易的供求关系往往会对这种趋势产生重要影响。这种趋势通常被划分为长期趋势、中期趋势和短期趋势。投资者可以根据这三种趋势在证券市场上进行操作，捕捉市场的获利机会，直到趋势出现反转迹象为止。

1. 历史往往会重演

投资者相信“历史往往会重演”是技术分析的基石。历史会重演，是数学中周期性变化规律在证券市场中的实际应用。它就像正弦波一样有规律地进行变化。说明证券价格的变化有周期性循环规律。只有历史重复，才能研究过去，预测未来。但是，历史不会简单的重复。否则，人们不会花费大量时间去研究统计学的规律。证券价格的重复，它在时间、空间上会有不同。

有人批评说，这种周期性的价格变化是用过去的经验来预测未来走势方向。事实并非如此，这种价格的周期性变化不是用过去的旧经验，而是用过去的、现在的、今天的、精确的一系列数据在坐标系中画出来的证券价格变化趋势图形。它不是过去的经验，而是实实在在的一系列数据。它不是感性认识，而是一种理性认识，并且这种理性认识来源于证券市场的社会实践。我们完全可以用这种理论去指导当今的实践。它也是“数学外推法”在证券市场中的应用。

证券市场投资者的“趋利动机”是最普遍的。获利是所有投资者最根本的目标。所以，证券投资技术分析与心理学、数学等学科密不可分。这种“历史会重演”不但在数学、物理学中会重复出现，而且在心理学中也会反复出现。人们在证券投资中有很多经验和弱点都会反复出现。这个结论，即期市中一些最经典的趋势形态已在过去一百多年的股票市场中被证实。投资者的心理状态可以影响证券市场的价格趋势。心理形态也是一种市场信息，它过去能够准确的反映出来，同样，在将来它也能客观的“故态重演”。

习 题

一、名词解释

1. 技术分析　　2. 空间

二、问答题

1. 简述市场行为四要素。

2. 技术分析和基本分析的区别。

3. 简述技术分析的理论前提。

参考答案

一、名词解释

1. 技术分析:根据过去和现在的成交量、成交价资料，利用图形分析和指标分析工具来解释、预测未来的市场走势。

2. 空间:是指在一个循环过程中价格变化的幅度和成交量的大小。

二、简答题

1. 市场行为四要素:①价格;②成交量;③时间;④空间。

2. 技术分析和基本分析的区别:(1)二者的研究方向不同;(2)二者的理论依据不同;(3)二者分析的方法不同;(4)二者的作用不同。

3. 技术分析的理论前提:(1)市场行为涵盖一切;(2)价格依据趋势波动;(3)历史往往会重演。

◆第十三章　技术分析理论

长期以来，金融专家在作对市场价格作技术分析时，由于分析对象、分析方法和分析侧重点的不同，形成了许多理论。影响比较大的有：波浪理论、K线理论、形态理论、缺口理论等。本章选择的技术分析理论具有代表性，也是比较实用和可靠的理论。

第一节　道氏理论及其应用

道氏理论是最常见、最著名的期市技术分析理论之一。人们所提及的道氏理论，实际上是已故的查尔斯·道和爱德华·琼斯的市场智慧的结晶。道氏理论的创始人查尔斯·道创立了道·琼斯公司，并创办了《华尔街日报》，在该报上以社论的形式发表了许多关于期货市场行为的文章。1884年7月率先创立了道·琼斯期货价格平均指数。虽然他一生没有为其理论著书立说，但是，在他去世后的第二年1903年，这些文章被收编在纳尔逊所著的《股市投机常知》一书中，并且首次成为“道·琼斯期货价格理论”。从而，道氏理论被正式定名。后来，很多人将道氏理论发扬光大，并成为道氏理论的典范。道氏理论是根据对期货价格的研究，推测未来期货价格行为的方法，所以，道氏理论是一种技术性理论。道氏理论就是利用道·琼斯指数来观察、研究，并预测股票(期货)未来价格走势趋向的方法。后来，世界许多国家利用道氏理论的基本原理，用其他指数同样也可以预测期货价格和期货合约价格未来的变化趋势。道氏理论也适应期货市场。

一、道氏理论的基本原理

期货价格指数是用来衡量期货价格水平和涨跌情况的数值。期货价格指数是期货市场的基本行为。期货市场价格的变化最终必然会体现在期货价格指数上。任何因素对期货价格产生的影响都会从期货价格指数图标上及时直观地反映出来。指数上升，表示大多数期货价格都在上升，整个市场的大趋势呈上升走势；反之，指数下降，表示大多数期货价格都在下降，整个市场的大趋势呈下降走势。由此可见，指数的波动变化，是表明整个市场的大趋势的变化，并非每只期货的变化。当整个市场大趋势上升或下降时，也有少数个股的价格是下跌或上涨的。这些逆市而行的个股，不代表大趋势的变化。道氏理论也是一种反映市场总体趋势的晴雨表。

道氏理论的基本原理就是把大盘指数的变化概括为长期趋势、中期趋势、短期趋势三种趋势。

在期货价格运动的三种趋势中，最重要的是长期趋势（也称基本趋势、主要趋势）。它可能持续几个月，甚至几年才会改变波动方向。长期趋势上升，就形成了多头市场，即“牛市”。这时市场主力机构就会大量建仓，众多中小投资者也会随之大量买进，多数期货价格自然还会上涨。反之，当长期趋势下降时，就会形成空头市场，即“熊市”。这时市场主力减仓，众多中小投资者抛压，多数期货价格就会下跌。长期趋势不是直线上升或直线下降。在上升过程中，经常会下跌，经过回调后再继续上升；在下跌过程中，突然会上涨，经过反弹后再继续下跌。上升和下跌是一个反复波动的长期过程。

中期趋势，又称次级趋势，它是与主要趋势运行方向相反的一种逆向趋势。它会持续几周至几个月。在牛市行情中，它表现为中级下跌或调整行情，在熊市行情中，它表现为中级上升的反弹行情。每一轮多头或空头市场的基本趋势出现之后，总会出现 2～3 个中期变动趋势。中期趋势是对市场长期（基本）趋势的一种适时校正，使长期趋势走向并非是直线上升或下降。在中期趋势的调整、校正下，使一个长期上升的走势，经常会突然下跌，经过回档后再继续上升；或者，使一个长期下降的趋势，突然出现上涨，经反弹后再继续下跌。这种突然上升或下跌，就会出现“超买”或“超卖”现象，是一种正常的期货价格变动现象。道氏理论认为：调整时间大约是两周或一个月；调整幅度约为长期趋势上升或下跌幅度的 3/8。

短期趋势（也称日常波动）。在一个中期趋势中，有许多短期波动趋势。通常是三个以上的短期波动构成一个中期趋势。期货价格在三、五天内就波动一次。日常波动受种种因素的影响，具有很大的“随机性”。通常是一条消息、一句传言、一种政策、一条新闻，都会引起期货价格波动。所以，短期波动很容易受人为的操纵。中长期投资者，可以不用理会这些短期波动，因为中长期趋势是期市的内在规律性，是任何人为力量都难以控制的。

道氏理论认为期市、汇市的价格运动发展过程是由上述“三种趋势”组成的。

二、道氏理论的核心

道氏理论根据期市的升跌，把长期趋势分为牛市与熊市两大类。牛市理论与熊市理论（统称为长期趋势理论）是道氏理论的核心。

道氏理论指出：期市的长期变动趋势，就是一个从牛市到熊市，再从熊市到新的一轮牛市；是一个反复交替、多空搏斗的过程。

道氏理论根据牛市和熊市中的不同特征，将它们各分为三个时期。

1. 牛市三个时期

（1）牛市第一时期（初升期）

牛市初升期通常是在市场最悲观的情况下出现的，是投资人进货建仓的时期。期市经过暴跌或长期阴跌，投资者对买卖合约失去兴趣，不计成本抛空合约，纷纷离开期市。证券公司大厅内每天交易清清淡淡，市场处于低迷状态。再遇上经济不振、工业亏损、商业萧条、利空传言四起，多数投资者认为跌势还将继续。多数中小投资者宁可持币观望，也不轻易购买合约。然而，正是在这最悲观的时刻，期货价格已跌至谷底，并且跌无可跌。危机中孕育着兴起，黎明前的黑暗已经过去，牛市正在悄悄地来临。这时，市场主力和有远见的投资者，早已选好了业绩优良、成长性高、群众基础好的股票并在悄悄地买进。一些期货价格超跌、品质优良或者已跌破发行价的合约的期货价格开始慢慢回升。随着投资者的增加，期市开始向上启动，整个市场的交易开始活跃。这时是中长线操作入市的最佳时机。

(2)牛市第二时期(主升期)

随着基本面的好转和大量资金源源不断入市，期市进入了主升期。这时期货价格大涨小回，大盘天天上扬，期货价格节节攀升，人气日日旺盛。量价配合良好，资金源源入市，强势上升明显。投资者惜售，多头彻底战胜空头。当期货价格升至某一高位时，常常会停滞不前。因为，期货价格升涨幅度已大，多空双方各持己见，互不相让。大盘呈现似升非升，似跌非跌，升升跌跌的相持局面。这时，期货价格回调是中短线操作入市的最佳时机。

(3)牛市第三时期(高涨期或末升期)

末升期是期货市场上升趋势的最后一个阶段，期货价格会巨幅上升，并即将见顶。投资者情绪高涨，成交量不断增加，入市者一批一批涌进期市。期市人气沸腾，证券公司一片繁忙景象，大盘飞速上扬，期货价格节节暴涨，成交量屡创新高，整个市场交易狂热。当市场出现了极度乐观心态、多数投资者对后市变化毫无戒心时，大盘已经岌岌可危了，顶部特征显现。市场主力和少数明智的投资者开始悄然离市。这时的操作策略:看准急升的强势股做短线投机，获利后快速离场。

2. 熊市三个时期

(1)熊市第一时期(初跌期)

熊市第一期(初跌期)正好与牛市第三期(末升期)衔接。它出现在市场到处弥漫的乐观气氛中。它是多头市场的最后一个阶段。很多投资者疯狂买进，但期货价格向上攀升已经乏力。此时，多数中小投资者仍然疯狂地沉迷于炽热的期市，对后市变化毫无戒心。因这种潜在的危机没有迅速暴露出来，多数投资者判断失误。但是，市场主力却开始悄然离市。期货价格在高位振荡，尽管成交量还很高，但成交量在期货价格上涨时有减少的趋势，下跌有量，反弹无量。真正的市场顶部已经形成，期货价格大幅下跌将会随时出现，熊市已经到来。这时的操作策略是卖出全部合约。

(2)熊市第二时期(中跌期)

大盘指数巨幅振荡之后，已无上升动力。期货价格突然下跌，是期货价格的转势阶段。每次反弹，则会造成更大幅度的下跌。投资者心态看坏，一有风吹草动，就触发恐慌性抛售。市场已被利空消息笼罩，各项技术指标已经破位下行;股指大有急转直下之势。大盘指数在大幅下跌之后，会出现一次较大的反弹，而且，反弹幅度有时会超过下跌幅度的二分之一。这时的操作策略是:多看少动，离场观望，停止操作，切勿盲目抢反弹。

(3)熊市第三时期(末跌期)

大盘经过几轮暴跌和反弹之后，期货价格已惨跌不堪。一批又一批的多头投资者相继成为牺牲品。对后市缺乏信心的投资者开始大量“杀多”，不计成本的大量卖出最后库存的合约。期市长期低迷下跌，多数中小投资者开始悲观失望、伤心地离开期市。期市反弹虽然无力，但下跌之势趋于平缓。多数合约已经是“跌无可跌”。当市场投资者的悲观情绪到达顶点时，期货价格则已跌到了谷底。“黑暗即将过去，黎明即将来临”。许多人不知道熊市末期正好与牛市初期相吻合。这时是中长线买入的最佳时机，投资者可选择质优价廉、题材丰富、众人喜爱、有投资机构介入的合约买入。

三、道氏理论的应用

道氏理论侧重于期市运动的长期趋势分析，而不能作出中短期趋势分析。然而，多数投资者都要求掌握期市的中短期变化规律。因为，每年都有几个中短期转换点，利用中短期转换点买卖合约能获得更大的收益。

后来人们把道氏理论的长期趋势划分成五个中期趋势，如图 13－1 所示。

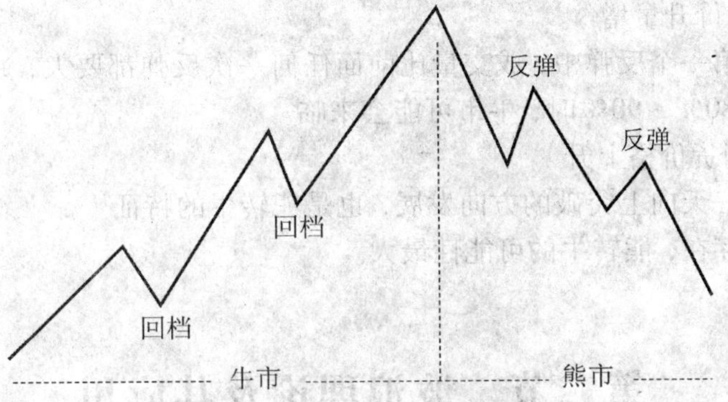

图 13－1　五个中期趋势

长期趋势由五个中期趋势构成。其中三个与长期趋势走向一致(上升)，称为主要中期趋势(主要趋势)；另两个与长期趋势走向相反，称为次要中期趋势(次要趋势)。次要趋势又有牛市与熊市之分:牛市中的次要趋势称为中期性回档；熊市中的次要趋势称为中期性反弹。

从持续时间上说，主要趋势持续时间长；次要趋势时间短。牛市中的主要趋势的持续时间平均为 13 周；次要趋势的持续时间平均为 5 周。熊市中的次要趋势的持续时间平均为 6 周。从幅度上说，牛市中的次要趋势的回调幅度为上升幅度的 56%；熊市中的反弹幅度为下降幅度的 52%。

主要趋势与次要趋势之间的关系是:主要中期趋势的期货价格波动幅度越小，则次要中期趋势的期货价格波动幅度越大；否则反之。这个结论告诉我们:在牛市行情中，上升幅度越小，回档幅度越大；上升幅度越大，回档幅度越小。在熊市行情中，下降幅度越小，反弹幅度越大；下降幅度越大，反弹幅度越小。

利用中期趋势的量价关系和升降幅度，可用来分析长期趋势的转换。判定长期趋势转换的方法如下。

1. 牛转熊判断

(1)成交量萎缩

若在牛市行情中的某个中期上升阶段中，成交量不能超过相邻前期上升阶段的成交量时，则牛市可能会转为熊市。

(2)量价背离

成交量虽创新高，却不能有力推动期货价格上升(量价背离)，期货价格未创新高。则牛市可能会转为熊市。

(3)价跌量增

在牛市行情的次要趋势中，若回档时，出现价跌量骤增的现象，并且下跌幅度超过相邻前期上升幅度的80%，则这个次要趋势的回档很可能就是熊市的第一个下跌趋势。若下跌幅度达到100%，说明熊市已基本成为定局。

2. 熊转牛判断

(1)期货价格底部逐渐抬高

若熊市后期成交量逐渐萎缩，并且下降幅度减小，底部高于相邻前期的波谷时，牛市将可能出现。

(2)谷底抬高，价升量增

若熊市后期的第一个反弹中，成交量比前面任何一次反弹都要大，并且反弹幅度超过相邻前期下降幅度的80% ~90%时，牛市可能会来临。

(3)连续三天期货价格上升

大盘指数连续三天向上突破的方向发展，也是熊转牛的特征。

上述三条同时存在，熊转牛的可能性最大。

第二节　波浪理论及其应用

波浪理论是由美国教授拉尔夫·纳尔逊·艾略特于1938年创立的，主要用于合约、期货市场的走势分析。本节只简要介绍波浪理论的基本原理、主要特征和应用原则。波浪理论的发展经历了三个阶段，即波浪理论的产生、传播和应用阶段。于1938年出版了《波浪理论》。后来经过三十年的发展，约翰·弗罗特与布莱切特两人于1978年合作出版了《艾略特波浪理论》。这本书成了现代波浪理论的经典著作。

一、波浪理论的基本原理

波浪理论同样适用于期货市场价格分析。

1. 期货价格波动有规律可循

托尔夫·纳尔逊·艾略特指出:期货市场根据自身的规律运行。如果没有规律，市场将无所适从。他认为，期市的价格波动，就像大海中的波浪一样，一波接一波，后浪推前浪，周而复始，有规律可循。这种规律是以“五升三降”作为一个循环而交替重复进行的。期货价格波动与大海波浪的波动相似，一浪接一浪，不断重复出现。

2. 波动有周期性规律

股(期)市的波浪运动有周期性规律，并且在一个周期内，由8个浪组成。其中有5个上升浪和3个下降浪。如图13-2所示。

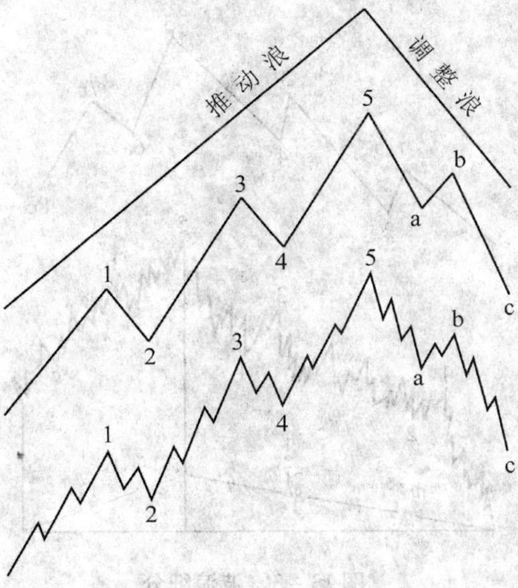

图 13－2　8 浪结构图

从图 13－2 中可以看出波浪理论的规律。还可以简要的将波浪理论的“波动原理”及其规律归纳如下。

(1)升降有重复性

波浪有升有降，循环往复。牛市阶段趋势向上，熊市阶段趋势向下。

(2)涨跌有交替性

期货价格的上升和下跌是交替进行的。没有永恒的上升波浪和下跌波浪。

3. 两个基本波浪

推动波浪和调整波浪是期货价格(指数)波动的两个最基本波浪。推动浪又可细分出 5 个小浪;调整浪细分出 3 个小浪。再进行细分，推动浪又可细分出 89 个小浪;调整浪细分出 55 个小浪。二者相加为 144 个小浪，刚好与数学中的斐波那契数列(1,1,2,3,5,8,13,21,34,55,89,144, …)吻合。可见，斐波那契数列正是波浪理论的数学基础。推动浪与调整浪的趋势相反。

4. 五升三降循环性

8 个浪(五升三降)为一个循环周期。

把 1 至 5 浪统称为“推动浪”，把 a、b、c 3 个浪统称为“调整浪”，以便于观察总体运动规律。细分的波浪图如图 13－3 所示。

“五升”包括两个向下回档波浪，“三降”包括一个向上反弹波浪。

5. 波浪的形态不受时间的限制

期货价格波动的时间长短可以改变，时而拉长，时而缩短。但是，万变不离其宗，8 浪循环的基本形态“五升三降”不会改变。即图形种类多种多样，基本形态保持不变。

用波浪理论既可以分析几小时、几周的小循环，也可以分析 1 年、10 年的大循环。从八浪循环规律可以看出，波浪理论可以在行情趋势确立之时，预测行情趋势何时结束。波浪理论可以指导投资如何在大海中冲浪。

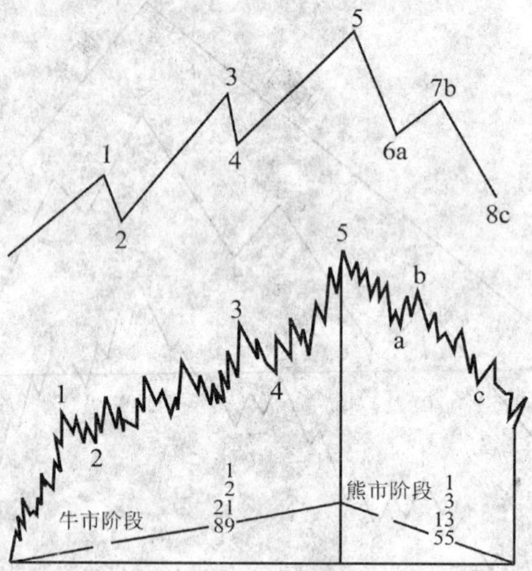

图 13－3　波浪细分

二、波浪理论的主要特征

波浪理论的核心是形态、比率与时间。形态就是波浪图形，图形有 8 浪循环的规律。比率是用黄金分割率来测量不同波浪之间的比例关系，用以判定期货价格的支撑位和阻力位。时间则表示波浪与波浪之间的关联。

在 8 个波浪中，各浪都有自己的特征。

第 1 浪特征：

①第 1 浪是 3 个上升浪中最短的波浪。

②第 1 浪约 50% 的幅度处在箱型底部，正在营造底部形态，属于箱底波浪。此时，因买方力量不强大，又存在空头抛压，所以，第 1 浪之后就会出现第 2 浪的调整回落。

③第 1 浪的另外 50% 幅度的升幅十分可观。

第 2 浪特征：

①第 2 浪是第 1 浪的调整浪。有时跌幅很大，几乎吃掉第 1 浪的升幅；但是，第 2 浪的最低点要比第 1 浪的最低点高，不会跌破第 1 浪的最低点。

②在图表中，出现反转形态。例：双底、头肩底等。

③成交量缩小，抛售压力轻，有惜售心理。

操作策略：抓住良机，积极入市。

第 3 浪特征：

①第 3 浪是 3 个上升浪中最长的浪，也是最有爆发力的浪，坡度很长，运行时间也最长。

②第 3 浪的升幅一般是第 1 浪的 1.618 倍或 2.618 倍。因第 3 浪涨势激烈，常会出现第 3 浪的延伸浪。

③成交量大增，入市人增多。图表上常会出现突破信号。例：突破缺口等。

④第 3 浪长度与第 1 浪长度之比，通常是“黄金比率”关系。第 3 浪最高升幅等于第 1 浪的总长度乘以 1.618，再加上第 2 浪最低点数值。

操作策略：紧跟热点，抓住龙头，果断买进，持仓待涨。

第 4 浪特征：

①第 4 浪是第 3 浪的调整浪，也是上升难度最大的浪，经常出现复杂形态（以三角形整理形态较多）。

②市场人气旺盛，短期获利回吐，期货价格开始回调。

③期货价格回调下跌的幅度为第 3 浪升幅的 38.2%，第 4 浪回调的最低点不会低于第 1 浪的最高点。

操作策略：当第 4 浪回落到最低点附近时，是中短线买进的良机。

第 5 浪特征：

①第 5 浪通常是整个上升行情的最后一个上升波浪。第 5 浪的上升幅度，一般小于第 3 浪，而且期货价格也到达了顶峰。

②市场乐观情绪达到最高峰。绩差股涨幅大于绩优股，有“鸡犬升天”之势。

③第 5 浪的最大升幅约是第 1 浪至第 3 浪的运行长度的 0.618 倍，再加上第 4 浪最低点数值。

操作策略：离场观望，不可追高，以免套牢。

a 浪特征：

①a 浪的出现表明市场进入长时间的调整期，期货价格和期价原来的上升趋势已结束。a 浪是对整个推动波浪的调整浪。有可能期货价格（大盘指数）完全转市，开始走向反转走势。a 浪出现通常是牛转熊的初始特征。因为 a 浪是大牛市中的首次大幅度回落，所以经常被误解为是一个暂时的回档现象，以至于许多中长线买入者被套牢。

②a 浪常以调整形态（重心逐步下移）或“梯形”下降形态运动。在这个向下调整的过程中，不少投资者还有盲目乐观情绪。

操作策略：例，期货价格在底部止跌企稳后，抢一次超短线反弹。即做一次 3～5 天内就出货的投机性操作。

b 浪特征：

①b 浪是继 a 浪下跌之后的一次反弹波浪。也是大跌后的首次反弹，反弹力度一般不大。b 浪在短暂的反弹之后，期货价格还会继续下跌。投资者务必迅速离场。

②因为 b 浪是对 a 浪的调整，容易让投资者误认为是另一段上升行情，以至于许多投资者在 b 浪反弹期间饱尝套牢之苦。

③b 浪成交量不大，观望情绪浓。b 浪反弹是多头逃命的最后一次良机。如果投资者判断失误，应在 b 浪反弹中果断止损。

④b 浪有时可能会升至第 5 浪的高点，甚至会超过第 5 浪高点，再创新高。但它毕竟是“回光返照”。用句俗语来形容就是“夕阳无限好，只是近黄昏”。

操作策略：例，抛光合约，离场观望。

c 浪特征：

①c 浪是调整趋势的最后一个下跌波浪。c 浪的下跌幅度更深，破坏力更强，c 浪跌势强劲，持续时间长，而且会出现全面性下跌。使没有撤离市场的投资者损失惨重。当 c 浪结束后，又是另一轮新波浪的开始。

②c 浪的下跌长度有时与 a 浪相似，有时是 a 浪的 0.618 或 1.618 倍。因为波浪理论的数学基础是斐氏数列。在斐氏数列中，除了前几位数字之外，任何数对其后一个较大数的比

率为0.618，而且，越往后，关系越明显。

在上述的“8浪循环”中，无论是上升趋势还是下降趋势，都可以用0.382、0.618等黄金分割率来预测价格的升跌幅度。

三、波浪理论的应用原则

期货市场和股票市场的应用原则具有相似性。

1. 数浪三原则

(1)第4浪与第1浪不可重叠原则

调整浪第4浪的下跌的最低点不能与第1浪的最高点重叠。第4浪的最低点应高于第1浪的最高点，不能回调到第1浪之下。结论:第4浪的底，不能低于第1浪的尖峰，这是界定第4浪的充分必要条件。

(2)第3浪通常是最长波浪原则

第3浪通常是五个波浪中最长的波浪。绝对不会是三个上升波浪中最短的一个波浪。

(3)第5浪有弹性原则

第5浪较有弹性，长度不会超过第3浪之结束位置(比第3浪要短)；第5浪结束后则会进入长期的熊市调整波浪。

注:第2浪不会调至100%幅度，即不会跌破第1浪的起始位置。

2. 研判两指引原则

(1)交替规律指引

所有的波浪形态几乎都是交替轮流出现的。在一个较大级数的调整浪中，也可以用交替规律来分析各种波形的变化。例如:若A浪以三段浪形式出现，则B浪也会以三段浪形式出现。区别是在于形态，有单式和复式之分。如图13-4所示。

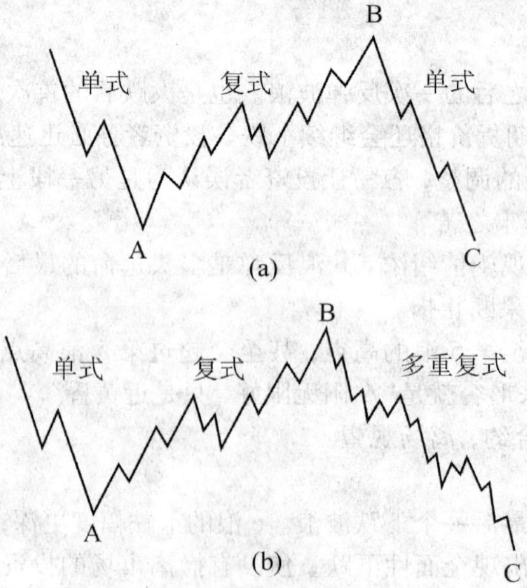

图13-4　交替规律指引

(2)调整浪研判指引

对调整浪(熊市)的终点，波浪理论提出了以下几个预期性结论。

首先，较大级数的调整浪④，其调整回落低点通常在前一段浪③的低点附近。如图13－5所示。

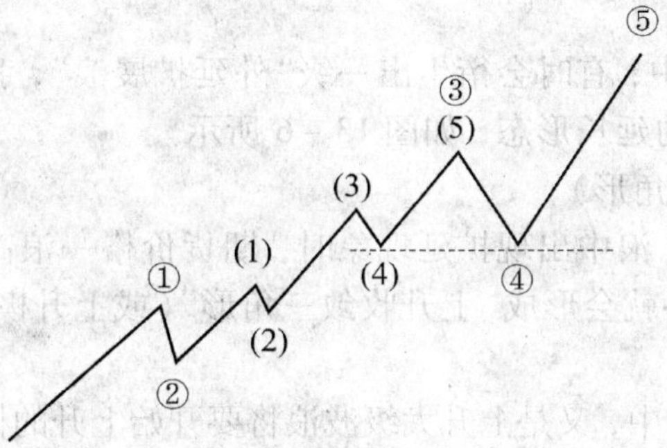

图13－5 调整浪研制指引

其次，较大级数的C浪，其调整低点在第4浪的低点附近。

再次，出现扩延浪之后的调整回落低点，可以高于第4浪的低点。

最后，曲折型的C浪调整，最低点可能会回落到第2浪的低点附近。

3. 波浪的形态原则

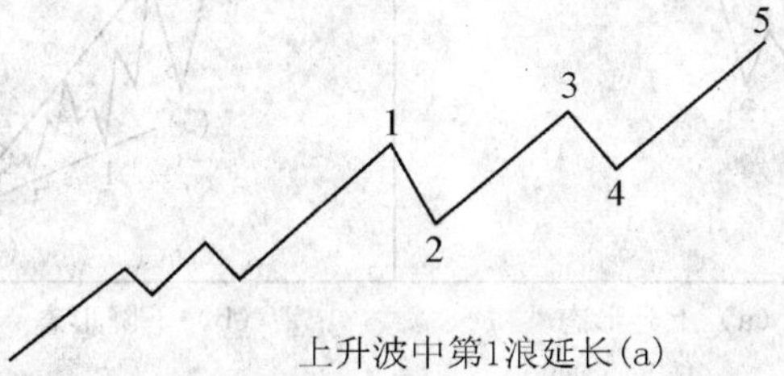

上升波中第1浪延长(a)

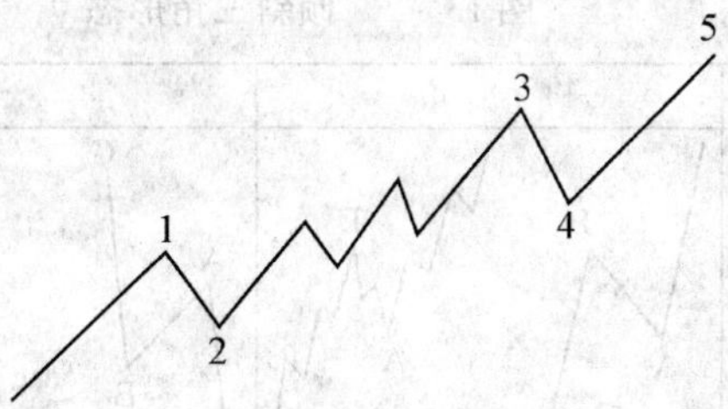

上升波中第3浪延长(b)

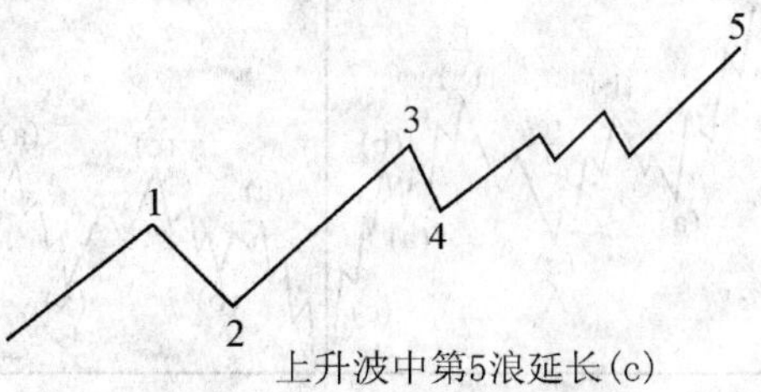

上升波中第5浪延长(c)

图13－6 扩延浪的延长形态

波浪的形态可以分为:推动(上升)浪的形态与调整(下降)浪的形态。应该指出的是:波浪的形态很复杂,有多样化图形。

(1)推动浪的形态

在三个上升浪1、3、5的上升推动波浪中,其波形变化非常繁多。在推动浪中主要有两种形态:延长形态和三角形形态。

①延长形态

在“五升三跌”的波浪中,有时会衍生出一级“外延扩展浪”,我们把这种外延扩展的波浪称为扩延浪。这种扩延浪的延长形态,如图13－6所示。

②三角形形态(倾斜三角形)

当期货价格走势在第5浪中出现扩延现象时,期货价格一浪高一浪的延伸,成交量却逐渐减小,这种扩延浪的走势就会形成“上升收敛三角形”(或上升楔形),是上升大级波浪将要结束的标志。

当这种形态出现在熊市中,又是上升大级波浪将要开始上升的标志。如图13－7(b)所示。

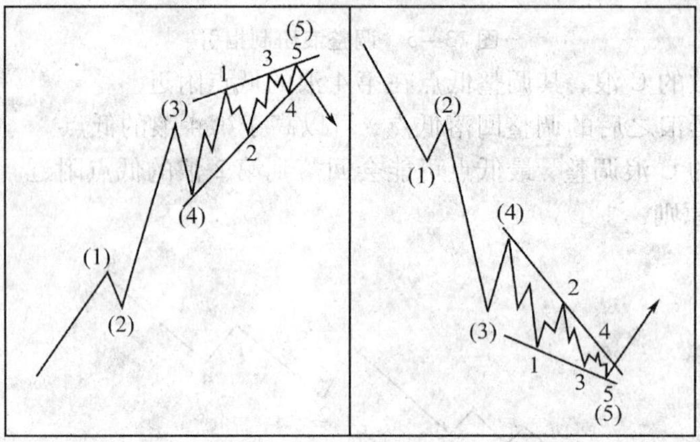

(a)上升形态　　(b)下降形态

图13－7　倾斜三角形态

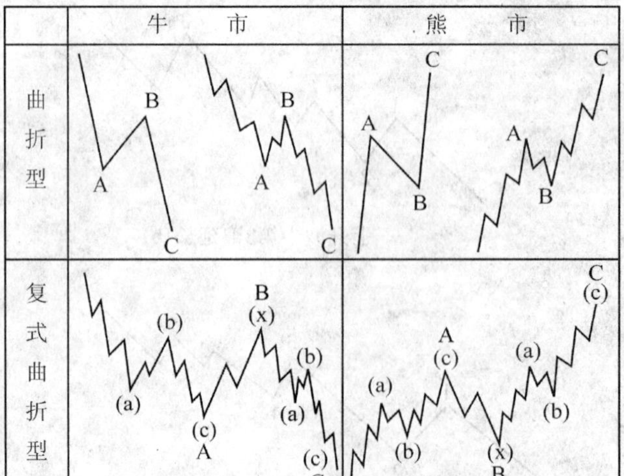

图13－8　曲折型

(2)调整浪的形态

调整浪的形态一般有两种类型:曲折型(5—3—5 形)、平坦型(3—3—5 形)。

①曲折型(5—3—5 形)

如图 13－8 所示，曲折型的走向与主导趋势走向相反。曲折型为三浪调整形态，为 5—3—5 结构，标记为 A—B—C。即是:A 浪由 5 浪组成、B 浪由 3 浪组成、C 浪由 5 波组成。在牛市调整中，A—B—C 曲折型的 B 浪顶点比 A 浪顶点低。在熊市调整中，B 浪顶点比 A 浪顶点高。

②平坦型(3—3—5 形)

平坦型又可分为:正规型、非正规型和顺势型。如图 13－9 所示。

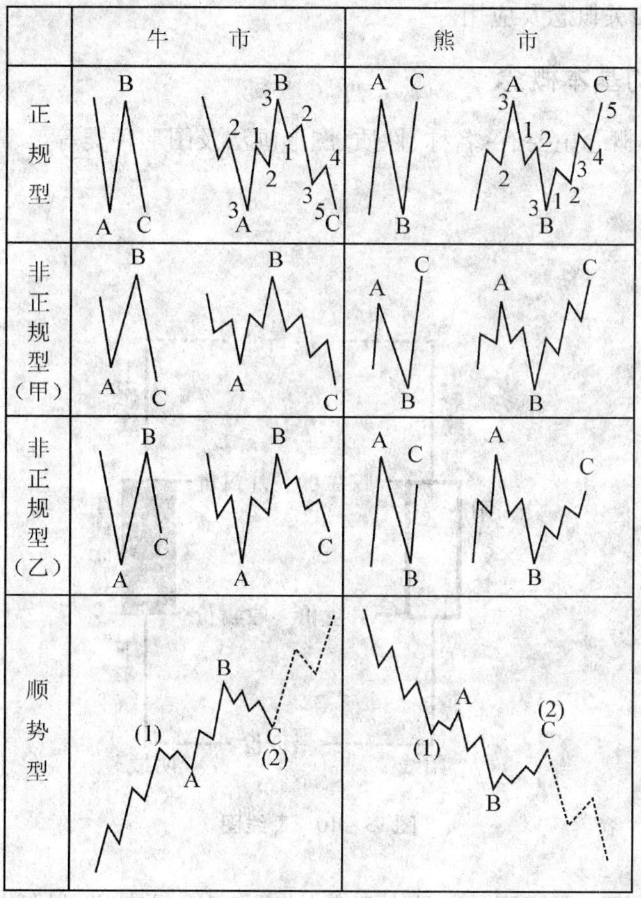

图 13－9　平坦型

正规型:A 是 3 浪、B 是 3 浪、C 是 5 浪。对于牛市中的调整浪，A 浪只走了 3 浪就反弹到 B 浪;C 浪虽走完了 5 浪，但仅仅是稍低于 A 浪就结束了。对于熊市中的调整浪，其图形走向刚好与牛市相反。

非正规型也是 3—3—5 结构，与正规型相似，区别是:C 浪走势远远超过 A 浪低点(或高点)之后才结束。

顺势型:只是 C 浪未能超过 A 浪起点水平。

第三节　K 线理论及其应用

K 线理论既适应股市，又适应外汇和黄金市场，是最重要的理论。

因为 K 线图的形状像蜡烛，又称蜡烛图，在西方国家称为阴阳线。K 线理论已经发展成为比较完整的一种分析期市和行情的理论，并被众多投资者采用。

K 线是投资者进行投资分析的重要工具之一。K 线是将每天的期货价格记录下来并画成图表，人们根据图表就能看出期市的变迁与变化的形态，以及期市前后的关系等。下面将着重介绍 K 线理论的相关概念及应用。

一、K 线理论的基本概念

K 线理论的基本概念主要有：名称、性质、图形画法及图形种类等。

1. 名称及性质

(1) 名称

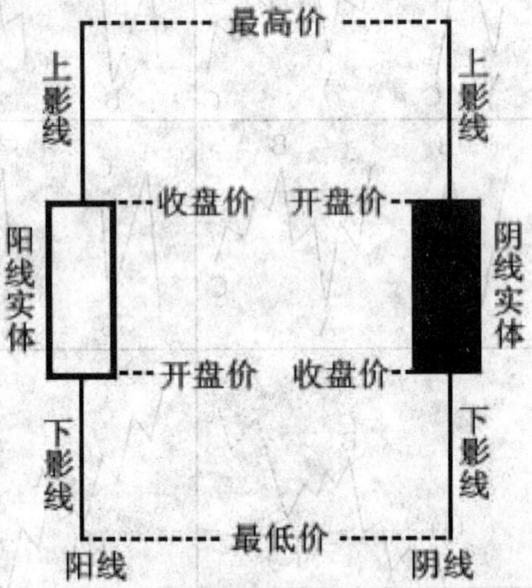

图 13 – 10　K 线图

K 线图又称蜡烛图或阴阳图，它是由开盘价、收盘价、最高价、最低价四个价位组成的图形。K 线是一条柱状线、是用来记录某种合约或指数在某一时间价格波动情况的图形，K 线图的标准图形有阴线图和阳线图两种。如图 13 – 10 所示。收盘价低于开盘价的图形称为阴线（黑体）；收盘价高于开盘价的图形称为阳线（红体）。收盘价与开盘价之间的价位区域用长方实体表示，称为实体。阴线的实体涂黑，阳线实体则空白（计算机显示红色）。超出实体的高价区和低价区均用细线表示，称为影线，超出实体的高价区称为上影线，超出实体的低价区称为下影线。

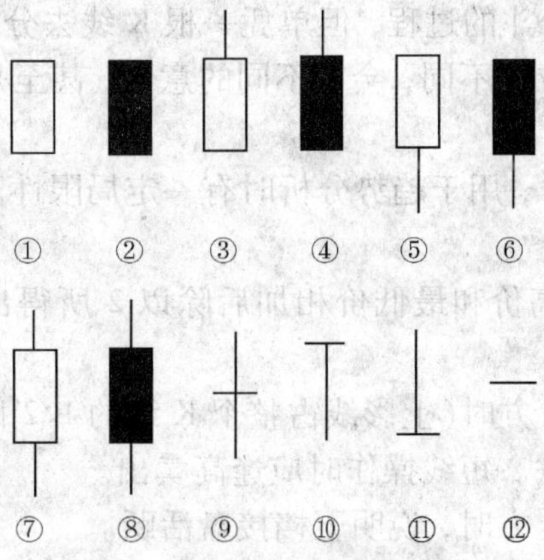

图 13－11 K 线图非标准

K 线图除了标准图形之外，还有许多非标准图形如图 13－11 所示。每一个图形都有不同的含义，用以分析期货价格的趋势。用单根 K 线图分析期货价格的方法叫静态分析法，其准确性低于动态分析法。

(2)分类

K 线图形虽然有很多，但如果按照收盘价与开盘价分类，只有三种类型：阳线、阴线和平盘线(十字星、丁字线和四价位同位线，都称平盘线)。如图 13－12 所示。

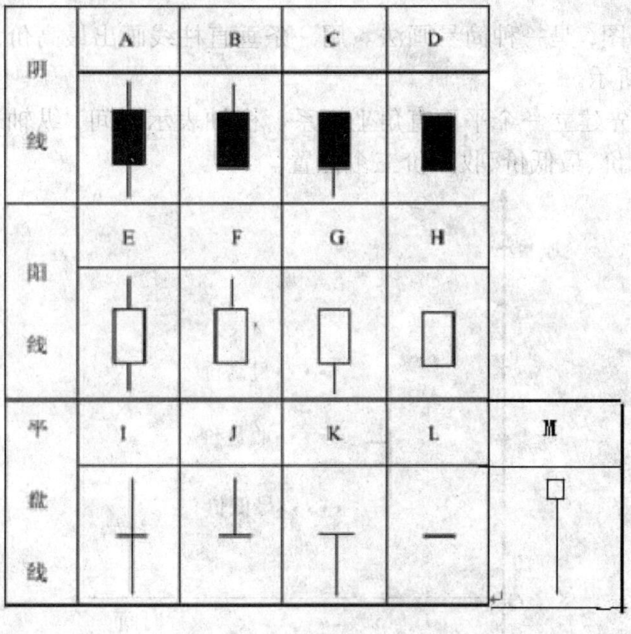

图 13－12 K 线的三种类型

(3)性质

①K 线图的通用性

用 K 线图可以研判期货价格，也可以研判指数，而且 K 线与成交量、平均线、趋势线等其他技术指标配合使用效果良好。

②双方斗争的过程性

K 线图表示了多空双方争斗的过程，但单凭一根 K 线去分析、研判期货价格的意义不大。因为，同一根 K 线因所处的位置不同，会有不同的意义，甚至是相反的意义。

③K 线图的局限性

K 线理论与其他理论一样，用于趋势分析时有一定局限性。

④中心点研判的时效性

中心点就是把 K 线的最高价和最低价相加后除以 2 所得出的价位。中心点位于实体的何处，会有不同的意义。

a. 阳线实体位于中心点下方时(上影线占整个 K 线的 1/2 以上)，说明上档压力大，期货价格短期内不会出现大涨大跌。短线操作时应逢高卖出。

b. 阳线实体位于中心点上方时，说明下档接盘活跃。

c. 阳线实体与中心点重合时，上升中是见顶信号;低位时是上升信号。

2. K 线基本图形

(1)图形画法

①记录当天的开盘价、收盘价、最高价、最低价。

②若收盘价高于开盘价，用红色画图，称为阳线。

③若收盘价低于开盘价，用绿色画图，称为阴线。

④收盘价与开盘价之间用长方实体表示，最高价和最低价用上、下影线表示。

(2)柱状图

柱状图又叫棒形图，是一种简易画法。用一条垂直柱线画出最高价、最低价、收盘价三个参数。如图 13－13 所示。

画柱状图时，首先建立一个平面直角坐标系。横轴表示时间，纵轴表示期货价格。然后在坐标系中绘出最高价、最低价、收盘价三个位置。

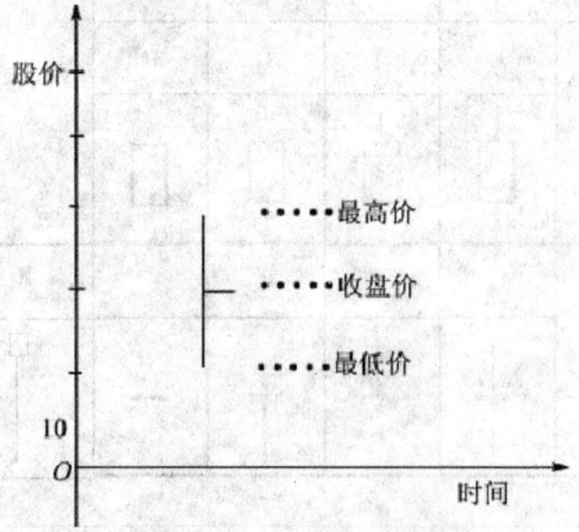

图 13－13　柱状图

柱线图简单易懂，既能体现总体趋势，又能表现各种形态。

(3)图形种类

K 线图形的种类很多，这里只讲单一图形与复合图形，如图 13－12 所示。

①单一图形

A 为标准阴线图。上、下影线几乎等长，收盘价低于开盘价。表示市场迷惘。

B 为平底阴线图，又称上吊阴线。图形是只有一条上影线的黑实体。表示期货价格先涨后跌，并以全日最低价收盘。后市看弱，上影线越长，上档压力越大。

C 为平头阴线图，又称黑锤阴线。图形是只有一条下影线的黑实体，为下跌抵抗型。开盘后期货价格连连下跌，但在低价位买盘增多。空头遭遇多头反击，并收复部分失地。收盘价还是低于开盘价。若下影线很长，期货价格有可能反弹。

D 为光头光脚阴线实体。开盘价就是最高价，一路下跌，并以最低价收盘。后市看弱，空方占绝对优势。阴线实体越大，杀伤力越大。

E 为标准阳线图形。带有上下影线的红实体。收盘价高于开盘价。后市看好。

F 为平底阳线图形。又称上吊阳线。带有一根上影线的红实体，为上升抵抗型。期货价格开盘后大幅上扬，向高价位推进；随即卖压增强，空头反击，多头受挫；期货价格回落，但多头仍占上风，收盘价高于开盘价。后市看涨。若上影线很长，说明上档抛压严重，多头势力有转弱迹象。

G 为平头阳线图形。又称红锤阳线。带有一根下影线的红实体，为先跌后涨型。开盘后期货价格就下滑，在低位买盘增加，多头气盛，一鼓作气将期货价格拉到开盘价上方，空头毫无反击力量，以最高价收盘。后市看涨。下影线很长时称为伞形阳线，说明当日多头反击力度强。

H 为光头光脚阳线实体，不带上下影线。开盘价就是全日的最低价，买盘强劲，期货价格一路攀升。多头占绝对优势，以最高价收盘，后市看涨。实体很长时，称为长阳线。长阳线若出现在高价位时，期货价格会发生转向。

I 为十字星图形。上下影线都较长，而且长度几乎相等。期货价格和期价在当天的上下波动中，有时高于开盘价；有时低于开盘价，收盘价与开盘价相同。表示今日多空战斗未分胜负（多空分歧很大），次日再分高低。收盘价比前收盘价高时，称为红十字星，否则称为黑十字星。它是转市的信号。在低价区出现的十字星是“启明星”（晨星），期货价格看涨；在高价位出现的十字星为“暮星”，即黄昏之星，期货价格和期价看跌。若上影线很长，红黑实体很小时，称为射击星，它的形成是开盘价较低，多头力量上攻，一度急升，随后抛压加强，尾市收盘价又回落到开盘价附近。射击星出现在顶部时，期货价格和期价反转的可能性极大，而出现在底部时，说明投资者心态不稳。

J 为云塔线，又称暂止线。低价位出现表示暂时止跌；高价位出现表示见顶。不论在什么价位出现，都表示期货价格和期价要“暂时休止”。开盘后期货价格和期价一路走高，在高价区遇到强大抛压，又将期货价格逼回到开盘价报收。它表示多头无力延升，后市难以乐观。而且上影线越长，后市越悲观。

K 为丁字线。开盘后期货价格和期价一路走低，尾市遭多头反击，期货价格和期价又被多头拉起。它表示空头力量有限，显示有反转迹象。出现在高价位是期货价格和期价由高变低的先兆；出现在低价位是期货价格和期价由低变高的先兆。

L 为四值同位线（称一字形线或称为转换线）。它表示着期货价格和期价涨停板了或者跌停板了。在没有涨跌停板制度的市场中，它的出现有预示转势的意义，即在盘整时出现表示盘整要结束；在上升时出现表示上升将结束；在下跌时出现表示下跌将结束。一字形线是开盘价、最高价、最低价、收盘价均为同一价格的 K 线。

M 为定海神针，图形的实体极小，下影线很长。定海神针的出现有预示“转势”的意义。即当它在低价位出现后，预示后市(次日或次周)期货价格和期价反转上升的概率极大。而且，下影线越长，上升概率越大。

由以上 13 种 K 线图可知：这些基本线型的意义，只是就一般情况而言。K 线图的奥妙，在于相同的 K 线图出现在不同的期货价格和期价波动趋势中有不同的意义，有时意义会截然相反。

②复合图形

复合图形有两根、三根 K 线图形及多根 K 线图形。这里只简略介绍一些常见的 K 线组合图形。

第一种：十字星组合图。

典型的十字星有上升十字星(希望十字星)和下跌十字星(黄昏十字星)之分。如图 13－14所示。

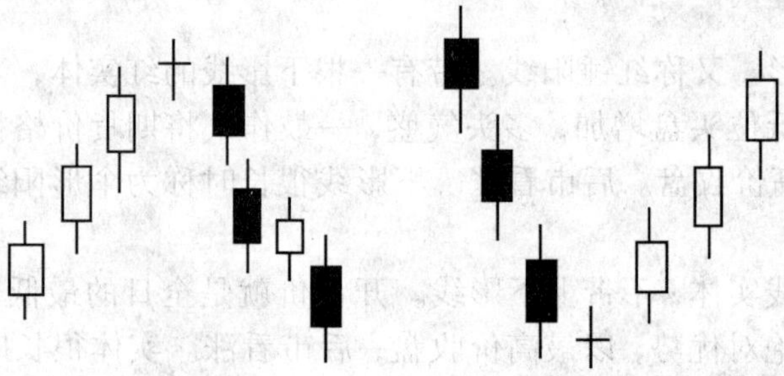

图 13－14　十字星组合图

第二种：非典型的“晨星”与“暮星”。

“晨星”(希望之星)由三根 K 线组成：第一根是实体修长的阴线，第二根是跳空低开的小阴线或小阳线，第三根 K 线为阳线。“暮星”(黄昏之星)它的组成与晨星相反。第一根 K 线为阳线，第二根为跳空高开的小阴线或小阳线，第三根 K 线为阴线。如图 13－15 所示。

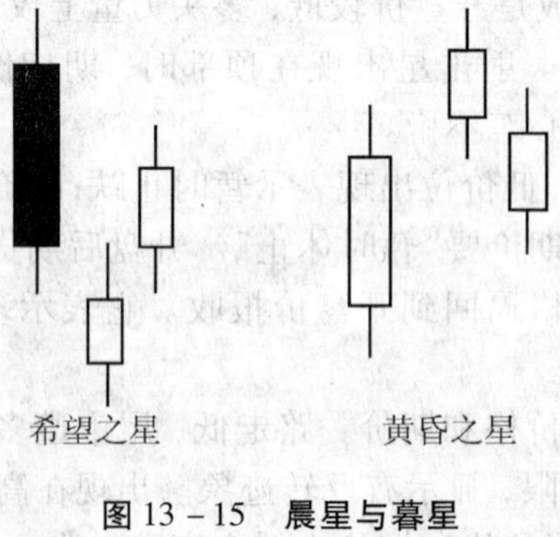

图 13－15　晨星与暮星

第三种：并列红和并列黑。

若 K 线的实体部分是由两根相同的 K 线并列出现时，称并列红或并列黑。

若在上升过程中出现向上跳跃的并列红，是强有力的上升信号(买入信号)。

若在高价位出现大阴线之后，又出现向下跳跃的并列黑(又称两只小乌鸦)，可能是暴跌的信号(卖出信号)。

第四种:红三兵和黑三兵。

连续出现三根跳跃的阳线或阴线时，称为红三兵或黑三兵，红三兵为强市特征，黑三兵为弱市特征，出现的位置不同，其含义也不同。

若在上升行情末期，因期货价格和期价连续上涨后，在高位出现三根连续跳空高开的阴线的，为黑三兵(称三只乌鸦)，是暴跌的前兆。若在低价位出现黑三兵时，特别是连续出现三根跳空大阴线时，是绝好的买入良机。若在上升趋势途中出现一根长阳线之后，又连续出现三根小阴线，并且没有跌破长阳线的开盘价，成交量也连续萎缩三天，是“蓄势待发”的特征，必有一段上涨行情。

在上升行情途中(低价区)出现红三兵时，是继续升涨的特征。在上升行情末期出现红三兵，则应及早出货。在下跌行情中，若出现一根大阴线之后，又出现红三兵，但并没有向上攻破大阴线的开盘价时，期货价格和期价将会持续下跌。

K线复合图形很多，兹先列以上四种最典型的图形，其他在后面的章节中将分别讲述。

二、K线理论的实战应用

K线理论的实战应用主要是指各种图形的观测应用方法。

1. 单一图形观测运用法

①  是特大阳线，也叫光头光脚阳线，市场行情不错，期货价格坚挺持续，可果断购买。

②  是呈阳线，虽有一根下影线(期货价格曾一度落到低点)，但上升势头明显，可果断购买。

③  阳线很强，上影线高升，没有最低价，上影线越长，抛压越大，次日行情看淡。

④  呈阳体，下影线长于上影线(最低价跌幅比最高价升幅大)，低档承接活跃，可果断购买。

⑤  收盘价小于开盘价，呈阴线。下影线也长于上影线，表明期货价格落点基本到底，反弹机会增多，可暂时观望。

⑥  呈阴线，称为光头光脚大阴线，市场不好，应坚决卖出，不要犹豫。

⑦  呈阴线，下影线拉长，表明期货价格不仅收盘价低于开盘价，虽然没有最高价的出现，最低价又很低，但在低价位遇到多头抵抗。

⑧  虽有上影线，但以阴体为主，说明上档压力大，应卖掉合约。

⑨  虽为阳线，收盘时走出一个好行情，但上影线较高于下影线的幅度，表明期货价格落差太大，不稳定，应果断卖出。

⑩  反映出期货价格和期价落差，不稳定，又呈阴线，应立即卖出。

以上介绍的是单一图形观测运用法。使用这种方法的关键是要确定一个中心值、高价值和低价值，然后根据变化调整自己的投资行为。

2. 两根 K 线观测运用法

以图 13－16 为例，说明两根 K 线观测运用方法。

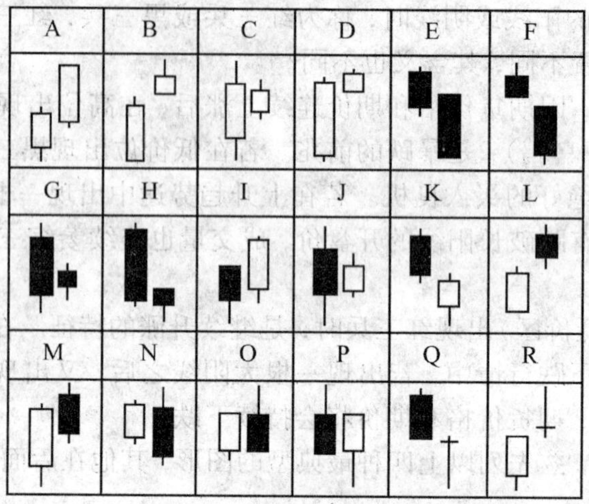

图 13－16 两根 K 线观测法

①A 图连续拉出两根长阳线，涨势气势如虹，由多方控制行情，应跟进。

②B 图在第一根长阳之后，次日虽高开高走，但遭空方打压，显示上档抛压严重，宜持仓观望。

③C 图虽连拉两根阳线，但第二根阳线以跌势收盘，说明多方力量有限，已失去主动，持币观望。

④D 图两根阳线先长后短，表示买盘减弱。多方已无生气，后市非盘则跌，短线应抛出手中仓单。

⑤E 图连续两根长阴线，说明空方主动、空方战胜多方。第二天可能会有小反弹，持币观望。

⑥F 图一根中阴线之后，又出现一根向下跳空的长阴线，空方大胜。若在高价位出现，则后市疲软、继续看坏；若在低价位（跌势末期）出现，则为空头的强弩之末，面临多头反击。

⑦G 图连续两根阴线，第二根却以涨势收盘，未创新低，说明空方力量有限，多头已出现生机，短线试探性买进。

⑧H 图两根阴线，先长后短。表明抛压渐弱，面临多头反击，观望，以静制动。

⑨I 图一阴一阳、一短一长，阳线吞没阴线。表示多方战胜空方，“阳包阴、跌不深”。

⑩J 图长阴之后出小阳，空头力量比较强。若空方反攻，可能再创新低；否则面临多方攻击，操作上应静观其变。

⑪K 图一根阴线之后，出现一根低开高走的小阳线。收盘价虽然仍比阴线低，但表示多方力量已在低价区发生转变，多头已有战场回旋余地。

⑫L 图一根阳线之后，出现一根高开低走的小阴线，收盘价仍比阳线高，它有两种含义：若出现在上升途中，则为上升抵抗型，多方将乘势再创新高；若出现在高价区，则有反转下跌的可能。

⑬M 图两 K 线一阴一阳，阴线没有阳线长，阴线升、阳线降、空头有力量。多空分歧很大，次日开市，再分高低。

⑭N 图两根 K 线，一阳一阴，阳线升幅没有阴线跌幅深。阳线短、阴线长，说明空头力量强。持币观望。

⑮O 图一阴一阳，影线较长，阴线实体大于阳线，而且上影线长。这是跌势中的交错整理，后市继续看跌。

⑯P 图一阴一阳，影线很长，阴线带长上影，阳线带长下影。这是升势中的交错整理，后市继续看涨。

⑰Q 图一根长阴线之后，出现一根下影线很长的十字星。这是暴跌后的强力反弹，后市必升。

⑱R 图一根长阳线之后，出现一根上影线很长的十字星。这是暴涨后的强力回调，后市必跌。

3. 三根 K 线观测运用法

以图 13－17 为例，说明三根 K 线观测运用方法。

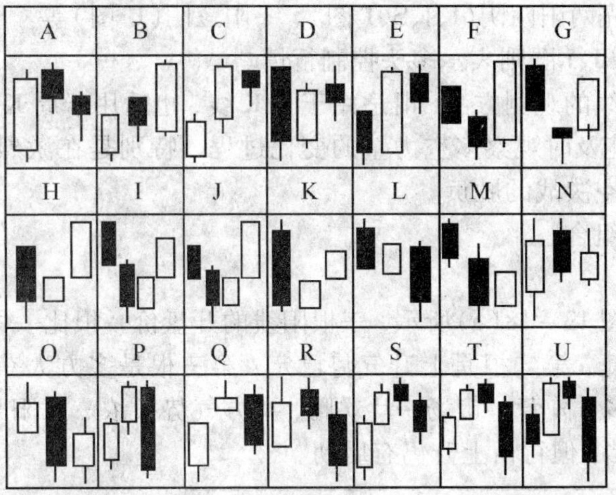

图 13－17　三根 K 线观测法

①A 图一根长阳二根小阴线，两阴没有一阳长。表示多方对空方展开反击，静观其变。

②B 图两根阳线中间夹一根阴线。“两阳夹一阴，反弹有信心”。表示两阳吞一阴，多方有信心。这是上涨回档后再创新高价的强势表现。操作策略:逢低介入。

③C 图两阳线之后出现一根带下影线的小阴线，两阳之后一小阴。表明上涨虽受阻，空方力量小，多方还有反击机会。操作策略:观战。

④D 图一根长阴一根中阳，又一根小阴线，小阴未吞中阳线。表示虽遭空头阻击，但力量较弱。多方会占主动地位。操作策略:可试探性跟进。

⑤E 图两根阴线夹一阳，两阴没有一阳长。表示空方已经无力量，多方力量在增强。

⑥F 图连续两小阴，一根大长阳，两阴没有一阳长。表示空方在溃败，多空实力强，局势要改观。操作策略:逢低介入。

⑦G 图一根长阴之后，期货价格又跳空而下，在低档接盘踊跃，带一根长下影线，次日突然一根中阳线把向下跳空缺口完全封闭。表示跌势将要结束，升涨就在眼前。操作策略:逢低买进。

⑧H 图一阴又两阳，两阳要比一阴长(或两阴又两阳，两阳要比两阴长)。表示空方力量

弱，多方力量强。

⑨I 图一长阴，两小阳;两阳没有一阴长。表示多方力量小，空方实力强。

⑩J 图两个中阴夹一个小阳。多头遭夹击，空头控制主战场。

⑪K 图连续两阴后，出现一小阳，小阳没有任何一根阴线长。表示下跌遇支撑，跌势仍难挡。

⑫L 图一阴挑两阳，收盘小阳没有阴线长。表示高档抛压重，多方没有空方强。

⑬M 图两根短阳夹一根长阴。多头力量要瓦解，空头反击力量强。表示局势由空方控制。

⑭N 图一长阴吞二阳。表示空方反击力量大，后市看坏。

⑮O 图一根长阳线之后，期货价格又跳空高开，虽然收小阳，上影线较长，第三日一根大阴线把跳空缺口全封闭。表示涨势行情短期已结束，后市短期要下跌。操作策略:短线抛光持仓。

⑯P 图一阳之后有两阴，两阴吃一阳。“两阴吞一阳，空头势力强”。

⑰其他图形还有先两阳两阴(I、J、S、T 图)，一阳三阴(U 图)等。S、T、U 图表示多头抵抗失败，空头操纵行情。I、J 图则表示多头控制行情。

上述一至三根 K 线的观测方法，既适用于日 K 线，也适用于周 K 线、月 K 线。这种观测方法的采样虽小，却能及时观察多空力量的变化过程。特别是在激烈的涨升和下跌行情中，几根 K 线就能分出多空决战的胜负。

4. 典型涨势 K 线组合

(1)三阳开泰

三阳开泰图形如图 13 - 18(a)所示，三根阳线的开盘价一根比一根高，均为中阳线实体。第一根为多方初战告捷，第二根是上升气势已定，第三根是多方大获全胜，空方不再抵抗，反而买进合约，加入多方阵营。市场一片欢腾，买方气势很浓。三阳开泰型表示行情不会很快结束，虽然会有回档，但行情上升仍有后劲。

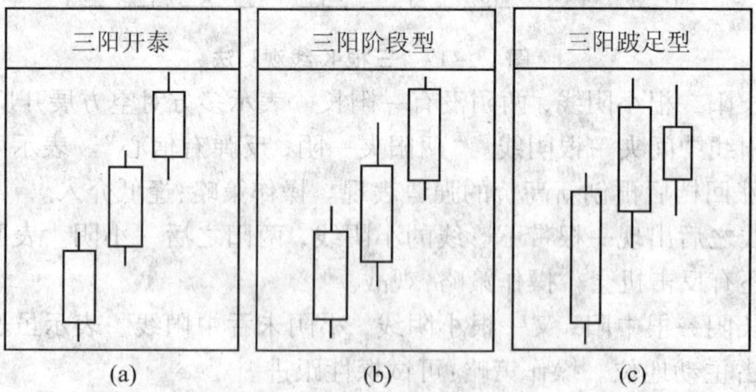

图 13 - 18 三阳上升型

有人会把图 13 - 18(b)和图 13 - 18(c)误认为是三阳开泰型。其中图 13 - 18(b)为三阳阶段型，它的第二根、第三根 K 线的开盘价均低于收盘价，并且带有较长的上影线。三阳阶段型表示:多方积极买进，空方大量抛出，勉强拉出第二根、第三根长影线的阳线，说明多方欲振无力，一旦买盘趋弱，抛压更加严重，价格就要下跌。

(2)缓慢上升型

缓慢上升型图形如图 13－19 所示，上升初期不断出现小阳线（也会偶尔出小阴线，见图 13－19（b），期价慢慢直上。短线获利者抛售，有心计的大户买进，形成慢牛升势。上升中期，多数投资者看到，上涨局势已定，大量买进。这样，多头买进，空头补仓，主力护盘，成交量放大，一根长阳线终于脱颖而出。一旦出现腾空而上的长阳线，则表示：多方苦战，筋疲力尽，期价已经进入高价区，随时可能回落。如果出现一根光头长阳线，短线操作者应果断抛出证券，以防期价短期回落。

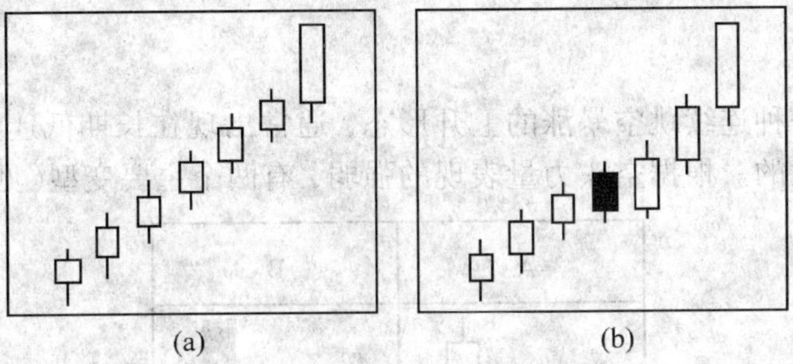

图 13－19 缓慢上升型

（3）上升抵抗型

如图 13－19（a）所示，期价涨涨跌跌，K 线阳阴出现；期价涨多跌少，大势缓慢趋升。这种阳阴交替出现，大势缓慢向上的 K 线形态，称为上升抵抗型，这种图形有多种。如图 13－20 所示。

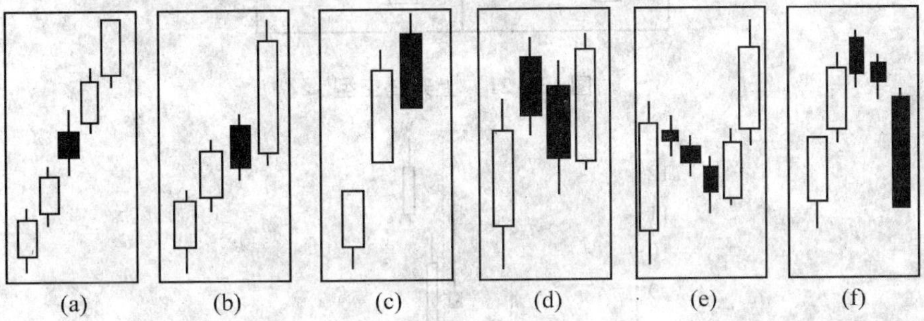

图 13－20 上升抵抗型

图 13－20（a）为强势上升型：多头力量天天增加，开盘价日日高开，阳阴交替上升，行情加速上扬。就会出现“抵抗上涨、天天涨”的行情。在这种欲跌不跌的上升行情中，操作策略是：不断逢低买进，等期价加速上升出现长阳线时，获利了结。

图 13－20（b）为上升中阴型：在上升行情中，几根阳线中夹着一根中阴线。中阴线的出现，表示投资者踌躇不决的情绪。上升力度将取决于阴线之后的阳线力度。

图 13－20（c）为升势高压型：在一段上升行情的主升期，继一根长阳线之后，却出现了一根带长上影的大阴线。升势高压型常常出现在涨升末期，通常是多空转势的标志。投资者应特别小心，免遭高价套牢之苦。

图 13－20（d）为阳包阴型：多见于上升初期。一根长阳之后，连出二根中阴线，之后又出一根长阳线，并且一根长阳线吞没两根中阴线。表示：多头蓄势再度上攻，继续展开上升行情。

图 13－20（e）为上涨中继型：一根大阳线之后，连续出现二三根小阴线，并且几根小阴未

跌破大阳线的开盘价(或勉强跌破)，随后又以一二根中长阳线把几根小阴线全部吞没。表示:空头无力，多头反攻有效，期价将展开另一段上升行情。操作策略:认准形态，短线跟进，获取差价。

图 13－20(f)为高价直泻型:两根中阳线之后，出现两根小阴线，并且两小阴均未跌破阳线开盘价。之后多头抢盘入市，空方筹码直泻，多头当天全被套牢，形成下跌趋势。

上涨中继型与高价直泻型的区别是:上涨中继型出现在低价区，高价直泻型出现在高价区。

(4)上升腾空型

上升腾空型是一种连续跳空暴涨的上升形态，通常出现在长期低迷盘旋之后，或是由于特大利好消息所引发的。根据空头力量表现的强弱，有两个主要变型(见图 13－21)。

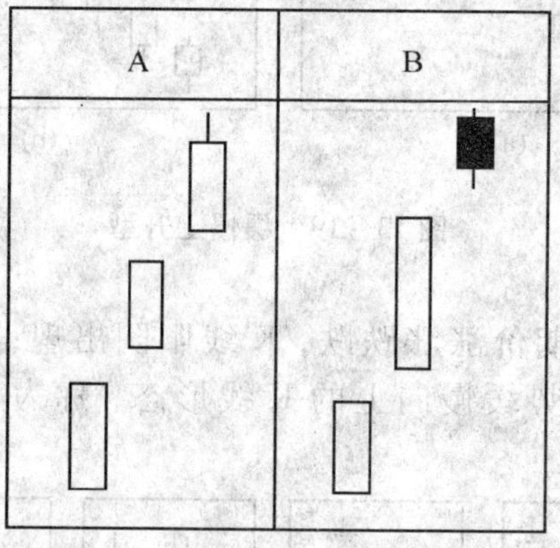

图 13－21　上升腾空型

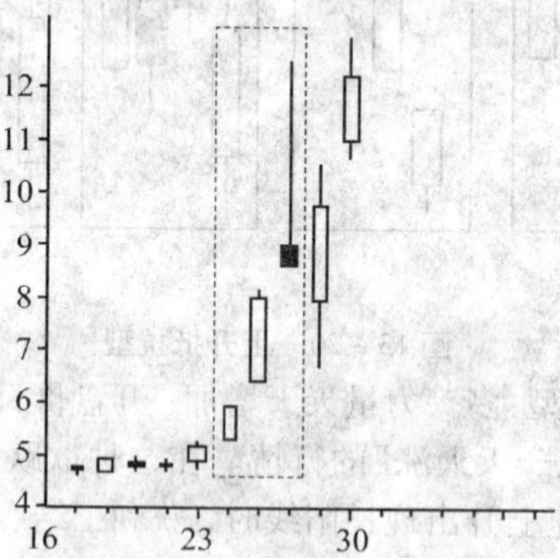

图 13－22　猛升形态

上升腾空型 A 是多头最乐意看到的一种胜利形态，三五天内期货价格涨幅有时可达到 50% 以上，获利迅速。数根跳空而上的长阳线，后一根阳线的最低价比前一根阳线的最高价高出几档价位，以大步伐向前迈进。

上升腾空型 B 是一种抵抗型的猛升形态。有时在连续几根跳空阳线出现之后，因空头抛压凶猛，会形成开高走低的阴线，但最低价仍高于前一根阳线的最高价。然而涨势已形成，多头再度进攻，消解空头力量，使期价再度大涨。

5. 典型跌势 K 线组合

(1)三只乌鸦

下降三翼鸟与上升红三兵相对应。如图 13 – 23 所示。

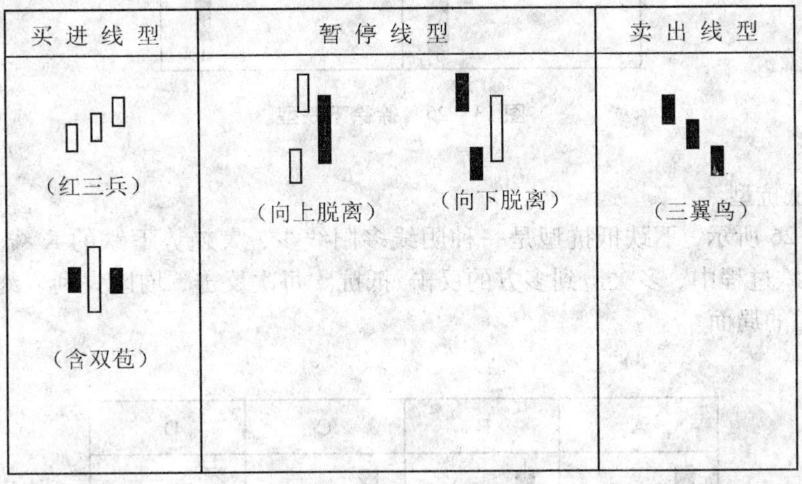

图 13 – 23　红三兵与三翼鸟

在下跌途中，若又出现三根连续下跌的小阴线(似三颗小星)，实体虽然不大，但开盘价和收盘价一次比一次低，而且没有上下影线，表示跌势仍将继续。实践经验证明:“下跌途中三颗星，后市期货价格难平静”。K 线出现这种形态时是卖出时机，后市将继续往下探底。(相反上涨途中三颗星，行情必然会涨升。)

(2)三阴下跌型

如图 13 – 24 所示 K 线图为三根(或三根以上)的阴线，期货价格和期价也表现为三段跌势，表示趋势还会下跌。

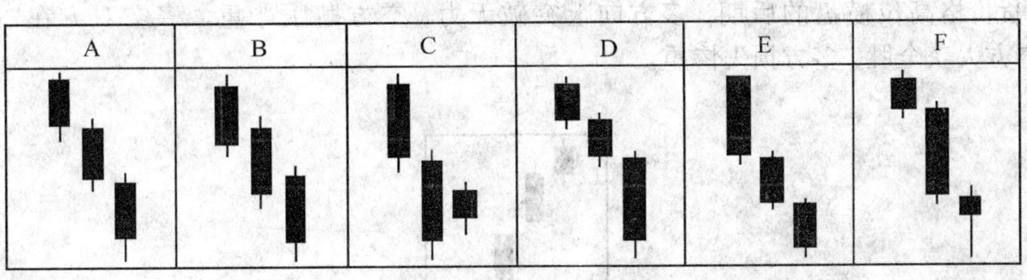

图 13 – 24　三阴下跌型

(3)徐徐下跌型

如图 13 – 25 所示，期货价格和期价初跌，多方抵抗，空方补仓，跌幅不大，出现“缓慢阴跌，天天降”的局面。后来多数投资者意识到后市不妙，毅然抛出持仓，期货价格加速下跌。

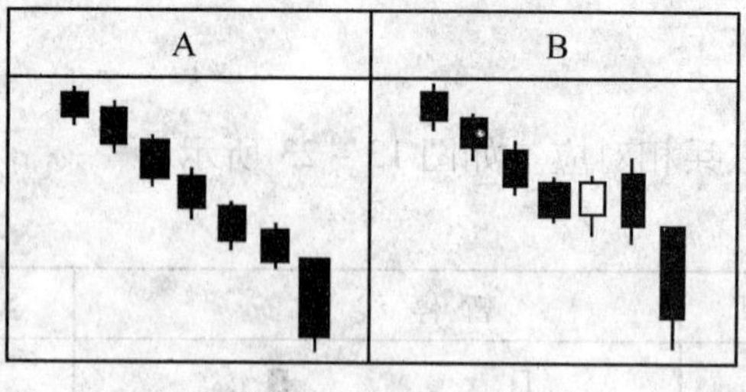

图 13－25　徐徐下跌型

(4)下跌抵抗型

如图 13－26 所示，下跌抵抗型是一种阴线多阳线少，大趋势下跌的 K 线形态。期货价格和期价在下跌过程中，多次遭到多方的反击、抵抗。每次反击，均以失利告终出现了“抵抗下跌，天天跌”的局面。

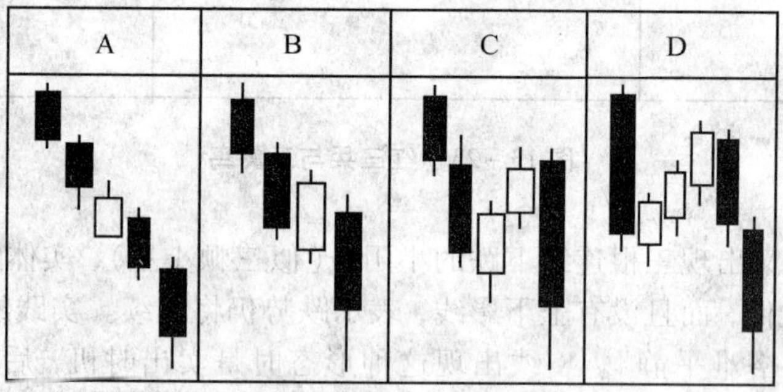

图 13－26　下跌抵抗型

(5)下跌空降型

如图 13－27 所示，下跌空降型是一种期货价格(指数)连续跳空暴跌的 K 线形态。多出现在期货价格高位横盘的后期，多方向上突破无力，空方抛压严重。多空双方在“高原拼搏”，空方大获全胜，多方损失惨重。

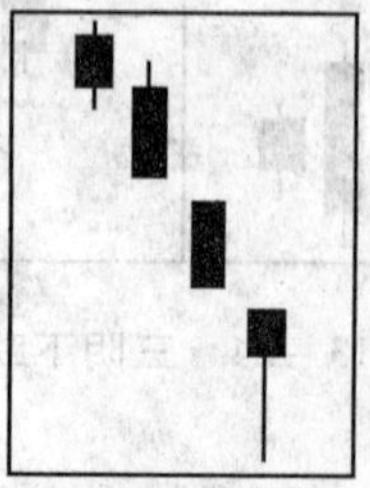

图 13－27　下跌空降型

第四节　形态理论及其应用

兵无常态，水无常形。在期市和期货市场中，其价格走势虽然是千变万化的，但是却有规律可循，会出现一些有规律的基本形态。期货价格曲线的上下波动是多空双方斗争的结果，多空双方力量的大小决定了期货价格曲线是向上还是向下运动。形态理论是研究各种形状、分析各种期货价格图形，判断多空双方力量的转化情况，发现期货价格的运动方向，指引投资者进行操作。

一、形态理论概述

1. 价格形态

期货价格、期价形态就是期货价格和期价在运行过程中所呈现的各种运动轨迹(各种图形)，这种不同的期货价格走势图形就是期货价格形态。

形态分析就是对每一种价格走势图形的特征进行归纳、推理、判断、总结，帮助投资者判定买进与卖出的时机。

将多种价格形态归纳起来可分两大类:一种是整理形态;一种是转势形态。期货价格、期价趋势有三种运动方向:向上运动、向下运动和平行运动。它是期货价格运动的基本规律。

(1)整理形态

整理形态是指价格波动进入了多空双方“短兵相接”的相持状态。相持时间越长，形成的成交密集区越大。在上升行情中，价格上升到一定程度会发生回档，回档时大量换手向上突破后，价格又继续上升。在下跌行情中，价格下跌到一定程度，经反弹无力上升时，价格向下突破盘局后又会下跌一段。由此可见，整理形态又可以定义为:价格波动经过盘局后继续朝原来方向上升或下跌，这种盘局行情出现的图形形态称为整理形态。整理形态的走势有大两类，如图 13－28 所示。

一是:上升—盘局—再上升。

二是:下跌—盘局—再下跌。

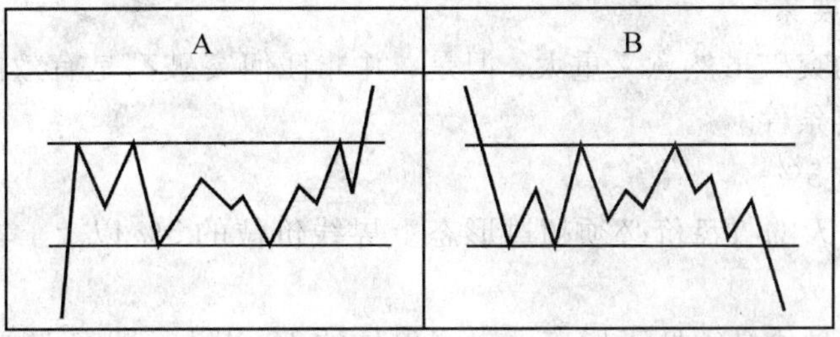

图 13－28　整理形态

(2)反转形态

期货价格和期价大趋势发生方向性改变，称为反转，突破盘局的反转图形形态称为反转形态。即由原先的上升行情转为下跌行情，或者由原来的下跌行情转为上升行情。反转形态的走势有底部反转形态和顶部反转形态两大类，如图 13－29 所示。

一是:上升—盘局—下跌。

二是:下跌—盘局—上升。

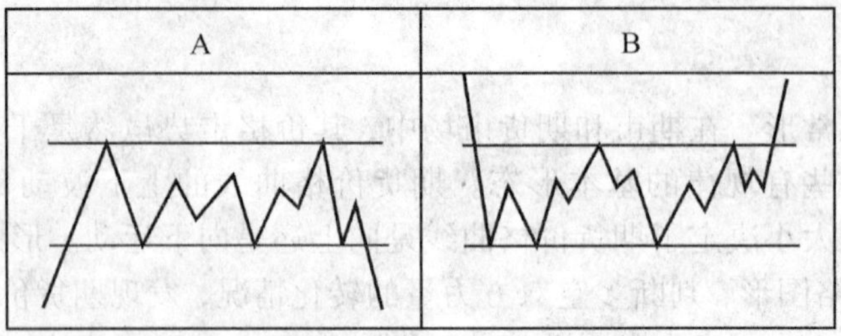

图 13－29　反转形态

(3)一般规律

无论是整理形态，还是反转形态，都是多空双方力量对比的变化，价格趋势的运动一定会遵循以下两条基本规律:一是价格在多空双方力量的平衡位置作横向窄幅波动，以保持相对的平衡。二是当平衡位置被打破以后，价格就会向上或者向下运动，并且寻求新的平衡。

以上运动规律可以概括为:平衡整理→打破平衡→新的平衡→再打破平衡→再到新的平衡。

2. 方向突破

(1)方向突破的含义

方向突破是指期货价格对盘局形态的上界线或者下界线有效穿越。对期货价格形态上界线的有效穿越称为向上突破;对期货价格形态下界线的有效穿越称为向下突破。所以，当期货价格走势正处在盘局形态时，期货价格走势是属整理形态还是属反转形态，最终取决于盘局的有效突破方向。如果期货价格原先的走势是上升的，经过盘局后期货价格向下突破，则称之为反转形态;反之，期货价格若向上突破，不是反转形态，而是期货价格的继续涨升状态。如果期货价格原先的走势是下跌的，经过盘局后期货价格向上突破，则为反转形态;反之，期货价格又向下突破，也不是反转形态，而是期货价格的继续下跌状态。

期货价格一旦向上突破盘局时，期货价格就会加速上升，是买进合约的良好机会。反之，若期货价格向下突破盘局时，期货价格将会加速下跌，是卖出合约的时机。可见，期货价格形态的突破在技术分析中有很重要的意义。

(2)方向突破三要素

期货价格形态的突破虽然意义重大，但是，并非任何突破都是有效的。判断有效突破的标准有以下三个必要条件。

①突破幅度超过3%

向上突破时，当天的收盘价必须超过形态上界线价位的3%以上。有时候这一突破幅度也可以在一两天内完成。

向下突破时，收盘价必须低于形态下界线价位的3%以上，即突破幅度必须超过3%方为有效突破。

②连续三天规则

期货价格在突破形态的上界线价位或下界线价位后，连续三天继续向突破方向发展。即连续三天的收盘价比形态上界线高或比形态下界线低，表明突破有效。

③成交量随之放大规则

成交量是衡量市场气氛的重要指标。当期货价格向上突破时，必须有大成交量配合。成交量放大，人气活跃，换手积极，投资者有信心。所以，期货价格向上突破时，成交量必须增大。期货价格向下突破时，有时候成交量不一定放大。

上述三条原则称为方向突破三要素，三条原则同时成立时，突破才有效。在上述三要素中，只要有一条不满足时，投资者就应特别小心，不要急于买进，以免误入市场主力设下的“假突破”圈套。

3. 基本图形

整理形态和反转形态又有许多种图形，下面介绍一些最常见的图形。

(1)整理形态的基本图形

整理形态的基本图形有：三角形、楔形、头肩形、矩形等。如图 13－30 所示。期货价格、期价整理后，仍按原方向运行。

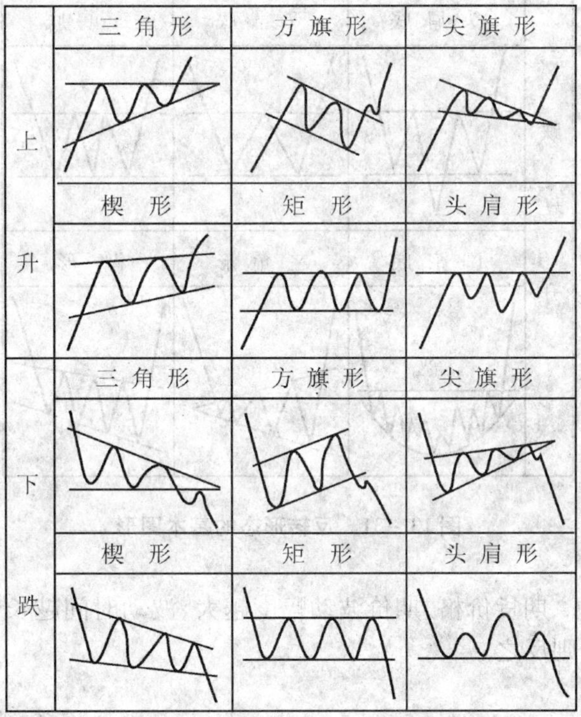

图 13－30　整理形态的基本图形

(2)反转形态的基本图形

反转形态的基本图形有：双重顶(底)、三重顶(底)、头肩顶(底)、圆形顶(底)、三角形和楔形等。如图 13－31 所示。

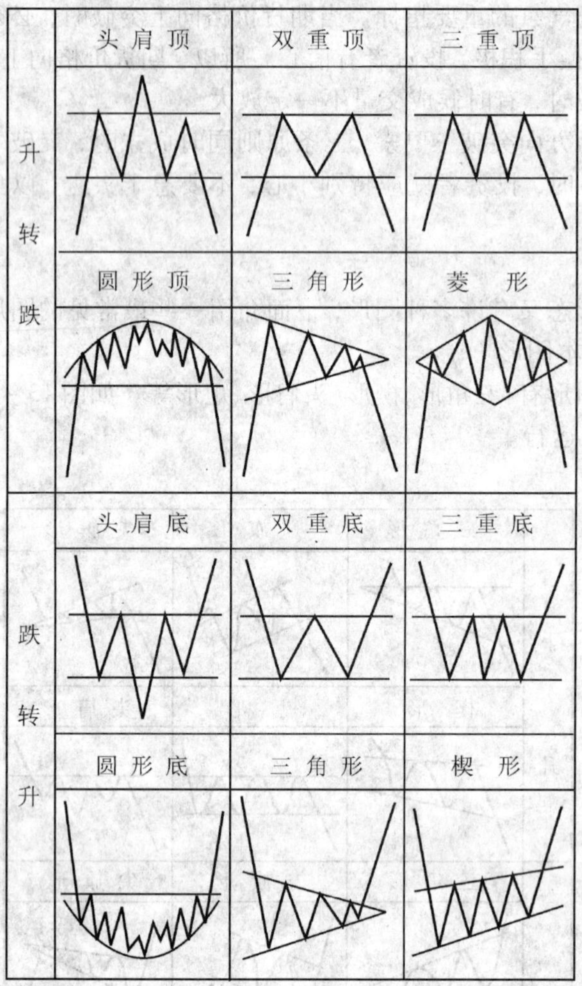

图 13－31　反转形态的基本图形

在反转趋势过程中，期货价格、期价波动幅度越大、波动时间越长，反转后期货价格的变动幅度也越大。否则，则反之。

4. 颈线画法

颈线是指期货价格脱离盘局时，改变原先的走势，往相反方向变动的基准线。颈线是期货价格和期价走势反转的“分水岭”。反转形态出现后，才画颈线，用以研判期货价格反转的幅度。

如图 13－32 所示，在升转跌的各种图形中，颈线是图形的下界线；在跌转升的各种图形中，颈线是图形的上界线。

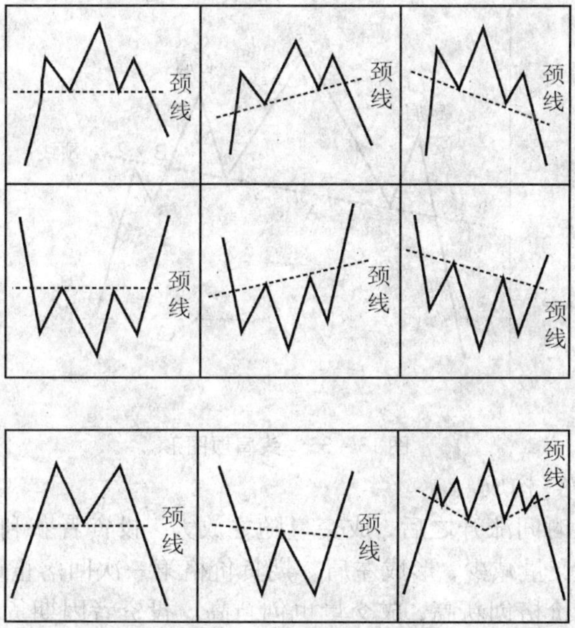

图 13－32　颈线画法

对于头肩顶、双重顶、三重顶，颈线的画法是：把左肩低点与右肩低点两个低点连线。颈线不一定是水平线，它根据期货价格和期价走势可以上、下倾斜。如图 13－32 所示。

对于头肩底、双重底，颈线的画法是：把左肩高点与右肩高点两个高点连成一条线。

菱形与“V”形的颈线画法比较特殊。“V”形的颈线画法是通过“V”形的最低点（倒“V”是最高点）作一条水平射线。菱形的颈线是由左右两条射线组成。

颈线在技术分析中有十分重要的意义，它是一条重要的期货价格和期价支撑线或阻力线。

二、转势形态分析

转势形态包括顶部反转形态和底部反转形态两大类。两种形态极为相似，但是成交量相反。

反转形态中的主要图形有：头肩顶与头肩底、双重顶与双重底、三重顶与三重底、圆形顶与圆形底、∧形顶与 V 形底、楔形与菱形等。

1. 头肩顶形态

（1）图形特征

头肩顶图形如图 13－33 所示。

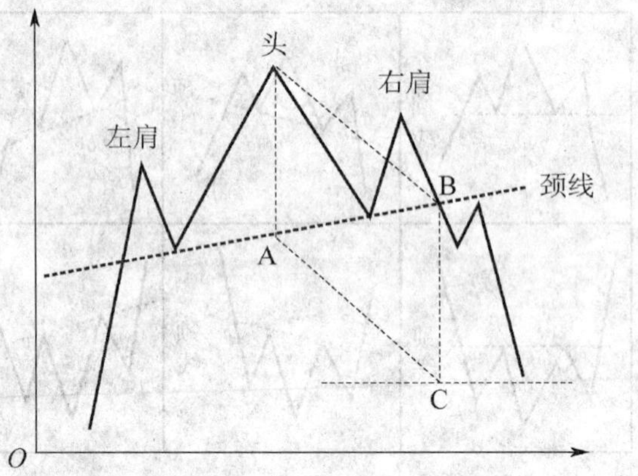

图 13－33 头肩顶图形

①图形由“三涨三落”构成

期货价格经过一段时间涨升之后，成交量随之放大，投资者获利丰厚，抛压增加，期货价格出现短期回落，成交量减少，形成左肩。期货价格第一次回落止跌后，期货价格又涨升，并突破左肩顶点，期货价格创新高，成交量也创新高。投资者因期货价格过高产生恐慌心理而沽售合约，期货价格又回落至前期低点附近，形成头顶。

期货价格第二次回落止跌后，期货价格再次涨升，但涨升力度不大，期货价格与成交量均未创新高，期货价格高位遇阻再次回落至前期低点附近，形成右肩。

②期货价格跌破颈线价位的 3%

把两个期货价格低点连接起来即为颈线。期货价格从右肩顶点开始下跌，跌破颈线价位的 3% 之后还要断续下跌。

③期货价格再度深跌

期货价格向下有效突破后，通常会出现一次反弹。当期货价格反弹到颈线附近时遇阻回落（此时颈线是阻力线），又形成更深的跌幅。

④牛末熊初出现

头肩顶是一个由上升趋势向下跌趋势过渡的反转形态，通常出现在牛末熊初。

（2）分析应用

①右肩出现之后，追高者应十分谨慎。只能采取短线快进快出的操作方式。

②期货价格跌破颈线时，是最后一次止损机会。期货价格跌破颈线是卖出信号，任何一次反弹都是多头逃命的良机。这时，期货价格与顶点相比虽然跌去了一截，但是，跌势才刚刚开始，大跌还在后边。

③价跌量减，反弹的几率大。期货价格跌破颈线后，是否会出现反弹，要由当时的成交量决定。若是价跌量减，反弹的几率大；若是价跌量增，还会加速下跌，即使有反弹，也是反弹无力。此时，不易盲目抢反弹。应采取多看少动的操作策略。

④如果颈线向右下方倾斜，表示期货价格走势软弱无力。

⑤头顶确认方法：当期货价格第三次涨升时，比前一个高点低，而且成交量没有放大，头顶有可能出现。一旦头顶确认，杀伤力十分强大。所以，头顶是否出现，是一个十分重要的技术走势形态。如果期货价格跌破颈线后，期货价格回升又超过前期高点的价位，并且成交量有效放大，则应放弃头肩顶的确认，可能是又一波上升行情。

⑥下跌幅度预测方法:期货价格从颈线位置起，下跌的幅度为头顶最高点到颈线的垂直距离。具体方法可以用作平行四边形的方法求出。如图 13 - 36 所示，期货价格跌到 C 点价位才有可能止跌企稳。

2. 头肩底形态

(1)图形特征

头肩底是头肩顶的倒置图形，如图 13 - 34 所示。

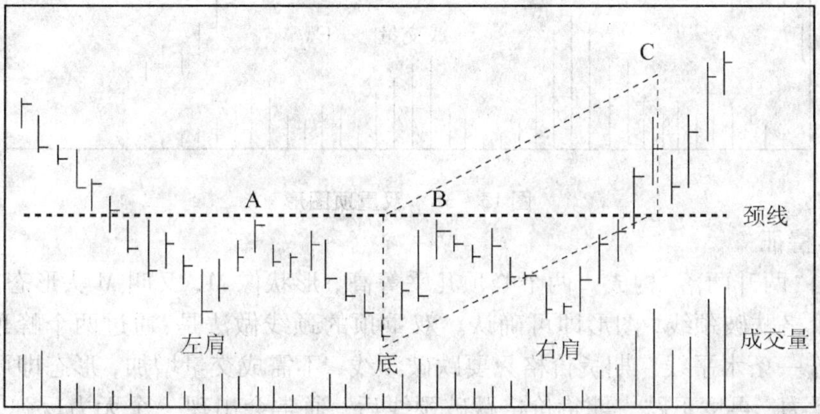

图 13 - 34　头肩底图形

①图形是由“三落三涨”构成

期货价格第一次下落又上涨形成左肩，第二次下落又上涨形成底部，第三次下落又上涨形成右肩。

②期货价格升涨超过颈线价位的 3%

把两个期货价格高点连接起来即为颈线。收盘价超过颈线价位的 3%，并且成交量跟随放大为有效突破。

③期货价格再度大幅上涨

期货价格有效向上突破后，必将会大幅上涨。即便有回调，在颈线附近也会有强力支撑。

(2)分析应用

①头肩底形态的出现时机为熊末牛初。

②头肩底形态出现并向上有效突破颈线后，要果断买入。此时，期货价格与底部相比虽然已经涨升了一截，但是升势才刚刚开始，大涨还在后边。

③价升量增，向上突破的几率大。期货价格向上突破后，必须有大成交量配合。期货价格向上突破后，加速上扬，这时宜守仓，以静制动。如果是假突破，则不要盲目追涨。

④头肩底形态的反转是把跌势转为升势，所需时间长，而且底部也显得圆滑平坦(不像头肩顶那样急升急落)。

⑤期货价格回调不跌破颈线。期货价格突破颈线后，即使有回调，期货价格也不应跌破颈线。否则是一种失败的图形，应重新研判，调整操作策略。

⑥上升幅度测量方法:作平行四边形，如图 13 - 34 所示。

3. 双重顶形态

双重顶图形如图 13 - 35 所示。

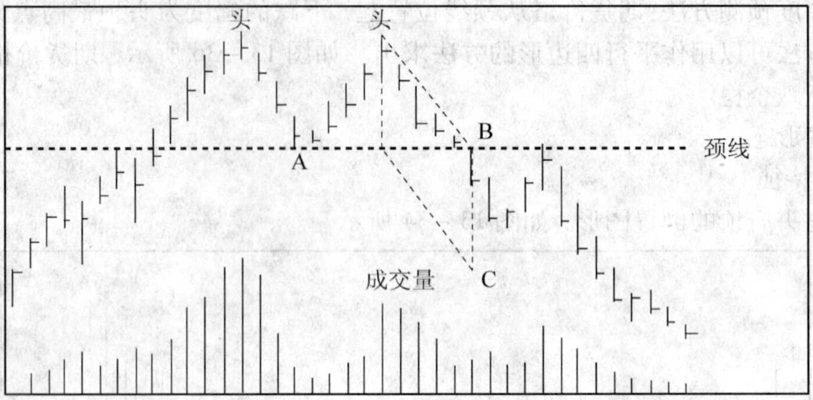

图 13－35　双重顶图形

（1）图形特征

①图形由“两升两落”构成。两个峰顶几乎等高，形状像 M，又叫 M 头形态。

②期货价格跌破颈线，图形即可确认。双重顶的颈线做法是：通过两个峰顶之间的一个低点（A 点）作一条水平线。期货价格只要跌破颈线，不需成交量增加，形态即可确认。

③反弹无力，再度下跌。期货价格跌破颈线后，通常会出现一个无力反弹，期货价格回升到颈线位置，遇阻回落，再度下跌。

（2）分析应用

①当第二个峰顶出现后，尽快获利了结，暂时退场观望，等待时机。

②双峰出现，格外小心。左右两峰，一高一低（也可等高），成交量左峰大，右峰小。说明买盘力量趋弱，追高意愿不强，是跌势即将来临的前兆（转势预兆）。

③形成左峰后回调幅度一般为左峰高点价位的 0.191（约为 20%）。计算公式：回调幅度 = 高点价位 ×0.191。

④期货价格跌破颈线时，是卖出止损信号。

⑤双重顶最小下跌幅度是从顶部最高点价位到颈线价位的垂直距离。

4. 双重底形态

（1）图形特征

双重底是双重顶的倒置图形。

①双重底是双重顶的倒置形态，又称 W 底形态。右底会高于左底。

②通过 W 底的高点（A）作一条水平线，就是双重底的颈线。

③双重底确认后，上升趋势形成。期货价格向上突破颈线位置时，成交量必须放大，图形得以确认。

④回调时收盘价不低于颈线价位，形态有效，上升趋势不变。期货价格突破颈线后，通常会出现技术性回档，但回档的最低收盘价不应低于颈线价位，上升趋势方能保持。

（2）分析应用

①右底出现，试探买进。右底出现并略高于左底，成交量极度萎缩时，用少量资金买进合约，有可能成功抄底。

②当期货价格向上突破颈线，同时成交量剧增时，为有效突破。果断跟进，波段式操作。

③双重底的最小上升幅度是从谷底至颈线的垂直距离。

5. 三重顶与三重底

(1)图形特征

①图形由“三起三落”构成。三个顶峰或三个谷底的间隔距离不必相等，高低价位也不必相同。

②三重顶与三重底的颈线画法是:通过顶峰的两个低点(三重底是谷底的两个高点)连成一条直线即为颈线。

③当三重顶的第三个顶峰出现后，若成交量很小，形态确认，是下跌的预兆。当三重底的第三个谷底出现后，成交量逐渐放大突破颈线时，成交量剧增，形态确认，上升行情展开。

(2)分析应用

①三重顶(底)有几次探顶(底)的过程，形成的时间长。图形不一定规则。

②当三重顶的第三个顶出现后，在高价区抛光持仓。当三重底的第三个谷底出现后，在低价区分批逐渐买进合约，有效向上突破后，再满仓操作。

③三重顶(底)的最小跌(涨)幅度是从顶部(底部)至颈线的垂直距离。

6. 圆形顶与圆形底(扇形)

(1)圆形特征

①圆形顶是在上涨初期，期货价格快速拉升。升涨一段后，抛压沉重，上升无力，在高价区振荡最后多方无力支撑，期货价格快速下跌，期货价格与成交量在顶部形成圆弧状。如图 13－36、图 13－37 所示。(扇形是圆形的特殊形式。)

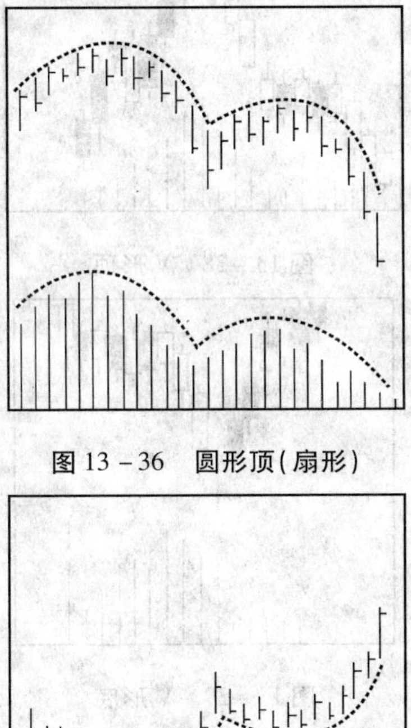

图 13－36　圆形顶(扇形)

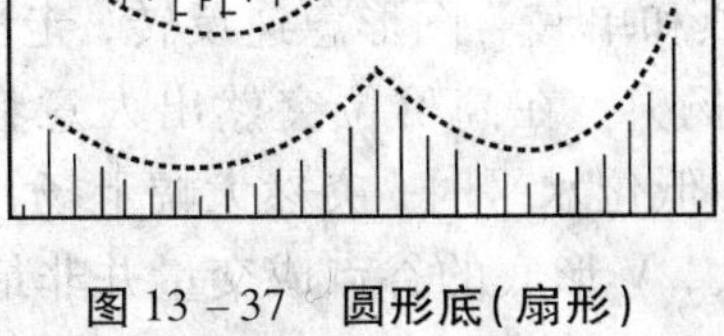

图 13－37　圆形底(扇形)

②圆形底是圆形顶的倒置图形。期货价格与成交量在底部形成圆弧状。上升初期，期货价格与成交量缓慢增长，只有在期货价格向上冲刺时，量价才会大幅度增加。（扇形是圆形的特殊形式。）

（2）分析应用

①圆形顶（底）的形成是一个缓慢的演变过程。把两端两个低（高）点连成一条线即是颈线。

②圆形顶形成后，期货价格不会立即下跌，有一个振荡整理过程。在图形的中间顶端，常常会看到这样的现象——高价位放量但期货价格不涨，也就是"该涨不涨，必有一跌"的迹象。操作策略：分批抛售持仓。因为，期货价格在高价位平衡整理，这种平衡是暂时的，主力一旦出货完毕，平衡很快就会被突破，形成快速下跌趋势。

③圆形底形成后，期货价格突破颈线位置会大幅度上涨。多方控制局势，上升行情属爆发性质。"涨得急，结束快"是其特点。急升过程中很少有回档。操作策略：在圆形底部形成时分批买进，在期货价格突破颈线后全仓操作。上升下跌幅度约为弧形的半径 r。

④圆形顶（底）的上升（下跌）幅度约为弧形的半径。

7. V 形顶与 V 形底

V 形顶与 V 形底图形如图 13－38、图 13－39 所示。

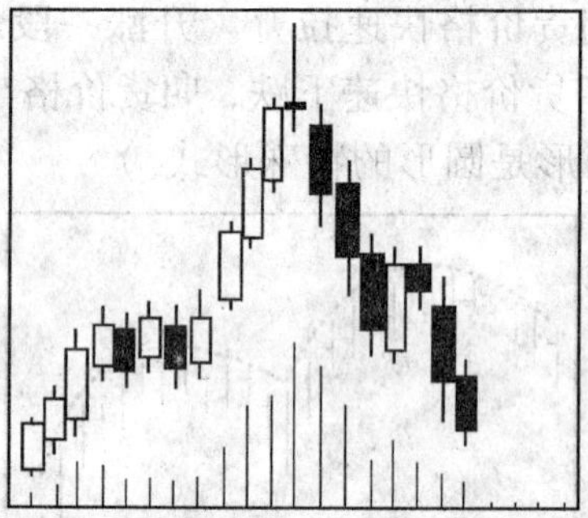

图 13－38　V 形顶

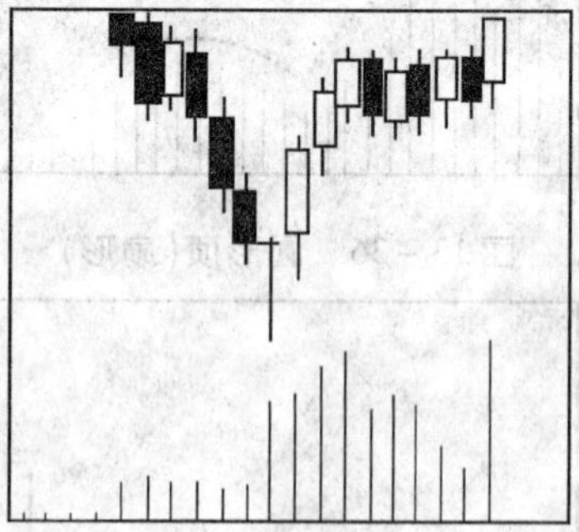

图 13－39　V 形底

（1）图形特征

①V 形顶与 V 形底也称单顶和单底。图形急速反转，走势预测困难。V 形顶是在市场一片看好的背景下期货价格节节扬升，在高价位突然出人意料地反转直下，期货价格大幅下跌。V 形底是期货价格在某一个低位水平时，突然大幅上扬，快速收复失地。

②V 形顶的峰位成交量最大，V 形底的谷点成交量并非最小。

③V 形顶(V 形底)在上升途中有横盘现象，下跌途中横盘较少。期货价格有跳空现象。

(2)分析应用

①把上升横盘与下跌横盘两点连接起来即为颈线。上升或下跌幅度约为顶部或底部至颈线的距离。

②在 V 形顶的高价区，日 K 线会出现一根长阳线或云塔线。出现长阳线或云塔线(上影线很长的十字星)时，是出货的良机。

③在 V 形底的谷点，日 K 线会现一根下影线很长的十字星(定海神针)，是买入信号。

④V 形顶和 V 形底属暴涨暴跌走势。期货价格在底部或顶部停留的时间极短，供操作者操作的机会仅有一次，操作难度大，在底部抄底和在顶部逃顶的人很少。因此，投资者在操作上必须思维敏捷。决策和行动都要迅速果断，在某种程度上要敢于追涨杀跌。

三、调整形态分析

调整形态的主要图形有:三角形、矩形、旗形、楔形、圆形等。

1. 三角形

期货价格成三角形趋势时，主要有对称三角形和直角三角形等图形。期货价格向上或向下突破后，仍按原方向运行。

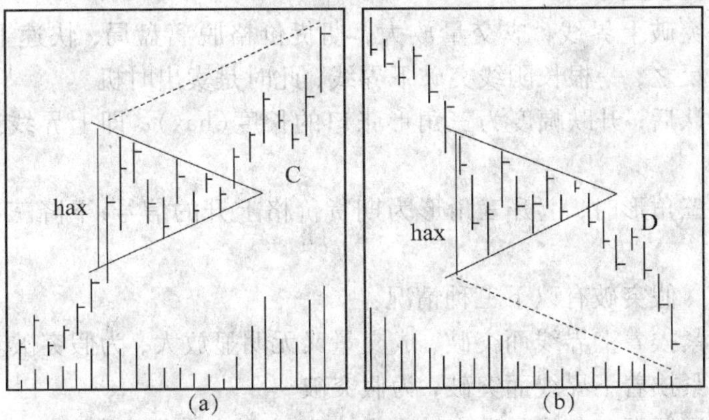

图 13－40 三角形

(1)图形特征

①三角形的图形有收敛与发散两种。收敛型最常见，如图 13－40 所示。期货价格进入成交密集区上下波动，波幅逐渐缩小，上、下界线倾斜交叉而呈三角形。上、下界线的交叉点为敏感点，接近敏感点的三角区称为敏感区。

②三角形的上、下界线即为颈线。三角发散处的垂直距离(hax)即为测量幅度。

③成交量的变化规律是:成交量逐渐萎缩直到突破三角形上、下界线时，才有效放大。

④三角形是一种整理形态，是一种暂时平衡状态。突破上、下界线后，并不改变原先的运行趋势，即突破后期货价格不会反转，仍会沿原先的大趋势运动，该升的依然升，该跌的依然下跌。

⑤当图形为直角三角形时，若上界线几个高点均处在同一水平线上，下界线的几个低点逐次抬高，则为上升三角形;若下界线几个低点处在同一水平线上，上界线几个高点逐次降低，则为下降三角形。即上升三角形的下界线向上倾斜，下降三角形的上界线向下倾斜。如

图 13－41 所示。

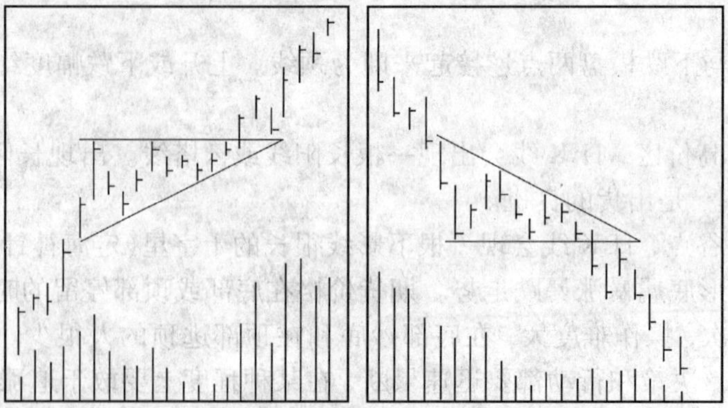

(a)上升三角形　(b)下降三角形

图 13－41　直角三角形

⑥三角形多出现在整理形态中，反转形态比较少见。

(2)分析应用

①期货价格上下突破的时机一般发生在三角形的敏感区。当期货价格变动到敏感区时，应注意观察是否有突破迹象。

②当期货价格突破上界线，成交量放大，期货价格脱离盘局，快速上升，为有效突破。此时是买进时机。反之，一根长阴线突破下界线，此时是卖出时机。

③三角形态确认后，升跌幅度为三角形张口的长度(hax)，即上界线最高点与下界线最低点的垂直距离。

④形态为直角三角形时，上升三角形为期货价格上升的信号；下降三角形则为期货价格下跌的信号。

⑤谨防假突破。假突破有以下三种情况：

一是期货价格紧挨着上界线而突破，成交量又无明显放大，为假突破。

二是期货价格紧挨着下界线而突破，为假突破。

三是期货价格运行至三角形的顶点才向上(下)突破，也是假突破。

2. 矩形

矩形也叫箱形，是一种典型的整理形态，如图 13－42 所示。

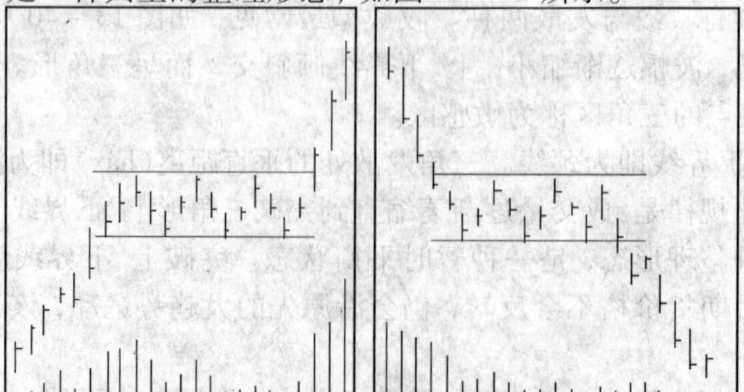

(a)　(b)

图 13－42　矩形

(1)图形特征

①期货价格在某一价位区域内横向波动，上界线与下界线为两条平行线。

②成交量随着形态向右发展越来越小，直到期货价格向上突破时才放大。

③矩形一旦突破上界线或下界线，其涨跌幅度要大于上下界线的垂直距离。

④矩形走势是多空双方交战的结果。或与长阳、长阴之争；或与小阳、小阴对抗。最终必有一方筋疲力尽，不是向上，就是向下。但是，不改变原先大趋势的方向。

(2)分析应用

①矩形多出现在大趋势上升或下降过程中的整理形态中，反转形态很少。操作策略：采取箱形操作方式。期货价格在下界线箱底时买进，碰到箱顶卖出。一般可以进行2~3次短线操作，获利百分比应定在10%左右。一旦发现箱顶或箱底被击穿，应及时调整操作策略。

②在矩形的形成过程中，成交量应逐渐萎缩。如果成交量突然很大，有可能是突破迹象。操作策略：持仓观望。

③在矩形横向盘整的后期，应暂停操作。久盘必跌，观望为妥。

3. 旗形

常见的旗形图形是方旗形，图形如图13－43所示。方旗形与矩形的区别是：方旗形的上界线与下界线不是水平的，而是倾斜的。

(1)图形特征

①期货价格走势在急速波动中形成一个方向与原先趋势几乎相反的倾斜的长方形形状，即为方旗形。

②上升趋势中的方旗形，旗面向下倾斜，期货价格向下盘档整理，一波比一波低，却能很快扭转跌势，向上界线突破，期货价格再度急速上扬。如图13－43(a)所示。

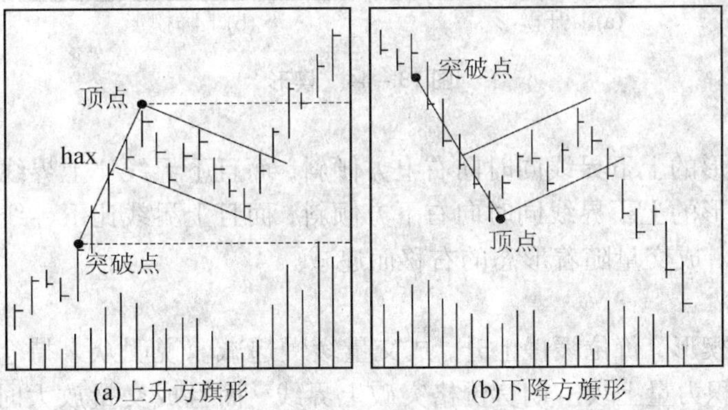

图13－43 方旗形

③下跌趋势中的方旗形，旗面向上倾斜，期货价格反弹回升，而且一波比一波高。期货价格大有将要再次上涨之势，却会很快调头向下，并突破下界线，继续按原先的下跌方向运行，如图13－43(b)所示。

④旗形在整理过程中成交量逐渐减少。只是向上、向下突破时成交量增加。

(2)分析应用

①旗形多出现在上升或下跌过程中的整理形态中，突破后并不改变原先的运行趋势和方向。

②旗形的整理时间约为1~3周。如在上升趋势时，趋势线向下倾斜，成交量很小，有跌不下去的感觉。操作策略:成交量极度萎缩时，低价位大胆吸筹。该跌不跌，说明投资者持筹心态稳定，看好后市。

在下跌趋势时，趋势线向上倾斜。期货价格一波比一波高，大有向上突破之势。操作策略:等到期货价格上升到上界线时，抛出持仓。

③旗形确认后，突破后的最小升幅或最小跌幅为整个旗杆的长度。旗杆长度是指从突破点算起到旗形的顶点的斜距离。

④尖旗形的特征与方旗形相似。

4. 楔形

楔形既出现在反转形态，也可出现在整理形态。其特点与旗形有较大差别，应引起注意。楔形与三角形既有相同点，也有区别:相同点，二者的上下界线都是收敛的;不同点，三角形的两条界线是一条向上倾斜，另一条向下倾斜，而楔形的上下界线都同时向上倾斜或同时向下倾斜。如图13-44所示。

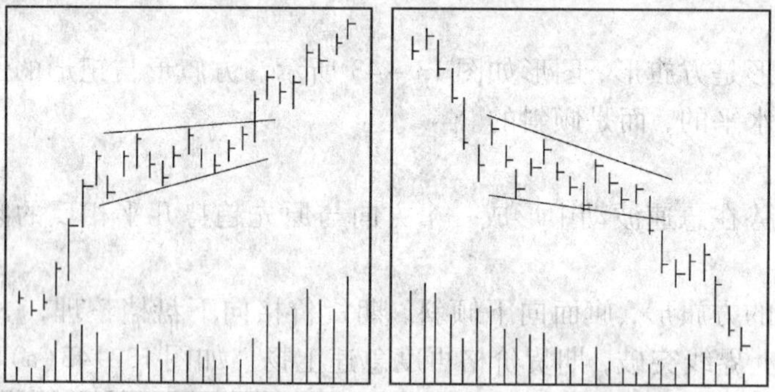

(a)上升楔形　　(b)下降楔形

图13-44　楔形

(1)图形特征

①上升趋势楔形的上下界线同时向右上方倾斜，而且下界线比上界线陡。

②下跌趋势楔形的上下界线同时向右下方倾斜，而且上界线比下界线陡。

③在楔形区内，成交量随着形态的右移而递减。

(2)分析应用

①上升趋势的楔形，价位缓慢上升，成交量缓慢递减。说明众人持仓心态稳定，对后市充满信心，是在聚积力量上攻。期货价格突破上界线，而且成交量放大时，是买入信号。操作策略:长线短做与短线长做相结合。向上突破时，短线长做;向下反转时，长线短做。

②下跌趋势的楔形，期货价格缓慢下跌，成交量递减，下跌动能不足，横盘整理趋势还能维持一段时间。当期货价格跌破下界线时，成交量无须放大，即为有效突破。此时是卖出信号。投资者应采取短线箱形操作方式。即在楔型形成的初期和中期，期货价格至下界线买进，期货价格升至上界线卖出。只有在期货价格运行到楔形末端时，才停止操作。因为，下降楔形的上升或下跌是比较缓慢的，不是急升骤跌。

③楔形向上或向下突破后，升幅或跌幅至少是形态内高低点落差的0.618倍。

第五节　缺口理论及其应用

本节主要介绍缺口基本概念、缺口基本类型、综合研判及岛型反转一些最基本的知识。

一、缺口基本概念

缺口是指在上升或下跌过程中，某一日的最低价高于前一日的最高价或者某一日的最高价低于前一日的最低价，从而形成的一段价格空缺。即图形中出现不连贯的空缺(缺口)。因为在这一段价格空缺区域内没有任何交易，所以在期货价格趋势图上才出现了跳空缺口。这些跳空缺口呈现为一个一个的黑洞，十分惹人注目。缺口的形成实际上是价格(指数)跳空，向上升跳空缺口表示市场力量强，向下降跳空缺口表示市场力量弱。所以，人们根据缺口形成的原因、位置、大小、时间来判断和预测期货价格未来的走势强弱，确定是突破形态还是期货价格原有趋势已走到尽头。

缺口有四种:普通缺口、突破缺口、逃逸缺口(又称持续缺口)和竭尽缺口(又称终止缺口)。

能够用来反映期货价格缺口的图表是柱状图和K线图，曲线图无法显示期货价格缺口。如图13－45所示。

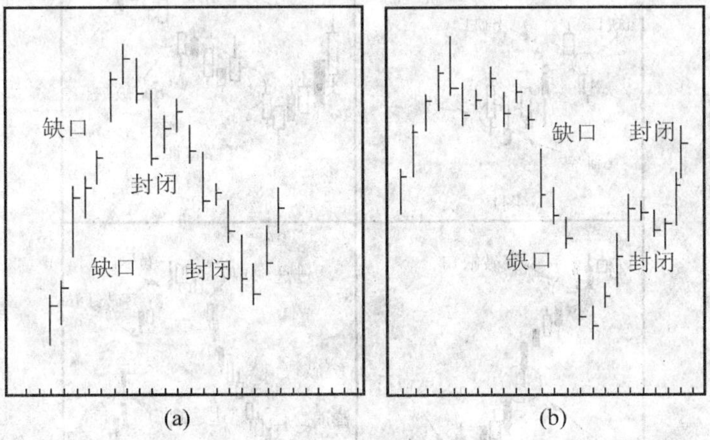

图13－45　缺口图

缺口的封闭:缺口封闭是指期货价格出现缺口后，经过几天或更长时间的变动，期货价格又返回到原来缺口的价格范围内。有的缺口，几天就会封闭，操作时不用去理会它。有的缺口，几十天、几个月甚至几年才会封闭。

投资者十分重视缺口被封闭后的走势。短期缺口被封闭，表示原先占据优势地位的一方后劲乏力，不能向前继续推进，变进攻为防守，短期走势不利。长期缺口被封闭，表示大势已成定局。即升势转为跌势，或跌势转为升势已成定局。

二、缺口基本种类

具有技术分析意义和趋势研判价值的缺口可分为四种:普通缺口、突破缺口、持续缺口和竭尽缺口。如图13－46、图13－47所示。

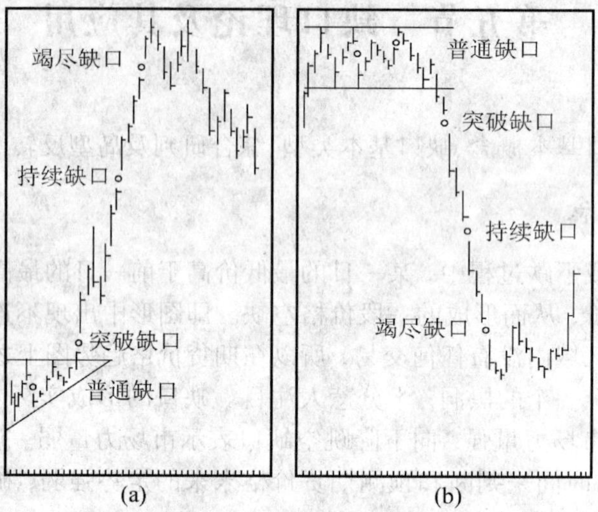

图 13－46　缺口种类

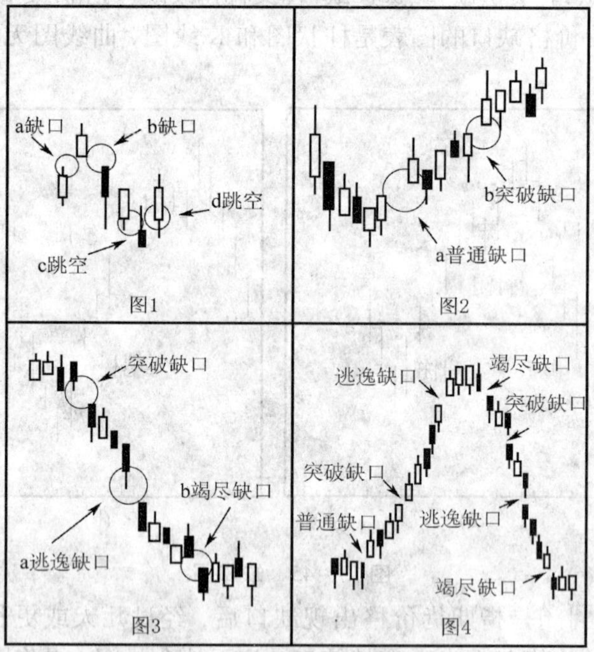

图 13－47　缺口种类(K 线)

1. 普通缺口

(1)普通缺口出现时机

普通缺口经常出现在横向整理行情的成交密集区域中。期货价格走势多为横盘整理形态。

(2)普通缺口主要特征

期货价格在形态内向上跳空或向下跳空，虽然形成缺口，但是并未导致期货价格脱离原有形态而上升或下降。短期内期货价格走势仍为盘局。普通缺口形成后，几天就会被封闭。

(3)普通缺口的应用

投资者可以利用普通缺口进行超短线操作。即是在整理形态内仍然可以利用低进高出获取差价。具体方法是:若期货价格出现向下跳空的普通缺口时,则可乘低买入,待缺口封闭时卖出;若期货价格出现向上跳空的普通缺口时,持仓者应见高抛出,待缺口封闭后再回补。因为普通缺口在短期就会被封闭,所以没有特别的技术分析意义。这种短期缺口只能表明期货价格的密集形态区域正在逐渐形成,多空双方就要决出胜负。

2. 突破缺口

(1)突破缺口出现的时机

突破缺口和期货价格密集形态区一块出现。突破缺口出现在期货价格形态确立后,并且是在突破盘局的时候。也就是说,当向上或向下突破缺口形成后,行情就会顺着期货价格趋势发展下去。

若期货价格向上突破形态上界限出现缺口时,将会展开一段上升行情。形态盘局价位区是期货价格回落的支撑区。

若期货价格向下突破形态下界限出现缺口时,将会展开一段下跌行情。盘局价位区是期货价格反弹的阻力区。

(2)突破缺口的主要特征

①突破缺口伴随着形态密集区的确立而发生,期货价格向上或向下跳空脱离形态,表示真正的突破已经形成。在K线图上常以强劲有力的长阳线或长阴线跳空脱离盘整形态。

②向上突破缺口伴有大成交量配合,向下突破缺口不一定要出现大成交量。

③突破缺口短期内不会被封闭。

(3)突破缺口的应用

投资者可以利用突破缺口进行中短线操作。方法是:若期货价格出现向上跳空的缺口时,则可乘机买入,一路持有,到高点卖出;若期货价格出现向下跳空的突破缺口时,应果断抛光手中持仓,不考虑是否获利,因为大幅度的下跌还在后边。

3. 持续缺口

持续缺口又称逃逸缺口,它出现的次数较少。持续缺口能大约预测期货价格未来的变动幅度,所以又称测量缺口。

(1)持续缺口出现的时机

一般情况下,持续缺口出现在突破缺口之后的一段上升形态或一段下降形态的途中。

当持续缺口出现后,期货价格就会朝原先的趋势方向加速上涨或者加速下跌。只要测量前一个形态的突破点到该持续缺口的垂直距离的长度,这个垂直距离的长度就是期货价格未来将要上升或下跌的幅度。

(2)持续缺口的主要特征

持续缺口伴随密集形态而发生,它表示期货价格会维持原先的趋势,即上升的继续上升,下跌的继续下跌。

持续缺口不会在短期内被封闭。上升形态的持续缺口伴随有大的成交量配合,缺口出现后,成交量会再度放大。下跌形态的持续缺口不一定要有大成交量配合,日后还会继续下跌。

(3)持续缺口的应用

因持续缺口出现后,期货价格会继续加速上涨或加速下跌,所以当上升持续缺口出现后，投资者应紧捂手中持仓，持仓待涨，高价时抛出。当下跌持续缺口出现后，可以果断清仓，果断止损，减小损失。

利用持续缺口预测期货价格幅度的简单方法是：期货价格未来所走的垂直距离与已经走过的距离相等。（有突破缺口时，期货价格未来的距离等于突破缺口至持续缺口之间的垂直距离。）

4. 竭尽缺口

竭尽缺口又称终止缺口，它的出现表示原来的行情已经走到了终点。竭尽缺口是竭尽全力的最后一跳，是期货价格走势的强弩之末。

（1）竭尽缺口的出现时机

竭尽缺口经常出现在多头市场或空头市场行情的尾声。

当竭尽缺口出现在多头市场行情的尾声时，表示长期的上升行情即将结束。暗示行情将会在高位振荡或下跌。

当竭尽缺口出现在空头市场行情的尾声时，表示长期的下跌行情已接近尾声。暗示行情将会在底部进入整理或开始反转。

（2）竭尽缺口的主要特征

①竭尽缺口伴随着价格急剧波动的上升或下跌而同时产生。即它出现时会有较大的价格波动。

②竭尽缺口在短期（几天或十几天）内就会被封闭。

③向上跳空的竭尽缺口出现的当天，成交量会空前放大，以后就逐日减少。向下跳空的竭尽缺口，成交量不一定会放大。

（3）竭尽缺口的应用

竭尽缺口出现后，表示期货价格的上升或下跌趋势已接近尾声，并不表示原来趋势在短期内一定要反转，尽管反转的可能性存在。但是，当竭尽缺口出现后，可以确定：一个中级变动趋势即将走到尽头。原来的上升趋势即将回档整理或反转下跌，原来的下跌趋势即将出现反弹或反转上升。因此，若在上升行情中出现竭尽缺口时，投资者应逢高及时卖出合约，退出观望为妙。若在下跌行情中出现竭尽缺口时，投资者应注重观察底部位置，待期货价格跌无可跌时，逢低买进合约，做一个波段式中级操作。

三、缺口的研判技巧

当期货价格（大盘指数）走势中出现跳空缺口时，如何正确辨别缺口的种类，是正确操作的重要环节。判断失误，则会导致操作失误。

1. 普通缺口

普通缺口出现在期货价格运行的形态之内，出现在整理行情中。在整理形态内出现的缺口就是普通缺口。普通缺口容易辨别，不会与其他缺口相混淆。

2. 突破缺口

突破缺口出现在期货价格变动突破原形态上、下界限时。期货价格可以脱离原有变化形态向上突破，也可以向下突破。即在期货价格脱离原形态上、下界限时出现的第一个缺口就是突破缺口。突破缺口不会与其他缺口相混淆。

3. 持续缺口和竭尽缺口

因为持续缺口出现时没有密集形态区伴随，所以它不会与普通缺口或突破缺口相混淆。持续缺口与竭尽缺口二者容易相混淆。没有密集形态区伴随的缺口不一定都是持续缺口，它也可能是竭尽缺口。区分持续缺口和竭尽缺口的技巧：一是持续缺口在前，竭尽缺口在后；二是竭尽缺口的成交量特别大，成交量可能创新高，即成交量创新高的缺口是竭尽缺口；三是持续缺口与竭尽缺口出现的位置不同，上升行情时前者低后者高，下跌行情时前者高后者低；四是当第四个跳空缺口出现时，就是竭尽缺口；五是竭尽缺口不会是突破形态界限的第一个缺口。

在一个波段上升或下跌过程中，跳空缺口越多，趋势越接近终点。有句股谚："期货价格三跳空，气势已近终。"如果在升势中出现第三个缺口，暗示期货价格快到峰顶了。当第四个缺口出现时，无需判断，几乎就可以认定是竭尽缺口。

持续缺口在上涨或下跌趋势中，有时可以不出现，有时可以出现两个以上的持续缺口，这就是难以分辨持续缺口的原因。

四、研判缺口的意义

普通缺口短期内就会被封闭，对分析趋势没有意义，操作时不用去理会它。突破缺口的出现，表明了一种趋势的开始，向上突破开始上升，向下突破开始下跌。

持续缺口出现，是期货价格加速变动的信号，同时也提醒投资者：风险加大，期货价格已接近终点。

竭尽缺口出现，表示期货价格运行趋势已到了终点，是行情结束的信号。

五、缺口操作技巧

1. 在多头市场中

在多头市场中，当向上突破缺口出现时，而且以很大价格差向上跳离原形态，是多头行情的征兆。

投资者可试探性买进一部分合约，持仓量约占 1/3 至 1/5。

向上突破缺口若在三天内未被封闭，可大胆买进更多合约。持仓待涨，日后定会有更高的价格出现。而且，缺口距离越大，上升的力度越强。期货价格回档时，可加码买进。

在多头市场中，当期货价格急速向上的过程中又出现一个缺口（第三个），此时无需判定是持续缺口还是竭尽缺口，要随时准备抛出合约。抛出数量可以采取"倒金字塔式"操作。等期货价格在高位振荡，上升力度明显减小时，开始抛出第一批合约。以后逐步减少抛出数量。

在急升过程中若出现了第三个跳空缺口，宁可判定为是竭尽缺口，也不要判为持续缺口。应一次性抛光全部持仓，确保金钱落袋为安。

只有当缺口有规律地出现后，能明确判定是持续缺口时，才可以采取"抱股不放，继续待涨"的操作方法。上涨幅度是突破缺口至持续缺口的垂直距离。

2. 在空头市场中

在空头市场中，当期货价格向下突破盘局形态下界限时，出现缺口。操作上应抛光仓单，清仓离场。因为，它可能就是向下突破缺口。如果三天内未将缺口封闭，跌势必将加重。等判准了缺口的种类后再抛出仓单，期货价格又下跌了三个台阶。

3. 缺口的应用

期货价格向下突破缺口是行情反转的预兆，尽管短期内不一定会出现反转，操作策略是尽早抛售仓单。

在空头行情急速下跌过程中又出现了第二个向下跳空缺口时，不论是持续缺口还是竭尽缺口，操作上都应采取“场内观望，准备进货”的策略。

当期货价格又下跌一段时间后，并在底部进行了一次探底，操作策略应采取“限价分批买进，开始准备做多”。

普通缺口的利用技巧，虽然不像其他缺口那么重要，但是也有其利用价值。在下跌的盘整形态中，若出现普通缺口，期货价格继续下跌的可能性较大。在上升盘整形态中出现普通缺口，期货价格继续上升的可信度较高。

六、岛形反转

岛形反转就是期货价格图形左右都有对称的跳空缺口，形状像一座孤立岛屿，其价格趋势就会发生反方向的变化。

岛形反转与缺口有紧密联系，它既可以在顶部形成，也可在底部形成。如图 13－48 所示。

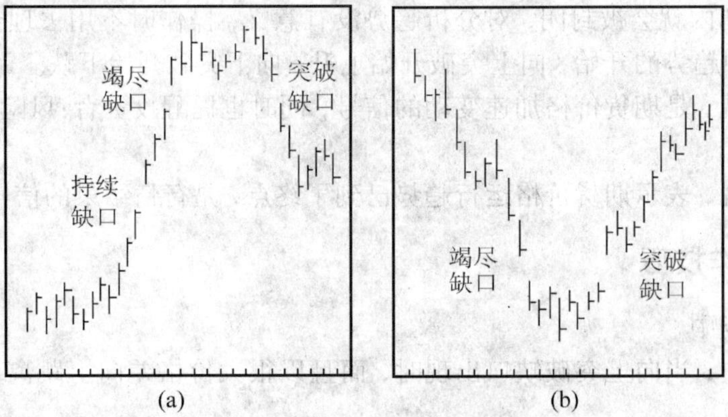

图 13－48 岛形反转

1. 形态特征

(1) 顶部岛形的形态特征

期货价格在持续上升过程中，突然出现向上跳空的竭尽缺口，成交量极大。接着期货价格在高价位振荡徘徊，少则几天，多则几周。然后开始向下回落，并在先前竭尽缺口的价位附近向下跳空形成向下突破缺口。左右两边两个缺口的价位区域大致对称(约在同一价位区域)。

(2) 底部岛形的形态特征

期货价格在底部形成岛形，它是顶部岛形的倒置形态。成交量在出现竭尽缺口时不一定增加，但在出现突破缺口时必须放大，否则是无效突破(假突破)。

2. 分析要点

(1) 出现时机

岛形是一种典型的反转形态，经常出现在一个中长趋势的顶部或底部。

(2) 缺口类型

岛形的形成前后有两个缺口：一个是竭尽缺口，另一个是突破缺口。两个缺口的期货价格变动方向相反，价格区域大致对称。

(3)应用

顶部岛形形成后，是卖出信号;底部岛形形成后，是买入信号。

(4)特点

岛形以竭尽缺口开始，以突破缺口结束。它的特点是:左右两个缺口对称出现后，视为缺口被封闭，缺口封闭后，就会产生趋势的反转。

第六节　黄金分割率及其应用

黄金分割率是一个古老的数学方法，有着神奇的作用和魔力。其在生活中的应用也非常广泛，如建筑物中某些线段的比例就科学采用了黄金分割率。把黄金分割率应用到期货市场中，用来预测价位及时间，常常能起到出奇制胜的效果。

一、异数字简介

数学中有很多奇异数字可以对期市行情进行预测，最著名的是斐波那契数列和黄金比率。

1. 斐波那契数列

斐波那契指的是这样一个数列:1,1,2,3,5,8,13,21,34,55,89,144, …。

斐波那契数列有以下两个特点:

①前两项数字为1。

②从第三项开始每一项数字等于前两项数字之和。例如:1+1=2,2+3=5,3+5=8, …。

在斐波那契数列中，取相邻两个奇异数字之比，又可得第一组数列:1, 1,2, 2,3, 3,5, 5,8, 8,13, …。

在斐波数列中，除了前几组数字之外，任何数对其后一个较大数的比率都是0.618，而且，越往后，关系越明显。例21÷34≈0.618，34÷55≈0.6176等。任何数对其前一个较小数的比率都是1.618。例如:34÷21≈1.619，55÷34≈1.6176等。任何隔数的比率，较小数与较大数之比都是0.382，例如13÷34≈0.38235，21÷55≈0.3818，55÷144≈0.38194等。以此类推，我们就能得一组常用的几个神秘数字:0.236,0.382,0.618,0.764, …。

其中，0.382和0.618是两个具有代表性的最佳数字，被广泛应用在美学建筑与期市预测中。

2. 黄金比率(又称黄金分割率)

两个奇异数字:0.382和0.618，被古埃及的数学家应用在第一座金字塔建筑物上。古埃及第一座金字塔的高度约为146米，正方形底部每边长约230米。两个数字之比可以演化为:

146∶230=1∶1.6=5∶8，自古以来5∶8就成了具有美感化和稳固性的形象。

期市分析师们把5∶8与斐波那契数列中的5∶13和8∶13联系起来，取其百分比38.46%和61.54%，稍予修正后就是38.2%与61.8%。这两个有代表性的数字，称之为黄金分割率。

黄金分割率就是将1分割成:0.191,0.382,0.618,0.809和1。然后根据实际情况的变化再演变成其他公式。例如:1.191,1.382,1.618,1.809和2等。

二、黄金分割率的应用

黄金分割率既能运用到美学塑像上，又能用来预测期市行情的变化。只要期市投资者能灵活运用，就能达到获利目的。

经过中外期市的百年印证，0.382 和 0.618 是期市变化的重要转折点。也是两个重要的黄金分割点。黄金分割点是指期市行情运行中的局部的高、低点或者期货价格趋势反转的高低点。在上升行情中调头向下的高点，在下降行情中调头向上的低点。这两个转折点一旦被确认，人们最关心的问题是期货价格上升或下跌到什么价位会产生压力或者支撑力。在多头行情或者空头行情中，可以用两个数学公式概略计算出期货价格上升时的压力点和下跌时的支撑点的价位。

当大盘指数或个期货价格格上涨幅度达到 38.2% 和 61.8% 时，反压有可能出现。有反转下跌而结束上升行情的可能性。

当大盘指数或个期货价格格下跌幅度达到 38.2% 和 61.8% 时，反弹的可能性很大。

1. 多头行情展开时

多头行情展开后，投资者最关切的问题是“头”在哪里。要想准确地掌握上涨行情的最高价是很难的，投资者所能做到的事情，就是根据黄金分割率计算期货价格可能出现的、波段性的期货价格反压(转)点，以供操作参考。

当期货价格上涨时，依照上升的速度和持久性，根据黄金分割率，在它的上涨幅度接近、达到或超过 38.2%、61.8% 时，期货价格就会出现反压，甚至有反转下跌的可能性。这就是最常用的上涨幅度测量方法。

一般预测期货价格上涨能力与反转价位点的黄金比率的数字有：19.11%，38.2%，61.8%，80.9% 和 100% 等。

当强势股的期货价格上涨幅度超过 1 倍时，黄金比率分别为：1.191，1.382，1.618，1.809 和 2。

例如，当下跌行情结束，上涨行情展开前，某类合约的最低价位为 10 元，计算该股上涨时的各个反压价位点，方法如下。

①$10\times(1+19.1\%)=11.9$ 元。

②$10\times(1+38.2\%)=13.8$ 元。

③$10\times(1+61.8\%)=16.2$ 元。

④$10\times(1+80.9\%)=18.1$ 元。

⑤$10\times(1+100\%)=20$ 元。

⑥$10\times(1+119.1\%)=21.9$ 元。（若期货价格上涨幅度超过 1 倍时，分别用 119.1%，138.2%，161.8%，180.9% 等进行计算。）

2. 空头行情展开时

空头行情展开后，“底”在哪里？用黄金分割率可以计算期货价格（指数）下跌的支撑位，大致判断下跌行情的“底”。

当期货价格脱离高档，以一定的速度和持久性下跌时，当下跌幅度达到或接近 0.382 和 0.618 时，就可能出现支撑，有结束下跌行情反转上升的可能。预测下跌支撑价位的黄金比率数字有：19.1%、38.2%、61.8%、80.9% 等。

例如，上升行情结束前，某只股最高价为30元，期货价格反转下跌时，计算出不同的支撑位，方法如下：

①30×(1-19.1%)=24.3元。

②30×(1-38.2%)=18.5元。

③30×(1-61.8%)=11.5元。

④30×(1-80.9%)=5.7元。

由于我国期市投机性浓，在主力的介入下，期货价格极易出现暴涨暴跌的走势。再者，众多投资者的涌进与退出，也会出现涨时涨过头、跌时跌过头的情形。诸多不稳定因素的存在，要想用一种固定的计算公式抓住期货价格的顶与底自然困难，概率会降低。但是，大盘指数则不一样，它反映国内宏观经济面、政治面、政策面等，是一个多方变化的综合性指标，人为因素虽然存在，却比个股缓和得多。所以，用黄金分割率判断大盘的顶和底，其准确性也会高一些。

这些神奇的数字印证了世界期市与我国期市重要转折点的真实性。

第七节 移动平均线及其应用

在技术分析领域中，移动平均是一个较为重要的概念。利用移动平均线(MA)研判期货价格及指数趋势，具有十分重要的意义。

一、移动平均线概念

1. 什么是平均线分析法

移动平均线(MA)分析法是由美国投资专家约瑟夫·葛兰威尔创立的。是从道氏理论演化而来，也是道氏理论的数字量化。

平均线分析法，就是统计学中的平均数分析法。采用统计学分析法，可以最大限度地滤掉那些随机变化的"偶然因素"，保留趋势变化的"必然因素"，用来研究期货价格或指数趋势变化的方向。移动平均线采用了统计学中的"移动平均原理"。

移动平均线是指一定交易时间内(日、周、月、年)的算术平均线。移动平均线是利用统计原理，把期货价格的收盘价在连续数日内求出算术平均值，再将每天计算出来的平均值连接成一条圆滑的曲线。移动是指这条曲线随时间不断地向右变化。期货价格(指数)趋势的变化可以分为长期、中期和短期趋势，可用不同的采样天数进行处理。例如：短期采样天数为5日、10日；中期采样天数为20日、30日、60日；长期采样天数为120日、250日等。

2. 移动平均数的计算公式

移动平均数的计算公式为

$$x=(a1+a2+a3+\cdots+an)/n$$

式中，x为平均值，n为采样天数，a1、a2、a3、…为特定的指数或期货价格。当计算大盘指数5天的平均数时，将数字代入公式计算即可。

例如，2001年3月26日至3月30日，上证A股收盘指数为：2089、2107、2106、2102、2113

点，将数字代入公式计算

$$MA(5) = (2089 + 2107 + 2106 + 2102 + 2113)/5 = 2103 \text{点}$$

计算表明，2001 年 3 月 26 日至 3 月 30 日，上证 A 股 5 天的收盘平均指数为 2103 点。

用类似的方法可以分别计算出 10 日、20 日、30 日、60 日、120 日的平均指数。

计算出移动平均数后，把它画在坐标纸上，将各点连成光滑的曲线，就形成了移动平均线。

3. 移动平均线的功能

移动平均线可用来对期货价格的变化进行分析和预测，其主要功能是揭示期货价格的变动方向和变化趋势，为投资者进行合约买卖提供决策依据。

在日益重视趋势的今天，均线系统是趋势的重要组成部分，也是市场的本质属性。顺应潮流而动，不与趋势抗衡。在对期货价格趋势分析的各种方法中，移动平均线是运用最多、准确性也相对最好的方法之一。

4. 移动平均线的图形

移动平均线的图形，如图 13－49 所示。

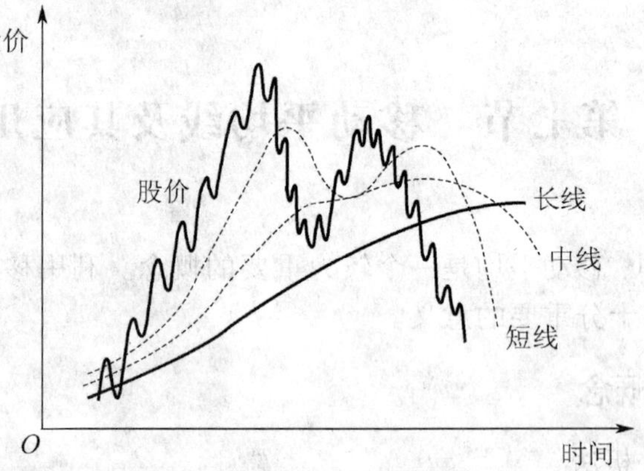

图 13－49　移动平均线

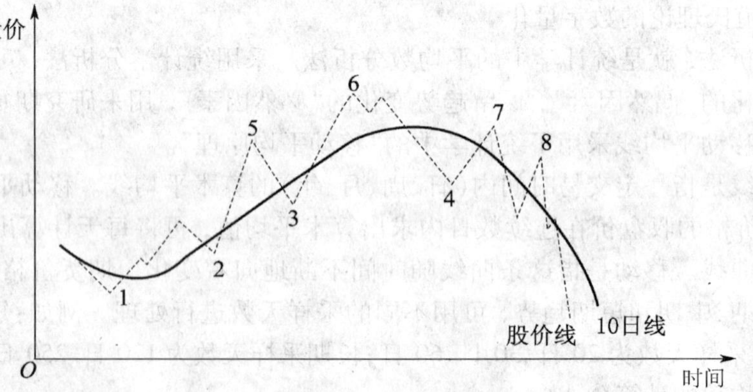

图 13－50　八法则

二、移动平均线法则

1. 移动平均线八法则

移动平均线的八大买卖法是由美国投资专家约瑟夫・葛兰威尔提出来的。在八法则中有四个是买进信号，有四个是卖出信号。用八法则作为期市买卖指导，颇有实用性和准确性。八法则如图 13－50 所示。

2. 买卖法则的应用

(1)买进信号

在八大买卖法则中，1、2、3、4 是四个买进信号。因为买进的时机不同，所以风险与收益也不同。

①1 是上升买进信号。

移动平均线由下降趋势逐渐转为平移趋势，并且有向上抬头的迹象；而且这时候期货价格也从平均线的下方逐渐上升并向上突破平均线的时机(第一个交叉点)为最佳买进信号。因为期货价格已从跌势刚刚转为上升趋势，此时买进风险最小，收益最大。

②2 是回档买进信号。

移动平均线一直呈上升趋势，期货价格也一直走在移动平均线之上；这时若期货价格下跌回档，而且并没有跌破平均线系统时(未破 20 日均线)，这个回档时机就是买进信号。因为期货价格未跌破平均线系统，说明期货价格是小幅回档，还要再度上升。此时买进风险不大，收益不薄。

③3 是看涨买进信号。

当移动平均线的中期趋势一直呈上升形态时，期货价格跌至短期平均线下方，此时为“激进”型看涨买进信号。这时应注意控制风险。

④4 是暴跌买进信号。

一个波段的牛市行情即将结束，均线系统成空头排列下降之势。期货价格一直运行在平均线之下，期货价格突然暴跌，并远离平均线时，为暴跌买进信号。因为期货价格下跌幅度很深，极有可能反弹至平均线附近，即“物极必反”。应注意：反弹后必须卖出。

(2)卖出信号

在八大买卖法则中，5、6、7、8 是四个卖出信号。因为卖出的时机不同，所以风险与收益也不同。

⑤ 5 是暴涨卖出信号。

移动平均线和期货价格都是呈上升趋势，并且期货价格已高高处在平均线上方，这时期货价格又突然暴涨，使期货价格更加远离平均线时，为最佳卖出时机。因为期货价格累积升幅过大，近期持仓者均已获利，随时都会产生获利回吐的卖压。当大量的获利盘涌出时，期货价格就会深幅回调，并且大盘随时有转向的风险。此时应果断卖出所有合约。

⑥ 6 是转向卖出信号。

移动平均线和期货价格在高位已振荡多时，二者由上升趋势转为平移趋势，并且随时有向下反转的迹象。当期货价格从平均线上方逐渐下跌并已跌破均线时(10 日线或 20 日线)，为止损卖出信号。因为大盘抛压渐重，多数期货价格已由升势转为跌势，大盘随时有转向的风险。此时卖出合约收益大，风险小。

⑦7 是反弹卖出信号。

短期均线系统已成空头排列下跌之势，而且期货价格一直在均线之下运行；几经反弹，又再度下跌，均未超越平均线。当期货价格反弹至均线附近时为卖出信号。因为短期均线系统已开始向下发散，期货价格已经从平均线上方转向下方，回升时又无力穿过平均线，说明期货价格只是小幅度反弹，这时是短线卖出（或止损）的最好时机。

⑧8 是看跌卖出信号。

均线系统成空头排列之势，并且期货价格在平均线下方运行多时，若期货价格反弹至短期均线上方，并在上方徘徊时，为最后一次卖出（止损）信号。因为期货价格在短期内仍然会下跌。

三、移动平均线的使用

1. 移动平均线的时间基数

移动平均线在计算和画图的过程中，要先确定采样的天数。不同的天数对应着一条不同数值的移动平均线。

移动平均线的采样天数越短，对期货价格波动的反映越敏感，但对整体趋势研判的可靠性（随机误差）越差。反之，采样天数越长，对期货价格波动的反映越迟钝，但对整体趋势研判的可靠性越强。

移动平均线有短期线、中期线与长期线之分。投资者经常把短期线、中期线和长期线组合起来，综合研判期货价格的波动趋势。

移动平均线短期线、中期线和长期线的一般根据时间基数来划分。

①5～10 日移动平均线为短期线。一般采用 5 日、10 日两个时间基数画图。

②20～60 日移动平均线为中期线。一般采用 20 日、30 日、60 日三个时间基数画图。（短线操作者可把 60 日作为中长线。）

③70～250 日移动平均线为长期线。一般采用 120 日的时间基数画图。

图 13－51 为均线系统（组合）图。

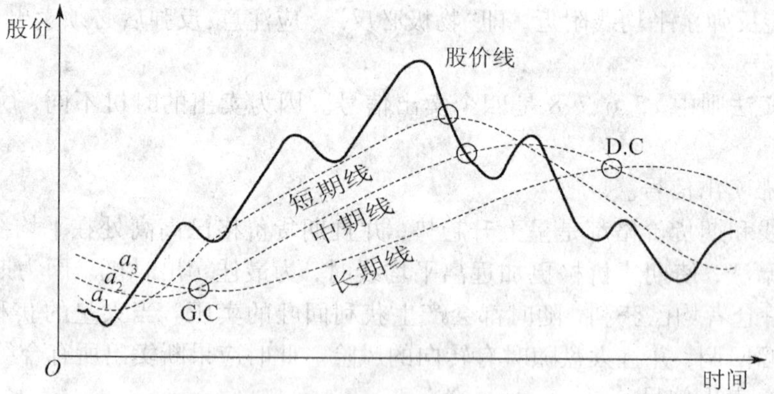

图 13－51 均线系统

2. 移动平均线的作用

（1）在多头市场中

在多头市场里的期货价格上升趋势中，移动平均线朝一个方向连续移动几个星期或几个月，这种持续上升作用称为移动平均线的助涨作用。在空头市场期货价格的下降趋势中，移动平均线也同样有助跌作用。

在多头市场的初期或中期，期货价格在上升过程中会出现回档。在回档过程中，期货价格跌至平均线附近（没有跌破平均线）时，平均线便产生支撑力量，托起期货价格再度上升。

这就是移动平均线的助涨效应。短期均线对期货价格短期回档有短期助涨作用，中长期均线对期货价格中长期回档有中长期助涨作用。但是，当多头市场接近尾声时，买盘渐弱，涨势趋缓，期货价格在高位横盘，上升无力，出现回跌，期货价格跌破平均线后，平均线将失去助涨能力。跌势必然会加速下跌。

(2)在空头市场中

在空头市场的初期或中期，期货价格在下跌过程中会出现反弹。在反弹过程中，期货价格反弹至平均线附近(没有超越平均线)时，平均线便产生压力(阻力)，迫使期货价格再度下跌。这就是移动平均线的助跌效应。短期线对期货价格的短期反弹有助跌作用，中期线对期货价格的中期反弹有助跌作用。但是，在空头市场末期，卖盘渐弱，跌势趋缓，期货价格在低位横盘，期货价格弹升至平均线附近，并向上穿越平均线后，平均线将失去助跌能力。

3. 黄金交叉点与死亡交叉点的意义

(1)黄金交叉点

黄金交叉点一般是指中期线上升时超过长期线并与长期线的交叉点。黄金交叉点是确认上升行情将进入上涨时期的标志。黄金交叉点出现后，每日期货价格线、短期线、中期线、长期线自上而下依次排列成顺向图形，这是典型的上涨行情，操作时，可以毫不犹豫地介入。因为在黄金交叉点附近价位介入，风险较小，利润较大。黄金交叉点意味着中、长期上长行情已经确认，是中、长线介入的最佳时机。当期货价格高高在上，已远离黄金交叉点时，为防期货价格反转下跌，应早日卖出合约。

短线操作时，既可以把短线与中期线、长期线的两个交叉点视作黄金交叉点，也可把期货价格向上依次穿越短、中、长期线的三个交叉点视作黄金交叉点。

(2)死亡交叉点

死亡交叉点一般是指中期线下跌时超过长期线并与长期线的交叉点。死亡交叉点意味着上涨行情的终结。死亡交叉点出现后，每日期货价格线(日K线)、短期线、中期线、长期线、自下而上的顺序排列成逆向图形。是典型的下降行情。死亡交叉点是暴跌行情将要来临的信号，操作时，应果断止损。

4. 移动平均线的一般规律

(1)发散程度决定行情的大小

若5日、10日、20日、30日、60日、120日线呈多头向上排列，而且向上缓缓发散，“张口”较大时，表明多方控制局面，期货价格可看高一线。反之，空头发散，应反弹减磅。即均线系统“散离程度”大，行情也大。黄金交叉点处是买入良机。

(2)中期线是生命线

30日、60日线是中长期趋势的确立线。

若30日、60日线开始同步向上发散时，中长期上升趋势已经确立。这一发散状况一旦形成就不理会短期线(5日、10日)的调整。反之，30日、60日线向下空头发散时，中长期下降趋势已经确立。

(3)中线上升，涨势继续

短线回调，中线上升，涨势继续。

若5日、10日线回档，30日线上升趋势未变，则只是技术性回档，涨势并未结束。反之也一样。

(4)中线回调，下跌较深

中线回调，长线上升，表示回档较深。

若5日、10日、30日线都反折向下，而60日、120日线仍然是惯性上升，表示回档较深。短线操作应先出局观望。

(5)空头排列，行情结束

期货价格依次向下跌破5日、10日、30日、60日线并且均线系统也先后反转下跌，成空头向下排列之势，表示多头市场结束，空头市场来临。这是四个卖出点。

(6) 均线黏合，表示盘整

若5日、10日、30日线纠缠在一起，表示盘整格局已经发生。

(7)短线上穿中线，后市走高

大势盘整时，5日、10日线向上突破30日线，后市期货价格看高。反之，后市期货价格看低。

(8)短线跌破中线，后市看淡

在空头市场中，期货价格向下突破了5日、10日线，在30日线遇阻回升后，又跌破30日线，说明仅仅是反弹征兆。

(9)短线暴跌，偏离过大，必然反弹

期货价格突然暴跌，短期线突然过分偏离，预示着期货价格短线必然反弹。操作上可考虑抢反弹。

(10)四个最佳买入点

在空头市场中，期货价格依次向上穿越5日、10日、30日、60日线，表示多头市场已经开始。这四个突破点是四个最佳波段性的买入点。

移动平均线系统是期货价格趋势的重要技术参数，它在典型的上升通道与下降通道中表现得淋漓尽致。

期货价格移动平均线实际上是代表了市场多数投资者的建仓或套现的平均成本。期货价格上穿20日、30日线遇阻受挫，实际是投资者解套出货所致。投资者解套或止损后，平均线才能发散、延续。只有投资者无法解套时，均线系统才会慢慢黏合在一起，等待发散时机。

20日(30日)线是衡量市场中期强弱的重要标志，在实际操作中应当引起重视。

四、移动平均线的优缺点

移动平均线系统的优点:安全性较高，适应性较强。若期货价格向上突破5日、10日线时买进，风险较低，收益丰厚;若在5日、10日线处止损，损失较小。移动平均线既可用于短线操作，也可用于中线、长线操作。

移动平均线系统的缺点:容易被主力机构利用，盘局时难以判断走势，短线假信号频繁出现。另外，移动平均线变动缓慢，不易把握期货价格趋势的高峰与低谷。

习 题

一、名词解释

1. 方向突破　　2. 中期趋势　　3. K 线图

二、问答题

1. 简述波浪理论的数浪原则。

2. “方向突破”有哪三个要素?

3. 简述突破缺口的特征。

参考答案

一、名词解释

1. 方向突破:是指期货价格对盘局形态的上界线或者下界线有效穿越。

2. 中期趋势:又称次级趋势,它是与主要趋势运行方向相反的一种逆向趋势。

3. K 线图它的形状像蜡烛,又称蜡烛图,它是由最高价、最低价、开盘价和收盘价组成的。

二、简答题

1. 数浪原则

(1)第 4 浪与第 1 浪不可重叠原则;(2)第 3 浪通常是最长波浪原则;(3)第 5 浪有弹性原则。

2. 方向突破三要素

(1)突破幅度超过 3%;(2)连续三天规则;(3)成交量随之放大规则。

3. 突破缺口的主要特征

(1)突破缺口伴随着形态密集区的确立而发生,期货价格向上或向下跳空脱离形态,表示真正的突破已经形成,在 K 线图上常以强劲有力的长阳线或长阴线跳空脱离盘整形态;(2)向上突破缺口伴有大成交量配合,向下突破缺口不一定要出现大成交量;(3)突破缺口短期内不会被封闭。

◆第十四章　技术指标分析

技术指标法是技术分析中极为重要的分支。技术指标的流行始于20世纪70年代以后计算机技术的广泛应用。原因在于，计算技术指标涉及巨大的计算量，单靠人力无法完成。

技术指标是指用某一种数学模型对行情演变的历史数据处理后得到的数值，使用不同的数学模型将产生不同的技术指标。这些不同的技术指标，从不同层面或不同角度反映市场某一方面深层次的内涵，揭示市场的运动状态。

本章将介绍几种常用的技术指标的基本概念、特征和一般规律，并对各种技术指标的使用方法及分析应用中应注意的问题做重点介绍。

第一节　平滑异同移动平均线

平滑异同移动平均线MACD，是最受投资者欢迎的指标，它最适合于波段式操作。

一、基本概念

平滑异同移动平均线是由移动平均线(MA)原理发展而来的。

MACD自发明以来，已风靡全世界，深受期市技术分析人士喜爱，大家都认为它能较好地给出买进与卖出信号。

MACD在我国沪深期市也备受推崇，被机构人士称为中期最有价值的技术参数。

MACD是由快速平均线(9日EMA)、慢速平均线(26日EMA)及差离柱线(BAR)组成的图表系统。它是利用快速与慢速两条平均线的交叉换位及差离柱线的差离状况来研判期市行情趋势的，从而决定合约的买卖时机。

MACD由快速和慢速两条平滑异同平均线，经过双重平滑运算，过滤出买卖信号。MACD的主要优点：一是弥补了移动平均线频繁出现的假信号的缺陷；二是保留了移动平均线研判大趋势的最好功能。MACD汲取了移动平均线本身的精华，又突出了自身两条不同速度平均线的交叉换位及柱形差离状况，更全面地研判中期趋势，可信度较高。

MACD与其他技术指标一样，常与平均线系统及K线图配合使用。

二、基本特征

①MACD 图形组合是由两条曲线（DIF 与 DEA）和柱线（BAR）组成。MACD 图形见附录一。

②当正负差（DIF）和异同平均数（DEA）的数值都为正数时，画出的图形在 0 轴线以上；均为负数时，图形在 0 轴线以下。

③时间采样天数:快速移动平均线通常设定为 12 日;慢速移动平均线为 26 日。

④当图形在 0 轴线以上时，大趋势为多头市场，属强势特征;当图形在 0 轴线以下时，为空头市场，属弱势特征。

⑤图形中的快慢两条曲线和柱线都在 0 轴线上下波动，而且上下波动的幅度越大，说明市场越强或越弱。波动幅度很小，是平衡市场。

⑥当快速线（12 日）由底部向上与慢速线（26 日）相交叉时称黄金交叉;当快速线由顶部向下与慢速线交叉时称死亡交叉。

⑦当市场呈现盘整格局时，期货价格上下跳动，MACD 的买卖信号不明显，失误率较高。这时候应把它与其他技术指标（如 RSI、KDJ 等）结合起来研判。

⑧高价区两次向下交叉期货价格要大跌、低价区两次向上交叉期货价格要大涨。

三、指标应用

①当快速线与慢速线在底部形成黄金交叉，柱线也由负值变为正值（在 0 轴线以上）时，是中短期操作买入的最佳时机。

②当快慢两条曲线与差离柱线都在 0 轴线以上时，操作策略为继续持仓。若柱线由短到长呈上升趋势时，操作上只能短线追涨，应尽快获利了结。

③当快慢两条曲线在顶部走势变平缓时，而且柱线也由最长开始逐渐变短时，是高价位卖出信号。

④期货价格在高价位时，快速线与慢速线在顶部两次死亡交叉时，预示着期货价格将要暴跌，应果断卖出，获利了结，暂时离场。

⑤当行情持续上涨，快速线在慢速线之上并且两线开口张大时，此时柱线的正值逐步增大，投资者要控制买入的速度和数量，防止过度追涨而被套牢，操作策略为快进快出。

⑥当行情由强市开始转向弱市，或者由弱市转向强市时，柱线差离值都会趋向于 0。（由正值趋由于 0，或由负值趋向于 0）。后市走向不明朗。投资策略为静观其变。

⑦在高价区若期货价格出现两个或三个近期高点，MACD 的两条曲线未创新高反而走平，称为顶背离，是行情反转下跌的信号，要抛出合约。

⑧行情下跌，快速线在慢速线之下，柱线负值逐步加大，是空头市场。应停止操作。

⑨在低价区，若期货价格出现两个或三个近期低点，两条快慢曲线未创新低反而走平，称为底背离，是行情反转上升的信号，可逢低买进合约。

⑩期货价格在低价区时，快速线与慢速线在底部两次向上交叉（黄金交叉），预示着期货价格将要大涨，应趁机买进合约。

⑪当大势盘整时，因期货价格上下波动幅不大，利润差价小，MACD 出现的买卖信号较多，中长线操作可以不必理会。

综上所述，MACD 的几个买入与卖出点分别归纳如下。

(1)买入点

①快速线与慢速线在底部形成黄金交叉时，并且差离柱线由负值变正值(由绿线变红线)时，是波段性买入信号。

②快速线(9日、12日)在慢速线(26日)之上，由负值变正值，并且向上突破0轴线时，是短期买入信号。

应注意：此时买盘较大，多头势强，切记不要贪心，也不可盲目追涨。

③在低价区出现两次黄金交叉时，是激进型买入信号。

④差离柱值远小于0，并在底部渐变平缓(绿柱不再增大)时，是激进型买入信号。

⑤期货价格一次比一次低，MACD并不出现新低点时，是买入信号。

(2)卖出信号

①快慢两条曲线在顶部形成死亡交叉时，并且差离柱线的正值由最大逐渐变小(由红柱变绿柱)时，是卖出信号。

②快速线在慢速线之下，并且快速线向下突破慢速线时，是卖出信号。

③在高价区出现两次死亡交叉时，是卖出信号。

④差离柱值远大于0，并在顶部走势平缓(红柱线不再增大)时，是激进型卖出信号。

⑤期货价格一次比一次高，MACD的两条曲线及差离柱线都未再创新高时，是卖出信号。

四、指标评价

MACD的优点：MACD除掉了MA产生的频繁出现的买卖信号，使发出信号的要求和限制增加，避免假信号的出现，用起来比MA更有把握；MACD同MA一样，也是对价格进行平均处理过的，这就消除了小的和次要的价格波动，保留了价格中期趋势的本质，有利于把握行情的未来。

MACD的缺点：它不能预知期货价格的阶段性头部和底部，需要结合乖离率指标或其他技术指标研判，在期市进入盘整时，失误的时候比较多。

第二节　布林线指标

一、基本概念

1. 布林线指标的含义

布林线指标(BOLL)又叫做布林通道，是利用统计学原理描绘期货价格上下波动区间规律的技术指标。

它先要规定一个标准差，再求出一个上下界限的波动区间，并且波动的规律随期货价格上下波动而浮动。

2. 布林线指标的特征

①布林线指标由"三线两通道"组成。

布林线指标由上轨线、中轨线和下轨线三条曲线构成了上下两个价格通道，如图14－1所示。

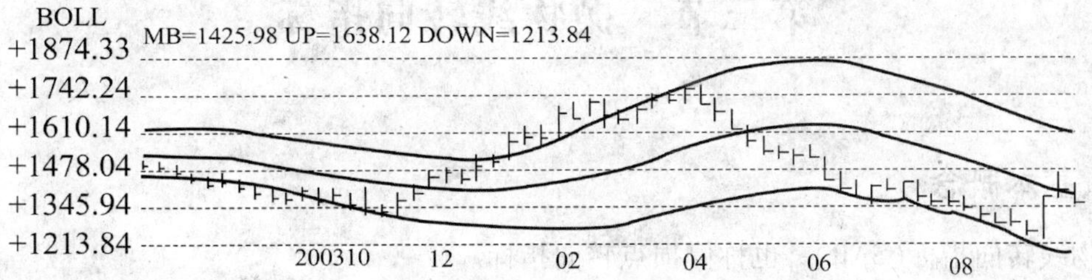

图 14－1 布林线指标

②价格运行趋势直观。

一般情况下，期货价格会在上下两个通道内运行，价格运行趋势一目了然。

③通道的宽窄由价格波动幅度决定。

上下两个通道的宽窄及运行趋势由期货价格的上下波动幅度而决定。价格波动幅度大时，通道变宽；价格波动幅度小时，通道变窄。

④特殊期货价格波动幅度很大时，期货价格就会穿破上下轨道线，期货价格沿上下轨道线之外运行。但是，期货价格在轨道外运行一段时间后，又会回到上下轨道内继续运行。

3. 一般规律

期货价格在穿破上下轨道线之后，不久一定又会回到上下轨道之中。原理：期货价格也遵循价值回归规律。

二、指标应用

布林线指标既适用于波段性操作，又适用于短线操作。它的实际应用要点如下：

①当两个通道由宽变窄时，说明市场行情及期货价格已进入整理区间。投资者应停止操作，持币观望。

②当两个通道由窄变宽，说明市场行情及期货价格开始变化。若价格开始向上运动时，适时买进合约。若价格向下运动时，适时抛出合约。

③当价格向上穿过上界限值时，适时抛出合约。一般情况下，当期货价格在上界限顶端连续两三天走平或日 K 线上影线很长时，应该抛出合约。当价格向下穿过下界限值时，适时买入合约。而且向下穿破的幅度越大，应注意随时买进。

④当期货价格在通道内（外）沿上界限向上运行时，期货价格的涨势会持续，涨幅会更大。投资者应持仓守仓。当期货价格在通道内（外）沿下界限向下运行时，意味着跌势会持续，跌幅会更大，投资者应适时抛出合约，及时平仓。

⑤两个最显著的买卖时机。

一为涨势平仓时机。当期货价格连续上涨或暴涨时，期货价格会向上穿破上轨线，而且穿破的幅度很大。期货价格穿过上限值，说明超买力量很强。期货价格可能随时会短期下跌，应适时卖出合约，平仓了结。（这种趋势在强势股中，有时会持续一、两周时间。）

二为跌势加仓时机。当期货价格连续沿下轨线阴跌多日或暴跌时，期货价格会向下穿破下轨线，而且穿破的幅度会很大。期货价格穿过下限值，说明超卖力量很强。期货价格可能随时会止跌反弹，应适时增仓买进合约，等待短期反弹。

第三节 抛物线转向指标

一、基本概念

抛物线转向指标(SAR)，也称停损点转向指标。

SAR 的基本原理是由抛物线的规律特点演化而来。抛物线的特点是:一段抛物线只有一个顶点，当物体到达顶点后，即开始转变物体运动的方向。

根据这个原理，若把合约的价格连接起来，必然也是一条上下起伏的曲线。我们把这条上下起伏的曲线看作是由许多抛物线片段连接起来的。选定一段时间来整体观察，就会发现一个规律:在某一段时间内，一段上下起伏的抛物线只有一个顶点或一个底点。期货价格到了顶点或底点，期货价格方向就会发生转变。期货价格的整体走势也是由最高点走向最低点，再由最低点走向最高点的不断交替变化的过程。

如图 14－2 所示，抛物线转向指标图形是由一系列散离的停损点组成的，并以弧形方式移动。在交易所终端上，当期货价格一路上升时，散离点为红色，并且沿着期货价格柱状图的正下方向上移动;当期货价格一路下降时，散离点为绿色，并沿着期货价格柱状图的正上方向下移动。

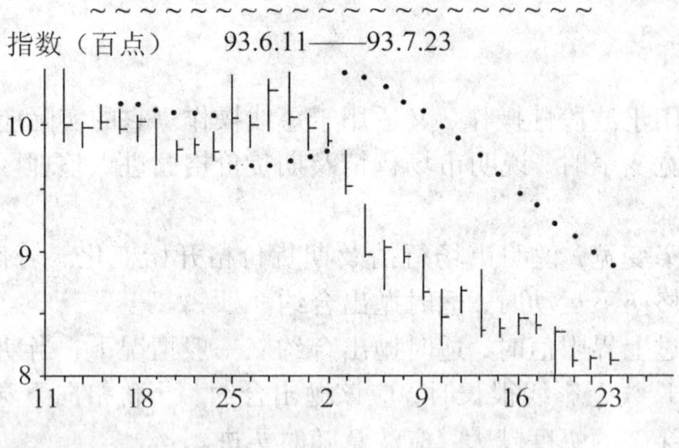

图 14－2 SAR 图形

实际上抛物线转向指标也是由移动平均线原理发展而来。短期平均线灵敏度高，错误信号多，长期平均线灵敏度低，错误信号少，二者各有利弊。SAR 指标就是利用移动平均线的这个特点设计的。SAR 指标的设计原则是:期货价格趋势形成的初期，采用长期平均线，使系统的转向趋势较为迟钝，错误信号较少。不至于因一些的小波动而改变操作策略。随着趋势的发展，逐渐减小平均线的天数，使系统变得越来越灵敏。只要行情略有转向波动，就会自动发出改变操作策略的信号。

二、一般规律

①当行情持续上涨时，SAR 数值点(在证券营业部计算机屏上为红色圆点)一直处在柱状图的正下方，并逐渐向上移动。直到行情反转时为止。

②当行情持续下跌时，SAR 数值点（绿色圆点）一直处在柱状图的正上方，并逐渐向下移动。直到行情反转为止。

③当行情为“牛皮整理”时，因期货价格起伏不大，SAR 会出现错误信号。失去研判作用。

④当 SAR 的极点值与期货价格向上交叉或者向下交叉时，可以及时提醒投资者由多转空（空仓），或者由空转多（满仓）。

⑤国外期货分析师把 SAR 图形的小圆点（不论红色或绿色点）一律称为：停损点或散离点。

⑥SAR 指标非常适用于“波段性”操作。有很强的“波段性”。

⑦抛物线转向系统的灵敏度及出错率与加速因子 AF 的取值关系密切。

三、指标应用

①当期货价格由下向上穿越 SAR 线时，应择机买进合约。

②当期货价格由上向下穿过 SAR 线时，应逢高卖出合约。

③在行情持续看涨（满仓）期间，看盘时若发现手中合约的当日最低价低于昨日的 SAR 值时（在交易终端上日 K 线出现第一个绿点），则行情由看涨转为看跌。操作策略也应由满仓转为空仓。

④在行情持续看跌（空仓）期间，看盘时若发现手中合约的当日最高价高于昨日的 SAR 值时（在交易终端上日 K 线出现第一个红点），则行情由看跌转为看涨。操作策略也应由空仓转为满仓。

⑤若当天的停损点 SAR 值从期货价格下方突然跳到期货价格上方，停损点由红色变成绿色时，为卖出信号。操作策略：应在当天抛光合约，空仓等待。若发现停损点 SAR 值从期货价格上方突然跳到期货价格下方，由绿点变红点时，为买进信号。应满仓操作。

⑥短线操作时，使用日 K 线的 SAR 转向系统有滞后现象。这时可以参看 15 分钟、30 分钟、60 分钟的 SAR 转向系统。这些 SAR 短线指标的灵敏度会比日 K 线高。但是，错误率也大。

第四节　能量潮指标

一、基本概念

1. 什么是能量潮指标

能量潮指标（On Balance Volume，简称 OBV）中文名称直译为平衡交易量。构造 OBV 的基本原理是潮涨潮落原理。因此，OBV 又被称为能量潮。

OBV 曲线分析法和移动平均线分析法是美国投资专家约瑟夫·葛兰威尔的两大贡献。

约瑟夫·葛兰威尔认为，“成交量是期市的元气，期货价格是期市的外在表现，因此，成交量是期货价格的先行指标”，这就是“量比价先行”的期市格言。

从力学观点解释 OBV，就是把成交量看作合约（期货）价格涨跌的能量和动力，把期货价格比作物体。物体（期货价格）上升或下降都需要能量，但上升所需要的能量（成交量）比下降时要多。因此，期货价格上升时，成交量必须增加；期货价格下跌时，成交量不一定要增加，甚至会渐趋萎缩。

OBV 曲线就是把能量潮关系数字化，并在坐标纸上用图形显示出来，便于进行分析研究。在 OBV 曲线的起伏波动中可以看出多空力量的增减、变化和转变。如图 14－3 所示。

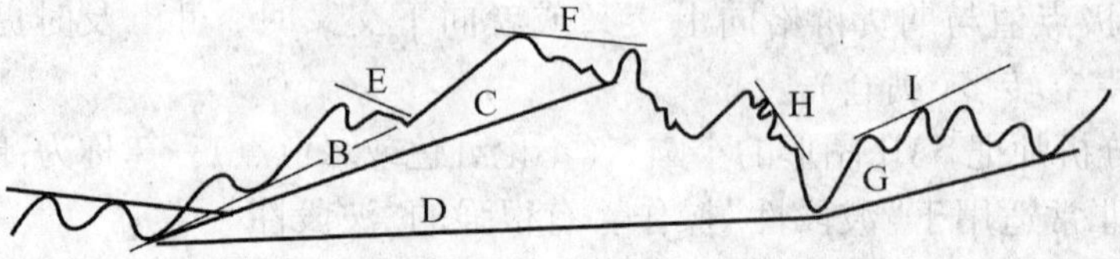

图 14－3　OBV 曲线

2. OBV 指标的衡量方法

OBV 的计算很特殊，人为地规定将成交量分为正、负值来描绘人气的兴衰。正值越大，人气越旺盛；负值越大，人气越衰减。

计算公式为：

OBV＝今天收盘价/昨天收盘价

将今天的期市的收盘价与上一个交易日期市收盘价相比，如果今天的收盘价高于上一个交易日收盘价，则将今日成交量数值列为正值；反之列为负值。经过一段时间的累计正负值，则画出了 OBV 线。

OBV 公式只比较出价格的正负，用累计成交金额（亿元）的正负去画图。OBV 的模拟计算结果见表 14－1。

表 14－1　OBV 模拟计算结果

日期	收盘价（指数）	成交金额（亿元）	OBV 累计成交金额（亿元）
3.10	127.76	2.16	2.16
3.11	123.11	－2.97	－0.81
3.12	118.26	－5.09	－5.9
3.13	121.27	＋3.15	－2.75
3.14	119.78	－1.65	－4.4

OBV 也可以直接用成交量来计算。

人气对量价的影响很大。人气滑落，OBV 成交的量价都呈负值；人气旺盛，成交的量价又都呈正值。人气的恢复过程，就是成交的量价负值的缩小过程。

短期期货价格的波动主要是受量能的影响。当期货价格上涨而 OBV 线下降时，表示上升能量不足，期货价格即将回落；当 OBV 线暴升，也表示能量即将耗尽，期货价格可能会反转下跌；当期货价格下跌，而 OBV 线慢慢上升时，表示能量正在积蓄，期货价格即可回升。

二、指标应用

OBV 是人为化的能量潮指标，一般不单独使用，需要与其他技术指标配合运用，共同分析研判期市（价）的走势。

1. OBV 的适用范围

OBV 是短线投资者应参考的主要指标之一。OBV 体现了一个阶段内人气的动向，可变量很大。这种人气难以维持很长的时间。因此它的适用范围仅限于短线操作，而不适用于长线投资。

2. 一般规律

①期货价格上升，OBV 线下滑，期货价格可能回落。说明买方力量薄弱，能量正在减小。

②期货价格下跌，OBV 线上升，期货价格可能反弹回升。说明逢低有人接盘，低位承接力强，能量正在积蓄。

③OBV 累计值由正值转为负值，下跌走势会延续。表明市场整体走势下滑。反之则相反。

④OBV 正负值转换频繁，说明期货价格已进入盘整行情。

3. 应用技巧(研判六法则)

①OBV 线下降(处于低潮)，而期货价格上升时，此时，表示高档位购买力减弱，期货价格走势将很快转为下跌，应适时卖出。

②OBV 线上升(处于高潮)，而期货价格下滑时，表明低档位购买力增强，换手积极，已具备了上升条件，应适时买进。

③OBV 线跌破 0 轴线，而且负值逐步增大时，为下跌趋势，应卖出合约。

④OBV 线穿越 0 轴线，而且正值逐步增大时，为上升趋势，应择机买进合约。

⑤OBV 线呈缓慢上升趋势时，应逢低买进。但是，若 OBV 线急速上升时，能量将很快耗尽，上升之势不可能长久维持，应适时抛出。

⑥OBV 线呈缓慢下降趋势时，为卖出信号。但是，若 OBV 曲线急速下跌，而期货价格却是微跌，表示空头已无力量再跌，应择机买进。

以上六大法则，①和②适用性较高。运用 OBV 线时，应注意与期货价格走势相配合，特别是在盘整时期，当期货价格向上突破时，OBV 能否配合放大是关键。另外，运用 OBV 线时，重点在于 OBV 线的走势及方向，而不是本身数字的大小。

4. 经验法则

期市分析家在长期运用 OBV 线时，总结出许多经验。

①当 OBV 线产生 5 个向上箭号时，为短线卖出时机。

②当 OBV 线产生 5 个向下箭号(5 个小尖峰)时，为短线买入时机。

③当 OBV 线形成一个大“N”字形时，应立即获利了结。

④当 OBV 线横向走平超过三个月时，随时会有大行情出现。应注意是否有“蓄势既久，其发必速”之势。

⑤当 OBV 创新高先于期货价格创新高时，并且 OBV 线创新高之后再无更好表现，则为卖出时机。

⑥OBV 线会出现“双重顶”形态。OBV 线对第二个“峰顶”的确认标准是:期货价格再次回升时，OBV 线不能同步配合，却见下降，则可认为第二个“峰顶”已经形成。“双重顶”即将出现。应坚决抛空手中合约。

第五节 成交量指标

期市交易有两个参数:一个是成交价,一个是成交量。仅从成交价格的变化来分析市场的趋势还不够,还应结合成交量的变化进行全方位的研究分析,才能较准确地判定未来期市的走势。

一、成交量指标概述

期市成交量包含两个方面的内容:一个是成交金额,一个是成交手数。二者虽有差异,但确存在着密切的关系。对大盘而言,所讲的成交量一般是指成交金额;对单个交易品种而言,所讲的成交量一般是指成交手数。

1. 成交量指标

成交量指标(VOL)由成交量柱线和 2 ~3 条均量线(一般为 5 日线和 10 日线)组成。如图 14 -4 所示。在形态上,成交量用一根立式的柱子来表示。柱线的长短表示成交总量的大小。如果当天的收盘价高于当天均价,成交柱量呈红色,反之呈绿色。

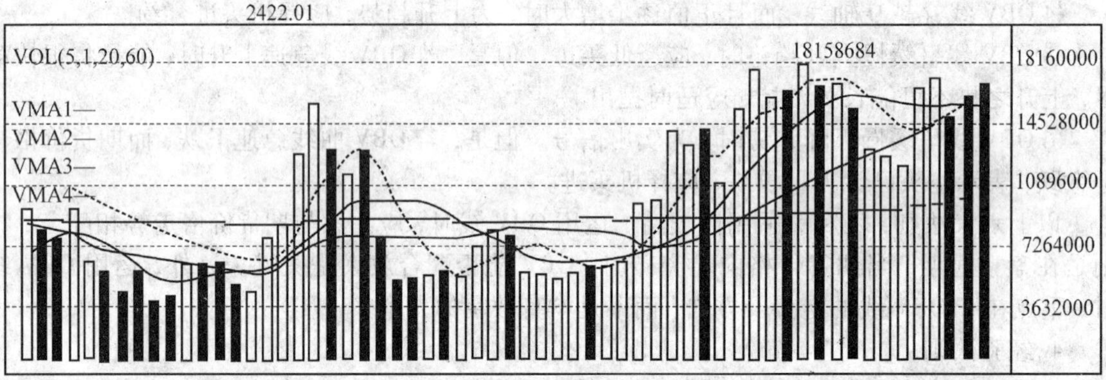

图 14 -4 成交量指标

VOL 是反映期市双方交易数量强弱的指标,也反映了期市买卖愿望的强弱。

成交量是期市供需情况的最直接表现。成交量反映着市场人气的聚散。

2. 成交量与期货价格有着密切关系

成交量与期货价格的关系,可以用一个简单的过程来描述。

上升行情开始→成交量逐步放大→期货价格逐步攀升→成交量再度放大→期货价格再次上升→成交量维持在一定水平→期货价格维持在某一区位→成交量无法再度放大→期货价格高位区盘整→成交量萎缩→期货价格开始下降。这是正向循环。

下跌行情开始→成交量萎缩→期货价格下跌→成交量再度萎缩→期货价格再次下跌→成交量极度萎缩→期货价格反弹→成交量放大→期货价格盘整→成交量又萎缩→期货价格又下跌。这也是正向循环。

由以上过程可知,成交量是期货价格的先行指标。

在多头市场里,因赚钱效应的驱动,激发了巨大投资热情。大批股民纷纷涌入期市,大量外围资金源源不断进入期市。市场交易活跃，换手积极，人气旺盛。结果，会促使成交量不断增加并连创新高，期货价格也会持续上升并不断创新高。直至成交量无法再继续增加难以维持高价位期货价格所需时，上涨行情才会结束。

在空头市场里，多数人无钱可赚，致使人气涣散、买盘稀少、交易清淡，投资者纷纷平仓离场。期货价格阴跌，成交量极度萎缩。直至成交量无法再度萎缩时，下跌行情才会结束。

3. 每笔平均成交量

每笔平均成交量，又称每笔股数。它是用当天成交总股数除以当天成交笔数，计算公式为：

每笔股数(a) = 当日成交总股数(b)/(c)当天成交笔数

每笔成交量是预测市场主力大户是否入市买卖合约的有效方法。每笔成交量的研判法则如下：

①每笔成交量大，表示有大额资金参与买卖。每笔成交量小，表示买卖的多是散户。

②当期货价格处于低位时，每笔成交量逐渐增大，显示有主力买进合约，近期期货价格可能止跌回升。

③当期货价格处于高位时，每笔成交量逐渐增大，显示有主力出货，近期期货价格可能滞涨或下跌。

④某类合约在涨势和跌势中，每笔成交量均无显著变化，说明该合约无主力光顾，为冷门合约。

⑤期货价格已进入盘局，每笔成交量仍然无多大变化，表示主力仍在观望。

⑥期货价格上升，每笔成交量停滞(价升量滞)，表示增量资金的“速率”已到极限，上涨空间也很有限了。

⑦在下跌过程中，主力用低量封住跌停板后，在跌停板处的每笔成交量很大，表示主力在低位吸货，是反转信号。

⑧在上涨过程中，主力用高量封住涨停板，持续涨停后，日成交量与每笔成交量同时放大。表示顶部筹码有“套现”现象，短期期货价格要回档。

4. 均量线

均量线是分别用5日、10日(或20日)平均成交量画出的曲线。通常把均量线与成交量柱线画在同一张坐标图纸上。

5日均量 = 最近5天成交量的总和/5

10日均量 = 最近10天成交量的总和/10

(1)作用

①均量线是投资者化被动为主动的法宝。

研判主力成本，了解主力的动机，才能在扑朔迷离的期市中适者生存。不少市场高手把焦点集中在均量线上，对均量线的波动越来越敏感。

由于主力的行为是分段式操作，许多中小投资者因不观察或不清楚均量线的使用方法，而屡屡处于被动局面。只有少数投资者利用均量线主动出击，取得盈利。

②平均成交量曲线变化的长期趋势，是了解市场人气聚散的指标。

③均量线是反映一定时间内市场成交情况(交投趋势)的指标。

(2)研判技巧

①在上涨行情初期，均量线随期货价格一块上升，二者不断创新高，显示市场人气正在

聚集。

②在上涨行情末期，尽管期货价格再创新高，均量线却已疲软走平，表明市场追高跟进的意愿发生变化，人气正在涣散。

③在下跌行情初期，均量线随期货价格一块下跌，显示人气已经涣散。

④在下跌行情末期，期货价格不断跌出新低点，而均量线却已走平，而且还有上升趋势，表明期货价格已经见底。

⑤当5日均量线向上穿越10日均量线后并在10日线上方持续上升，显示期货价格仍将持续上涨。

⑥当5日均量线向下穿越10日均量线后并在10日线下方持续下跌，并无"拐头"迹象，表明跌势仍将继续下去。

⑦均量线与期货价格一涨再涨，说明该股是强势股。

强势股之所以能一涨再涨，与主力收集筹码的成本有重要关系。主力收集的成本区位价，也逃不过均量线的扫描(在均量线刚刚初升的起始处就是主力的建仓成本，再往前平移一段时间内的平均持仓量，则是主力的持仓量大小)。所以，均量线能概略地反映出主力成本的高低和持仓量大小。

⑧如果发现均量线和期货价格有明显不匹配(期货价格升，均量线降)，要时刻防备主力随时兑现出逃。

二、指标应用

1. 量价配合的一般规律

①在上升行情中，量增价升，期货价格走势坚挺。期货价格上升，量也增加，期货价格必然会继续上升。

②在下跌行情中，量减价跌，期货价格继续下跌。

③当量价背离(量减价升、量增价跌)，便是期货价格出现回档、反弹、反转的信号。

④一般情况下，成交量放大，期货价格上升的概率要大于下跌概率。

2. 量价经验法则

(1)量价同步法则

期货价格上涨时，成交量就放大;期货价格下跌，成交量就减少。前者说明期货价格上升趋势能继续维持，投资者应守仓。后者说明期货价格下跌趋势还会继续，投资者应空仓。

原因:在上升行情中，成交量不断放大，期市一片活跃;入市人员不断增加，投资者对后市行情普遍看好，对买盘充满信心;买入者步步跟进，获利者满载而归。市场换手积极，行情节节升高。只要成交量能持续放大，期货价格仍会继续上涨。如果成交量萎缩，说明上涨动力不足，期货价格就可能反转下跌。

在下跌行情中，成交量随期货价格的下跌而逐渐萎缩。由于价跌量减理论的影响，投资者信心涣散，不断斩仓离场。成交量又进一步减小，期货价格进一步下跌。市场换手率稀少，交易清淡。逐渐萎缩的成交量使期货价格"无量下跌"。待成交量极度萎缩并成平移趋势时(这时成交量柱线图像一条一条排列整齐的短小木桩)，期货价格反弹即将来临。如果成交开始回升或突然放大，说明低档位买盘开始增加或有机构主力逢低吸纳，是期货价格反弹或反转的信号。

在振荡整理行情中，成交量与期货价格均呈平移趋势，波动幅度无突出变化。

（2）量价分歧法则

与价升量增、价跌量减相反的是“价升量减、价跌量增”。这种量价关系增减不一致的现象，称为“量价分歧”或“量价背离”。

量价分歧通常只有价升量减和价跌量增两种情况。

价升量减一般出现在高价区，在期货价格的“顶峰”附近。这时期货价格继续上涨，成交量不增反减。价升量减分为三种情况。一是投资者对高价位望而却步，有“高处不胜寒”的感觉，使买入盘减弱。二是连续多日的上涨使主力获利丰厚，主力需要在高价区慢慢出货。三是在末升期入场者，发现持仓无利可图，又怕被套，纷纷抛出股票套现。三种情况综合在一起，虽然期货价格还在上升，敢于买进股票的投资者却越来越少。这就出现了价升量减的“顶背离现象”。顶背离是一种反转下跌的信号。

价跌量增也分三种情况。一是期货价格从顶峰开始回落，成交量放大，是主力出货造成的。说明这一波行情已经完结，期货价格还会继续下跌。二是期货价格正处在上升过程中出现期货价格回跌，成交量小增，这是追涨意愿一时不足而造成的上升过程中的回档。说明回档之后，期货价格还会上升。三是期货价格已连续阴跌多日，下跌幅度已经非常大。如果此时跌幅趋稳，跌幅趋减，成交量突然增大（量增），说明有主力在低位吸纳，近日内期货价格可望止跌回升。如果期货价格小幅连跌多日，期货价格有跌无可跌之势；此时成交量突然增大，期货价格突然深幅下跌。说明期货价格已接近“谷底”，这时的价跌量增是“黎明前的黑暗”，期货价格必然反弹或反转。

（3）用量观股技巧

①期货价格持续上涨，虽涨幅不大，但成交量逐步放大，投资者应大胆跟进。该股必有暴涨的可能（有主力在进货）。

②期货价格前几天上升强劲，突然大幅度回档，成交量却极度萎缩。这是主力“洗盘”的手法，投资者应坚决持仓。

③期货价格一直处于盘局，先是成交量萎缩，后是成交量放大，为买入机会。

④期货价格在飞涨，成交量却萎缩不前，为卖出时机。

⑤期货价格在相对高位区时，成交量突放巨量，价格却不涨反降，投资者应果断抛出该股。

⑥大盘已经启动一段时间，期货价格不涨反跌，某一天突然在低价区放出巨量。投资者应果断跟进，后市该股必然会补涨。

⑦大盘看空气氛弥漫，但下跌空间已经有限，某种合约突然放出巨量，是主力介入的信号。投资者也应介入。后市该股必有领先大盘上涨之能量，是下一波行情的“领头羊”。

⑧一直处于低迷状态的冷门股，成交量突然放大。此时，投资者应果断买入，该股后市必涨。

（4）注意事项

成交量是否真实放大，要有一个过程。若几天后成交量仍呈缓慢上升趋势，则为真实放大；若昨天突然放大，今天则极度萎缩，可能是主力对敲设下的陷阱（有时主力对敲也能起到哄抬人气、吸引跟风的作用）。

成交量指标必须结合其他技术指标共同使用。若成交量突然发生异变时，需要结合期市基本面再进行分析，以避免掉入主力设置的陷阱和减少失误。

第六节 随机指标

一、随机指标的基本原理

随机指标（KDJ）包括三个计算指标，即 K 值、D 值、J 值，这三个指标共同组成一个图表组合，如图 14－5 所示。三个指标有一定的相互联系，在期市分析中需把它们结合起来研判。

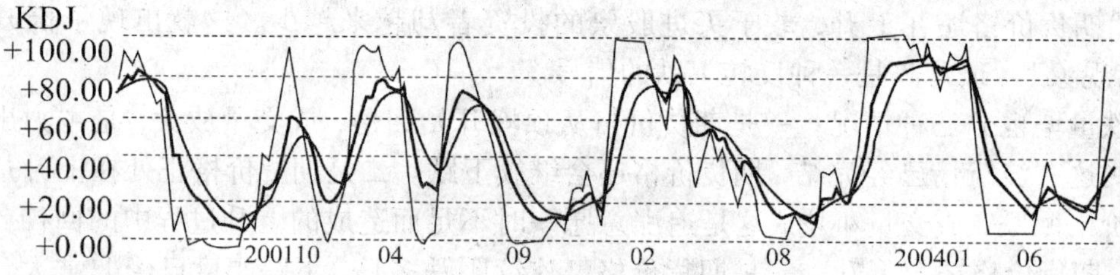

图 14－5 随机指标的图形

随机指标的基本原理是遵循了期市中的一种规律：当期货价格升高到一定程度，由于抛压的作用，会使期货价格下跌；当期货价格下跌到一定程度，由于买盘的涌入，又会使期货价格上涨。随机指标就是根据这种原理，来判断期货价格是上升的动力大，还是下跌的动力大。

随机指标综合了动力指数、强弱指数及移动平均线的优点，兼顾了期货价格波动的随机振幅和短期、中期波动趋势的预测，使用短期预测能力比移动平均线要准确有效。随机指标是根据合约的最高价、最低价与收盘价这种振幅波动关系来反映期市走势的强弱和超买超卖现象的，其在市场短期超买超卖的预测方面，比后面讲到的 RSI 指标更敏感。随机指标通常与移动平均线及其他技术指标结合使用。

二、随机指标的基本特征

①K 值与 D 值只能在 0～100 之间波动。正常范围：K 值为 20～80，K 值在 80 以上为超买，在 20 以下为超卖；D 值为 30～70，D 值在 70 以上为超买，在 30 以下为超卖。J 值正常范围为 10～100，J 值 >100 为超买，J 值 <10 为超卖。

KDJ 线在 50 左右反复交叉，为整理行情。

②当 J 值大于 100 或小于 0 时，预示了短期高点（顶部）或低点（底部）的出现。J 值领先于 K 值和 D 值先出现顶部或底部。J 值具有特殊重要的"领先作用"。

③K 值、D 值的走势方向与期货价格走向不一致时，称为顶背离或底背离。

在低价位时，若期货价格创新低，而 K 值、D 值并未创新低，称为底背离。

在高价位时，若期货价格创新高，而 K 值、D 值并未创新高，称为顶背离。

④KDJ 值在 80 以上或在 20 以下时会出现"钝化"现象，说明 K 值、D 值走向不明确。

⑤随机指标用于研制股性活跃的热门股时，准确性较高。

⑥将 K 值由小到大向上穿越 D 值的交点，称为黄金交叉点，将 K 值由大到小向下穿越 D 值的交点，称为死亡交叉点。

黄金交叉点出现在20以下时，准确性很高；出现在75以上时准确性较低。死亡交叉点出现在75以上时，准确性较高；出现在20以下时，可能是空头陷阱。

在40~60左右出黄金交叉点或死亡交叉点时，准确性差，不适合中长线投资者参考，但对短线投资者仍有意义。

三、随机指标应用

①K值在80以上、D值在70以上、J值在100以上，市场出现超买现象。操作策略：卖出合约，短线操作卖出，不要买进。

K值在20以下、D值在30以下、J值在10以下，市场出现超卖现象。操作策略：短线买进。

②期货价格走势与K值、D值相背离时，是转向信号。操作策略：顶背离时，抛出合约；底背离时，暂时观望。

③K、D、J值在高位或低位"钝化"时，操作上应静观其变。"钝化"现象出现后，表明K、D值走势不明确，期货价格可能会转向。

④当KD两线同时自上而下，并且K线向下穿跌破D线时(死亡交叉)，应逢高卖出合约。当KD两线同时自下而上，并且K线向上穿越D线时(黄金交叉)，短线应逢低买入。

⑤当期货价格与KD两线同时为盘局时，短线离场观望。只有向上或向下突破后，才可以采取相应策略。

⑥K值、D值在80以上发生两次交叉点，是卖出信号。K值、D值在20以下发生两次交叉是买入信号。KD值在50附近交叉，没有意义。KD值在低价位运行形成双交叉时，预示着有一波中级行情，应逢低吸入，分批建仓。

⑦在弱市中，当K值<10、D值<20、J值为<10时，可以买入抢反弹。

当J值为<10，无论K值、D值如何变化，都是买入的最佳时机。若5周J值为负数，必然有一波中级大行情。

在多头市场中，J值在100处走平时，是短线最佳卖出时机。

在空头市场中，J值在0处走平时，是短线操作买入时机。

⑧当K值的两个高点(前高后低)连成一条向下反压线后，在第三个高点(比第二个高点还低)出现时，是短线操作的卖出时机。

当K值两个低点形成支撑线后，在第三个低点出现时，是短线操作的买入时机。

随机指标的典型背驰准确性颇高。

K线是短期敏感线，当K值>90时，为超买；K值<10时，为超卖。

D线是中期主干线，当D值>80时，为超买；K值<20时，为超卖。

J线是K值、D值的乖离度，当J值>100(在100处走平)时，为超买；J值<0(在0处走平时)时，为超卖。

操作使用时，要注意周KDJ的位置，以便对循环低点和循环高点做出正确判断。当周KDJ处在80以上时，大盘的阶段性头部已经形成，不要再去寻求"黑马"。

对于短线投资者来讲，5分钟、15分钟、30分钟KDJ是短线操作的重要参考指标。对做小波段的投资者来讲，60分钟KDJ是参考指标。

第七节 相对强弱指标

在研究市场的买卖意愿谁强谁弱时，相对强弱指标就是多空双方的分水岭。

一、基本原理

合约瞬时价格的形成取决于买卖双方的意愿。期市总体的卖出量与买入量是相等的，但股民的卖出意愿与买入意愿却是不均衡的。若卖出意愿强于买入意愿，要想卖出合约，必须降低价格才能成交。所以，当卖出意愿强于买入意愿时，期货价格下跌。反之，当买入意愿强于卖出意愿时，期货价格上涨。这样，人们就可以根据期货市场卖出意愿与买入意愿的强弱来判断期货价格未来的走势方向。相对强弱指标就是通过对某一段时间内期货价格的上涨与下跌来研究期市买卖意愿谁强谁弱的指标。相对强弱指标是多空双方的分水岭。

相对强弱指标（RSI）就是通过一定时期内的期货价位的变动关系来判断期货价格未来的变动方向。相对强弱指标的数学原理是平均数计算法，即相对强弱指标是利用一定时期内期货价格上涨幅度之和与期货价格涨跌幅度之和的比值来反映期市未来走势方向的。它是用来判断市场买卖双方力量大小的指标。

这里所讲的一定时期是指相对强弱指标的采样天数。上海期市 RSI 的采样天数是 6 天、12 天、24 天；深圳期市采样天数也是 6 天、12 天、24 天。采样天数越短，期货价格波动越敏感；采样天数越长，敏感度越差。国外投资者把采样天数定为：短期 5 天；中期 10 天，中长期 14（15 天）。在证券公司交易平台上，分别把 6 天、12 天、24 天三条曲线用白色、黄色、紫色线条绘制在同一坐标系中。RSI 指标的图形如图 14－6 所示。

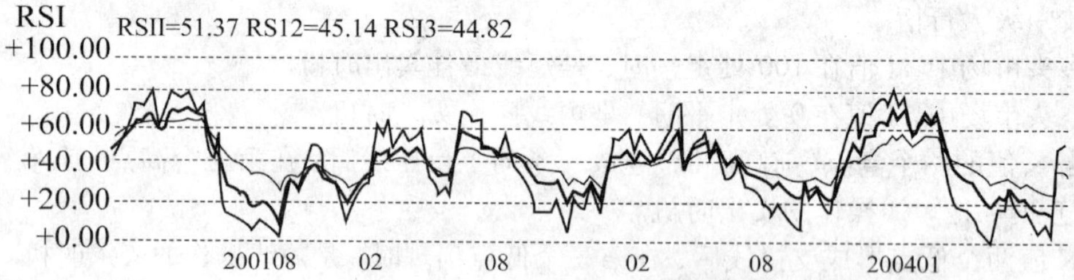

图 14－6 RSI 指标的图形

RSI 采用平均数计算法，可以剔除一些随机波动。同时，RSI 数值在 0～100 范围内波动，只要根据以往的期货价格波动轨迹和期货价格水平，就可以预测未来期货价格的波动方向和价格水平。

虽然影响期市价格的因素繁多，走势复杂，变化方向难测。事实上，如果没有突发性的利多与利空因素，期货价格的变动依然遵循着自己内在的轨迹运行。RSI 指标早已被国内外投资者所运用，其准确性较高。

二、基本特点

熟悉了 RSI 的自身特点，掌握了 RSI 在 0～100 之间波动的规律，才能把它变成近期内期货价格变动方向的最有效工具。RSI 的特点如下：

①RSI 的变动范围在 0～100 之间。数学公式巧妙地决定 RSI 只能在 0～100 之间波动，即 $0\leqslant RSI\leqslant100$，这就回答了“多高算高，多低算低”的疑问。

②RSI 的正常波动范围是 30～70。一般来讲，RSI 在 50 以上时，为强势市场；在 50 以下时，为弱势市场；RSI 在 50 附近上下振荡时，为平衡市场。

③超买和超卖特性明显。RSI 超过 70，期货价格再涨，就是超买。预示期货价格距见顶已经不远了，期货价格的变动方向将会发生反转。当 RSI 超过 85 时，期货价格的变动方向随时都可能反转。

RSI 下降到 30 以下，期货价格再跌，就是超卖。预示期货价格距见底已经不远了，期货价格的变动方向将会发生反转。当 RSI 跌到 15 以下时，期货价格变动方向随时都可能反转回升。

当 RSI 上升至 90 以上，或下降到 10 以下时，预示期货价格的顶或底将会来临。RSI = 0 表示期货价格在近几日内天天下跌，RSI = 100 表示期货价格在近几日内天天上涨，但随时会反转。

④RSI 的背离特性明显。在图表上，RSI 的移动方向与期货价格的移动方向不一致时，就出现了背离现象。即 RSI 上升，期货价格反而下降；RSI 下降，期货价格反而上升。背离现象一旦出现就是一种强烈的暗示：期货价格变动即将到达市场的反转点。RSI 有反映多空力量的发展与转变的特性。

在多头市场里，期货价格创新高，RSI 并未创新高，反而一峰比一峰低，称为顶背离。

在空头市场里，期货价格创新低，RSI 并未创新低，反而一底比一底高，称为底背离。

顶背离是反转下跌的特性。

底背离是反转回升的特性。

⑤采样天数不同，RSI 的升降速度也不同。

例如，6 日 RSI 曲线因受当日期货价格变动影响程度大，RSI 上下振荡幅度大，而且变动速度快，超买与超卖频繁发生，短期的高低点明确。24 日 RSI 则不明显。采样天数常用 9 日和 14 日。

14 日 RSI 曲线受当日期货价格变动影响程度较小，振荡幅度与升降速度缓慢、温和、有轨迹，跳动也有规律性。如图 14－7 所示。

因为采样时间天数不同，RSI 达到超买与超卖的程度也不同。6 日 RSI 会比 14 日 RSI 最先出现。采样天数多，RSI 曲线起伏较平稳；反之，RSI 曲线起伏大。

⑥RSI 图形上的上档阻力趋势和下档支撑趋势能比日 K 线图及早显示出来（有超前性特征）。

⑦从 RSI 图形的轨迹中可以清楚地看出期货价格的移动轨迹。

⑧在转势过程中，RSI 变化非常明显。

在多头市场上升初期，RSI 比期货价格升得快，上升陡峭，很快进入强势区。短期转势特征明显。

在空头市场下跌初期，RSI 比期货价格下跌得快，下降峻直，很快进入弱市区。

上述现象采样天数越少，变化越明显。单看 RSI 出现超买、超卖并非是决定性的买卖信号。

⑨RSI 处在调整格局时，其数值一般在 50 上下波动。14 日 RSI 很少会超过 70。

⑩在多头市场中，14 日 RSI 很难会调整到 30 以下；在空头市场中，又很少超过 70。

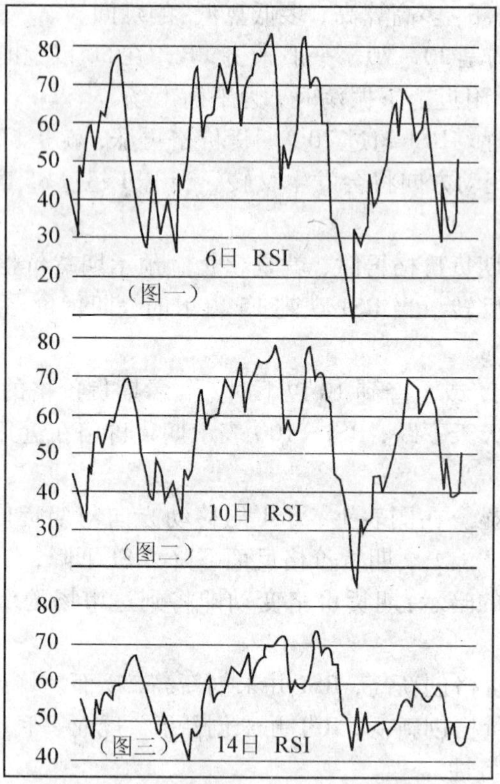

图 14－7 不同天数的 RSI 图形

三、主要优缺点

1. RSI 的优点

①RSI 是用动量振荡点移动平均理论来衡量期货价格变动的速度和方向，是投资者研判近期期货价格变动方向的最有效工具。若能再把采样天数长短相配合，剔除不稳定因素则更为有效。

②RSI 研判多空能量比较直观。

不少投资者用 RSI 研判近期多空市场的能量转换。当 RSI 长期在 50 以上时为多头市场，长期处在 50 以下时为空头市场。

③RSI 容易与其他技术指标配合使用。

RSI 容易与日 K 线、移动平均线系统等配合使用，使投资者既容易观察期货价格未来的变动趋势，又容易对高价圈和低价圈准确把握。

④RSI 能及早反映期货价格波动。

RSI 数值的变动速度取决于采样天数和个股瞬时价位的变动速度，所以，RSI 能更迅速地及早反映期货价格的波动方向。采样天数不同，效果不同。

⑤RSI 能及时暗示期货价格的反转。

当 RSI 超出正常摇摆轨迹时（如大于 80 或小于 20），就暗示了期货价格变动方向将要反转。

⑥RSI 能够预先见顶或见底。

当 RSI 接近于 0 或 100 时，就会出现底背离或顶背离现象。

2. RSI 的缺点

①需要保存大量的资料。RSI 的起算值有一定的随机性，必须长期积累历史资料。

②计算比较繁，不够简便。计算一个值，需要 6 天、12 天、24 天……的资料，而且运算步骤也不简便。

③背离走势有一定缺陷。有时候背离现象出现之后，期货价格并不会马上下跌或上涨。可能会出现几次探底或探顶走势后才会反转。

④RSI 未考虑成交量的变化因素。从 RSI 图形上看不到成交量的变化因素，会影响研判反转的准确性。

四、指标应用

1. RSI 的图形种类

RSI 与其他技术指标一样，也会出现头肩顶、头肩底、复合头肩顶、复合头肩底、双重顶、双重底、三重顶、三重底、三角形、矩形、旗形、圆形等多种图形。如图 14－8 和图 14－9 所示。

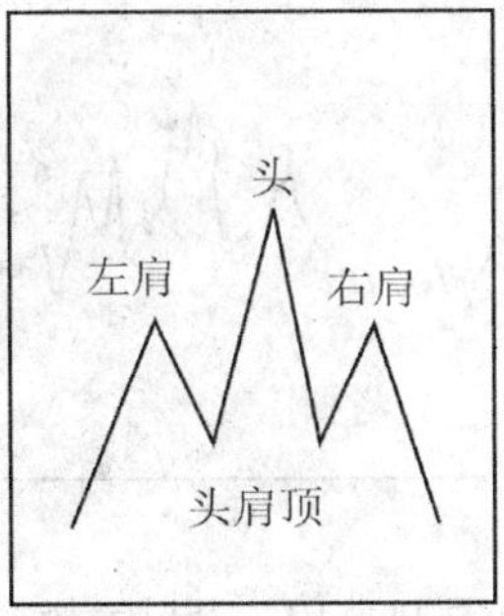

图 14－8 顶部形态

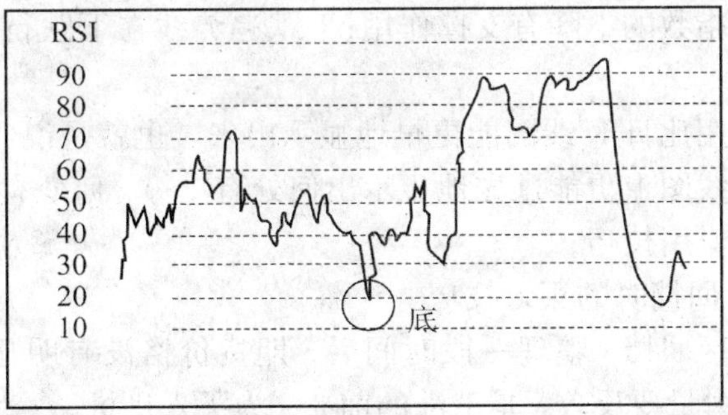

图 14－9 底部形态

在实际应用中，各种图形就是多空双方短兵相接的表示。投资者可以从各类图形上直观地看出期市的强弱趋势，以便及时采取操作对策。

RSI 有强者恒强、弱者恒弱的特性。只要多空双方的力量不发生变化，RSI 则涨者恒涨，跌者恒跌。

在多头市场里，上升行情会出现回档，只要多空双方力量没有发生变化，期货价格经过回档换手后，又会继续上涨。

在空头市场里，下跌行情也会出现反弹上升，只要多空双方力量未发生变化，弹升无力之后，又会继续下跌。

2. RSI 趋势线的作用

在行情的涨跌过程里，把两个低点或高点连成的一条直线称为趋势线。

在上涨行情里，RSI 各级波动的低点一底比一底高，连接过去的两个低点的直线即为上升趋势线。

在下跌行情里，RSI 各级波动的高点一顶比一顶低，连接两个高点的直线即为下跌趋势线。RSI 趋势线如图 14－10 所示。

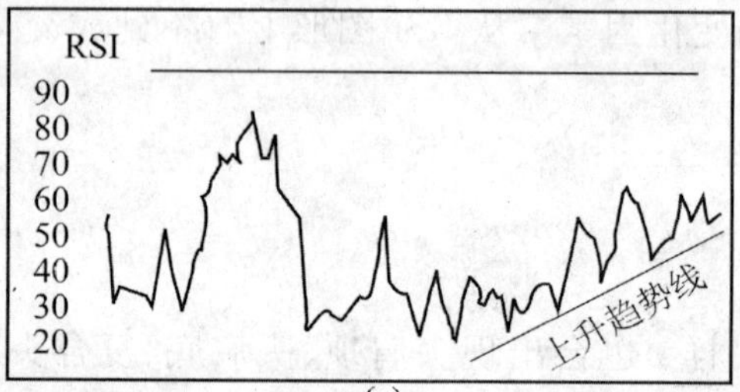

(a)

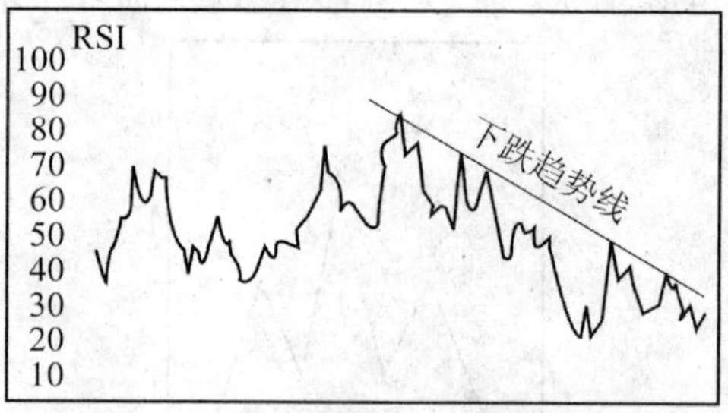

(b)

图 14－10 RSI 趋势线

RSI 的上升趋势线和下跌趋势线对大盘(或个期货价格格)指数有支撑和阻力作用。上升趋势线在上升行情中对指数的下降有支撑作用;下跌趋势线在下跌行情中对指数的回升有阻力作用。

这种支撑和阻力作用比日 K 线图能更早地显示出来。也就是说，从 RSI 图形的振荡点变动过程里，可以比日 K 线图上更能预先地显示出何处有支撑，何处有阻力。

3. 多头市场 RSI 的应用技巧

(1) 多头市场，RSI 回档时的买入技巧

①期货价格从高价区回档，整理一段时间后，期货价格没有明显回升。但是，RSI 却一浪比一浪高，表示多头力量要反攻，是上涨的前兆，为买入良机。

②期货价格强势盘升，期货价格一顶比一顶高，RSI 也是如此。当 RSI 创新高回档之后，接近前一次低点时，是短线买入时机。

③当期货价格与 RSI 同时从高价区回落，在低档区遇有支撑作用时，是买入时机。

④因突发事件利空引起期市暴跌时，RSI 从高档区回落到 30 以下时，是买入时机。

⑤RSI 由低档区向上反弹，突破阻力线时，是买入时机。

⑥RSI 由高档区下降后，触及支撑线不再下跌而且反弹时，是买入时机。如图 14－11 所示。

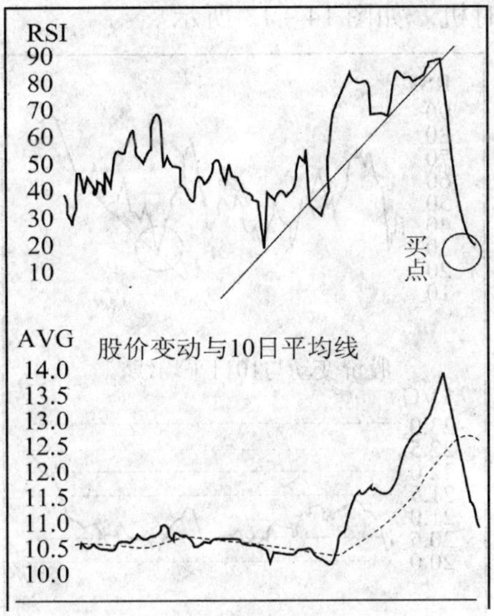

图 14－11　RSI 支撑线 1

⑦期货价格在低档区盘整，期货价格再创新低，但 RSI 不创新低，反而早已从 20 以下回升到 30 以上并接近常态区域，说明多空双方力量已经发生明显变化，当 RSI≤20 时，是一次绝佳的买入时机。

⑧期货价格经过了几波下跌行情，期货价格虽然不断创新低，但是 RSI 的低点始终守卫在 30 一线，即使偶尔跌破 30，也能迅速弹升。当最近一次下跌行情再次展开时，RSI 只回跌到 40 左右，是买入时机。

⑨某一段上升行情的初升期，期货价格一底比一底低，但是 RSI 却一底比一底高。把 RSI 在 30 以下两个点连成一条支撑线，当 RSI 再次跌回到 20 附近并遇到支撑时，是买入良机。如图 14－12 所示。

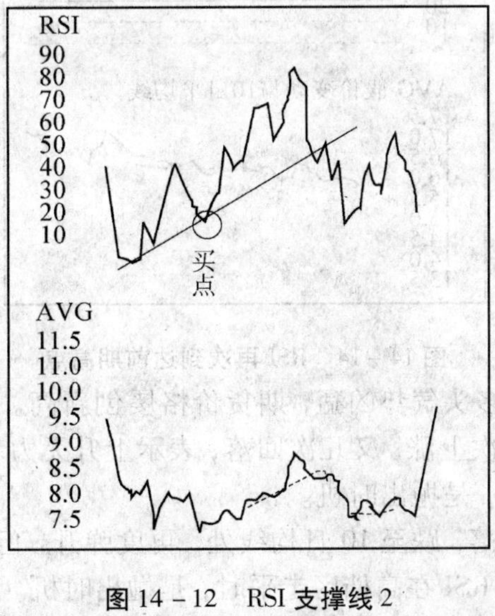

图 14－12　RSI 支撑线 2

⑩第一波中级上升行情结束，期货价格和 RSI 回档。当期货价格近期又在小跌，而 RSI

值却一底比一底高，是买入时机。如图 14－13 所示。

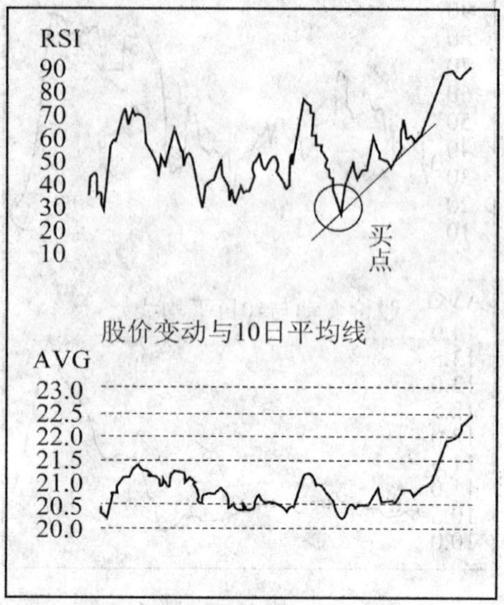

图 14－13　RSI 一底比一底

（2）多头市场 RSI 高档抛出技巧

①RSI 升至 80 以上是高档区，当 RSI≥90 时，是短线操作抛出的最佳时机。

②在多头市场里，又一波中级行情展开。当 RSI 再次到达前期高点 85 左右时，是短线抛出时机。如图 14－14 所示。

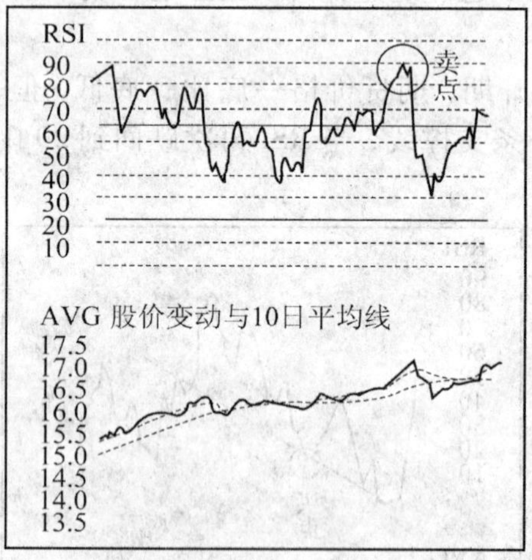

图 14－14　RSI 再次到达前期高点

③在中级上升行情里，多头气势凶猛，期货价格屡创新高。期货价格上升，获利回吐增加。期货价格与 RSI 同时几次上涨，又几次回落，表示上升无力。当期货价格近期又创新高，而 RSI 并未突破前期高点时，是抛出时机。

④期货价格从高档区回落，跌至 10 日均线处，再度弹升，但升速缓慢，同时 RSI 跳动缓慢。表示升势力量趋弱。当 RSI 在高档区走平时，是抛出时机。如图 14－15 所示。

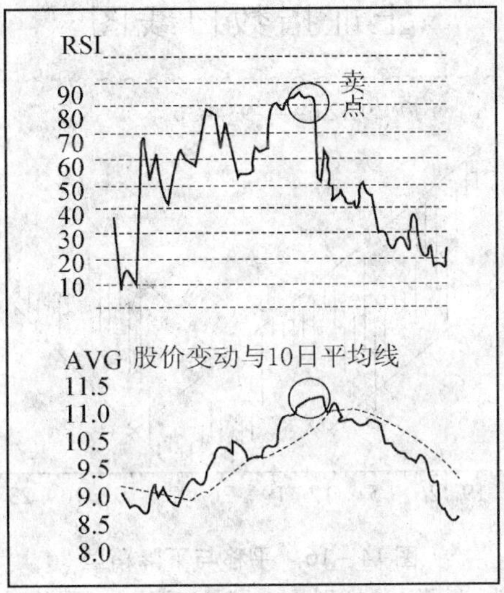

图 14－15 RSI 在高档区走平

⑤期货价格屡创新高后，在高档区振荡。RSI 此时有一顶比一顶低的趋势，是抛出时机。

⑥期货价格出现高点后回档，虽然再度弹升，却无力穿越前期最高点，再度回落。当 RSI 从前期高点再度回落时，是抛出时机。

4. 空头市场 RSI 的应用技巧

(1)空头市场利用 RSI 抢反弹技巧

在空头市场里如何抢反弹是个技巧问题。市场在弱市之中，大盘在下降通道中运行。看不懂技术指标，盲目在下降通道中抢反弹，如“刀口舔血”。

大盘正在下降通道中运行时，这时期货价格的走势有四种:一是个股运行趋势与大盘一样;二是个股运行趋势比大盘还弱;三是个股运行趋势比大盘强;四是个股运行趋势严重超跌。抢反弹是抢后两种个股的反弹。

抢反弹的原则:买强避弱;买超跌避横盘。

当个股超跌时，先要弄清超跌的原因。当暴跌的原因是国家政策利空或上市公司自身经营管理不善(如业绩造假、假重组等)时，不能抢这些个股的反弹。

空头市场利用 RSI 抢反弹的技巧如下:

①利用 RSI 进行短线箱型操作。

当 RSI 的波动趋势与期货价格的波动趋势一致，并且都符合箱型理论的变化趋势，即 RSI 与期货价格同时都呈现平移箱型和下降箱型时，期货价格向下移动接近下档支撑线的低点均为买入点。

箱型操作技巧:期货价格在下界限(支撑位)时买入;回升到上界限(阻力位)时抛出。如图 14－16 所示。

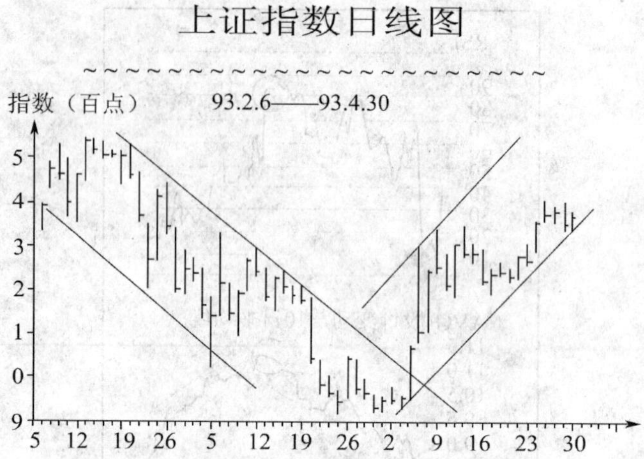

图 14－16　平移与下降箱型

②RSI 和期货价格同时跌过了头（超跌），是抢反弹的买入时机。

在空头市场里，RSI 跌破 30 屡见不鲜。RSI 在 30 以下时买入都是为了抢反弹。但是，如果不是出现暴跌行情，只有期货价格超跌，才是逢低买入抢反弹的时机。

期货价格跌过了头时，个股的 RSI 值回落至 15 以下，个别股 RSI 值回落至 10 以下，期货价格反弹的机会增加。如图 14－17 所示。

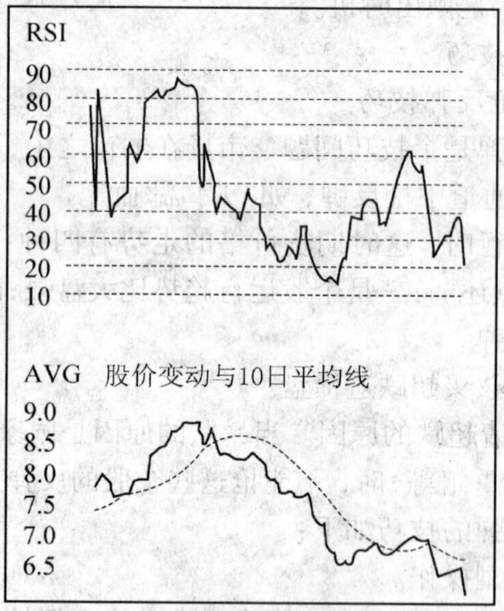

图 14－17　期货价格超跌

③RSI 又一次接近前期最低点是买入抢反弹时机。

RSI 值回落至前期最低点附近，会得到支撑，是买进时机。

④RSI 回升到 30 以上，期货价格也在低档区企稳，是买入时机。

一波中级下跌行情展开后，期货价格跌的很深，屡创新低，但 RSI 未再创新低，并已回升到 30 以上。说明期货价格在低档区企稳，期货价格反弹的机会增加，是买进时机。

⑤RSI 图形呈"W"底是买入时机。

期货价格长期下跌，形成双底。当 RSI 第二次回跌时，期货价格反弹的可能性大，是买进时机。

⑥RSI 值回升，并向上穿越反压线时，是买进时机。如图 14－18 所示。

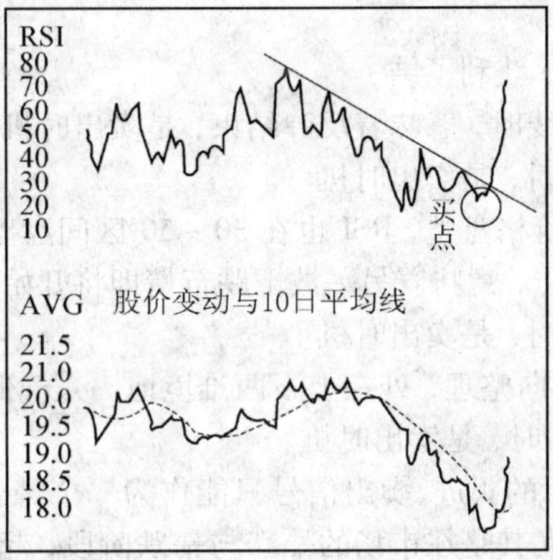

图 14－18　RSI 上穿反压线

⑦RSI 与期货价格同时向上突破时，是买入时机。

RSI 与期货价格在较长时间内横盘整理，RSI 在 50～60 间形成密集反压区。这时 RSI 若能向上穿越反压区，表示多头力量转强，是买进时机。如图 14－19 所示。

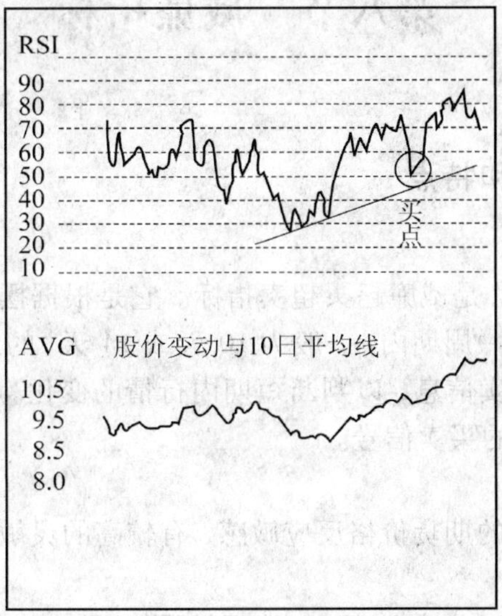

图 14－19　RSI 向上穿越反压区

弱市反弹无高度。在弱市中抢反弹，盈利的期望值不要太高，有利就走。

（2）空头市场 RSI 卖出技巧

①当 RSI 接近上界线 70 时，是卖出时机。

空头市场初期，RSI 值很快回到 30 以下。这时多头并不服输，乘机拉抬期货价格，形成盘升走势。RSI 也跟随回升。当 RSI 接近上界线 70 时，是卖出时机。因为弱市确立后，RSI 值很少超过 70。

②当 RSI 向上接近反压线时，是卖出时机。

下跌行情中期，RSI 值大多在 60～50 区间波动。久而久之，在 50～60 区间形成反压线。RSI 虽经多次反弹，均在 60 附近无功而返，几次都未能超越 60。所以，当 RSI 重新接近反压线时，是卖出时机。

③当 RSI 跌破支撑线时，获利了结。

当 RSI 值迅速跌破支撑线时，意味着反弹结束，是卖出时机。

④当 RSI 突破盘局向下时，是卖出时机。

一波反弹结束后，期货价格盘整，RSI 也在 30～50 区间盘整。当期货价格深跌，RSI 也跌破盘局支撑线时，是卖出点，意味着另一波下跌行情即将开始。

⑤当 RSI 跌破常态区域时，是卖出时机。

RSI 在 70～40 常态区横向整理，处在上下两难境地。人气低迷，一有风吹草动，期货价格就会跳水。当 RSI 跌破 40 时，是卖出时机。

值得注意的是，RSI 显示的买进、卖出信号只能作为一个警告（预警）信号。它并不意味着市场的发展没有偶然性，尤其是在市场的暴涨与暴跌阶段，超买之后还有超买，顶峰之上还有顶峰；超卖之后还有超卖，底下还有底。因此，RSI 常结合其他技术指标一起研判期货价格趋向，以提高准确性。

第八节　威廉指标

一、威廉指标的含义和特点

1. 指标含义

威廉指标（W%R）的全称是威廉超买超卖指标。它是根据摆动原理来量度期市中超买超卖信息的指标。它是通过某一周期内（一般为 10 天或 14 天）的最高价和最低价及当日收盘价进行比较，来预测超买超卖信息，以判断短期内行情的变化。它能预测短期循环周期内的高点或低点，从而提出有效的买卖信号。

2. 指标特点

①灵敏性高。威廉指标的期货价格反应敏感，有较高的灵敏性。是短期高低点预测的有力工具。

②0 在最上端（中国期市 0 在最底部，0 端都是强势区）。在绘图时通常把 0 置于最上端，而将 100 置于最底部。W%R 接近 0 表示超买严重，应考虑卖出合约；W%R 接近 100 表示超卖严重，应考虑买进股票。这一点与 KDJ 等其他短线指标的用法有所区别。

③稳定而又敏感。威廉指标的采样天数比随机指标（KDJ）的采样天数略长，一般为 10 天或 14 天。与随机指标相比，威廉指标反映的期货价格动态结果有其稳定的一面，也有其敏感的一面。

④W%R 值的波动范围在 0～100 之间。50 为中轴线。图形如图 14－20 所示，上端的 0 处为强势区。

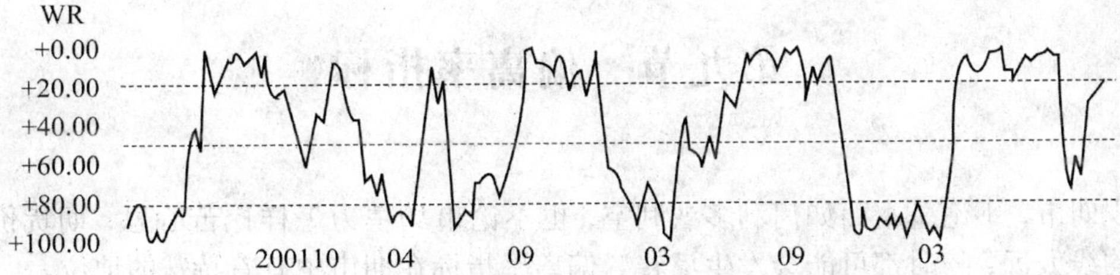

图 14－20 威廉指标的图形

⑤威廉指标敏感性强，错误信息也多，应与其他指标综合研判。

二、指标应用

①当 W%R＝50 时，为中轴线位置，说明市场暂没有方向。（如果把 0 放置在最下端，下端 0 处就是强势区。）当 W%R＝80 时，为买进线；当 W%R＝20 时，为卖出线；当 W%R＞80 时，为超卖信号；当 W%R＜20 时，为超买信号。W%R 的波动范围为 0～100，正常波动范围 20～80 之间。

②W%R 值越小，说明市场买气越重，买进股票的人越多。W%R 值趋近于 0，说明期市正处于超买状态，期货价格有见顶下跌的可能。操作策略：停止买进股票，决不盲目追涨，逢高适时抛出一部分合约。

③W%R 值越大，市场卖出气氛越浓，急于抛出合约的人越多。W%R 值大于 80 或趋近于 100，说明期市正处于超卖状态，期货价格可能会见底反弹。操作策略：择机而动，逢低适时买进一部分合约。

④当 W%R 围绕 50 上下振荡时，期货价格正处在整理状态。操作策略：有股者持仓不动，无股者静观其变。

⑤当 W%R＞50 或 W%R 值向上刚刚穿越 50 时，表示后市看跌，为弱势市场。可适时适量卖出合约，短线操作。W%R＜50 或 W%R 值向上刚刚穿破 50 时，后市看涨，为强势市场，短线操作应及时跟进。

⑥由于市场惯性的作用与投机气氛的变化，超买之后还有超买，超卖之后还有超卖。因此，当 W%R 进入超买区或超卖区后，行情不一定会立即反转，只有当 W%R 出现明显的转向信号时，并且穿破买入线或卖出线后，才是可靠的买卖信号。

⑦威廉指标惯性作用的操作运用：当 W%R 值已进入超买区，W%R 却僵持不动时，说明行情还有一段上涨时间，投资者可持仓待涨。一旦发现 W%R 值掉头向上，则应立即卖出持仓。同样，当 W%R 值在超卖区僵持不动，期货价格可能还会下跌。发现 W%R 值从顶部转头向下时，应适时买进合约。一般情况下，W%R 触顶或触底三四次才能有效。

使用威廉指标时需与其他技术指标配合研判期货价格趋势，一般不单独使用 W%R 而做出投资决策，以免出现错误的“骗钱信号”。使用威廉指标进行中线操作时，不会错过大行情，也不容易在高档被套。

应当注意，在我国有些证券公司的交易软件上，已把 100 放置在最上端，并且将最上端作为强势区，最下端作为弱市区，用以保持 W%R 与 K 线图、平均线系统的运行方面一致。一般情况下，无论 0 是在上端还是在下端，上端都是强势区。

第九节 偏离率指标

综观期市，不论基本面如何利多或利空，也不论市场主力怎样挖苦心思，期货价格如果偏离平均线太远，随时都可能会发生反转。偏离率指标在期市中有着特殊的地位。

一、基本概念

1. 什么是偏离率指标

偏离率指标（BIAS）又叫乖离率指标，它是利用期货价格指数与移动平均值的比值关系，观测期货价格偏离移动平均线的程度，以指导投资者买卖行为的技术指标。偏率离指标的图形见附录A。

5日、6日偏离率，分别记作5BIAS和6BIAS。计算时，偏离率数值用Y表示。三减六日偏离率，记作3－6Y。BIAS分正偏离和负偏离，当期货价格在移动平均线之上时，其BIAS为正，反之则为负；当期货价格与移动平均线一致时，其BIAS为0。

2. 指标作用

偏离率指标可用于观测期货价格的偏离程度，以指导投资行为。

其中5日偏离率（5BIAS）是短线技术指标，在短线操作中是较为敏感、准确、实用的指标。

二、指标应用

1. 应用于大盘指数

①当5BIAS达到－5以下时，投资者应以逢低吸纳为主。

当5BIAS达到－8以下时，投资者则应坚决买进。而不要被市场的空头气氛所吓倒。

②当5BIAS达到＋5以上时，应以逢高派发为主。

当5BIAS达到＋8以上时，应寻机抛出合约。不要被多头高涨氛围所迷惑。

③5BIAS的－8与＋8是下和上两个一般极限值，当大盘指数的5BIAS数值超过－8或＋8时，应采取果断措施，坚决买进或抛光手中的合约。

2. 应用于单个合约

①当强势股的5BIAS数值达到－10或＋10以上时，投资者则应分别买进或卖出合约。

如果某一强势股的5BIAS已达到－11以上，这是个极度超卖信号。投资者应大胆建仓。这个时候多数人被空头气氛吓退，但5BIAS却明明白白地告诉我们，此时正是绝好的建仓良机。大盘不久则会止跌企稳，并缓慢走高。

②当小盘庄家股的5BIAS数值达到±20以上时，则应分别卖出或买进合约。

3. 用5BIAS在升降行情中“导航”

5BIAS不仅能在暴涨暴跌行情中判明市场方向，也能在盘升和盘跌行情中“导航”。

①在缓慢的盘升行情中，若出现尾市放量抢盘现象，但是5BIAS的上升却没有超过2，说明不会产生大的行情。

②在缓慢的盘跌行情中，若出现尾市放量下跌现象，但5BIAS的下跌不超过－2，说明下跌的性质并非是掉往“万丈深渊”。

4. 偏离率有背离特征

S偏离率的背离特征对强势股则更为明显。当强势股的期货价格连创新高时，而5BIAS不再创新高，表明期货价格就要回档调整了。顶背离出现后，是逃顶的良好机会；底背离出现后，又是抄底的绝好良机。

5. 偏离率与移动平均线配合使用

①当偏离率与移动平均线由下而上同步上升时，说明期货价格上升仍会持续。投资者应持仓待涨。

②当偏离率与移动平均线由上而下同步下降时，说明期货价格还会下跌。投资者应持币观望。

③当偏离率在高位不再上升，而是振荡或者下降时，说明期货价格上涨已经到头了。投资者应坚决获利了结，平仓离场。

④当偏离率与移动平均线在低价位振荡，并且偏离率由下向上移动，或由负值向正值移动时，投资者则应寻机建仓。

第十节　心理线指标

一、基本概念

1. 什么是心理线

心理线简称PSY，它是建立在投资大众心理趋向的基础之上，将某一段时间内投资者是趋向买方还是卖方的心理事实转化为数值，以反映人们买卖心理趋向的技术指标。如图14－21所示。

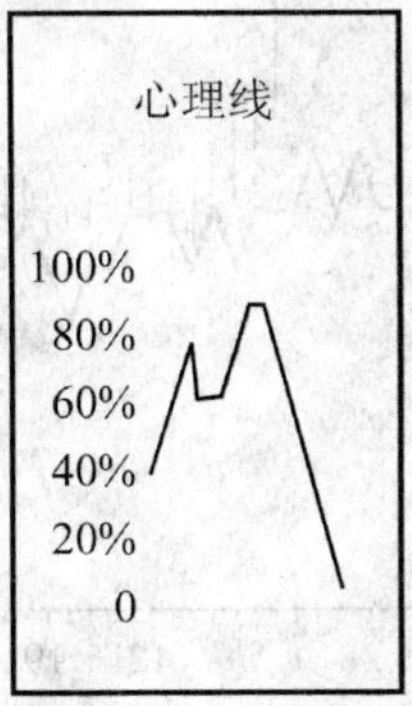

图14－21　心理线

2. 心理线的作用

投资者根据心理线超买、超卖现象出现的高点或低点，研判期货价格未来的变动方向，再做出买卖合约的决策。

3. 一般规律

上升行情和下跌行情开始之前，都会出现两次以上的振荡低点与高点（会出现两次以上的买点与卖点）。

当一段（波）上升行情开始之前，在低价位通常会因前一段的阴跌而出现超卖现象。由超卖现象引起的最低点会出现两次。会有两次买进机会。

当一段（波）下跌行情开始之前，在高价位通常也会因前一段的连续上涨而出现超买现象。由超买现象引起的最高点也会再现两次以上，也会有两次卖出机会。

4. 计算公式

$$PSY(n) = (n\ 日内期货价格上涨的天数之和/n) \times 100\%$$

式中，n 为时间参数，一般取 12 天、6 天。也可以自选天数。有的设定 10 天、20 天，也有的设定为 3 天、9 天、12 天、24 天等。

时间天数短，指标变化越敏感，信号出现也比较凌乱。适用于短线操作。

时间天数长，指标变化比较稳定，假信号出现的次数少。适用于中长线操作。

公式计算数无负数。它的曲线变化都在 0 线以上。

公式不用百分数计算也可以，只需将曲线图上的百分数改成数字即可。

公式极为简单，也可以不计算，只需登记每天的上涨与下跌变动情况，在坐标图上固定的位置标出买进时机与卖出时机就行。

心理线指标常与期货价格 K 线图配合使用。

心理线指标也适用每周、每月期货价格变动情况。所以，它也有日线、周线、月线与季线之分。周线采样时间一般为 8 周、10 周，不宜太长。

心理线由两条曲线而成。但可以在同一张坐标纸上与期货价格 K 线图、成交量图相互对照使用。如图 14－22 所示。

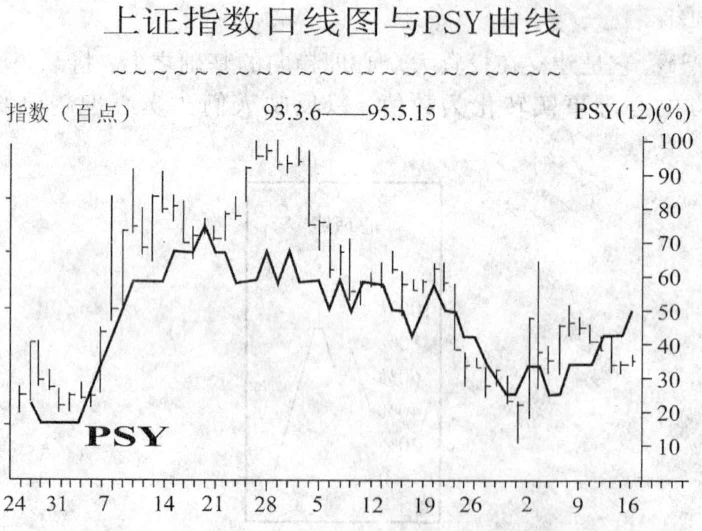

图 14－22　柱线与 PSY 曲线

二、标应用

1. 心理线的取值范围

①由公式可知，心理线指标的取值范围为 0～100 之间。

②PSY 常态范围为 25～75 之间（国内外一样），高于 75 为超买；低于 25 为超卖。

③当 PSY 数值在 100 处走平时，表示 n 日内期货价格天天上涨，人气乐观，心理一致。但是从心理的角度看，期货价格在高价位不可能一直停留（实属心理上的厌倦）。期货价格随时即可反转。

④当 PSY 数值在 25 以下运行时，表示 n 日内期货价格天天下跌，人气悲观。

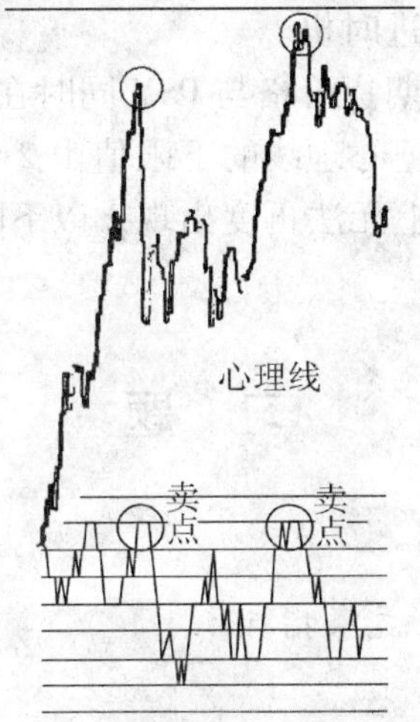

图 14－23　**心理线（卖点）**

2. 研判法则

①当 PSY >75 时，显示市场投资大众追涨心理严重。是卖出时机。当 PSY 接近 100 时，超买严重，则应坚决卖光合约。

②当 PSY <25 时，表示卖方心理浓厚，超卖现象严重。应寻机买进合约。如果 PSY 接近于 0 线，则应坚决买进。若 PSY 在 10 以下走平时，也是买进抢反弹的良机。

③期货价格在高位出现两次高点时，为卖出信号；期货价格在低位出现两次低点时，为买入信号。

3. 多头与空头市场的应用

（1）多头市场

在多头市场中，当 PSY 达到 80 以上时才卖出。因为多头市场买气旺盛，期货价格上涨还可以延续一段时间。卖出早了，常会失去一些利润。

尤其是热门股和强势股，在机构主力的炒作下，期货价格连涨八九天并非难事。另外散户抢到热门股和强势股之后，还会继续持仓几天。一种是机构主力恶意炒作，一种是散户跟风追涨，两种因素汇集一块，会把期货价格继续向上推高几天。因此，在多头市场气势如虹、期货价格节节升高时，稳重老练的投资者会将 PSY 的卖点向上提高。直到多头市场上升行情接近尾声，上涨速率明显减慢，在顶峰出现一根长阳线或长阴线时，才抛光自己手中的合约。

此时应注意：要避免多头做最后挣扎，无力向上推高期货价格，反而回档，从而丧失卖出良机。

（2）空头市场

在空头市场中，当 PSY 达到 10 以下时才买进。

大势确认为空头市场后，买气消散，心理散离，随着抛压的日益沉重，期货价格阴阳交错，跌多涨少。多头虽有微弱反击，却抵抗不住空头的大量抛压。多头的心理防线、心理价位被一一突破。大势一弱再弱，期货价格一跌再跌。而盲目抢反弹者，多次遭受损失。大势疲软，期价心理线跌至2以下，并不少见。

当PSY出现了1或0时，才是真正的超卖，抢反弹的成功率才会提高。

投资者受空头市场悲观气氛的影响，期货价格也会呈“阶梯式”下滑。此时，应将PSY的买入点向下移动，在2以下才是买进时机。

在空头市场下跌行情的末期，期货价格与PSY同时在低价区振荡。此时阴线阳线交错换位，阳多阴少，底部抬升。此时应把心理线的下限值由2调整至3以下。以免在空头作最后拼斗，而多头顽强抵抗，在心理线上无法再度出现2以下时，而失去买进的最好机会。

习　题

一、名词解释

1. MACD　　2. 布林线　　3. 威廉指标

二、简答题

1. 简述MACD的应用。

2. 随机指标的基本特征。

参考答案

一、名词解释

1. MACD：是利用快速与慢速两条平均线的交叉换位及差离柱线的差离状况来研判期市行情趋势的，从而决定合约的买卖时机。

2. 布林线：是利用统计学原理描绘期货价格上下波动区间规律的技术指标。

3. 威廉指标：是通过某一周期内(一般为10天或14天)的最高价和最低价及当日收盘价进行比较，来预测超买超卖信息，以判断短期内行情的变化。

二、简答题

1. (1)买入点

①快速线与慢速线在底部形成黄金交叉时，并且差离柱线由负值变正值(由绿线变红线)时，是波段性买入信号。

②快速线(9日、12日)在慢速线(26日)之上，由负值变正值，并且向上突破0轴线时，是短期买入信号。

应注意：此时买盘较大，多头势强，切记不要贪心，也不可盲目追涨。

③在低价区出现两次黄金交叉时，是激进型买入信号。

④差离柱值远小于0，并在底部渐变平缓(绿柱不再增大)时，是激进型买入信号。

⑤期货价格一次比一次低，MACD 并不出现新低点时，是买入信号。

(2)卖出信号

①快慢两条曲线在顶部形成死亡交叉时，并且差离柱线的正值由最大逐渐变小(由红柱变绿柱)时，是卖出信号。

②快速线在慢速线之下，并且快速线向下突破慢速线时，是卖出信号。

③在高价区出现两次死亡交叉时，是卖出信号。

④差离柱值远大于0，并在顶部走势平缓(红柱线不再增大)时，是激进型卖出信号。

⑤期货价格一次比一次高，MACD 的两条曲线及差离柱线都未再创新高时，是卖出信号。

2. 随机指标的基本特征

①K 值与 D 值只能在 0～100 之间波动。正常范围：K 值为 20～80，K 值在 80 以上为超买，在 20 以下为超卖；D 值为 30～70，D 值在 70 以上为超买，在 30 以下为超卖。J 值正常范围为 10～100，J 值 >100 为超买，J 值 <10 为超卖。

KDJ 线在 50 左右反复交叉，为整理行情。

②当 J 值大于 100 或小于 0 时，预示了短期高点(顶部)或低点(底部)的出现。J 值领先于 K 值和 D 值先出现顶部或底部。J 值具有特殊重要的"领先作用"。

③K 值、D 值的走势方向与期货价格走向不一致时，称为顶背离或底背离。

在低价位时，若期货价格创新低，而 K 值、D 值并未创新低，称为底背离。

在高价位时，若期货价格创新高，而 K 值、D 值并未创新高，称为顶背离。

④KDJ 值在 80 以上或在 20 以下时会出现"钝化"现象，说明 K 值、D 值走向不明确。

⑤随机指标用于研制股性活跃的热门股时，准确性较高。

⑥将 K 值由小到大向上穿越 D 值的交点，称为黄金交叉点；将 K 值由大到小向下穿越 D 值的交点，称为死亡交叉点。

黄金交叉点出现在 20 以下时，准确性很高；出现在 75 以上时准确性较低。死亡交叉点出现在 75 以上时，准确性较高；出现在 20 以下时，可能是空头陷阱。

在 40～60 左右出黄金交叉点或死亡交叉点时，准确性差，不适合中长线投资者参考，但对短线投资者仍有意义。

◆第十五章　期货市场风险管理

期货市场是一个充满风险的投资市场，是典型的高利润和高风险的场所。作为商品期货市场的投资者，必须有风险意识。风险意识是投资者在进行期货交易时对市场出现的不利情况所作出的自我防范的思想准备。因为，任何投资市场都是有风险的，都不可能是稳赚不赔。在期货投资实践中，自觉加强自身的风险防范意识，具有重要的现实意义。只有深刻了解期货市场的风险种类、风险特征、风险管理，才能有效地防范风险。

第一节　期货市场风险概念

期货市场风险与商品现货市场相比，其风险是多方面的，是比较复杂的，必须对风险的基本概念进行深入地研究，从而寻求风险防范的有效措施，以保证期货市场的正常运转和期货市场功能的实现。

一、期货市场风险的定义

有的教材中讲“风险”是现实意义上的“证券投资风险”。证券投资风险是指证券投资预期收益的不确定性，是证券价格预期收益的变动给投资者造成经济损失的可能性。期货合约也是一种有价证券。

因为投资行为的发生要求投资人在当今投入一定的资本金，隔一段时间，才能获得未来的收益。如果隔一段时间后，投资人并没有得到收益或者收益为负值，就给投资人造成了经济损失，这种经济损失就是风险。并且，时间越长，风险越大。

目前，在学术界由于对风险的理解程度不同，对风险的研究角度不同，对风险定义的描述也不同。例如，有人将风险描述为“事件未来可能结果发生的不确定性”；还有人将风险描述为“在一定条件下和一定时期内，由于各种结果发生的不确定性而导致行为主体遭受经济损失的大小或者这种经济损失发生可能性的大小。”期货市场与股票市场的证券投资风险是指由于收益和损失的不确定性，给投资者造成经济损失的可能性。有时候，风险与收益在一定条件下成正比。

按照对风险偏好程度的不同，可以把市场的投资者分为：风险厌恶者，风险偏好者。期货市场的保值者属于风险厌恶者，投机者属于风险偏好者。

二、期货市场风险的特征

1. 风险存在的客观性

这是一个不争的事实，这种客观性一方面体现了风险的整体性和全局性。说明在期货市场和股票市场中都存在风险，而且这种风险是由全局性的不确定因素而导致经济损失的可能性。例如，国家宏观政治经济状况，总供给与总需求状况，国家的经济政策和财政政策状况等，都会给证券投资收益和损失造成不确定性。另一方面风险的客观性体现了风险的特殊性和局部性。期货市场的风险是内部特殊因素引起的，是由局部因素引起的。例如，期货交易所内部的运行机制和相关制度的特殊性；农产品期货的季节性和自然灾害等局部因素引起的期货价格的剧烈波动所造成的经济损失。另外，期货市场的套期保值功能、规避风险功能，期货交易的杠杆效应性、双向交易性和对冲机制等，使期货市场吸引了很多“投机者”参与期货交易，从而加大了期货市场的风险性。

2. 风险因素的放大性

与现货市场的风险相比较，期货市场的风险更大。其主要原因是：

(1)期货价格要比现货价格的波动幅度大，价波动更频繁。

(2)期货交易有“以小博大”的功能，投机性较强，交易者的过度投机行为很容易诱发风险，加大了市场风险。

(3)期货交易是连续性的期货合约的买卖活动，风险容易连续延伸，引起风险的连锁反应。

(4)期货交易量很大，盈亏幅度也大，而且风险集中。

(5)期货交易具有远期性，所以，未来的不确定因素很多，风险预测的难度大。

(6)期货市场风险有整体性，风险是由全局性因素和整体性因素引起的，所以风险的影响范围很大。它影响国内所有的期货交易所。它从一个国家影响到另一个国家，有时候会影响全球期货市场。

3. 风险与收益的共存性

期货风险与收益共存一个市场、共生一个市场。期货交易的高风险并不意味着会一定发生损失，也同时存在着获取高额利润的可能。即期货市场是高收益与高风险并存。正是期货交易的这种高风险与高收益的共生性、共存性，才是产生期货投机的真正动力。这种高风险性迫使期货交易者提高自身的心理素质和知识水平，并规范交易行为，把风险降到最小，使收益最大化。

4. 风险评估预测的相对性

期货市场的风险与股票市场的风险都是可以评估预测的。风险大小及收益损失多少，从本质上讲是体现了一种“期待有利结果”与“预期收益”的背离。例如，你想得到的预期收益是10%，但是你实际获得的收益却是负5%，这种背离是可以评估的。实际收益是客观存在的，而且“预期收益”的评估是根据不同交易主体不同交易成本、不同客观条件而有所不同，具有一定的主观性。就是说，实际收益与预期收益发生偏离的风险具有一定的主观性，具有一定的相对性。

5. 遭受风险的均等性

期货风险对于所有的期货交易方来说，都是客观存在的，都是均等的。在期货市场上无论是套期保值者，还是投机者，都会遭受期货风险。区别是二者面临风险大小和程度不同，二者的经济实力不同，二者对风险的承受能力不同。如果市场的变化与他们的判断、预期走势相反，都会遭受损失。

6. 风险有可防范性

期货市场与股票市场的风险虽然都存在不确定性因素，但是两大市场的风险都是可以预测和防范的。期货市场风险的产生与发展存在着自身的运行规律。所以，可以根据历史资料、统计数据等，对期货市场的周期性变化过程进行判断和预测；掌握风险发生的征兆，采取有效防范措施，就能达到规避风险、分散风险、减少风险的目的。

三、期货市场风险的类型

证券投资风险是指证券预期收益的不确定性，是预期收益变化可能遭受的损失。同样，期货市场风险具有多样性和复杂性，可以从不同角度对期货市场风险进行划分。

1. 按风险是否可以规避划分

从风险是否可以规避、是否可控的角度划分，期货市场风险可以分为：系统风险（不可控风险）和非系统风险（可控风险）两大类。

（1）系统风险

系统风险又称不可控风险、不可规避风险，是指由全局性因素影响的导致整个证券市场价格波动而发生的风险。所有的证券市场（股票与期货市场）都会受到这种风险的影响，只是影响程度不同而已。这种风险不能由投资（交易）者控制，也不能通过投资组合的方式加以消除，所以常称不可控风险。这类风险来自于股票市场和期货市场之外，它对两个市场的相关主体影响很大。风险来源主要包括：国家宏观政治与宏观经济环境变化的风险；国家政策性变化风险等。

因国家宏观政治因素和宏观经济环境变化的风险：这类风险是通过影响证券市场供求关系进而影响相关期货品种的价格而产生的风险。期货市场又比股票市场多了一个“不可抗拒力的自然因素”变化的风险。例如洪涝、干旱等因素。这类风险的突发性事件会严重干扰市场的供求规律，使股票市场、期货市场的价格产生剧烈震荡，带来很大风险。例如，政局不稳、战争内乱；经济危机、通货膨胀；气候恶劣、自然灾害等。

国家政策性变化风险：国家政策是指国家的宏观经济政策，它是根据证券市场发展的特定阶段制定的。通过政策的制定、颁布及实施，加强对期货市场的宏观管理。国家宏观经济政策一般可以划分为：国家财政政策和国家货币政策。

财政政策是指政府通过变动收入和支出来影响社会的总需求和总供给。国家财政收入主要指政府税收和国债收入；国家财政支出主指政府购买性支出和政府转移性支出。财政政策影响国家财政收入水平，进而影响国民经济的发展状况；又进一步影响企业和行业的发展，从而影响它们在证券市场上的价格表现。例如：国家取消了农业税对农业产生积极影响，粮食产量增加，农产品期货价格降低。

根据财政政策的运转方法，财政政策可以分为：扩张性财政政策和紧缩性财政政策。采取扩张性财政政策时，政府大力投资于基础设施建设，从而刺激相关行业的发展。例如：钢材需求量增加，螺纹钢期货价格就会上升。采取紧缩性财政政策，减少财政支出，可以控制投资过热，证券市场因而会出现价格走弱。

货币政策是指政府通过变动货币供应量来影响利率和投资，进而影响国民收入。例如：中央银行提高存款准备金利率，中央银行在金融市场上公开卖出证券，则会减少货币供应量。中央银行买卖证券，提高利率，会直接、快速地影响证券市场价格。另外，中央银行还可以用行政命令的方式对商业银行的信贷活动进行直接控制。

政策是否合理，主要取决于政府对证券市场的认识，因此政策的变化有很大的主观性。如果政策对期货市场不利，期货市场价格就会全面下跌，引发风险，给交易者造成很大损失。

(2)非系统风险

非系统风险又称可控制风险、可分散风险。是指由局部因素影响的，导致证券市场个别行业、个别证券价格波动而发生的风险。这种风险只影响个别行业的股票和个别期货品种的价格下跌，造成个别交易者的经济损失。这种风险可以通过采取有效措施和有效管理，把风险控制在一定范围内。例如:交易者可以用"投资组合"的方式(分散投资方式)减少非系统风险;交易所采取风险管理措施防范这种风险。

非系统风险有三个特点:局部性，它是由局部因素引起的风险，所以，影响范围小。特殊性，它是由某种特殊因素引起的风险。例:企业管理差、效益差;某种农产品欠收等。可控制性，是指采取有效防范措施，可将风险控制在一定范围内。

非系统风险的来源主要有:经营风险、信用风险、流动性风险。经营风险是指企业经营管理不好造成的风险。信用风险又称违约风险，是指证券发行人不能按照发行承诺支付而给投资者造成的损失。流动性风险又称变现风险，它是指证券不能以合理的价格出售而造成的经济损失或者想把证券变成现金有很大困难。

2. 按风险的来源划分

按风险的来源划分为:流动性风险、市场风险、操作风险、强行平仓风险、资金管理风险等。

(1)流动性风险

流动性风险是指市场流动性差、期货交易难以迅速、及时成交给投资者造成的风险。即期货合约无法及时以合理的价格了结交易带来的风险。这种风险在市场状况急剧走向下跌时很容易产生。通常用市场的广度和深度来衡量市场的流动性。广度是指在既定价格水平下，满足投资者交易需求的能力。如果买卖双方都能在既定价格水平下获得所需要的交易数量，则市场是有广度的市场;相反，如果买卖双方在既定价格水平下都要受到交易量的限制，这个市场就是窄度市场。深度是指市场对大额交易需求的承接能力。如果用很小的买进需求就能使价格大幅度上升，则市场就是缺乏深度的市场;如果用很大的需求量，对价格几乎没有什么影响，市场就是有深度的。流动性高的市场，稳定性也比较高，市场价格也会更合理。所以在期货交易中要选择自己最熟悉、最有把握成交的、流动性活跃的期货品种。选好品种以后，在实际买卖期货合约时，要参与"交易量大"、"持仓量大"的合约的月份进行操作。

(2)市场风险

市场风险是指因期货市场价格的波动给客户带来交易亏损的风险。这种市场价格的波动，能使持有的期货合约的价值发生变化。市场价格波动既能使持有合约盈利;又能使持有合约亏损。期货合约亏损是期货交易中最常见的一种风险，也是期货交易者最需要重视的一种风险。因为期货市场有"杠杆作用"，是"以小博大"的交易，所以这种风险也被"放大"了很多。

风险与收益也是期货市场的一对孪生兄弟。有风险、也有机遇，高风险孕育着高回报，关键在于投资者如何认识和规避市场风险，捕捉有利时机，取得理想的回报。强调市场风险是为了正视风险、防范风险、控制风险。在期货市场中，首先考虑的不是期货收益有多大，而是如何把风险降低到最低程度。只要控制了风险，盈利就在其中了。

造成这种风险的因素很多：有全局性因素，也有局部性因素；有社会政治经济因素，也有行业因素；有自然因素，也有人为因素；有技术因素，也有心理因素等。

市场风险又分为：利率风险、汇率风险、商品风险。

(3)操作风险

操作风险主指信息系统内部控制方面的缺陷而导致交易者意外损失的可能性。又指交易者自身因操作错误而造成的自身利润的消失。

操作风险主要有以下几个方面：计算机风险管理系统出现差错；计算机数据损坏；计算操作失误；因工作人员责任心不强、不能准确进行结算、有作弊行为；交易制度不完善，交易者"指令"错误等。

(4)强行平仓风险

强行平仓风险是指当期货价格波动时，保证金不能在规定时间内补足，期货公司对交易客户的持仓合约进行强行平仓所造成的损失。

期货交易实行"每日结算无负债制度"，由期货公司进行"逐日盯市制"，期货公司根据交易所提供的当天结算结果，每天都要对交易者的盈亏状况进行结算。所以当期货价格波动异常时，保证金应在规定时间内补足。这就要求交易者合理分配资金，切勿满仓操作，或者应留有备用资金。

(5)资金管理风险

资金管理风险是指在资金分配运作中，在市场不利的情况下对资金带来的冲击。

因为资金是交易者在期货市场中的生命，而风险控制就是要保护这个生命。风险控制水平的高低决定着交易者的市场生命会持续多久，所以，资金管理的好坏直接决定投资者的生死存亡。只有严格执行资金管理措施，才能在期货市场中生存下来。

资金管理主要是对投入到期货市场的资金进行合理科学的分配和控制。

①资金管理原则：资金管理采用"三三制原则"：即用 1/3 资金建仓；用 1/3 资金补仓和追仓；用 1/3 资金作为备用金。当持仓亏损达到合约保证金的 30% 时，要果断止损，"壮士断腕"。首次开仓的新手，开仓资金为期货账户资金的 10% 左右比较适当。一般情况下，如果连续三天涨停板或者连续三天跌停板，要采取强行平仓措施。当交易者遇到极端行情，也不用爆仓，因为一次失手就会前功尽弃。

②资金管理手段

赚钱的合约，则可以跟着"大趋势"走；亏钱的合约停止损失要快。让利润充分增长，把亏损降到最小。最重要的是：永远不要在赔钱的合约上加码。

止损是资金管理的具体手段，止损也是在市场中控制风险和扩大利润的有效手段。可以采用以下几种方法止损：

a. 固定金额止损法

交易者根据自己的承受损失的能力事先设定一个亏损数的额度。如果价格下跌，达到了这个"亏损额度"，就要卖出，以停止损失继续扩大。

b. 固定比例止损法

交易者根据自己的资金状况和对风险的偏好，事先设定一个亏损百分比作为止损点。若交易者的账户资金为 10 万元，设定止损比例为 10%；如果合约的价格下跌达到 10%（一万元），就要卖出，停止损亏扩大。

c. 技术性止损法

这是交易者利用技术分析图形而设立的止损方法。常用的有平均线系统止损法，阻力/支撑力价位止损法，技术指标止损法等。

平均线系统止损法，常用 10 日平均线进行止损。如果期货合约的价格向下跌破 10 日平均线（K 线图与 10 日平均线死亡交叉）时，就平仓了结期货交易，停止损失扩大。

阻力/支撑力价位止损法，是交易者以某个重要合约的价格位置或者某个重要价格区域作为止损点价位。当期货合约价格下跌幅度超越了支撑力价位时，就要平仓了结交易；当期货合约价格上升遇到强大阻力价位时，也要平仓了结。可以把股市中的一个技术指标 SSL 移植到期货市场上使用。因为期货市场只有十几个常用技术指标。

技术指标止损法，期货市场中常用 MACD，KDJ 的死亡交叉价位作为止损点；用 RSI 的价位向下穿越 > 0 时作为止损价位；用 W% R 的价位向下穿越 30 为止损价位，用 SAR 出现第一个小绿色散离点，并且绿色散离点在价格柱线的正上方时的价位作为止损点。

3. 按风险的主体划分

按风险产生的主体划分，有交易所风险，期货公司风险和交易者风险。

（1）交易所风险

交易所风险是指期货交易所在期货交易运作中遭受损失的不确定性。我国四大期货交易所目前实行的是会员制或者公司制，也不同程度的受风险的制约。

交易所风险又分为以下三种：

①交易所营运管理风险

交易所营运管理风险是指在营运管理过程中出现了自身问题引起交易所必须认赔的风险。主要包括：业务风险、违规风险和监管不力风险。

a. 业务风险

业务风险是指期货交易所在业务处理上的失误而引起的风险。这种风险发生的概率随着职工业务素质的提高和交易系统的现代化会逐渐减小。业务风险分为主观性风险和客观性风险。

主观性风险是指员工素质低，责任心不强造成业务处理上的失误而引起的风险。交易员漏单、报单有错、价格输入错误、次序被搞乱等。

客观性风险是因交易系统、结算系统、数据传输系统不完善或者因交易、结算、交割规则、制度不完善造成的故障和失误而引起的风险。

交易所与会员之间因错误成交、错误回报而引起的纠纷时有发生；因制度不完善，执行规则不当引发的纠纷也很常见。

b. 违规风险

违规风险是指交易所从业人员在交易、结算、交割等方面随意改变规则、违反有关法规而引起的风险。

违规操作的手段主要有：内幕交易、私下允许透支、少收保证金、巨额持仓等。违规的重要原因在于期货交易所为了自身利益争夺客户，片面追求扩大交易量。

c. 监管不力风险

这是期货交易所因期货交易监管不力、监管不严造成的风险。交易所自身监管的主要目的是规范期货交易行为，确保各项交易制度的顺利执行。如果监管不严、有亲有疏，不但会削弱法规、制度的权威性，而且还会破坏市场的公平竞争环境。使一部分交易者权益受损、引发各种纠纷。

②会员履约风险(信用风险)

这是会员因期货价格剧烈波动遭受巨大损失时，无能力履约发生的风险，并且转移给期货交易所的风险。所以，它又称为转移风险、间接风险。会员履约风险分为:对冲平仓履约风险和交割履约风险。

a. 对冲平仓风险

对冲平仓风险是指会员对冲平仓以后发生的巨额损失，使会员本身无能力履约，只好转移给交易所。

对冲平仓信用风险产生的主要原因:一是交易所对会员监控乏力;二是监控措施不完善，监控体系不健全;三是法律、法规、制度建设落后;四是没有形成交易所、结算所、会员之间的“三角制衡模式”。目前我国是交易所为了便于管理，把交易所与结算所集于一身;会员又有“裙带关系”。

b. 交割履约风险

交割履约风险是指会员在实物交割环节上无能力履约，使交易所不得不为会员代理履约，进而给交易所造成损失。

其主要原因:一是会员实物交割的资金不足(买方);二是卖出方的实货存量不足；三是合约设计不合理。

③交易所信用风险

交易所信用风险是指期货交易所因不能偿还期货交易造成的巨额亏损而有倒闭的可能性。

主要由管理运营风险、会员履约信用风险构成;其重要原因是:风险基金制度不完善，造成交易所抵御风险的能力弱。

(2)期货公司风险

期货公司是依照《公司法》设立的经营期货业务的金融机构。期货公司是联系交易所与客户之间的桥梁，是自负盈亏的经营实体，它面临经营失败的风险。期货公司具有“双重身份”，它既是交易所的会员，又是客户的代理交易法人。期货公司面临四种风险。

①公司经营不好而连续亏损。主要原因是领导者管理不善，公司从业人员缺乏职业道德或者操作失误等，给自身造成的风险。

②公司违规被监管结构处罚的经济风险。期货公司在利益驱动下，进行违法违规活动、欺骗客户、损害客户利益而遭受监管机构的经济处罚。

③对客户的交易风险控制出现疏漏，导致公司经济损失。主要原因，一是风险率设置不当或执行不力引起;二是客户保险不足;三是强行平仓时，不该平仓的却被平仓了，客户亏损不认账引起。

代理交易风险。主要是指:一是“委托—代理”关系不清晰，双方责任不明引发的风险。例如:委托、代理关系只是“口头”上的全权委托，而客户只认盈利，不认亏损。二是公司职工“经纪人”的过失由公司承担引起。三是公司“指令下单员”的操作技能太差而造成的平仓亏损引起。四是因情况变化过快，来不及追加保证金使交易者账户的保证金出现了负数（俗称穿仓）。

(3)交易者风险

交易者投资于期货交易而遭受损失的可能性。投资者是期货市场的基本主体。因为，投资者划分为：投机者和保值者两大类，所以，风险也分两个方面讲。

①投机者风险

投机者以自有资金自愿承担风险损失进行期货交易，其目的是为了获取风险利润。期货交易存在高风险的可能性，同时也存在获取高额利润的可能性。即高风险与高收益并存。正是因为期货市场交易的这种风险与机会的共生性，才产生了期货投机的动力。

投机者的风险按风险的性质划分，可以划分为：价格风险、流动性风险、实物交割风险、信用风险等。

a. 价格风险

价格风险是指因期货市场价格的波动使投机者的期货收益遭受损失的可能性。换言之，价格风险是由于市场价格的变化方向与投机者的预测判断方向相反而产生的损失。

价格风险的主要原因是由于投机者自身因素和市场价格波动因素决定是其风险大小。投机者自身因素主要是技术分析能力差，使价格预测能力欠佳；期货投资经验不足，风险管理水平差和操作能力欠佳；资金实力不足，没有足够的后继资金用来加仓，即使能成功地预测市场价格的变化趋势，也难以幸免“强行平仓”而出场的厄运。

市场价格波动是期货交易风险的核心因素，引起价格波动的因素很多，主要是由价格理性波动和价格非理性波动因素两大类。它是根据期货价格与现货价格的偏离程度划分的。

价格理性波动因素，是指期货价格的正常波动因素。所以，价格理性波动因素包括基本因素和技术因素两大类。基本因素主要有：供给因素、需求因素、政策因素、货币因素、政治因素、自然因素、投机因素、心理因素等。技术因素主要是指期货市场内部的因素，它对期货价格的短期变化有一定影响。主要有：合约的成交量、空盘量、存货量、各项技术指标的变化状态及变化方向，现在和过去的期货价格资料，各种期货价格技术图表等。

价格非理性波动因素，是指期货价格的非正常波动因素。导致价格非理性波动的因素主要有：非理性的人为过度投机因素、大户联手非法操纵市场价格的因素（有预谋地抬高或打压期货价格）、政府管制因素（政府制定紧急措施造成价格的巨幅震荡），期货交易所因素（合约设计有缺陷、交易规则执行不当造成价格波动）等。

b. 流动性风险

流动性风险是指投机者在期货交易市场上因合约缺乏流动性使合约不能以合理的价格出售而造成的损失。

有时因期货市场的内、外环境发生变化，使合约流动性大为降低；有时因大户操纵市场，造成想买买不到，想卖卖不出的现象。

流动性风险的主要原因：合约设计不合理（合约品种稀少、合约规模太小、交割方式不合理等）、期货交易制度不健全、国家经济政策变化、自然因素突变、大户垄断市场等。

c. 实物交割风险

实物交割风险是指交易者因合约流动性差或等待有利时机，直至最后交易日一直持仓未能平仓，造成被动实物交割而引起的损失。

卖方交割风险主要有:因准备不足，造成现货组织困难;因运输瓶颈、造成现货难以入库;货物交割后，无法得到货款;货物质量不符，引起质量贴水损失。

买方交割风险主要有:货款组织困难;付款后不能顺利提货;付款后货物不符合要求造成损失。

d. 信用风险

信用风险 交易者不履行合约或者期货公司因倒闭破产引起的违约风险。

期货交易所已建立了完善的损失赔偿准备金制度，信用风险的概率很小。但是，在重大风险事件发生时，期货公司发生破产，也会引发违约风险。所以，交易者要选择资信好的、实力雄厚的期货经纪公司。

②套期保值者风险

套期保值者是风险厌恶者，他们在期货市场所面临的风险与投机者并没有实质性差别。他们也面临着期货市场的众多风险。保值者与投机者的区别是:一是二者的投资理念不同。保值者利用期货交易是为了规避现货市场的价格波动风险;投机者是为了获取合约的买卖差价利润。二是二者手中现货不同，保值者手中有大量现货实物;投机者手中没有现货实物。三是二者对冲风险的方式不同。保值者可以用期货市场的盈利对冲现货市场的亏损;也可以用现货市场的盈利对冲期货市场的亏损。投机者只能用"对冲平仓"的方式对冲风险。四是二者规避风险的效果不同。保值者的保值效果有四种情况:有盈保值、持平保值、减亏保值、不能保值。投机者的风险收益效果只有两种情况:要么盈利，要么亏损，别无选择。

保值者与投机者进入期货市场的目的相同。套期保值者的核心问题并不在于能否消除价格风险，而是能否通过基差的变化，谋取利润。美国学者约翰逊说:"套期保值者……与任何一个投机者进入任何一个市场一样，套期保值者也是为了在一定风险水平下获得最大利益。"

套期保值者的风险虽然可以用现货市场的盈亏来对冲，但是他们仍然面临着基差不利变动可能造成的风险和管理不善导致套期保值失败的风险。套期保值者的风险主要有:品种选择风险、合约时间选择风险及保值数量风险等。

a. 品种选择风险

品种选择风险是指套期保值者在期货市场上交易时因选错合约品种而遭受损失。一般情况下，套期保值者在期货市场上买卖的合约品种应与现货市场上生产经营的品种一致，才能取得较好的保值效果。符合品种相同原则。但在实际操作中因外界条件的变化，可能无法满足这一要求，这就会出现品种选择风险。

b. 合约时间选择风险

合约时间选择风险是指套期保值者在期货市场上合约的买进、卖出时间与现货市场的买进、卖出实物商品的具体时间不一致而遭受的损失。从理论上讲，套期保值者在期货市场上合约的买卖时间应与现货市场买卖实物商品的具体时间一致。符合时间相同原则。以取得较好保值效果。但在实际操作中因期货市场未来价格变化的不确定性，就会造成期货合约的买进、卖出时间与现货实物商品的买进、卖出时间不一致。这种期货合约买卖时间选择的局限性，可能会给套期保值带来风险。

c. 保值数量风险

保值数量风险是指套期保值者在期货市场上买卖合约的数量与现货市场买卖实物商品的数量不一致，而引起的风险。既是同一品种、同一时间，由于现货与期货价格的变化幅度不同，会引起“基差”的变化；而基差的变化又会引起保值效果的不同，不能达到盈与亏的完全抵消。可见，保值效果取决于基差的变化；有时候机械地运用“数量相等”原则进行保值，不能使盈亏完全相抵。在数量上一般不采取1∶1的保值比率，应适当增大保值比率，应采用1∶2、1∶3或更大的，最有利的保值比率，把亏损完全抵消以后，还有多余的盈利。

第二节 期货市场风险监管体系

期货市场是一个法治经济市场，是商品经济发展到一定阶段的产物；它是高级市场的组织形式，期货市场的法律、法规及风险监管机构是期货市场健康稳步发展的基础和前提。

期货市场风险监管体系是指为使期货市场健康稳步发展所制定的法律法规体系和市场风险监管机构的整体大系统。在这个风险监管的大系统中，由许多因素构成，本节仅介绍期货市场法律法规体系和期货市场监管机构体系。

一、期货市场风险监管体系的作用与内容

1. 期货市场风险监管体系的作用

主要作用是：通过建立一套完整的风险法律法规体系和风险监管机构，动态地监测期货市场风险，判断期货市场运行是否正常，对期货市场风险变化的前景进行超前研究，并且预先向风险管理者发出警告，有“警报器”的作用。

期货市场风险虽然有形形色色、各种各样，但是“价格波动风险”是最主要、最基本的风险，是期货市场风险之源。期货价格波动能改变期货市场上投资者原有的利益格局；也能让交易所、期货公司“心甘情愿”地承担因会员、客户在对冲平仓及交割上的信用风险。

期货价格波动风险分为：期货价格理性波动风险和期货价格非理性波动风险。期货价格理性波动是指从现货价格为基础的，是一个不断向现货价格回归的波动过程。若期货市场长期处在理性价格波动之中，那么，会员、客户的交割风险则会大为降低，从而降低了期货市场的潜在风险向现实风险转化的可能性。期货价格非理性波动是指由突如其来的因素的变化导致的“非常规价格”变化的风险。例如：现货商品的供求因素、政策因素、经济因素、自然因素等突如其来的变化，会导致期货价格的剧烈波动。这种非理性价格波动风险，若不及早预测，并加以防范，就会给会员、客户造成很大损失。有时会影响交易所的正常运行。

2. 期货市场风险监管体系的内容

期货市场风险监管体系的主要内容主要包括两个方面：一是防范期货价格非理性波动风险；二是控制期货价格理性剧烈波动风险，并确保每位会员承担的风险在自己财力能力承受的范围内。

(1)防范期货价格非理性波动风险

造成期货价格非理性波动因素很多，但归纳起来有三个方面的因素；一是来自交易所方面的因素（内因）；二是来自政府监管部门方面的因素（外因）；三是人为操纵、过度投机因素。

来自交易所方面的因素主要有：期货合约设计上有缺陷、会员结构不合理、交易规则执行不当等。解决方法：科学设计合约、调整会员结构、严格执行规则等。

来自政府监管部门的因素主要有:监管措施不完善、监管不力、交易规则制度有缺陷等。解决方法:健全监管措施、依法从严管理、完善交易规则等。

人为操纵、过度投机因素主指交易者(大户)非理性的过度投机和大户操纵市场价格而造成的期货价格剧烈波动。人为的非理性投机是期货市场风险中最直接、最核心的因素。这种人为的期货价格非理性波动不但能造成期货价格与现货价格的严重背离,而且还能严重影响期货市场功能的正常发挥。所以,防止人为的非理性投机因素、是期货市场风险防范的重心工作。

中小投资者如何防范人为的非理性波动风险,必须首要熟悉大户操纵市场控制期货价格变动的操作手法(又称主力手法)。

主力手法常常诡异多变,但是"万变不离其宗"。大户操纵市场的基本手法是:位低吸筹、待机拉升、震仓洗码、推高出货、资金离场,五个基本步骤。

位低吸筹是指大户投资者在期货价格的低价区开始买进期货合约。大户投机者为了操纵市场,在某个时阶内向期货市场调入大量资金,使期货市场上的交易资金总量快速膨胀,以达到"集中兵力,打歼灭战"的目的。

待机拉升是指大户投资者在低位吸筹之后,要等待"合适气候"的来临,使持仓合约的价格大幅上升。用以吸引更多散户投资者的关注。

震仓洗码是指大户投资者为了再次获得持仓量,把意志不坚定者"三震出局",得到廉价筹码。因为某一个品种的期货合约的总量是有限的,大户投机者为了获得足够的筹码,先以重手将行情价格向下打压一个"台阶",待散户"出局"后,再乘机吸筹,也称"坐低吸筹"或"震仓吸筹"。大户投机者另一种吸筹方式是:期货价格在盘升过程中向上突破后,再度吸筹。以等待主升期的到来。

推高出货是指期货价格被不断地推高,待期货价格达到"满意价位"后,主力投机者乘机出货,其持仓量不断减少。期货价格不断创新高,中小散户投资者不断介入市场,使期货市场上的持仓量持续上升,市场"人气"持续升温。投机出货的方式通常有:一是拉高行情出货。把价格拉高,形成单日反转趋势;二是滚动出货方式。当行情已经发展到自己的盈利目标价位以后,就开始一边推升行情,一边平仓出货,进少出多;三是"突破"阻挡线价位出货方式。将行情抬高到阻挡线价位之上,机构主力等待散户投资人追赶行情时出货(有些散户认为是向上真突破)。

资金离场是指机构主力投资者把投入到期货市场的交易资金陆续退出期货市场。

综上所述,散户投资者风险防范主要是由人为操纵,过度投机引起的非理性波动风险。

(2)控制期货价格理性剧烈波动风险

期货价格理性波动是一种不断向现货价格回归的正常波动。这种正常波动是以现货为基础的,但是剧烈的价格波动不但会使期货价格严重偏离现货价格,而且也会给一些投资者造成一定风险。这种理性价格波动风险来自期货市场内部供求关系。经济因素、政治因素、政策因素等是一种全局性的系统风险。这种期货价格理性波动风险虽然可以用分散投资的方式降低其影响,但是它是交易所、期货公司无法回避的风险。所以交易所、期货公司必须借助期货交易规则、风险管理制度等正确引导市场每一位投资者分散风险;并将所承担的风险控制在各位投资者的财力能承受的范围内。

交易者控制期货价格理性波动风险的主要方式是实时调整追加保证金的数额,达到分散风险之目的。一是会员和客户要适当调整各自的“总体持仓量”水平。因会员、客户的总体持仓水平越高，可供追加保证金的数量相对减少；当期货价格剧烈波动时，会员和客户欠款的可能性就大，结算公司面临的风险也就越大。二是控制会员与客户的“风险率”。会员（客户）风险率的计算公式：

会员风险率 = 当日会员持仓保证金/当日会员资金余额

公式中分母没有扣除，当日持仓保证金的资金。

该指标反映单个会员在交易中发生欠款的可能性。会员风险率数值越大，会员发生违约欠款的信用风险也越大（发生欠款可能性的机率大）。

例如：保证金比例为 5%；当日一个涨跌停板的幅度为 ±3%。则有以下三种情况：

①若资金余额只能抵御一个涨跌停板时，会员的风险率为：

$$会员风险率 = \frac{5\%}{3\%} = 167\%$$

②若资金余额能抵御两个涨跌停板时，会员风险率为：

$$会员风险率 = \frac{5\%}{3\%} + (1 \pm 3\%) \times 3\% \approx 82\%$$

③若资金余额能抵御三个涨跌停板时，会员风险率为：

$$会员风险率 = \frac{5\%}{3\% + (1 \pm 3\%) \times 3\% + (1 \pm 3\%) \times 3\%} \approx 54\%$$

从上述三种情况的会员风险率计算中，可以得出以下结论：

当风险率小于 54% 时，会员处于安全持仓区域；当会员风险率大于 54% 小于 82% 时，会员处于警戒持仓区域；当会员风险率大于 82% 小于 167% 时，会员处于危险持仓区域；当会员风险率大于 167% 时，会员处于严重危险区域，这是绝对不允许出现的风险。

二、期货交易所风险监管的程序

交易所是期货市场风险控制的重要主体，交易所的风险监管实施程序可分为：风险预防、风险监控、风险处理。

1. 风险预防

风险预防是指通过建立各种风险监控制度，最大限度地防止风险发生的概率。为了使交易所有效地预防风险，其主要措施是完善交易制度、规范交易行为等。

（1）期货交易所实行会员制

期货交易所要严格实行会员制。会员制期货交易所才是真正的非营利性服务机构，从根本上消除交易所追逐利润的动机。在执行各项交易制度和交易规范时，就能够公正、公开、公平，而且有执行力度。还有根据期货市场运行状况修改和完善“会员制度”，使会员制期货交易所结构好、素质好、信誉好。

（2）从业人员实行资格认定制

证券从业人员必须取得从业资格，不断提高证券经营机构的竞争能力和风险控制水平；提升证券从业人员的整体素质；提高证券从业人员的专业水平，规范证券从业人员的管理。在证券市场中，不但需要一大批期货管理人员，而且还需要一大批基础服务人员。应该不断提高他们的职业道德素质、个人品质及专业技术水平。

(3)健全法律法规体系

以我国为例，应尽快出台《期货交易法》。把现有《期货交易管理条例》采用法律的形式。有了这部法律，就有了共同的执法准则，对交易纠纷的处理和仲裁就有了执法的权威性。用法律规范期货交易者行为十分重要。

其二是完善期货交易法规制度

“制度是路线的保证”。严格执行各项法规和规章制度，才能保证期货交易的顺利进行。是前四章中已经列举了很多期货交易制度。能使期货交易顺利进行的最重要的制度有：

保证金制度。它包括初始保证金和维持保证金。当期货价格剧烈波动时，必须及时调整保证金的数额。因为价格波动越大，面临的风险越大，最低保证金标准也越高。这样，提高了保证金，就相当于提高了交易成本，就抑制了过度投机行为，控制了市场风险。

最大持仓限额制度。交易所根据各个品种及交割月的“预估交易量”，再根据会员的交易资金，合理调整会员的最大持仓限额。还要核定大户的最大持仓限额和制度大户持仓报告制度。

当日无负债结算制度。期货交易所实行“每日无负债结算制度”，又称为“逐日盯市制”。持仓盈亏等于当日结算价减去上一个交易日的结算价或当日开仓价。平仓盈亏等于当日平仓价减去上一个交易日结算价或当日开仓价。

还有涨跌停板制度，强行平仓制度及信息披露制度等。

2. 风险监控

风险监控是指通过各种法律、法规、制度的执行，动态地对期货交易的全过程中的风险实行监督和控制。其监控的主要措施有：

(1)建立风险监控机制

交易所的风险监控机制包括各项法律、法规、制度的执行及人员职责，监控程序和他们的相互协调关系。最主要的是执行风险监控制度。主要风险监控制度包括：交易状况记录制度(交易价位变动、交易规模变动、开仓量变动、平仓量变动、持仓量变动等)，追加保证金执行制度，强行平仓制度等。这些制度的执行都由交易所有关部门具体负责执行。

(2)建立风险预警系统

期货市场的运行风险是一个风险预防、监控和处理的大系统。这个风险系统由诸多要素构成。其中主要的有：风险预警机构、风险预警指标、风险预警结算数据库、数据的换算、传递、刷新、保留等。各个子系统的功能都要相互配合。设计风险动态监控应用软件。对期货交易、结算等子系统上运行的风险实行不断地扫描、跟踪、监视，预测风险的大小。并查出有关会员的险情，及时发出风险警报。

(3)建立风险巡视制度

由期货交易所或期货协会定期、不定期的派人员到各个期货公司检查风险控制情况。及时发现异常情况和违规交易行为，维护交易正常秩序。并且形成一种制度。

3. 风险处理

风险处理是指风险发生以后的各种工作的善后处理措施。

风险处理主要应根据以往的经验教训修正完善风险基金制度、完善风险监管机制、解决风险纠纷、健全风险仲裁制度，使风险在行业仲裁体系内部圆满解决。其正做到风险处理的公开、公平、公正。

三、期货市场风险监管的政府机构

1. 我国期货市场的法律法规

期货市场是一个法治市场，因为市场经济是法治经济。建立一套完善的期货市场法律法规是期货市场有序运行的基础和前提。一个健全发展的期货市场离不开法律法规的规范。期货市场的法律法规是经济法律体系中必要的组成部分。但是，目前我国尚未制定《商品期货交易法》，是由国务院制定的相关行政法规、最高人民法院的司法解释、期货业协会和期货交易所制定的有关自律性规则等构成。

(1)我国相关法律

目前我国证券市场上的法律有：《证券法》和《基金法》；《公司法》、《合同法》，《民法》、《刑法》、《行政处罚法》、《仲裁法》，《行政复议法》等，只有部分章节对期货交易行为有调节作用。

(2)我国行政法规

目前，我国期货市场的行政法规和部门规章制度很多，而且都有权威性。

由国务院制定的《期货交易管理条例》，最显著。

由证监会制定的《期货交易所管理办法》、《期货公司管理办法》、《期货从业人员格格管理办法》、《期货经纪公司高级管理人员任职资格管理办法》、《期货从业人员管理办法》、《期货投资者保障基金管理暂行办法》、《期货公司风险监管指标管理试行办法》、《期货公司金融期货结算业务试行办法》、《证券公司为期货公司提供中间介绍业务试行办法》等，都有权威性。

由最高人民法院审判委员会制定的《最高人民法院关于审理期货纠纷案件若干问题的规定》是目前解决期货交易纠纷的主要规定。

国家为了规范期货市场的发展，国务院于 1999 年制定出台了《期货交易管理暂行条例》。《暂行条例》对加强期货市场监管、强化市场风险管理、整顿规范期货市场起了重要作用。

国家为了"稳步发展期货市场"，国务院于 2007 年 4 月颁布实施新的《期货交易管理条例》。《条例》更加体现："依法治市"是我国期货市场稳步发展的必由之路。《条例》对《暂行条例》作了重要修订：一是扩大了适用范围。它把商品期货、金融期货、股指期货、期权交易都纳入了该范围；并且明确了商品期货市场和金融期货市场都有中国证监会统一管理。二是创新了结算制度。它规定期货交易所可以实行"分级结算制度"。期货交易所对会员进行结算；会员对客户进行结算。三是适当扩大了期货公司的业务范围。它又增加境外期货经纪业务和期货投资咨询业务。四是强化对期货公司的风险监管。它建立了期货公司实行以净资本为核心的风险监管指标管理制度、建立了保证金第三方安全存管制度，建立了期货投资者保障基金制度等项基础制度。五是强化中国证监会的监管职能。明确规定了国务院期货监管机构对期货市场实施监督管理的九项职责和八项措施等。六是明确了法律责任。期货交易所、期货公司、结算会员、客户的法律责任十分清楚；违规处罚也十分具体可行，对期货公司、会计事务所、律师事务所，资产评估机构等中介服务机构的罚款也十分清楚。

《条例》体现了法律框架结构，适应了期货市场的急需，规范了交易行为，强化了市场监管，充分体现了国家"稳步发展期货市场"的总体方针。

(3)我国自律规则

中国期货协会在《条例》实施以后，修改完善了"行业自律规则"。中国期货业协会制定了六个自律性规则。《期货从业人员资格考试管 理规则》、《期货从业人员资格管理规则》、《期货从业人员后续职业培训规则》、《期货从业人员执行行为规则》、《中国期货业协会纪律惩戒程序》、《中国期货业协会信息数据库系统管理规则》。

郑州商品交易所、大连商品期货交易所、上海期货交易所都在《条例》颁布后修改完善了"交易规则"。这些交易规则具体可行。中国金融期货交易所针对"股指期货"建立了一套切实可行的规章制度。发布了《股指期货交易规则》、《股指期货实施细则》，并明确了交易所与会员之间的权利和义务。

目前，我国一系列的规范性文件已形成了《期货交易法》的框架结构。以《条例》为核心，并通过交易所的各项交易规则的落实，可以推动期货市场的法律法则及自律性规则的不断完善和创新。

2. 期货市场风险监管的政府机构

由于世界各国期货市场的具体情况不同，各国市场风险监管的组织机构也有区别。主要简单介绍美国、香港、中国的风险监管机构。

(1)美国期货市场监管机构

美国的期货市场监管机构是商品期货交易委员会(CFTC)。1848 年美国芝加哥期货交易所建立，期货交易规模迅速扩大。但是，直到 1922 年美国联邦政府才通过了第一部《谷物期货交易法》。这部法律规定，实物商品期货交易活动只能在联邦注册的交易所内进行。并确定了法规的实施负责机构是农业部、商业部、司法部，加强了政府的管理权限。1947 年美国正式成立了商品交易所管理局，负责履行管理职责，取代了过去商品交易委员会。1974 年，美国通过了一部新的《商品期货交易法》，同时又授权成立了独立的"期货交易委员会"，以取代商品交易所管理局。并于 1975 年 4 月 21 日正式行使联邦管理权。这个专职机构"期货交易委员会"由五个专职委员组成，经总统任命，参议院批准，任期为五年。由委员会选举主席一人，委员会下设三个部门，交易市场部，经济分析部，法规实施部。1978 年《商品期货交易法》又被重新认可，并扩大了"商品交易委员会"的管理权限。把金融期货和金属期货都归于商品"期货交易委员会"管辖范围之内。1981 年又将金融期货归入"商品交易委员会"管理范围，1984 年又把农产品期货归入"商品期货交易委员会"管理范围。

以上可以看出，美国期货交易的政府管理，经过半个世纪的发展，已由联邦政府的个别部门机构发展到联邦政府对统一的管理机构，由政府进行期货的全面管理，为世界各国积累了经验;是全球各国期货交易规范发展的必由之路。

20 世纪八十年代以后，美国国会通过了《1992 年期货交易规则法案》。该《法案》进一步扩大了商品期货交易委员会的监管权限。加强了对交易所 的监管;加大了对交易所的审计，提高了"商品期货交易委员会"解决期货交易的欺诈行为的能力。

(2)英国期货市场监管机构

英国期货市场风险管理的最高机构是"证券投资委员会"【S I B】. 负责对全国及境外机构的证券投资监督与管理。英国证券投资委员会是一个非盈利的"准政府机构"。委员会的主席由英国政府财政部长或银行行长任命，是由议会授权的。证券投资委员会是一个独立的管理机构，实行统一管理。

英国证券投资委员会的主要职责:保证投资活动的规范化;保证交易活动公开、公平、公正;保护广大投资者的利益，维护自身的中立和信誉。

(3)香港期货市场监管机构

1976年9月香港立法局为了加强期货市场的监管，正式颁布了《商品期货交易法》，这部法律规定:设立商品期货交易委员会，统一监管香港的期货市场。法律规定:期货代理商必须首先在商品期货交易委员会登记注册。为了健全资金管理制度，期货代理商必须将自己的资金与客户的资金存入不同的银行账户，实行分开管理。期货代理商必须向期货交易委员会提供年度报告等材料，期货交易委员会有权对期货代理商进行审核。

2000年香港成立了"证券及期货事务监察委员会"负责统一监管香港期货市场与股票市场。2003年4月1日香港的《证券及期货条例》生效。香港的"证券及期货事务监察委员会"(简称证监会)负责《条例》的监督执。促进了香港证券期货市场的健康快速发展。

(4)中国期货市场监管机构

中国证券监督管理委员会是国务院的直属事业单位，由国务院授权，依法统一监管全国证券期货市场。维护证券期货市场的秩序，保证市场的合法、正常运行。"中国证监会"是全国证券期货市场行政管理的最高机构。中国证监会是国家政府的行政管理机关，它是通过履行自己的职责实施行政管理。它是根据法律法规进行监督并规范期货市场的其他组织机构(交易所、期货公司)的投资行为，保证期货市场的正常运行。中国证监会是中国期货市场的主管机关，为了防范风险、规范运作，制定了一系列的行政管理措施。例如《期货交易管理办法》、《期货公司管理办法》、《期货从业人员资格管理办法》等多项管理措施，并且正在逐步形成一个管理体系。

《期货交易管理条例》规定"国务院期货监督管理机构对期货市场实施监督管理"，依法履行下列职责:

①制定有关期货市场监督管理的规章、规则，并依法行使审批权;

②对品种的上市、交易、结算、交割等期货交易及相关活动，进行监督管理;

③对期货交易所、期货公司及其他期货经营机构、非期货公司结算会员、期货保证金安全存管监控机构、期货保证金存管银行、交割仓库等市场相关参与者的期货业务活动，进行监督管理;

④制定期货从业人员的资格标准和管理办法，并监督实施;

⑤监督检查期货交易的信息公开情况;

⑥对期货业协会的活动进行指导和监督;

⑦对违反期货市场监督管理法律、行政法规的行为进行查处;

⑧开展与期货市场监督管理有关的国际交流、合作活动;

⑨法律、行政、法规规定的其他职责;

中国证监会地方派出机构。中国证监会管理委员会，在各个省、自治区、直辖市等地区共设立36个"证券监管局"。并在上海、深圳设立证监监管专员办事处。

中国证监会及其地方派出机构对全国期货市场进行统一监管。目前由中国证监会对期货市场进行集中、统一监管的模式已经初步形成。中国证监会对地方证监管理局实行垂直领导的管理体制。

地方派出机构的主要职责是:根据中国证监会的授权，对辖区内的上市公司、证券、期货经营机构;证券期货投资咨询机构和从事证券期货业务的律师事务所、会计事务所、资产评估机构等中介机构的证券、期货业务活动进行监督管理;查处监管辖区范围内的违法、违规案件。

中国期货保证金监控中心。中国期货保证金监控中心是由国务院同意，中国证监会决定设立。并在中国工商行政管理总局注册登记。它是期货保证金的安全存管机构，是非营利性公司制的法人组织。它的主管部门是中国证监会。它的业务受中国证监会领导、监督和管理。

中国期货保证金监控中心的总经理、副总经理由股东大会聘任或解聘，并报中国证监会批准。

中国期货保证金监控中心的经营宗旨是:建立和完善期货保证金监控机制;及时发现并报告期货保证金风险状况，配合期货监管部门处置风险事件。

中国期货保证金监控中的职责:

①建立期货保证金安全监管系统，对期货保证金及相关业务进行监控;

②建立投资者查询服务系统，为投资者提供有关期货交易结算信息及其他服务。

③督促期货市场各参与主体执行中国证监会期货保证金安全存管制度;

④将发现的各期货市场参与主体可能影响期货保证金安全的问题及时通报监管部门和期货交易所，按中国证监会的要求配合监管部门进行后续调查，并跟踪处理结果;

⑤为期货交易所提供相关的信息服务;

⑥研究和完善期货保证金制度，不断提高期货保证金存管的安全程度和效率;

⑦中国证监会规定的其他职责。

四、期货市场行业性自律监管机构

1. 期货交易所的自律监管

期货交易所是期货市场风险监管的主要机构之一，监管的主要内容如下:

(1)对会员资格的审查

期货交易所的会员可以实行“会员制”和“公司制”。二者都要接受会员资格审查。只有符合交易所规定的职业道德、人力财力、信誉、技能等方面的规定，才能有资格进入期货市场。

(2)监督交易规则和交易程序的执行

期货交易所根据国家的行政法规和部门规章制定了一套较为完整的期货市场运行程序及风险制约措施。这些程序和措施主要包括:交易纪律、交易规则、交易制度、交易结算制度、交割制度和交割程序等。交易所按照这些规则和制度对场内交易进行自律性监督、管理和控制。

(3)健全完善各种规章制度

交易所制定正确的客户交易指令，并公平、合理、及时执行交易指令;制定客户单处理规范(订单流程、订单处理);制定市场报告和记录制度(行情公告、单据、凭证、资料保管);制定市场稽查和惩戒制度;加强对市场造假力度的监管，对造假会员进行严厉处分，并追求法律责任。

在中国，根据中国证监会的有关规定，期货交易所应健全完善各种规章制度，加强对风险的预防和控制。加强对会员的监督管理，严格执行交易所的监管职责。

2. 中国期货业协会的自律监管

中国期货业协会于2000年12月成立。它是期货行业的自律性民间组织，是一个非营利性的社会团体法人机构。中国期货业协会由会员、特别会员、联系会员组成。

会员是指经中国证监会审核批准所成立的期货公司、从事期货业务的相关机构。联系会员是指经过各地民政局审核批准所设立的地方期货业社会团体法人。特别会员是指经中国证监会审核批准所设立的期货交易所。即期货交易所、期货公司、期货社会团体法人，都加入了中国期货业协会，并且缴纳会费。中国期货业协会的权力机构是全体会员大会。中国期货业协会接受中国证监会和地方民政局的业务指导和监督管理。

中国期货业协会的宗旨是：在国家实行集中统一监管的前提下，进行期货业的自律管理；发挥政府与期货行业之间的纽带和桥梁作用，为会员服务，维护会员的合法权益；坚持期货市场的公开、公平、公正原则，维护期货业的正当竞争秩序，保护投资者利益，推动期货市场的规范发展。

期货业协会履行下列职责：

(1)教育和组织会员遵守期货法律法规和政策；

(2)制定会员应当遵守的行业自律性规则、监督、检查会员的行为，对违反协会章程和自律性规则的，按照规定给予纪律处分；

(3)负责期货从业人员资格的认定，管理以及撤销工作；

(4)受理客户与期货业务有关的投诉，对会员之间，会员与客户之间发生的纠纷进行调节；

(5)依法维护会员的合法权益，向国务院期货监督管理机构反映会员的建议和要求；

(6)组织期货从业人员的业务培训，开展会员间的业务交流；

(7)组织会员就期货业的发展，运作有关内容进行研究；

(8)期货业协会章程规定的其他职责；

期货业协会的业务活动应当接受国务院期货监督管理机构的指导和监督。

第三节　期货市场风险管理

期货市场的风险管理主指政府监管机构、期货交易所、期货公司、期货投资者，四个层次的风险管理措施。

一、期货市场风险管理原理

前面已经讲述了风险的含义和种类及特征，在这里只讲风险管理的含义及风险管理的特征。

1. 风险管理的含义

风险管理是指在一个有风险的环境里把风险减小到最低程度的管理过程。

风险管理过程可以归纳为：风险识别、风险预测、风险控制、风险处理四个重要环节。

(1)风险识别。

是风险管理的首要环节。在全面了解各种风险的基础上，列举出各个业务环节中存在的风险；再对各个环节中的风险进行逐项分析，找出潜在风险因素。

(2)风险预测。

是风险管理的主要环节。风险预测就是对风险进行估算，衡量风险的强度和规律。在占有统计材料和信息的基础上，进行全面、系统的分析和研究；预测风险发生的概率与强度；估算风险造成的直接损失和间接损失，选择有效的、科学的、适当的风险处理方法。

(3)风险控制。

是规避风险或消除风险的重要环节。当风险无法清除时，尽力把风险控制在自己能够承受的范围内。彻底杜绝风险，只能是一种理想状态。有些风险从理论上讲是可以消除的，但实际操作中却很难做到。原因：一是有些风险是全局性的，是利益主体无法控制的；二是风险主体在成本与收益之间的平衡选择是一个很大的难题。例如，期货公司大幅度提高保证金，虽然可以消除自身风险，但是最终可能导致客户的减少或者放弃交易；又会让期货公司面临"经营风险"。另外，对期货投机者而言，他们参与期货交易的目的是获取"风险收益"，如果是以杜绝风险为目的，他们就没有必要去参与期货交易了。

风险控制主要是指两个方面：一是风险控制应急方案的制定；二是风险控制措施的正确选择。对面临风险做好充分准备，最大限度地降低风险。

(4)风险处理，是风险控制的最后环节。当风险发生以后，按照预定的方案对风险实施适当的处理。做好风险善后处理，应主要考虑两个方面：一是建立完善的风险基金制度。风险基金制度是预防风险的有效措施。二是建立完善的风险仲裁制度。期货行业出现风险纠纷后，争取在行业仲裁体系内部稳妥解决，真正做到公开、公平、公正的解决风险案件。

2. 风险管理

在期货市场中，不同的主体面临的风险不同，风险管理的特点、措施也不相同，管理风险的表现也不同。

(1)期货交易者的风险管理

期货交易者面临着可控风险与不可控风险两种风险形式。可控风险是指投资者自己能够控制的风险。例如，对交易规则、交易制度不熟悉引发的风险等，只要自己熟练掌握了交易规则，这种风险就可以消除。不可控风险是指投资者自己不能控制的风险。例如，期货市场价格波动风险等。机构投资者的可控风险是内部管理不当引发的风险。科学管理，民主管理，则可消除。投机者的不可控风险中最直的也是价格波动风险。对投机者而言，不冒风险，就无法获取"风险收益"。风险承受能力强的投机者，可以采取比较激进的投机方法；风险承受能力弱的投机者，可以采取比较稳妥的投机方法。对套期保值者而言，他们的不可控风险是"基差变动风险"。基差的不利变动，会导致套期保值失效的风险。交易规则不熟悉，管理不好，可归类于可控风险。

(2)期货交易所和期货公司的风险管理

期货交易所和期货公司面临的主要风险是经营管理风险。虽然期货价格波动风险是不可回避的，但是只有当期货价格波动风险超出了交易者的承受能力才构成了期货公司风险；期货价格波动风险是不可避免的，如果价格波动风险超出了期货公司(会员)的承受能力，才会导致期货交易所风险。所以，经营管理风险表现在两个层面：一是期货公司对客户的风险 。不但要求客户有足够的保证金，而且还要防范自身管理不严的违规交易。二是期货交易所对会员的风险管理。交易所除了对会员实行"分级结算制度"和严格监督管理之外，还要健全保证金制度、每日无负责制度、涨跌停板制度、持仓限额和大户持仓报告制度和风险准备金等制度。期货交易所根据相关法律法规的规定，"当期货市场出现异常情况时，期货交易所可以按其章程规定的权限和程序，决定采取下列紧急措施"：

①提高保证金；

②调整涨跌停板幅度；

③限制会员或者客户的最大持仓量；

④暂时停止交易；

⑤采取其他紧急措施。

“异常情况”是指在交易中发现操作期货交易价格的行为或者发生不可抗拒的突发事件以及国务院期货监督管理机构规定的其他情况。

“操纵期货交易价格的，责令改正，没收违法所得，并处违法所得1倍以上5倍以下的罚款;没收违法所得或者违法所得不满20万元的，处20万元以上100万元以下的罚款”。

综上所述，对期货交易所和期货公司而言，严格风险控制制度，防范风险溢出是经营管理中的重中之重。

二、政府机构的风险管理

国务院期货监督管理机构对期货市场实施监督管理，依法履行职责和采取措施以外，还要实行“分类监管”。中国证监会2009年1月，按照《期货公司分类监管规定》，对期货公司分类监管设计一系列评价指标，客观衡量期货公司的风险状况和风险对市场的影响;并且在对期货公司分类分级监管的基础上合理配置监管资源，提高政府监管效率。实施分类监管是合理配置监管资源的必然趋势，是提高监管效率的有效方式。随着期货市场规模的不断扩大，根据不同期货公司业务规模和风险状况差异，采取不同的监管措施。

通过对期货公司实施分类监管，全面、客观评价期货公司的风险状况和经营能力，可以督促期货公司主动规范自己的经营行为，完善自我约束机制。分类监管的实质是通过差异化监管实现期货公司的差异化发展。根据分类评价结果，明确期货公司的发展方向，进行自我约束、不断提高内在动力。所以，分类监管是完善期货公司自我约束，自我提高的有效手段。

1. 分类监管的原则

(1)坚持以风险管理能力为核心，以监管措施为导向，兼顾期货公司的市场影响力。

(2)坚持集体评价。工作公开透明、维护分类评价的公平、公开、公正性。

(3)坚持分类评价与日常监管相结合。加强监管与促进期货公司自律监管相结合，促进期货公司的稳步健康发展。

2. 分类监管的内容

(1)建立以风险管理能力为核心的分类指标体系

期货公司分类评价指标体系共分为三大类，六小类，共三十三项指标。基准分为100分，根据指标的得分情况，进行加分或者减分，最终确定期货公司的评价计分。

风险管理能力指标的重点是期货公司的客户资产保护和资本充足等最核心的监管制度。包括:客户资产保护、资本充足、公司治理、内部控制、信息系统安全、信息披露，共六小类三十三项指标。

(2)分类评审的集体决策制度

由中国证监会组建“分类监管评审委员会”，对期货公司进行评审，以保证监管工作的公信力和权威性。评审委员会由中国证监会期货一部、二部、中国期货保证金监控中心、中国期货业协会、期货交易所的代表构成。评审委员会下设“办公室”，负责材料复核及协调工作。

评审程序:先由期货公司自评;中国证监会各个派出机构初评;评审委员会办公室复核，并将相关材料提交评审委员会，由评审委员会确定分类评价结果;最后由中国证监会确认后生效。

(3)分类结果的披露与使用

分类结果由中国证监会采取“一对一”的方式向期货公司通知，披露信息;并要求期货公司不得将分类结果用于商业宣传。分类结果主要用于中国证监会的日常监管。中国证监会按照分类监管原则，对不同类别的期货公司在监管方面进行区别对待。分类结果还将作为期货公司申请新增业务种类，新设营业网点等项目的审慎性条件。

(4)分类评价“一票降级”制度

“一票降级”制度是指期货公司如果在评价期内出现了违反规定的行为，分类评价时将公司的类别下调三个级别。情节严重的、直接评为 D 类。违规行为包括:股东虚假出资、股东抽逃出资、挪用客户保证金、超范围经营、信息系统不符合监管要求，日常经营及自评中向上报送虚假材料等。“一票降级”制度，向市场明确传递了政策信号，可引导期货公司规范发展。

(5)分类评价申诉机构

中国证监会允许期货公司对分类评价结果持不同意见，并且可以通过中国证监会的派出机构向中国证监会提交申诉材料。申诉材料经评审委员会办公室复核后提交评审委员会审议。原出席分类评价会议的评审委员不参与审议与当年分类评审结果相关的申诉事项。

三、期货交易所的风险管理

期货交易所是期货市场的直接管理者和风险的承担者，它既是期货合约的买方，又是卖方，承担双重角色。这就决定了交易所的风险控制是整个期货市场监控的核心。

1. 交易所的风险来源

期货交易所在市场中的主要风险来源有两个:一个是监控执行力度风险;二是非理性价格波动风险。

(1)监控执行力度风险

监控执行力度风险是指监控执行力度弱，使监控失效，引发的经济损失。为了使期货交易顺利进行，虽然交易所都制定一整套风险监控制度(保证金制度，每日盯市制度、大户持仓报告制等)，但是风险发生的关键并不是制度的是否完善，而是交易所对各种风险制度的“执行力度”。因为交易所的各种风险监控制度、监控措施都是必要条件，而不是决定因素。风险监控的决定因素是对制度、措施、条例的执行力度。即不能有效地、及时地执行监管措施;不能及时发现风险、及时处理风险。

(2)非理性价格波动风险

期货市场与股票市场一样，价格频繁波动是十分正常的现象，价格波动是期货市场生存与发展的基础。所以，价格波动引发的风险是期货市场永恒的、客观的、必然的风险。如果没有价格波动，当然就不会有风险;也不会有“风险收益”;则投资者、投机者、保值者、套利者都会失去获取“风险收益”的机会，期货市场就失去了存在的必要性。

价格波动风险有理性(正常)价格波动风险和非理性(异常)价格波动风险两种情况。理性价格波动风险，是有趋势性的、有周期性的，也是可以预先估量的。但是非理性价格波动风险，却难以估量其范围。造成非理性价格波动风险有许多因素。例如:监管制度、交易规则执行不当;人为操纵，过度投机等因素。其中人为因素，人为操纵市场价格和人为过度投机是非理性价格波动风险最直接、最核心的因素。正是由于这些人为的非理性投机因素，才导致了期货市场的非理性价格波动风险。非理性价格波动会造成期货价格与现货价格的严重背离，还会影响期货市场功能的正常发挥。所以，要重点防范非理性价格波动风险。

非理性价格波动风险又可以划分为两种：一是大户持仓风险；二是资金“爆仓”风险。大户持仓风险可以通过“大户持仓报告制度”防止大户垄断操纵市场价格。但是如果监督执行不力，持仓量过分集中在少数人手里，会导致市场出现大亏大盈的状况；价格被少数人左右，就会引发非理性价格波动风险。资金爆仓风险是指当期货市场价格剧烈波动时(涨跌停板)，客户或者会员的保证金不能满足交易所规定的要求；“强行平仓”后，亏损大于现有的保证金总额而产生的风险。在期货交易中，如果出现大面积资金爆仓风险，将是期货交易所和体会员、客户的灾难。防范资金爆仓风险的一般方式是建立风险基金，通知客户及时追加保证金。

2. 交易所的内部风险控制

期货交易所的内部风险控制措施一般有：严格执行风险监控制度、建立健全动态风险监控机制，建立风险管理基金等。

(1)严格执行风险监控制度

①防范信用风险。

强化资本充足性管理，对于资本不充足的会员限期充足资本，否则减少其业务总量。制度资本充足标准，并严格执行，防范信用风险的发生。资本充足是会员稳健经营的基础，资本充足表明会员偿付能力强，信用风险小。也是期货市场业务正常运行的基本保证。

②确定会员持仓限额。

期货交易所根据会员(期货公司)资本量的多少确定各个会员的持仓量总额。防止因资本数量少而产生的巨额亏损，危机整个期货市场。

③及时调整保证金率。

期货交易所在发生价格剧烈波动，并可能会导致市场风险时，应合理地及时调整保证金的比率(由5%提高到7%等)。防范连锁性的合同违约风险。

④加强制度化管理.

期货交易所应加强清算制度、结算制度、保证金等制度的管理，以降低合约流动性风险。保持交易活动的最大流动性。还要加强“交易系统”的管理、开发、维护和检修，防止因系统故障造成的“作业性风险”。

(2)建立健全动态风险监控机制

为了及时控制风险，期货交易所应建立动态风险监控系统，对期货交易的全过程进行动态风险监控。

动态监控的主要内容：交易价位的变化、交易规模的变化、交易部位的转换、账户资金的变化、持仓量的变化等。期货交易所只有掌握上述基本情况，才能防范动态风险。

3. 建立风险基金

期货交易所为了应对紧急情况，增强整体抗风险的能力，必须建立风险基金。

虽然交易所采取了一系列防范风险的措施，但是由于会员本身的原因(会员破产、倒闭、不可抗拒风险等)，而无法履约。这种无法履约的信用风险一旦发生，就会给交易所和结算所造成损失。这时应从风险基金中划拨亏损金额，以承担履约责任，不给客户造成重大损失。

风险基金主要来源于两个方面：一是会员申请“会籍”时必须缴纳的保证基金；二是期货交易商在进行结算时，从手续费中扣除一定比例的专用赔偿的基金。风险基金以备会员无力偿还债务时使用。不能用作日常交易保证金和日常亏损的结算。如果会员无法清算欠下客户的保证金或者欠下的利润，交易所用风险基金来赔偿客户的损失。

四、期货公司的风险管理

期货公司是期货市场的重要参与者，是中介，又是连接交易者的桥梁，也是风险的核心承担者。因为客户的爆仓风险既是客户本人的风险，也是期货公司的风险；又因为交易所风险是当期货公司严重亏损，无法代客户履约时才出现的风险，所以期货公司对风险的影响也是处于核心地位。

1. 期货公司的风险来源

期货公司的风险来源于自身管理、客户素质、同行业竞争。

(1) 自身管理风险

自身管理风险是指期货公司因管理不当可能造成的经济损失。

例如，期货公司对客户管理不严、开户资金尚未到位、不严格遵守“委托 - 代理制度”等。都有造成风险的可能性。

但是管理风险的主要来源是技术预测风险和业务操作风险。技术预测风险是指期货公司技术人员在进行风险预测时，出现偏差，造成的损失。因为期货市场价格是经常性、随机性波动的，虽然这种价格波动有其内在规律性，但是价格波动的时间和空间幅度是复杂的，不会是简单的重复。由于价格变化的复杂性，风险预测往往会出现偏差，给客户造成损失。业务操作风险是期货公司业务操作人员因操作技能不熟练造成操作失误而引发的损失。这种业务操作风险不但直接影响公司的业绩，而且也影响客户的收益。因为业务操作人员要及时向客户建议合理分散投资风险；帮助客户如何及时准确地下单交易；如何制定良好的交易计划等。对于期货公司的业务经纪人来说，业务操作风险每日都存在。

(2) 客户素质风险

客户素质风险主要是指客户信用风险。客户信用风险是期货公司在代理客户进行交易时，客户无法履约或不履约，给公司和客户本人造成的损失。因为客户不能履约，将由期货公司代理为客户履约，这样二者都有损失。客户素质高低、客户信用程度好坏、直接关系着风险的大小，因此，对客户资金的信用状况进行经常性监督是十分重要的。

(3) 同行业竞争风险

同行业之间不正当竞争、恶性竞争导致的损失。同行业之间竞争的方式很多：降低手续费、降低保证金、提高透支额度、违反法律法规制度的规定拉拢客户、对客户爆仓监管不严、公司从业人员内外勾结，不遵守职业道德等，都会造成风险。不遵守法律，客户提出法律诉讼会产生法律风险；从业人员不遵守职业道德会产生道德风险，公司的电子计算机硬件、软件及网络系统故障还会产生技术风险。

2. 期货公司内部风险控制

期货公司的风险管理直接关系公司的兴衰成败。期货公司通常采用的风险监管措施有：

(1) 设立首席风险官制度

首席风险官是指负责对期货公司经营管理行为的合法合规性和风险管理状况进行监督检查的期货公司高级管理人员。是根据我国证监会 2008 年 5 月 1 日执行的《期货公司首席风险官管理规定》设立的。首席风险官向期货公司董事会负责。

中国证监会及其派出机构依法对首席风险官进行监督管理。

中国期货协会、期货交易所依法对首席风险官进行自律管理。

首席风险官对于侵害客户和期货公司合法权益的指令或者授意应当予以拒绝；必要时，应当及时向公司住址地中国证监会派出机构报告。

首席风险官应当向期货公司总经理、董事会和公司住所地中国证监会派出机构报告公司经营管理行为的合法合规性和风险管理状况。

首席风险官应当对期货公司经营管理中可能发生的违规事项和可能存在的风险隐患进行质询和调查，并重点检查期货公司是否依据法律、执行法规及有关规定，建立健全和有效执行以下制度：

①期货公司客户保证金安全存管制度；

②期货公司风险监管指标管理制度；

③期货公司治理和内部控制度；

④期货公司经纪业务规则、结算业务规则、客户风险管理制度和信息安全制度；

⑤期货公司员工近亲属持仓报告制度；

⑥其他对客户资产安全、交易安全等期货公司持续稳健经营有重大影响的制度。

首席风险官还应当监督检查以下事项：

①是否存在非法委托或者超范围委托等情况；

②在通知客户追加保证金、客户出入金、与中介机构风险隔离等关键业务环节，期货公司是否有效控制风险；

③是否与中间介绍机构建立了介绍业务对接规则，在办理开户、行情和交易系统的安装维护、客户投诉的接待处理等方面，与中间介绍结构的职责协作程序是否明确且符合规定。

首席风险官发现期货公司有违法违规行为或者存在重大风险隐患，立即向公司驻地中国证监会派出机构报告；并向公司董事会和监事会报告。期货公司按照中国证监会派出机构的整改意见进行整顿，首席风险官配合整改。

(2)严格控制客户信用风险

控制客户风险的措施有：

①对客户资金来源进行调查，确保客户有足够的资金从事期货交易。对资信差的客户要拒之门外。严格委托交易程序，双方签订“代理期货买卖协议书”，“期货交易风险提示声明书”，让客户明确收益自享，风险自担。对客户进行技能培训，提高盈利水平，减少巨幅亏损的机率。

②严格执行客户持仓限额制度。期货公司一要严格核对客户持仓限额。二要再加收一定比率的保证金额度(比期货交易所规定的保证金额度略高)。

③严格执行保证金和追加保证金制度。初始保证金按规定足额缴纳；追加保证金客户必须在规定时限内缴纳，否则实行“强行平仓”。客户的“在途资金”不能用于开新仓，只能作为追加保证金使用；当市场价格剧烈波动时，在途资金不能作为不被强行平仓的依据。

(3)严格内部经营管理

期货公司首先要加强对从业人员的管理，提高职业道德水平和业务运作能力。特别是加强对经纪人的岗位管理，建立健全场内经纪人，场外经纪人岗位责任制和岗位管理守则。

其次是严格市场信息管理。必须及时准确地公开市场信息，严禁使用违规手段获取信息，干扰市场正常交易。

最后是加强财务监督。坚持财务、结算的真实性，坚持对客户和自身在交易全过程中的资金运作进行全面监管。

五、期货交易者的风险管理

在期货市场中，客户虽然是间接期货交易者，但是客户是利益的主体，也是收益与风险的直接承受者。客户要参与期货交易，一般必须通过经纪公司的代理，并在交易所内进行。所以，客户面临两种风险：一是经纪公司的违约风险；二是期货市场价格波动风险。因此，客户风险管理也是期货交易风险管理的重要组成部分。

1. 客户的风险来源

(1)价格风险

价格波动风险是指期货市场价格波动给投资者的预期收益造成损失的可能性。当期货市场价格波动方向与期货投资者预测判断方向相背驰而产生的风险。价格波动风险是投资者的主要风险来源。

(2)期货交易风险

期货交易风险是指交易者在期货交易中产生的风险。这种风险主要包括：市场流动性差引起的风险；买卖交易不能及时迅速以合理的价位成交引发的风险；当价格波动幅度较大时，追加保证金不能在规定时间内补足，而面临强行平仓风险等。

(3)代理交易风险

代理交易风险是指客户在选择期货公司确立代理交易过程中产生的风险。这种风险主要是由期货公司规模小、实力弱、资信低、经营差导致的经纪公司违约风险。客户在选择期货公司时，主要选择规模大、实力强、资信高、经营管理优良的经纪公司，就可以消除代理风险。

(4)客户自身因素风险

客户自身因素风险是指由投资者自己的各种因素导致的风险。自身因素风险主要包括：自身素质低、知识水平低、投资经验少、操作水平差引起的风险。还有实物交割风险，合约到期后，必须进行实物交割，为了承担实物交割责任产生的风险。例如：实物交割价格过高、资金总额不足、路程运输成本过高等因素。

2. 客户风险防范措施

客户是市场风险与收益承担的主体，防范风险的目的是维护自己投资权益，保障资金安全。防范措施主要有两个方面：

(1)慎重选择期货公司、消除公司违约风险

客户进行期货投资之前，要多了解几家期货公司的诚信情况、资金实力、规章制度、交易业绩，经济人的道德品质等。确立最佳期货公司后，再签订“期货经纪合同”。客户不能只听从业人员说得多么好，主要看他们实际做的如何。

(2)规范自身行为，消除自身风险。

规范自身行为，是投资者严格遵守期货交易法规和交易规则及交易制度；严禁违法交易，约束自身行为，降低自身因素风险。提高自己的操作技能，降低价格波动风险。制定正确的止损策略，加强自己的风险防范意识。增强自身风险承受能力，始终有一个良好的心态。充分了解期货交易特点，分析价格变动规律；利用投资组合分散风险，把风险降低到最低程度。

3. 机构投资者内部风险监管

机构投资者是期货市场的主要参与者，机构投资者实力雄厚，组织健全，技术高明，经验丰富，知识渊博。机构投资者十分重视风险防范与控制，把失误和损失降至最低限度。机构投资者内部风险监控措施主要有：

(1)建立风险管理机制

在内部应建立风险管理机制，制定风险管理制度，拟定风险管理程序，并使各个风险管理部门统一运作，在内部形成一个完整的风险管理系统。充分发挥这个大系统的整体功能，形成 1 +1 >2 的风险管理效果。

(2)制定风险监管流程

风险监管流程主要包括：风险预测子系统；风险估量子系统；风险反馈子系统；风险限制子系统，风险报告子系统等。

(3)健全内部业务操作监控机制

健全前台交易操作组织部门。负责具体期货交易操作。严格遵守操作规定和按照权限调拨交易资金。并且详细记载每天的交易活动，及时向后台、中台报告情况。

健全后台交易复核、对账组织机构。负责每一笔交易的复核、对账、确认买卖委托，跟踪近期交易情况，确认到期合约、完成后续结算，进行风险评估等。

健全中台监控机构。负责对前台、后台的一切业务的监督控制。负责核对损益情况，对记录准确性、交易质量、财务信息、实施监督；负责交易行情分析、风险反馈；负责公布监控结果等。

(4)加强高层管理人员的风险监控力度

对于内部风险监控，高层管理人员应负总责。在进行内部风险监控时，应采用总量控制与风险程序化管理相结合的方式。为了达到把风险降至最小，使收益最大的目的，应采取以下措施：

①对风险事先作出评估；

②制定切实可行的盈利目标。并根据行情的发展变化趋势对利润目标进行修正。

③分析盈利与损失的主要原因。

④对交易行情进行分析，并提出明确的要求。

⑤对近期交易材料进行分析，确保材料的真实性和准确性。

⑥高层管理人员应对整个交易活动进行有效地控制。

习 题

一、名词解释

1. 系统性风险　　2. 非系统性风险　　3. 流动性风险　　4. 市场风险

二、简答题

1. 期货市场风险的特征有哪些。

2. 期货市场监管体系的作用有哪些?

3. 简述期货市场风险监管的内容。

参考答案

一、名词解释

1. 系统风险又称不可控风险、不可规避风险，是指由全局性因素影响的导致整个证券市场价格波动而发生的风险。

2. 非系统风险又称可控制风险、可分散风险。是指由局部因素影响的、导致证券市场个别行业、个别证券价格波动而发生的风险。

3. 流动性风险是指市场流动性差、期货交易难以迅速、及时成交给投资者造成的风险。

4. 市场风险是指因期货市场价格的波动给客户带来交易亏损的风险。

二、简答题

1. 期货市场风险的特征:

(1)客观性;(2)风险因素的放大性;(3)风险与收益的共存性;(4)风险评估预测的相对性;(5)遭受风险的均等性;(6)风险有可防范性。

2. 期货市场风险监管体系的作用:

主要作用是:通过建立一套完整的风险法律法规体系和风险监管机构，动态地监测期货市场风险，判断期货市场运行是否正常，对期货市场风险变化的前景进行超前研究，并且预先向风险管理者发出警告，有“警报器”的作用。

3. 期货市场风险监管体系的内容:

期货市场风险监管体系的主要内容主要包括两个方面:一是防范期货价格非理性波动风险;二是控制期货价格理性剧烈波动风险，并确保每位会员承担的风险在自己财力能力承受的范围内。

参考文献

[1]焦广才.证券投资技术分析[M].内蒙古:内蒙古人民出版社,2005,5.

[2]中国期货业协会.期货市场教程[M].北京:中国财政经济出版社,2011,1.

[3]焦石.炒股炼金术[M].河南:河南人民出版社,2001,5.

[4]焦广才.证券投资学[M].北京:北京邮电大学出版社,2011,7.

[5]焦广才.证券投资学[M].北京:北京交通大学出版社,2010,8.

[6]焦石.常胜将军[M].河南:河南地质出版社,1999,9.

[7][美]约翰·墨菲著.丁圣元译.期货市场技术分析[M].北京:地震出版社,1994.

[8]胡怀邦,俞海.金融期货市场[M].西安:陕西人民出版社,1994.

[9]王建.期货市场理论与实务[M].北京:对外经济贸易大学出版社,1996.

[10]李扣庆.商品期货学[M].上海:上海三联书店,1996.

[11][美]罗伯特·D·爱德华兹,约翰·迈吉,W.H.C.巴塞蒂著.朱玉辰,郑学勤译.股市趋势技术分析[M].北京:机械工业出版社,1996.

[12]杨玉川,邵七杜.期货市场原理与实务(修订版)[M].天津:南开大学出版社,1998.

[13]赵曙东.期货投资与期权[M].南京:南京大学出版社,1999.

[14]张亦春,郑振龙.金融市场学(修订版)[M].北京:高等教育出版社,2003.

[15]黄柏中.江恩理论——金融走势分析[M].北京:地震出版社,2003.

[16]段文斌,王化栋.现代期货市场学(第三版)[M].北京:经济管理出版社,2003.

[17]申觅.外汇期货投资[M].广州:暨南大学出版社,2004.

[18]许文新,王满仓,胡智,宋浩平.金融市场学[M].西安:陕西人民出版社,2004.

[19]张慧如,李海东.金融期货[M].北京:科学出版社,2005.

[20]张宏民.石油市场金融化及我国石油市场改革研究[R].复旦大学博士后研究工作报告,2005.

[21]姚德良.我国化工类期货品种开发研究[R].上海期货交易所博士后研究报告,2006.

[22]欧阳良宜.期权期货市场理论与操作[M].北京:中国发展出版社,2006.

[23][英]萨克里弗著.李飞,黄栋译.股指期货(第三版)[M].北京:中国青年出版社,2008.

[24]刘超.中外期货期权交易理论与实务[M].天津:天津大学出版社,2009.

[25]方晓雄.期货投资实务[M].大连:东北财经大学出版社,2009.

[26]黄海仓. 期货交易精要及案例[M]. 杭州:浙江大学出版社,2010.

[27]罗孝林,罗巧玲. 期货投资案例(第二版)[M]. 北京:经济科学出版社,2010.

[28]鄢德春. 中国碳市场建设——融合碳期货和碳基金的行动体系[M]. 北京:经济科学出版社,2010.

[29]法律出版社法规中心. 中华人民共和国证券期货法典(应用版)[M]. 北京:经济科学出版社,2011.

[30]中国期货业协会. 中国期货业发展报告2010[M]. 北京:中国财政经济出版社,2011.

[31]John. C. Hull. Fundamentals of Futures and Options Markets. Fourth Edition. 北京:清华大学出版社, 2001.

[32]罗孝玲. 期货与期权[M]. 北京:高等教育出版社, 2006.

[33]宋浩平. 期货及期权投资实务[M]. 北京:首都经济贸易大学出版社, 2011.

[34]罗孝玲, 杨艳军. 期货与期权教程[M]. 北京:清华大学出版社, 2010.

[35]大连商品交易所 http://www.dce.com.cn

[36]郑州商品交易所 http://www.czce.com.cn

[37]上海期货交易所 http://www.shfe.com.cn

[38]中国金融期货交易所 http://www.cffex.com.cn

[39]焦炭期货网 http://www.jiaotanqihuo.com

[40]中国期货网 http://www.cnffi.com

[41]芝加哥期货交易所 http://www.cmegroup.com

[42]纽约商品交易所 http://www.cmegroup.com

[43]伦敦金属交易所 http://www.lme.com/home.asp

[44]香港交易所 http://www.hkex.com.hk

读者反馈意见

亲爱的读者：

感谢您对《期货市场学——期货与期权》的支持和热爱，为了今后为您提供更好的服务，请您抽出宝贵的时间来填写下面的意见反馈表，以便我们更好地对本教材做进一步改进，同时如果您在使用本教材的过程中遇到了什么问题，或者有什么好的建议，也请您来信、来电告诉我们。

地址：北京市丰台区科学城南极星大厦 108 室

电话：010－61229894/83794403

电子邮箱：caikai6223@263.net　QQ：649319527　QQ：1694299827

教材名称：《期货市场学——期货与期权》

个人资料：

姓名：__________ 年龄：__________ 所在院校/专业__________

文化程度：__________ 通讯地址：__________

联系电话：__________ 电子信箱：__________

您使用本书是作为：□指定教材□选用教材□辅导教材

您对封面设计的满意度：

□很满意□满意□一般□不满意□改进建议__________

您对本书印刷质量的满意度：

□很满意□满意□一般□不满意□改进建议__________

您对本书的总体满意度：

从语言质量角度看□很满意□满意□一般□不满意□

从科技含量角度看□很满意□满意□一般□不满意□

本书最令您满意的是：

□指导明确□内容充实□讲解详尽□实例丰富

您认为本书在哪些地方应进行修改？（可附页）

____

____

您希望本书在哪些方面可进行改进？（可附页）

____

____